미디어 문화연구의

질적 방법론

컬처룩 미디어 총서 006

미디어 문화연구의 질적 방법론

한국언론정보학회 엮음

조항제 김영찬 이기형 외 지음

culture look

컬처룩 미디어 총서 006

미디어 문화연구의

질적 방법론

엮은이 한국언론정보학회
지은이 조항제 김영찬 이기형 외 지음
펴낸이 이리라

편집 이여진 한나래
디자인 에디토리얼 렌즈

2015년 12월 15일 1판 1쇄 펴냄
2018년 3월 20일 1판 2쇄 펴냄

펴낸곳 컬처룩
등록 2010. 2. 26 제2011–000149호
주소 03993 서울시 마포구 동교로 27길 12 씨티빌딩 302호
전화 02.322.7019 | 팩스 070.8257.7019 | culturelook@daum.net
www.culturelook.net

ISBN 979–11–85521–30–5 94300
ISBN 979–11–85521–06–0 94300 (세트)

* 이 도서의 국립중앙도서관 출판예정도서목록(CIP)은 서지정보유통지원시스템 홈페이지(http://seoji.nl.go.kr)와 국가자료공동목록시스템(http://www.nl.go.kr/kolisnet)에서 이용하실 수 있습니다. (CIP제어번호: CIP2015031416)

* 이 도서는 한국언론진흥재단의 지원(2015년도 단체지원사업)으로 제작되었습니다.

culturelook

차례

머리말 11

서론 질적 연구 방법론과 한국의 커뮤니케이션학 ● 조항제 15

1. (과학)방법론과 지배 17
2. 양적 방법론과 질적 방법론 20
3. 한국의 사회과학/커뮤니케이션학과 방법론 문제 27
4. 질적 방법론의 교과서와 이 책의 특성 31

1장 질적 연구의 특성: 민속지학을 중심으로 ● 김영찬 37

1. 미디어와 커뮤니케이션 연구 분야의 질적 연구의 부상 40
2. 질적 연구의 역사와 전통 42
3. 질적 연구의 특징 43
4. 질적 연구 방법 대 양적 연구 방법 47
5. 민속지학의 전 과정 51
6. 좋은 질적 연구자, 좋은 에스노그라퍼란? 62

2장 영상 분석 방법 ● 주창윤 75

1. 두 개의 이미지 77
2. 이미지: 유사성과 유추 83
3. 이미지의 구성: 분석 요소 86
4. 이미지의 수사학 96
5. 도상해석학의 분석틀 102
6. 영상 분석 가이드라인 107

3장 텔레비전 텍스트의 서사 분석 방법 ● 이경숙 111

1. 미디어 연구에서 서사 분석의 의의 113
2. 서사 분석의 주요 개념과 분석 층위 116
3. 텔레비전 텍스트의 서사 분석 방법과 절차 121
4. 분석 자료의 해석과 논문 작성하기: 해석하기와 글쓰기 134
5. 서사 분석의 의의와 한계 137

4장 '담론분석'과 담론의 '문화정치' ● 이기형 143

1. 왜 담론에 주목하는가 145
2. 담론의 정의와 동학을 숙고하기 154
3. 담론분석은 '어떻게' 추구할 수 있는가 170
4. 담론분석의 함의와 명암 199

5장 구술사 연구 방법
개인의 삶과 경험을 주체화하기와 역사화하기 ● 백미숙 207

1. 구술사 용어와 개념의 정의 209
2. 구술사 도입의 맥락과 배경 211
3. 구술사의 인식론적 쟁점: 구술사의 서사성, 주관성, 사실성의 긴장 관계 215
3. 구술사 연구 방법의 실제 228
4. 자료 수집 245
5. 자료의 분석과 해석 248
6. 연구자의 글쓰기와 성찰적 태도: 연구자의 자기 재현으로서 글쓰기 250

6장 미디어 수용자 연구하기 ● 나미수 261

1. 수용자 연구의 질적인 접근 263
2. 참여 관찰 270
3. 심층 인터뷰 282
4. 수용자 연구의 질적인 접근의 함의 296

7장 미디어 생산자 연구 행하기 ● 이오현 301

1. 미디어 생산자 연구란 무엇인가 303
2. 미디어 생산자 연구는 왜 필요한가 304
3. 미디어 생산자 연구는 무엇을 연구하는가: 연구 대상 및 연구 주제 찾기 307

4. 미디어 생산자 연구는 어떻게 연구하는가 I: 이해 및 분석 틀(지도) 만들기 312
5. 미디어 생산자 연구는 어떻게 연구하는가 II: 연구 방법 선택하기 317
6. 미디어 생산자 연구는 어떻게 연구하는가 III: 섭외하기 및 현장 진입하기 319
7. 미디어 생산자 연구는 어떻게 연구하는가 IV: 현장에서 조사하기 325
8. 미디어 생산자 연구는 어떻게 연구하는가 V: 자료 분석하기 333
9. 미디어 생산자 연구는 어떻게 연구하는가 VI: 논문 쓰기 337
10. 연구 실행에 대한 진정성과 도전 정신 340

8장 인터넷 민속지학 설계하기: 가능성과 한계 ● 조영한 349

1. 왜 인터넷 연구에서 민속지학이 필요한가 351
2. 인터넷 민속지학이란 무엇인가 353
3. 인터넷 민속지학 선택하기 355
4. 인터넷 민속지학 설계하기 361
5. 방법론의 가능성과 한계 378

9장 질적 연구 방법을 활용한 저널리즘 연구 ● 원용진 383

1. 왜 저널리즘 연구인가 385
2. 저널리즘 연구의 설계 387
3. 한국의 저널리즘 연구 경향 393
4. 질적 연구 방법을 사용한 구체적 연구 사례 396
5. 더 많은 연구 방법들 414

10장 집합적 기억 연구: 주제와 방법론에 대한 고찰 ● 박진우 417

1. 우리 시대의 기억, 이를 어떻게 다룰 것인가 419
2. 집합적 기억이라는 '이름' 421
3. 미디어 문화연구와 '집합적 기억' 435
4. 집합적 기억의 새로운 문화연구를 기대하며 446

11장 공간이란 무엇인가: '공간적 전회'와 국내 도시 공간 연구 ● 김수철 453

1. 공간은 비어 있지 않다 455
2. 도시 공간 이론 457
3. 1990년대 이후 서울 도시 공간 연구 471
4. 맥락화된 도시 공간 연구를 향하여 481

12장 질적 연구 방법의 복합적 활용 ● 윤태진 489

1. '연구 방법론'과 '연구 방법,' 그리고 연구 방법의 복합적 활용 491
2. 복합적 연구 방법의 기준과 차원 494
3. 양적/질적 방법론의 결합 활용 498
4. 다른 질문, 다른 방법, 두 개의 대답: 복합적 연구 주제와 복합적 연구 방법 501
5. 같은 질문, 다른 방법, 하나의 대답: 단일 연구 주제와 복합적 연구 방법 504
6. 이론 중심의 논문에 부가되는 '사례 연구' 507
7. 유연한 방법론적 활용을 위하여 508

일러두기

- 한글 전용을 원칙으로 하되, 필요한 경우 원어나 한자를 병기하였다.
- 한글 맞춤법은 '한글 맞춤법' 및 '표준어 규정'(1988), '표준어 모음'(1990)을 적용하였다.
- 외국의 인명, 지명 등은 국립국어원의 외래어 표기법을 따랐으며, 관례로 굳어진 경우는 예외를 두었다.
- 사용된 기호는 다음과 같다.

  신문 및 잡지 등 정기 간행물, 영화: 〈 〉

  책(단행본): 《 》

한때 '과학'이 남용될 때는 인문학조차 인문과학으로 불렸다. 사회과학은 도입된 1970년대부터 과학임에 이의가 제기된 적이 거의 없다. 사회과학과 사회학이 같지는 않지만, 콩트가 불렀던 사회학의 옛날 명칭이 사회물리학이었던 점은 사회를 연구하는 학문이 과학이어야 했던 것에 결정적인 영향을 미쳤다. 이로부터 과학다움을 스스로 증명해 보이려는 방법론은 사회과학 전반에 필수적인 교과목이 되었다. 물론 방법론은 자연과학과 결코 다르지 않은 '자연주의,' '실증주의'를 정립하는 기능주의적 목적을 앞세웠다.

그러나 이런 경향의 다른 한편에는 마치 거울처럼 사회는 자연과 동일한 방법으로 연구될 수 없다는 반反테제가 있었다. 의식을 갖고 의미를 추구하는 인간의 일은 자연과 다르고, 이런 인간이 모인 사회에 자연과학의 방법이나 절차를 사용할 수 없다는 것이다(예컨대 동식물이 아닌 인간을 대상으로 한 '실험'을 생각해 보라). 이 테제는 자연과학의 법칙 정립적 태도nomothetic에 개별 기술적ideographic 측면을 대립시키고, 인과적 설명과 해석적 이해 사이의 결정적인 차이를 지적한다. 딜타이가 말하는 정신과학에서 '정신'은 기계적인 인과관계에 묶여 있는 자연 현상과 인간이 자신의 의지로 환경을 변화시킬 수 있는 사회 현상이 다르다는 것을 상징한다.

그러나 2차 세계 대전 이후 사회과학 전반에서 미국의 영향력이 커지면서 자연과학적 사회과학의 방법, 곧 양적 방법은 거역할 수 없는 하나의 표준으로 굳어져 갔다. 이제 방법은 양적인 것과 동의어가 되었으며, 수학·통계학의 주요 개념과 용어들은 사회과학에서도 점점 필수가 되어 갔다. 연구 문제보다 방법론이 더 중요하게 논의되는 것도 흔한 일이 되었다. 그러나 이런 현상은 결코 진리가 확산되어 가는 그런 자연스런 것이 아니다. 오히려 왜 그렇게 되었는지 이유를 설명해야 하는 특수한 현상이다. 이런 문제의식을 가질 때, 떠오르는 것은 양적 방법을 대체할 수 있는 안, 곧 질적 방법의 가능성과 지위다.

질적 방법은 양적 방법이 우세한 지원과 인력에 힘입어 점점 더 세련되고 표준화된 점에 비추어 상대적으로 답보 상태에 있었다. 흔히 (심층) 인터뷰와 참여 관찰, 담론 이론, 역사적 접근 등을 연상시키는 질적 방법은 본질상 다양성을 특성으로 해 규격성과는 거리가 멀었다. 숫자보다 언어, 변수·규칙보다 해석, 실험적 처치보다 자연적 관찰을 선호하는 질적 방법은 방법 매뉴얼을 만드는 데도 서투름을 보였고, 그런 이유로 과학성을 담보한다고 하는 반복 가능성이 상대적으로 낮았다. 연구자의 능력이나 주관에 따라 결과가 차이가 나면 방법으로서는 믿기 어렵다는 것이다.

그러나 방법론의 과학성에 대해 심층적 이해를 갖거나 질적 방법의 입장에 조금만 서 보게 되면 오히려 이 점이 '사회'과학, '인간'과학의 불확실성, 예측 불가능성을 제대로 연구할 수 있는 바탕임을 알게 된다. 물론 아직 질적 방법은 입문자가 쉽게 자신의 자리를 찾을 만큼 제대로

된 교재나 커리큘럼, 매뉴얼을 개발하지 못했다. 그러나 이는 질적 방법이 양적 방법보다 열등해서가 아니라 그만큼 노력이 경주되지 않았기 때문이다.

커뮤니케이션학에서도 이런 현상은 크게 다르지 않다. 해마다 적지 않은 수의 연구자들이 질적 방법으로 논문을 쓰고 학위를 얻지만, 사실 이에 관한 책은 손꼽을 만큼 귀하다. 그나마도 이 분야 연구자들이 보기에는 관련 사례가 너무 적은 타 방면의 책, 주로 교육학이나 사회복지학, 인류학 등이 많다. 양적 방법이 학계를 지배하게 된 점에는 경쟁자의 이런 척박한 사정도 한몫을 했다.

질적 방법의 저변을 개선하고 연구자를 늘리기 위해서는 무엇보다 좋은 교재가 필요하다. 교재의 요건은, 첫째, 질적 방법이 특장을 지니는 분야에서 많이 쓰이는 방법들이 망라되어야 한다. 기존의 교재들은 이 점이 들쭉날쭉하다. 둘째, 철학적 논의에 치우친 방법'론'보다는 좀 더 쉬우면서 실용적인 의의가 큰 '방법'론이 필요하다. 방법론을 다룬 연구서들은 그래도 찾으면 있지만, 방법을 가르쳐 주는 교재는 의외로 거의 없다. 셋째, 이 분야에 풍부한 사례와 필독서 등이 망라되어 공부의 시작에 좋은 가이드가 될 수 있어야 한다. 방법과 사례가 유기적으로 연계되면 그만큼 독자들의 시간은 절약된다.

이 책의 기획은 이런 취지에서 시작되었다. 먼저 반드시 넣어야 할 필수 방법·영역이 논의되었다. 민속지학, 담론, 영상, 서사narrative, 역사, 구술사, 생산자, 수용자 등이 쉽게 떠올려졌고 인터넷, 공간 문제, 집합적 기억 등도 나왔다. 기왕의 양적 방법과 실용적으로 어떤 관계에 있을지를 다루는 장도 필요했다. 필자는 해당 분야에서 오랫동안 연구해 온 학계의 중견으로 선정했으며, 주제가 새로운 경우에는 신진 학자도 참여시켰다. 그러나 아쉽게도 책을 만드는 과정에서 처음 기획에는 있었던 역사(문화사)와 다루었으면 했던 정치경제학이 빠지게 되었다. 물론 이 정도만으로도 독자들에게는 상당한 도움이 되리라 확신한다.

이 책의 계기는 한국언론정보학회가 2013년부터 매년 1월 개최해 이번(2016년)에 4회를 맞는 '질적 연구 방법 워크숍'이다. 양적 방법에 비해 제도적인 뒷받침이 없다는 판단에서 학회가 봉사의 취지로 나선 것이다. 매년 120~150명에 달하는 수강생(대부분이 대학원생들이다)의 수가 보여 주는 바대로 이 워크숍에 대한 호응이 매우 컸다. 그러나 회가 거듭되면서 강사와 수강생들은 정규화된 교재의 필요성을 절감하게 되었고, 마침내 한국언론재단의 도움을 받아 성안이 되게 되었다.

이 책의 출판에는 많은 사람들의 수고와 정성이 배어 있다. 먼저 이기형 교수는 위원장을 맡아 두 번의 워크숍을 통해 전체 기획을 주도했다. 그의 리더십과 희생이 아니었다면 이 책이 이렇게 빨리 나올 수 없었을 것이다. 박진우 교수와 김수아 박사는 기획부터 교정에 이르기까지 온갖 실무를 책임져야 했다. 김세은 교수와 김수미 박사는 원고를 감수해 전체 기획 의도를 분명히 하고 책의 질을 높이는 데 도움을 주었다. 민영 교수와 송현주 교수는 언론재단과의 연락과 조율을 담당해 주었다. 컬처룩의 이리라 사장은 이 분야에 대한 남다른 애정으로 요즘 같은 불황에도 선뜻 출판에 응해 주었다. 물론 일등 공신은 남다른 내공으로 짧은 시간 내에 좋은 원고를 보내 준 필자들이다. 모두에게 감사한다. 독자 여러분의 일독과 질정, 질적 방법론에 대한 사랑을 기대한다.

2015. 11.
필자를 대표하여
조항제 씀

서론

질적 연구 방법론과 한국의 커뮤니케이션학

조항제

● 조항제는 서울대학교 언론정보학과를 졸업하고 같은 학교 대학원에서 석사 및 박사 학위를 받았다. 현재 부산대학교 신문방송학과 교수이며, 한국콘텐츠진흥원 선임·책임연구원, 미국 텍사스대학교 방문 교수, 한국언론정보학회 회장 등을 지냈다. 저서로는 《한국 공영 방송의 정체성》, 《한국의 민주화와 미디어 권력》, 《한국 방송의 역사와 전망》, 《한국 방송의 이론과 역사》 등이 있다.

1. (과학)방법론과 지배

아서 아사 버거Arthur Asa Berger라는 학자가 있다. 주로 기호학과 구조주의, 텍스트 영상 분석 쪽에 많은 저서와 논문을 내서 제법 이름이 알려진 사람이고, 우리나라에도 몇 권의 책이 번역되었다. 이 학자가 동료에게 미디어 연구 방법에 관한 책을 썼다고 했더니, 동료가 미소를 지으며 "자네가 연구에 관해서 무엇을 알고 있는데?"라고 반문을 하더란다 (Berger, 2000/2001). 이 동료는 양적 방법론(곧 통계적 분석이다)을 전공하는 실증주의자로 보이는데, (다소 비약해서 말하면) 이 사람의 눈에 버거의 책은 연구 또는 과학이 아니며, 그 책이 여러 판을 찍고 이제 개정판까지 내면서 사회적으로 소비된 것은 이 분야의 발전과는 아무런 관련이 없는 것이었다.

버거 교수의 예로 시작했지만, 한국에서도 논문을 쓰면서 가장 많이 고민하고 또 가장 많은 질문을 듣는 것이 방법론이다. 인류가 '과학'이라는 새로운 지식 체계를 개발한 이후 또 커뮤니케이션학이 사회과학의 한 파트가 된 이후, 방법론은 마치 과학의 징표인양 끊임없이 따라다닌다. 대부분의 대학원에서 방법론이 이른바 필수가 되어 있고, 논문의 성패 요인 역시 대부분이 방법론적 문제다. 그리고 그 방법은 거의 압도적으로 양적 방법론이다. 그러나 왜 이렇게 특정 방법론이 대학원과 학계를 지배해야 하는지, 과연 그런 지배가 정당성이 있는지, 또 다른 방법론은 없는지에 대해서는 마치 너무나 당연한 현상인 것처럼 별반 말해주는 데가 없다. 사실을 알고 나면 이 현상은 과학이 낳은 자연스런 것이 아니고, 따로 설명이 필요한, 한국 나름의 특수한 현상이다.

2005년 커뮤니케이션학을 대표하는 학회인 국제커뮤니케이션학회(ICA) 회장을 지낸 독일 출신의 볼프강 돈스바흐Wolfgang Donsbach 교수에 따르면, 일반적 통념과 달리 ICA 회원들의 정체성은 '사회과학'을 넘어 '인문학'에까지 폭넓게 걸쳐 있다. 회원의 64%가 커뮤니케이션학이 사회과학(인문학은 44%)이라는 점에 강하게 긍정함에도 불구하고, 양적-경험주의의 필요성에 77%가 동의하는 것에 못지않게 질적-경험주의에도 66%가 손을 든다(Donsbach, 2006). 양과 질이 일정하게 균형을 이루는 이 설문의 결과는 글로벌한 무대의 실제 관행에서는 방법론이 결코 하나의 것에 지배되고 있지 않다는 점을 잘 보여 준다.

예를 더 들어보면, 방법론의 문제가 결코 심상한 일이 아님을 실감하게 된다. 2000년에 미국의 정치학계에서는 하나의 이메일로 시작되어 무려 4년 6개월 동안 830여 명의 회원들이 3000여 개의 글을 올려 서로의 글을 주장하거나 옹호한 이른바 '페레스트로이카 논쟁'이 있었다(김남국, 2005). 당시 미국을 지배하는, 대규모 모집단을 동원한 통계학적 방법과 합리적 선택 이론 및 게임 이론 등의 방법론 때문에 정치학이 '문제-중심'이 아닌 '방법론-중심'으로 바뀌고 있고, 결과적으로 현실이나 이론을 도외시하는 방법론적 연구들이 양산되고 있다는 게 논쟁을 제시한 측의 주장이다. 이로 인해 미국 정치학은 계량화될 수 없는 현상은 아예 연구 대상에서 제외하거나, 아니면 비정상적인 방법을 통해 억지로 계량화를 해서 현실을 심각하게 왜곡하고 있다. 이 주장이 맞는다면, 미국 정치학은 방법이 주는 한계 때문에 정작 중요한 현실과 학문의 자세를 심각하게 훼손당하는 것이다(이야말로 방법론 우선이다).

이렇게 방법을 우선하게 된 이유는 여러 가지지만, 가장 주된 것은 과학과 이론을 보는 시각에 심각한 편향이 있기 때문이다. 오로지 하나의 과학(또는 지식), 또는 하나의 이론만 존재한다고 믿는 일원주의가 이런 부작용을 부르는 것이다. 그러나 실상을 따져 보면, 이론의 종류에는 꼭 그런 것만 있지 않다. 6판을 거듭하면서 세계적인 표준 교과서로 인정받는 《매스 커뮤니케이션 이론》의 데니스 맥퀘일Denis McQuail 교수는 이론을 다음과 같은 5가지로 분류한다(McQuail, 2005/2008). 첫째는 사회과학적 이론이며, 둘째는 문화 이론, 셋째, 규범적 이론, 넷째, 운용operation 이론이고, 마지막 다섯째는 일상의 상식적 이론이다.

대체로 미디어와 관련 요인들에 대한 체계적이고 객관적인 관찰을 토대로 하는 사회과학적 이론이 양적 방법을 우선하는 경향이 있지만, 나머지 네 개의 이론은 그렇지 않고, 의외로 커뮤니케이션학에서 우리가 알고 가르치는 지식의 상당수는 이들로부터 온다. 이 가운데 운용이라는 다소 생소한 용어[1]를 쓰는 이론은 미디어 종사자들이 활동하는 과정에서 나타나는 실질적인 현상을 설명하고자 한다. 이들이 어떻게 뉴스를 선택하는지, 어떻게 수용자를 즐겁게 하려 하는지, 효과적인 광고는 어떻게 설계하는지, 사회가 허용하지 않는 한계를 어떻게 의식하고

1 맥퀘일만 이 용어를 쓰는 듯하며, 주로는 생산자 연구로 불린다(이 책의 7장 참조).

해결하는지, 수용자와 광고주를 어떻게 효과적으로 연결하는지 등의 현실적 문제를 탐구한다. 저널리스트의 윤리와 책무를 다루는 규범 이론의 영역과 일부 중복되기도 하는 이런 운용 이론은 커뮤니케이터와 미디어 조직 연구에 좋은 기초를 제공한다. 그러나 이 분야의 대부분의 연구는 양적 방법과는 거리가 멀다.[2]

과학과 이론, 그리고 이를 실현하는 방법(론) 사이의 이런 괴리는 우리가 학문을 하기 위해 방법을 어떻게 구사해야 하는지의 문/답을 매우 절실하게 만든다. 우리는 어떤 방법으로 과학과 이론을 추구해야 할까? 과연 양화quantification만이 절대적인 방법일까? 질적 방법론은 정말 과학과는 거리가 먼 걸까? 사회과학과 자연과학은 학문의 방법에서 아무런 차이가 없는 걸까? 만약 차이가 있다면 사회과학에 고유한 또는 적절한 방법은 무엇일까?

2. 양적 방법론과 질적 방법론

1) 양적 방법론의 허와 실

양적 방법론이 모범으로 삼는 것은 근대의 물리학이다. 물리학의 이상은 관찰, 측정, 통계와 일반화, 법칙의 발견과 예측이다. 흔히 방법론 교과서에 등장하는 과학의 목적, 곧 기술하고, 설명하며, 예측하고, 통제한다는 것은 다름 아닌 근대 과학-물리학에서 연원한 것이다. 양적 방

2 대표적인 예로 뉴스의 조직과 제작 관행에 대한 기념비적인 연구 중 하나인 터크만(Tuckman, 1978/1995)을 들 수 있다.

법론의 철학적 토대가 되는 실증주의는 단일 방법 전통으로 경험적 상관관계의 발견을 목적으로 과학적 설명의 기준을 기능적·지향적이나 수학적인 법칙의 추구(콩트, 마흐)에 둔다(Polkinghorne, 1983/1998: 39). 그런데 여기에서 수량화와 양적 방법이 '과학적인 것'으로 등장한 이유는 숫자가 정확성과 객관성을 담는 기호로 인정받기 때문이다. 숫자는 개인의 주관성이나 편견의 개입을 허용하지 않으며 세계를 공정하고 엄격하게 기술할 수 있는 비개인적이고 중립적이면서 보편적인 언어로 취급되어 왔다(이기홍, 2010).

그러나 이 점에는 숫자가 일정한 규칙이나 규약에 의해 생산되고 운용되며 그 자체가 고도의 질적 판단을 수반한다는 진실은 자주 감춰진다. 숫자의 규칙 또는 규약은 특정 사회의 과학적 공동체가 이른바 '기계적 객관성'을 획득하려는 시도이며, 계량한다는 것은 상이한 객체들을 공통의 규준을 사용하여 측정하거나 평가하는 것이다. 수량화는 객체의 복잡한 질을 무시하고 객체를 양화 가능한 특정의 질로 환원하고 단순화함으로써 구별한다. 이로써 양적인 셈은 질적인 범주적 판단과 구분할 수 없게 결합된다(이기홍, 2013). 방법론 학자 젠슨이 좁은 의미의 양-질 구분은 이론틀 수준과는 관련이 없다고 지적하면서 "이론이 상호 연관된 개념들의 구성물이라고 생각한다면 이론은 언제나 질적인 것이다. 이론적 수준에서 생각한다면 지리학이나 통계학도 질적 작업이다"(Jensen, 1991/2005: 25)라고 한 것도 이런 맥락에서이다.

특히 지금 시점에서 가장 논문의 표준적 구성으로 쓰이는 '이론→가설→관찰→경험적 일반화→(다시) 가설'[3]로 구성되는 회로는

3 이를 학술 논문으로 옮기면, '1. 문제의 제기, 2. 이론 검토 및 가설의 도출, 3. 자료 및 연구 방법, 주요 변수들과 분석 모형, 4. (통계적) 분석 (결과), 5. 결론'으로 구성된다. 그러

'유일의 방법론the Methodology'으로 양적 방법을 삼는다. 여기에서 양적 방법은 학자들 사이의 이른바 '과학정치'에서 헤게모니를 구축하고 일종의 '집단적 인지 습성'의 하나로 고착된 것이다(김웅진, 2014). 따라서 이런 방법론을 모르거나 사용하지 않는다면, 이는 학문 장에서 지켜야 하는 규칙을 위배하는 것으로 과학 또는 학문을 하는 자세가 아니게 된다. 이론 중심적이면서 구조적·체계적·계획적·객관적 등의 학문적 덕목 내지 준칙은 다른 방법으로는 잘 지킬 수 없다고 보는 것이다.

그러나 앞서 언급한 페레스트로이카 논쟁이 보여 주는 것처럼 이런 방법론적 일원주의는 내외의 집중적인 공격의 대상이 되고 있다. 양적 방법의 이론적 기반이 되었던 실증주의, 반증주의 등이 유력한 철학적 사조로서는 이미 수명이 다한 듯한 점도 이를 부채질한다. 이 논쟁에서 반대 측이 주장하는 것은, 첫째, 수단(방법론)이 아니라 목적(문제) 중심의 연구가 중요하므로 기존의 사고방식을 바꾸어야 한다는 점,[4] 둘째, 수단

나 이런 가설 연역적 방식은 엄밀하게 말해 대상을 탐구하는 방법이 아니라 논증의 논리적 타당성에 입각하여 이론을 검증하는 방법이다. 연역 논증은 전제들 속에 이미 있는 것을 조작할 뿐, 검증에 부칠 수 없는 이론은 과학이 아니므로 새로운 것은 다루지 않는다. 새로움은 새로운 '기존 이론'이거나 새로운 '방법'(통계 기법)이거나 새로운 '자료'에 그친다(이기홍, 2006, 2008). 왜 한국의 학계가 외국 이론들의 전시장이 되는지의 이유가 여기에 있고, 새로운 기법이나 자료에 열광하는지도 이를 통하면 쉽게 알 수 있다. 이런 사고 속에서 우리가 우리의 문제를 스스로 사고해 새로운 유리스틱heuristic을 찾아내는 것은 사실상 불가능하다.

4 페레스트로이카 논쟁에서 지적된 미국 정치학계의 재미있는, 그러나 결코 웃을 수 없는 현상 하나는 미국 정치학자들이 자신의 경력을 밝힐 때, 자신의 논문이 실린 저널의 제목(《미국 정치학 리뷰*American Political Review*》다)을 자랑하지, 결코 논문의 제목이나 주제를 말하지 않는다는 점이다(김남국, 2005). 이야말로 전형적인 방법론 중심 학문의 단적인 증거다. '등재'지를 우선하는 한국의 사회과학계 역시 미국의 정치학계를 따라가고 있다.

은 여럿이 있을 수 있다는 방법론적 다원주의다. 다양한 방법론 사이의 인식론적·존재론적 차이를 인정하고 하나의 방법론이 모든 법칙의 원천이 되는 방식은 지양되어야 한다는 것이다. 셋째는 다양한 학문과 연구 전통을 계승·발전시키는 학제적 연구다.

2) 질적 방법론의 특징

질적 방법은 양적 방법에 반대되는 것으로 사회 현상을 판단하는 철학적 기초, 예를 들어 존재론이나 인식론, 연구 목표, 가치, 관심 등이 모두 다르다. 분석 방식이나 도구, 일반화 가능성, 자료 형태 등의 연구의 내적 판단에서도 차이가 있다. 예컨대 질적 방법을 '구성주의'로 명명하는 다음의 인용은 이를 가장 단적으로 보여 준다.

> 과거에는 방법론이 존재론적으로 실증주의적 가정 — 불변의 자연법칙에 의해 추동되는 객관적 실체가 저기에 존재한다는 — 에 근거하고, 인식론적으로는 관찰자와 관찰 대상 사이의 이원성이라는 대립적 가정 — 관찰자는 관찰 대상의 영역 밖에 자리하고 있다고 상정하는 — 에 기초하였다. …… 이와 대조적으로 이제는 실재들이 '저기에' 객관적으로 존재하는 것이 아니라 사람들이 그들의 환경을 이해하고자 '구성하는' 것이다. 새로운 패러다임은 우리가 구성주의 패러다임이라고 부르게 된 속에 존재한다. 그 패러다임은 실재론적 존재론이 아니라 상대주의적 존재론에 의존하며, 이원론적 객관주의적 인식론이 아니라 일원론적 주관주의적 인식론에 의존한다(Guba & Lincoln, 1989: 이기홍, 2013: 6에서 재인용).

독립변수와 종속변수의 범주형 이항 대립으로 단순화된 인과관계를 추구하면서 반복가능성을 높이고 일반화를 목표로 하는 양적 방법의 입장에서 볼 때, 질적 방법은 너무 느슨하고 너무 다양하며 너무 주관적이다. 이런 방법으로는 표준화가 불가능해서 개인 차이가 너무 크고 그런 만큼 신뢰할 수도 없어 말 그대로의 '방법'이 될 수 없다. 그러나 질적 방법의 연구자들은 오히려 그런 점이야말로 질적 방법의 특징이라고 말한다. 양적 방법이 상대적으로 단일한데 비해 질적 방법은 지배적인 이론이나 방법(론)이 없고, 한 방법론을 다른 것보다 우위에 두지 않으며, 심지어 내부에 양립하기 어려운 관점들까지 포괄한다(Denzin & Lincoln, 2011/2014).[5] 다음의 정의는 이를 잘 표현하는 것이다(Denzin & Lincoln, 2011/2014: 27, 번역 수정).

> 질적 방법론은 학제적, 범(분과)학문적transdiciplinary, 그리고 종종 대안 (분과)학문적counterdisciplinary 영역이다. 그것은 인문학뿐만 아니라 사회과학과 물리학을 가로지른다. 질적 방법론은 동시에 여러 가지가 될 수 있다. 그것은 초점에서 다패러다임multiparadigmatic적이다. 그것의 연구자들은 다양한 방법의 가치에 민감하다. 그들은 인간 경험의 자연주의적 관점과 해석학적 이해에 헌신한다. 동시에 이 영역은 본질적으로 정치적이고, 여러 윤리·정치적 입장에 의해 형성된다. 또한 동시에 질적 연구는 두 개의 긴장을 포용한다. 한편으로는 광범위한 해석학, 탈실험주의post-experimentalism, 탈근대, 페미니스트 그리

5 이를 '패러다임 논쟁'으로 부르는데, 유의할 것은 이 논쟁에 임하는 양적 방법 진영의 태도다. 사회과학 전반을 실효적으로 지배하는 이 진영은 구태여 이런 논쟁에 참여할 필요가 없다. 이유인즉슨 이미 대학원에 강의가 필수로 있고, 표준적인 교과서가 있으며, 같은 훈련을 받은 선배/동료가 광범위하게 존재해 기득권을 보장해 주기 때문이다. 오히려 논쟁에 휘말리면 자신의 과학적 타당성이 의심받을 수도 있다(이기홍, 2013 참조).

> 고 비판 이론적 민감성이다. 또 다른 한편으로는 인간의 경험과 그것을 분석하고자 하는 협의적 의미의 실증주의, 탈실증주의, 인본주의 그리고 자연주의적 개념이다. 어떤 경우에는 탈근대나 자연주의 또는 비판과 인본주의 관점에서 나오는 긴장이 같은 기획 안에서 합쳐져서 나타날 수도 있다.

물론 질적 방법에도 주요한 것이 없지는 않다. 개별 학문 또는 연구 대상에 따라 차이가 있지만, 크레스웰이 든 다섯 가지, 즉 내러티브 연구, 현상학, 근거 이론, 민속지학ethnography,[6] 사례 연구 등이 많이 쓰이며(Cresswell, 2007/2010),[7] 여기에 역사 연구, 참여 관찰, 텍스트 분석, 해석학, 페미니즘, 정신분석학, 기호학, 서사 분석, 담론분석, 대화 분석, 퀴어 연구 등을 포함시킬 수 있다(Denzin & Lincoln eds., 2011/2014). 폭넓게 반실증주의 전반을 예시하면, 탈실증주의, 비판 이론(페미니즘 + 인종), 구성주의(혹은 해석주의), 참여주의participatory(+ 탈근대) 등을 열거할 수 있다(Lincoln, Lynham, & Guba, 2011/2014). 미디어 분야로 좁혀 보면, 로버트 앨런Robert Allen이 TV 비평의 방법으로 열거한 기호학, 서사 이론, 독자 반응 비평, 장르 연구, 이데올로기 분석, 페미니스트 비평, 영국의 문화연구 등도 참조가 되며(Allen, 1987/1992), 여기에 정치경제학, 담론분석 등이 추가될 수 있다(강진숙, 2008). 이들 전체를 아울러 질적 연구 방법의 영역이라 불러

6 원래 번역은 '문화기술지'다. 인류학에서는 일반적으로 이렇게 번역하나 커뮤니케이션학에서는 주로 민속지학으로 하므로 바꾸어 썼다.

7 이렇게 나누면서 크레스웰은 질적 연구의 철학적 층위를 구분하는데, 가장 큰 층위인 패러다임에서는 '탈실증주의,' '사회구성주의,' '옹호/참여주의,' '실용주의' 등의 네 가지로, 이보다 낮은 해석적 공동체로는 '탈근대 관점,' '페미니즘,' '비판 이론과 비판적 인종 이론,' '동성애 이론,' '장애 이론' 등을 제시했다.

표 1 양적 연구와 질적 연구의 강조점

	양적 연구	질적 연구
과학적 방법	확증적, '하향식'(연역), 자료를 사용하여 이론과 가설 시험	탐색적, '상향식'(귀납), 자료에서 가설·근거 이론·지식 산출
존재론	객관적, 물질적, 구조적, 동의적	주관적, 정신적, 개인적, 구성적
인식론	과학적 실재론, 진리 추구, 가설의 경험적 확증에 의한 정당화, 보편적인 과학적 기준	상대주의, 개인적 및 집단적 정당화, 다양한 기준
인간 행위에 대한 견해	규칙적, 예측 가능	상황적, 사회적, 맥락적, 개인적, 예측 불가능
연구 목표	양적/숫자적 서술, 인과 설명, 예측	질적/주관적 서술, 공감적 이해, 탐색
관심	일반적인 과학 법칙 판별	특정 집단과 개인에 대한 이해
초점	협소한 시각, 특정 가설 시험	광범하고 심층적인 시각, 현상의 넓고 깊은 조사
관찰의 특성	통제된 조건 속의 행위 연구, 단일 변수들의 인과적 효과 분리	자연적 상황 속의 개인과 집단 연구, 내부자의 관점, 의미, 견해에 대한 이해 추구
자료의 형태	구조적이고 인증된 자료 수집 도구 사용. 엄격한 특정에 기초한 양적 자료 수집	심층 인터뷰, 참여 관찰, 현지 조사, 개방형 질문지 등을 통한 자료 수집, 연구자 자신이 자료 수집의 주요 도구
자료의 특성	변수	단어, 이미지, 범주
자료 분석	변수들 사이의 통계적 관계 판별	서술 자료 사용, 유형·전체적 특성의 탐색, 차이/변이 파악
결과	모집단에 대한 외부자의 객관적 관점에서의 재현을 제공하는 일반화 가능한 발견	내부자의 관점을 제공하는 개별주의적 발견
최종 보고 형태	형식적인 통계적 보고(상관관계, 평균의 비교, 발견의 통계적 중요성)	비형식적인 서사적 보고(맥락적 서술, 연구 참여자에 대한 직접 인용)

출처: Johnson & Christensen(이기홍, 2013: 9~10에서 재인용).

도 큰 무리는 없을 것이다. 표 1은 이런 양적 연구와 질적 연구의 차이점을 집약해 놓은 것인데, 이런 유형화는 여러 책에서 유사한 형태로 변주된다(이 책의 1장; Jensen, 1991/2001; Berger, 2000/2001; Lincoln, Lynham, & Guba, 2011/2014).

이런 방법상의 차이에 대해서는 다양한 견해가 존재할 수 있다(이 책의 12장; Lincoln, Lynham, & Guba, 2010/2014). 방법론 사이의 존재론·인식론적 단절을 강조해 하나의 패러다임만을 고집할 수도 있고, 자료를 얻거나 해석하는 '도구'의 상이함 정도로 간주해 다소 실용적으로 양자를 보완 관계로 설정할 수도 있으며, 질과 양을 대립시키는 가운데 일정한 합일점을 찾아내는 변증법적 모델도 가능할 것이다. 이에 대해서는 합의나 당위가 불가능하지만, 어떤 입장이든 연구의 목적(곧 '문제,' '현상')에 준해 얼마나 열린 자세로 방법(론)을 선택할 수 있느냐가 관건이 된다.[8]

3. 한국의 사회과학/커뮤니케이션학과 방법론 문제

1983년에 서구 학계에서 벌어진 '학계의 동요Ferment in the Field'[9]는 방법

8 논문을 쓸 때, 가장 직접적으로 만나는 문제를 통해 판단을 내려 보면, 연구 대상과 목표에 따라 소수의 (심층) '인터뷰'냐 (대표성과 일반화를 의식한) 비교적 다수의 '설문 조사'냐, 자연 상태를 중시한 (참여) '관찰'이냐 아니면 변수에 따라 특수하게 처치된 '실험'이냐, 텍스트 측면에서는 문화나 맥락을 중시한 (기호학을 포함한) '담론 이론'이냐 메시지의 양적 구성에 초점을 둔 '내용 분석'이냐에 따라 갈라진다. 대상이 문자로 이루어진 공식적 문서에 그치지 않고, 수량화하기 어려운 영상이나 기호, 사진, 메모, 인터뷰 등인 점도 방법의 선택에 영향을 미친다.

9 '학계의 동요'는 1983년 〈커뮤니케이션 저널*Journal of Communication*〉에서 '오늘날

론과도 밀접한 연관이 있는 비판/실증 사이의 대규모 패러다임 논쟁이었다. 이 논쟁에서 양자는 비판적 관점 대 행정관리적 관점,[10] 질적 연구 방법 대 양적 연구 방법, 인문주의적 접근 대 사회과학적 접근 등으로 나뉘어 열띤 논쟁을 벌였다. 이 논쟁은 한 번으로 끝나지 않았고 나중에는 책자로도 묶여 학회가 일구어 낸 흔치 않은 학문적 성과가 되었다(Dervin et al., eds., 1989 참조). 이때 이후로 방법론적 다원주의와 다양한 접근 간 문제의식·관점의 수렴이 하나의 조류로 정착되었다.[11]

일찍이 커뮤니케이션학에서는 이른바 4비조[12] 중 하나였던 폴 라자

커뮤니케이션학의 상태,' '연구자와 과학, 사회 그리고 정책의 관계,' '사회적 이슈나 구조와 연관된 연구자의 목적,' '연구 목적을 달성하기 위한 수단이나 전략' 등의 주제를 공모하고 이에 응한 10개국, 41명 연구자들의 35개의 에세이를 모은 특집의 이름이다. 이름에 걸맞게 이 특집에서 필자들은 학계 내부에 다양한 지식의 패러다임들이 존재하며, 이들이 보완보다는 서로 갈등하고 각축한다는 점을 잘 보여 주었다.

10 이 이분법에서 '비판'의 반대가 '실증'이나 '경험'이 아니고 행정관리적administrative인 이유가 궁금할 것이다. 포터에 따르면 사회과학에서 숫자와 수량화의 사용은 물리학을 모방하고자 하는 학문적 전통만큼 관료제와 행정 및 회계의 맥락에서도 발전하였다고 지적한다. 수량화는 어떤 면에서 과학성보다는 주민과 재화를 얼마만큼 효율적이고 타당하게 관리하느냐 하는 문제와 관련이 깊었다는 것이다. 사회과학에서 통계적 방법의 사용은 물리학을 뒤따르는 과정에서 발생한 필연적 산물이었다기보다는 정치와 시장의 목적을 달성하기 위해 심리학과 통계적 수학을 서로 연계시켜 이용하는 과정에서 발전했다(Porter, 2003; 이기홍, 2010에서 재인용).

11 예컨대, 비판적 접근 측에서는 '신수정주의'를 들 수 있고(Curran, 1990), 주류 측에서는 내용 분석과 효과론을 아우르면서 한 시대를 풍미하고 있는 프레임 연구를 들 수 있다.

12 미국에서 커뮤니케이션학을 제도적·학문적으로 정립시켜 지금의 모양새를 갖추게 한 네 사람의 시조, 곧 해럴드 라스웰Harold Lasswell, 폴 라자스펠드, 커트 레윈Kurt Lewin, 칼 홉랜드Karl Hovland 등을 말한다. 이 중 사회학이 전공(원래는 수학이다)인 라자스펠드는 지금의 양적 방법론의 기초가 되는 조사 분석을 정착시켰다. 사회과학을 자연과학의 2세 동반자쯤으로 여겼던 당시의 분위기는 '조사 분석과 파슨스 이론의 기묘한 결혼'으로 묘사되

스펠드Paul Lazarsfeld에 의해 이미 학문적 입장이 비판과 행정관리로 나눠진 적이 있었고, 많이 알려지지는 않았지만 프랑크푸르트학파(비판 이론)의 아도르노가 미국으로 망명했을 당시 컬럼비아대학에서 라디오연구소를 이끌고 있었던 라자스펠드와 '전문가'와 '지성인'으로 대별될 수 있는 '공약 불가능한incommensurable' 시각과 방법 차이가 있었다는 점(예컨대, Pollak, 1980 참조), 미국을 중심으로 한 커뮤니케이션 연구가 학문적 전통이 다른 유럽으로 확산되어 가면서 패러다임이 서서히 달라지고 있었다는 점[13] 등으로 미루어 이런 논쟁은 예비되어 있었던 것이나 다름없다. 그러나 그렇다고 해서 논쟁이 기존의 양적 방법론 위주의 지배적 흐름을 바꾸었다는 증거는 많지 않다.

한국의 커뮤니케이션 학계에서도 1980년대 중후반에 걸쳐 '비판–실증'의 패러다임 논쟁이 있었다. 이 논쟁은 방법(론)에 국한되지 않고, 학문 전체의 사회적 역할과 존재 의의라는 좀 더 큰 차원에서 벌어졌다. 논쟁의 이유는 당시의 학문과 환경적 요인 사이의 모순과 괴리 때문이었다. 1970년대부터 한국의 학계에는 미국을 중심으로 한 과학주의가 지배적 추세로 도입되기 시작했고, 일부 대학원에서는 양적 방법이 전공 필수가 되었다. 그러나 정치·사회 체제에서는 유신과 5공으로 이어

기도 했다. 이는 집단 연구에 충실했던 과거 의미에서는 전혀 사회학적인 것이 아니었고, 변수의 속성들이 특징인 '원자原子–개인'의 연구로 완전히 바뀐 것이었다(Abbot & Sparrow, 2007). 사회학보다 더 '조사'와 '방법론'의 비중이 큰 커뮤니케이션학은 1930년대부터 라디오를 연구했던 이런 라자스펠드의 수학적 사회학에 깊게 영향 받았다.

13 예컨대 1990년대 이후 출간되기 시작하는 질적 방법의 교과서(핸드북)에 참여한 연구자들의 면면을 보면 쉽게 알 수 있는 일이다(Jensen & Jankowsky eds., 1991/2005; Jansen ed., 2002). 편집자인 젠슨은 덴마크, 잔코스키는 네덜란드 출신이며, 미국 학자도 참여했지만 대부분의 필자가 유럽 쪽이다.

지는 엄혹한 언론 통제 체제가 여전히 지속되었고, '권언복합체'의 하나가 된 주류 언론은 저항적 언론인들을 억압하면서 왜곡과 편파를 자행했다. 그러나 '과학화'되기 시작한 학문은 객관주의라는 미명하에 이런 현상을 분석하거나 비판하기를 거부했다. 비판 패러다임은 이런 학문과 현상 사이의 괴리를 극복하기 위해 탈실증주의, 탈미국, 현실 문제의 천착, 규범성의 회복, 학문의 민주화를 기치로 내세우면서 등장했다.[14] 서구의 논쟁은 논리나 대안에서 반면교사가 되기는 했지만, "정치적 이슈를 둘러싼 이념적 적대 지형 위에서 전개된" 한국의 논쟁(강진숙, 2008: 82)은 한국의 특수한 산물이었고 그만큼 학문 외적 성향이 강했다.[15]

그러나 이런 논쟁이 기존 학계의 관행을 극복할 수 있는 보다 체계적이고 설득력 있는 대안의 제시로 이어졌는가에 대해서는 상당히 회의적인 대답을 할 수밖에 없다. 이론적 지평을 확대하고 현상 분석에 어울리는 방법(론)을 개발하는 것이 논쟁 이후의 숙제였지만, 비판 진영은 이에 충분히 대응하지 못했다(조항제, 2008). 특히 질적 연구 방법은 양적 방법 일변도였던 이 분야에서 기존 연구의 한계를 극복하고 다양성과 비판성을 꾀하는 유력한 대안이 될 수 있었지만, 비판 진영의 노력은 미흡했다.

14 이때의 비판적 접근의 성격을 필자는 "1980년대의 사회 구조·운동·인식의 심화 과정의 일부분으로서 그리고 1970년대 실증주의학의 보수적·체제 지향적 전통과 지적·학문적 종속에 대한 안티테제"(조항제, 1990: 430)로 표현한 바 있다.

15 한국 논쟁의 산물이라고 볼 수 있는 책(한국언론학회 엮음, 1991)은 이미 한국 사회가 나름의 민주화를 이룩하고 난 이후에 나와 1980년대의 문제의식을 충분히 반영하지 못했다. 이 책이 "한국 풍토에서의 생성 과정과 특성을 논해야 함에도 불구하고 교과서적이고 원론적인 완성품"(p.8)이 되고 만 이유다. 물론 그렇다고 이 책이 일독의 가치까지 없다는 뜻은 아니다.

국내에서 질적인 연구 방법이 "매우 익숙하고 친근하다"(나미수, 2012: v)는 진단도 있지만, 그렇다고 (다음에 살펴보듯이) 방법론에 관한 책이 많거나 이 분야를 전공으로 하는 연구자가 많은 것은 결코 아니다. 오히려 턱없이 부족하다고 말하는 것이 옳다. 물론 양적 방법론에 대한 전공자 역시 사회과학 전체를 통틀어 몇 안 되는 점도 같이 지적해야 정당할 것이다. 학문의 수단인 방법론이 이처럼 도외시되는 것도 한국의 학계가 무언가를 만들기보다는 남이 해 준 것을 그저 쓰는 데 주력했다는 방증傍證이다. 그런 면에서 이 책은 질적 방법론뿐만 아니라 방법론 전체에 대해서도 기여하는 바가 있다.

4. 질적 방법론의 교과서와 이 책의 특성

이 분야의 '교과서'로 가능한 책을 살펴보면, 먼저 활용도의 지리적 규모나 학문적 포괄성, 판수, 참고 문헌 면에서 가장 압도적인 《질적 연구 핸드북》(4판, 2011/2014)을 들 수 있다. 질적 연구는 사회학, 사회복지학, 인류학, 커뮤니케이션학, 교육학, 문화학, 여성학, 간호학 등에서 많이 활용되는데, 이 책은 거의 대부분의 분과 학문을 포괄한다. 특히 4부에서는 내러티브, 미학, 구술사, 관찰, 시각적 방법론, 수행적 자기 기술 민속지학 performative autoethnography, 온라인 민속지학, 대화/텍스트 분석, 포커스 집단 연구 등 자주 쓰이는 방법들이 구체적으로 서술되어 있다. 그러나 1000쪽(번역본 기준)이 넘는 볼륨에 비추어 커뮤니케이션학·문화학의 입장에서 보면 참고할 수 있는 사례가 상대적으로 적은 것이 이 책의 한계다.[16] 번역 역시 여러 명이 참여한 탓에 장 간 편차가 크고, 용어나 개념도 사회과학의 일반적 관행을 따르지 않는 경우가 많아(주로 교육학자들이 번역했다) 읽기가 상당히 불편하다. 그러나 국제적 측면에서 오랫동안 통용되어 온 교과서이고, 방법'론' 자체에 대해서는 역사와 현재, 미래가 모두 다루어지므로 일독의 가치는 충분하다 하겠다.

사회복지학자들이 번역한 크레스웰의 저서 《질적 연구 방법론: 다섯 가지 접근》(2판, 2007/2010)은 앞서 언급한 대로 내러티브 연구, 현상학, 근거 이론, 민속지학, 사례 연구 등의 주요 질적 연구 방법을 연구 문제의 설정, 자료 수집, 자료 분석과 제시, 글쓰기, 타당성 기준과 평가 등의 논문의 구성 순서로 살피고 있다. 연구의 단계 단계마다 각 접근의 특성을 세심하게 비교한 부분은 이 책의 큰 장점이다. 그러나 이 책 역시 큰 의미의 (논문) 구성 방식이나 방법론 차원의 공부 외에 커뮤니케이션학 측의 입장에서 실제 논문을 쓸 때 참고할 수 있는 구체적인 사례가 거의 없다는 한계가 있다.

《문화와 역사 연구를 위한 질적 연구 방법론》(2판, 2013)은 인류학자 윤택림이 한국 문화와 사회를 연구하고자 하는 학생에게 맞추어 집필한 책이다. 국내 연구(입문)서로는 최초여서 질적 방법을 택한 논문에서는 빠지지 않고 인용된다. 이 책의 미덕은 현지 조사와 참여 관찰, 인터뷰, 초점 집단, (구술)생애사 등의 주요 질적 방법들의 요령이 실제 해 본 연구자의 입장에서 매우 구체적으로 상술하고 있다는 점이다. 그런 면에서 저자의 학문적 배경이 인류학인 점은 오히려 장점이 되지만, 역시 커뮤니케이션학 측에서 보면 직접적으로 참고할 만한 사례가 적어 실감이

16 이를테면, 영국 태생이지만 이미 영국의 경계를 넘어 전 세계로 확대된 문화연구의 경우, 대부분의 대중문화 장르와 계급 · 인종 · 종족 · 신체 등의 주제를 망라하는 데 비해 이 책에서 다룬 주제는 '신체 문화bodily culture'에 대한 것으로 이 책의 제목인 '핸드북'에 비추어 보면 아무래도 협소한 주제다.

크게 나지 않는 게 흠이다.

젠슨과 잔코스키가 편집한 《미디어 연구의 질적 방법론》(1991/2005)은 커뮤니케이션 분야에서 나온 질적 연구 방법의 저서 중 선구서에 속한다. 이 책은 역사와 체계, 화용론pragmatics 등의 3부로 책 전체를 나누고, 1부 역사에서는 질적 연구 방법이 발원해서 이 분야에 정착되는 과정을, 2부 체계에서는 조직(뉴스/드라마)과 내용(뉴스/콘텐츠), 수용자(담론적 의미/시청 맥락), 맥락(공간적 공동체/시간적 역사) 등의 각론을, 마지막 3부에서는 이론 개발과 연구의 사회적 맥락에서 방법이 활용될 수 있는 측면을 다루었다. 이 책은 나중에 양적인 방법까지 더해 새로운 핸드북(Jensen ed., 2002)으로 발전하지만, 이 자체로도 충분한 의의가 있다. 물론 시기적으로 다소 오래된 한계는 감수할 수밖에 없다.

나미수의 《미디어 연구를 위한 질적 방법론》(2012)은 이 분야에서 나온 커뮤니케이션학자의 첫 저서다. 이 책은 1부와 2부로 나누어, 1부에서는 주로 수용자를 연구하는 입장에서 심층 인터뷰와 참여 관찰에 집중해 연구 방법을 설명하고, 2부에서는 자신의 논문을 강의에 맞게 수정해 사례 연구로 제시했다. 앞서 본 책들에서는 볼 수 없는 친숙한 사례들 — 젠더, 청소년, 대중문화, 테크놀로지, 지역 언론 등 — 이 나와 관련 논문을 쓰는 데 직접적인 도움이 되는 큰 미덕이 있지만, 아무래도 범위는 좁다는 느낌이 든다.

이렇게 현황을 살펴보면 이 책의 상대적 장점이 자연스럽게 도출된다. 이 책에서는 커뮤니케이션학에서 많이 사용하는 민속지학(1장), 영상(2장), 서사(내러티브)(3장), 담론(4장), 구술사(5장), 수용자(6장), 생산자(7장), 인터넷(8장), 저널리즘(9장) 등을 모두 포괄했다. 여기에 다른 책에는 없는 집합적 기억(10장), 도시 공간(11장)까지 넣었다. 마지막 12장은 질적 방법이 기왕의 양적 방법과 어떤 관계에 있을 수 있는지를 구체적인 사례들을 중심으로 분석했다. 이로써 미디어의 수용 맥락과 심리 상태, 영상을 비롯해 다양한 미디어의 생산물 분석, 뉴스를 둘러싼 복잡한 내외 역학, 언론사 내 생산 현장과 조직 특성, 사이버커뮤니티, 문서에 국한되지 않는 구술의 역사(서발턴subaltern의 역사는 이렇게 전승된다) 등도 연구의 목록에 포함되게 되었다.

양적 방법의 학계 지배가 많은 문제를 일으킨 것은 사실이지만, 그 나름대로 지금까지의 발전이 의의가 없었던 것은 아니다. 그러나 질적 방법이 성장할수록 양적 방법 역시 자극을 받았던 점 역시 부인할 수 없다. 양 방법론의 수렴이 많은 생산적 결과를 낳았던 점이 이를 웅변한다. 방법론의 다원화는 분과 학문을 넘어 사회과학 전반의 발전을 도모할 수 있는 계기가 된다. 상대적으로 표준화가 많이 진행된 양적 방법에 비해 질적 방법은 아직도 향상될 수 있는 여지가 많다. 질적 방법에 대한 관심과 사랑을 기대한다.

참고 문헌

강진숙 (2008). “한국 비판언론학의 질적 연구 방법 적용 사례 연구,” 〈한국언론정보학보〉, 43, pp.81∼114.

김남국 (2005). “미국 정치학계의 방법론 논쟁에 대한 소고,” 〈한국정치연구〉, 14-1, pp.227∼249.

김웅진 (2014). “사회과학 지식의 방법론적 인증: 경험적 인식의 선험적 정당화,” 〈국제정치논총〉, 54-4, pp.9∼36.

나미수 (2012). 《미디어 연구를 위한 질적 방법론》. 커뮤니케이션북스.

윤택림 (2013). 《문화와 역사 연구를 위한 질적 연구 방법론》. 아르케.

이기홍 (2006). "설명적 사회학과 글쓰기," 〈한국사회학〉, 40–6, pp.1~24.

이기홍 (2008). "사회과학에서 생산성 그리고 구상과 실행의 분리," 〈경제와 사회〉, 77, pp.10~33.

이기홍 (2010). "양적 방법의 사회학," 〈사회와 이론〉, 17, pp.191~227.

이기홍 (2013). "양–질 구분을 다시 생각한다," 〈한국사회학〉, 47–2, pp.1~30.

조항제 (1990). "한국의 비판커뮤니케이션 연구에 대한 비판적 검토: 석사 논문을 중심으로," 《인석 박유봉박사 고희기념논문집》. 보성사.

조항제 (2008). 《한국 방송의 이론과 역사》. 논형.

한국언론학회 엮음 (1991). 《한국 언론학의 쟁점과 진로》. 나남.

Abott, A. & J. T. Sparrow (2007). "Hot war, cold war: The structure of sociological action, 1940–1955." In C. Calhoun (ed.), *Sociology in America: A History*, pp.281~313, Chicago, IL: University of Chicago Press.

Allen, R. (ed.) (1987/1992). *Channels of Discourse: Television and Contemporary Criticism*. [김훈순 옮김. 《텔레비전과 현대 비평》. 나남. 1994].

Berger, A. A. (2000/2001). *Media and Communication Research Methods*. [류춘렬 외 옮김, 《커뮤니케이션 연구 어떻게 할 것인가》. 커뮤니케이션북스. 2001].

Cresswell, J. W. (2007/2010). *Qualitative Inquiry and Research Design: Choosing Among Five Approaches*. (2nd ed.). [조흥식 · 정선욱 · 김진숙 · 권지석 옮김, 《질적 연구 방법론: 다섯 가지 접근》. 학지사. 2015].

Curran, J. (1990). "The new revisionism in mass communication research: A reappraisal," *European Journal of Communication*, 5(2–3), pp.135~164.

Denzin, N. K., & Y. S. Lincoln (eds.) (2011/2014). *The Sage Handbook of Qualitative Research*. [최욱 외 옮김, 《질적 연구 핸드북》. 아카데미프레스. 2014].

Denzin, N. K., & Y. S. Lincoln (eds.) (2011/2014). *Introduction: The Discipline and Practice of Qualitative Research*. [최욱 외 옮김, 《질적 연구 핸드북》. 아카데미프레스. 2014].

Dervin, B., L. Grossberg, B. J. O'Keefe, & E. Wartella (eds.) (1989). *Rethinking Communication: Volume 1, Paradigm Exemplars*. Newbury Park, CA: Sage.

Donsbach, W. (2006). "The identity of communication research," *Journal of Communication*, 56, pp.437~448.

Jensen, K. B. (1991/2005). *Introduction: The Qualitative Turn*. [김승현 외 옮김, 《미디어 연구의 질적 방법론》. 일신사. 2005].

Jensen, K. B. & N. Jankowsky (eds.) (1991/2005). *A Handbook of Qualitative Methodologies for Mass Communication Research*. [김승현 외 옮김, 《미디어 연구의 질적 방법론》. 일신사. 2005].

Jensen, K. B. (ed.) (2002). *A Handbook of Media and Communication Research: Qualitative and Quantitative Methodology*. London: Sage.

Lincoln, Y. S., S. A. Lynham, & E. G. Guba (2011/2014). *Paradigmatic Controversies, Contradictions, and Emerging Confluences*, revisited. [최욱 외 옮김, 《질적 연구 핸드북》. 아카데미프레스. 2014].

McQuail, D. (2005/2008). *McQuail's Mass Communication Theory*. [양승찬 · 이강형 옮김, 《매스 커뮤니케이션 이론》. 나남. 2008].

Polkinghorne, D. (1983/1998). *Methodology for the Human Sciences: Systems of Inquiry*. [김승현 외 옮김, 《사회과학방법론》. 일신사. 2001].

Pollak, M. (1980). "Paul F. Lazarsfeld: A sociointellectual biography," *Knowledge: Creation, Diffusion, Utilization*, 2－2, pp.157～177.

Tuckman, G. (1978/1995). *Making News: A Study in the Construction of Reality*. [박홍수 옮김. 《메이킹 뉴스: 현대 사회와 현실의 재구성 연구》. 나남. 1995].

1장

질적 연구의 특성

민속지학을 중심으로

김영찬

● 김영찬은 한국외국어대학교 스페인어과를 졸업하고 미국 일리노이대학교 ICR에서 커뮤니케이션학 박사 학위를 받았다. 현재 한국외국어대학교 미디어커뮤니케이션학부 교수이며 전공 분야는 문화연구와 질적 연구 방법론이다. 책으로는 《한국 방송의 사회문화사》(공저), 《TV 이후의 텔레비전》(공저), 《미디어 연구의 질적 방법론》(공역) 등이 있으며, 논문으로는 "1970년대 텔레비전 외화 시리즈 수용 연구: 자기민속지학과 구술사 방법론을 중심으로," "베트남의 한국 TV 드라마 수용에 관한 현장 연구," "텔레비전 연예정보 프로그램의 생산자 문화에 대한 민속학적 연구"(공저) 등이 있다.

좋은 질적 연구란 어떤 것일까? 좋은 질적 연구자란 어떤 연구자이며, 우리는 어떤 노력을 해야 혹은 어떤 실력과 혜안을 갖춰야 좋은 질적 연구자가 될 수 있는 것일까? 이 장은 이러한 근원적인 질문에 답하기 위한 오랫동안 고민한 결과를 정리한 것이다. 따라서 이 장의 제목은 학술논문을 떠올리게 하는 '질적 연구의 특성: 민속지학ethnography을 중심으로'보다는 '좋은 질적 연구자 되기'가 더 적절할 것 같다.

이 장은 다양한 질적 연구 방법들 전체를 개관한다기보다는 질적 접근 내지 질적 연구의 전통과 특성, 질적 연구와 양적 연구의 차이 등을 먼저 간략하게 정리한다. 이후 좋은 질적 연구자가 되기를 꿈꾸는 학생들에게 실질적인 도움이 될 수 있는 이야기, 즉 한 동료 연구자의 표현을 빌면 "방법론적 상상력을 자극할 수 있는" 논의를 담고자 했다. 다양한 이론과 방법론을 테스트해 보며 한창 치열하게 공부하는 후학들이 이 장에서 받은 영감과 정신과 태도를 실제 민속지학의 전 과정에 적용하고 수행해 본다면 좋은 질적 연구로 한 걸음 더 나아갈 수 있지 않을까 기대해 본다.

1. 미디어와 커뮤니케이션 연구 분야의 질적 연구의 부상

젠슨(Jensen, 2002)이 잘 지적했듯이, 미디어와 커뮤니케이션 연구 분야에서 질적 연구qualitative research가 대안적인 패러다임 내지 연구 방법으로 떠오르게 된 것은 기존의 단선적/선형적 커뮤니케이션 모델에 대한 비판적 성찰이 그 바탕이 되었다. 이러한 비판적 성찰은 주로 문화연구자들에 의해 수행되었는데, 각각 영국 문화연구와 미국 문화연구의 태두로 분류되는 레이먼드 윌리엄스Raymond Williams와 제임스 캐리James Carey 같은 문화연구자들에 따르면, 커뮤니케이션은 학계의 주류를 형성하는 실증주의 학자들이 주장하는 것처럼 단순한 SMCR 모델로 환원될 수도 없고 되어서도 안 된다. 왜냐하면 커뮤니케이션은 의미를 집단적으로 공유하는 것이고 커뮤니티 형성과 유지의 조건이 되므로 결국 사람들의 일상적 삶의 문화와도 긴밀히 연결되어 있는 것이기 때문이다(그림 1 참조).

그러므로 커뮤니케이션 연구는 사람들이 능동적 행위자로서 사회구조와의 상호작용 속에서 하루하루를 살아가는 '커뮤니티'[1] 속으로 들어가, 그들의 '삶의 총체적 방식a whole way of life'(레이먼드 윌리엄스가 말한 바로 그 '삶의 총체적 방식')을 관찰하고 참여함으로써, 구체적 맥락 속에서 일

그림 1

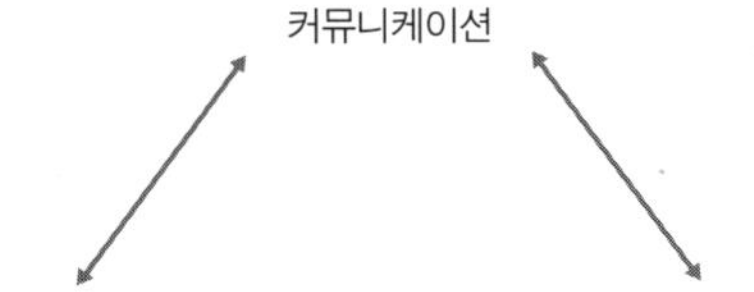

어나는 구체적인 실천/행위practices를 기술하고 그 깊은 의미를 해석하는 것을 목표로 해야 한다.

젠슨은 이러한 목표를 달성하기 위해, 우선 사회과학 분야의 실증주의 모델에 매몰된 커뮤니케이션 연구자들에게, 오래전부터 커뮤니케이션 이론에 학문적 그림자를 드리우고 있었으나 그간 그 존재가 은폐(?)되거나 도외시되었던 인문학적/철학적 전통을 소환하는 것이 필요하다고 주장한다. 예컨대 수사학, 해석학, 현상학, 기호학, 미술사, 문학 비평, 영화 연구 등이 그런 것들인데(Jensen, 2002), 사상사에서 일정한 위치를 차지하는 이러한 일련의 학문 분야들 — 혹은 우리가 무슨 무슨 '주의'/'이즘ism'이라고 통칭해 부르는 것들 — 은 분명 질적 접근으로 분류될 수 있는 것들이지만, 대체로 의미와 가치 체계를 실어 나르는 문화적 텍스트나 미디어 텍스트를 분석하고 해석하는 데 적합한 접근 방법들이다.

사람과 사람 사이의 커뮤니케이션 행위와 상호작용을 제대로 이해하고 그 깊은 의미들을 해석하기 위해서는 '사람 연구' 또는 '문화기술지'라고도 불리는 '민속지학'이 필요하다. 다음에서는 질적 연구의 역사와 전통을 간략하게 살펴보고, 아직도 현재 진행형으로 계속되는 그 역사적 발전의 과정에서 특히 민속지학이라는 질적 연구 방법이 어떻게 진화/분화해 왔으며 설명력을 높여 왔는지 또 그 방법론적 특성과 강점

1 여기서 '커뮤니티'는 최근 공동체적 삶을 추구하는 협동 조합 운동이나 지역 주민 중심의 마을 공동체 지키기 사업에서 쓰는 '공동체'라는 개념과 일맥상통하므로 이 두 용어는 당연히 혼용해서 쓸 수 있다. '커뮤니티' 개념은 기본적으로 '공동체성'을 그 기저에 깔고 있지만 한편으론 TV 휴먼 다큐멘터리에서 클리셰로 흔히 쓰이는 '삶의 현장'이라는 뉘앙스도 포함하는 개념이라 볼 수 있다.

은 무엇인지 알아보도록 하자.

2. 질적 연구의 역사와 전통

인문학 분야에서 오랜 전통을 가진 질적 연구는, 사회학 분야에서는 1920~1930년대 시카고학파에 의해 그리고 인류학 분야에서는 프란츠 보아스Franz Boas, 마거릿 미드Margaret Mead, 브로니슬라우 말리노우스키Bronislaw Malinowski 등에 의해 현장 연구fieldwork 방법이 확립되었고, 이어 사회과학 분야 — 커뮤니케이션학, 역사학, 정치학, 교육학, 사회복지학, 간호학 등 — 에도 도입되었다(Denzin & Lincoln, 2011)

사회학/인류학 분야의 질적 연구는 기본적으로 '타자the Other'를 이해하려는 노력에서 나온 것이라 할 수 있는데, 초기의 문화인류학자 혹은 에스노그라퍼ethnographer들은 다른 사회와 문화의 풍습과 습관을 연구하기 위해 이질적인 환경setting 속으로 들어갔다. 이국적 타자에 대한 인종주의적 상상력을 재생산했던 질적 연구의 초기 저작들은 많은 비판을 받았으나 이제는 질적 연구 과정 자체가 '다문화적이면서 젠더화된 과정'으로 진화했다고 노먼 덴진Norman Denzin은 말한다(Denzin & Lincoln, 2011). 이러한 주장이 현 단계에서 가장 활발하게 질적 연구를 수행하는 집단인 문화연구자들로부터 — 그리고 한편으론 페미니스트들로부터 — 얼마나 지지를 얻을 수 있는지 정확히 가늠하기는 어렵지만,[2]

2 초기 민속지학을 지배하던 이러한 인종주의적 상상력은 우리의 문화적 상상cultural imagination 속에서 소거되기는커녕 놀랍게도 지금도 여전히 지배적인 재현의 체계로 남아있다. 대표적인 사례로, 유네스코나 국제 구호 단체를 표방하는 NGO 등이 여러 케이블

질적 연구가 끊임없이 사회적 변화와 학문적 패러다임의 변화를 적극 반영하며 진화하고 있는 것은 사실이다.[3]

3. 질적 연구의 특징[4]

1) 학제적 연구

질적 연구는 여러 학문 분야, 여러 연구 주제를 넘나든다. 즉 학제적interdisciplinary 또는 학문적 연구 분야다. 위에서 젠슨이 열거한 것과 같은 다양한 사상과 이론들을 적절히 활용한다는 면에서, 다양한 이론들을 인접 학문 분야에서 선택적으로 자유롭게 가져다 쓰는 — 즉 언제 어디서나 생산적 절충주의productive syncretism를 지향하는 — 문화연구cultural studies의 특성과 닮아 있다. 문화연구자들에게 기본적으로 질적 연구의 지향과 정신이 깃들어 있는 것은 우연이 아닌 셈이다.

TV 채널에서 하는 구호 모금 캠페인을 꼽을 수 있다. 이런 종류의 캠페인들이 주로 재현하는 아프리카와 병들고 굶주린 아프리카 어린이들의 모습은 오래전 백인/남성 에스노그라퍼의 인종주의적/식민주의적/제국주의적 응시gaze에 갇혀 있던 '미개한' 유색인종 원주민native들의 모습과 정확하게 오버랩된다.

3 이 장의 초점은 뒷부분의 '좋은 질적 연구자 되기'에 맞춰져 있으므로 질적 연구의 역사와 전통에 대해서는 간략하게만 언급하고 넘어간다. 질적 연구 방법론의 상세한 역사를 원하는 독자는 덴진과 링컨(Denzin & Lincoln, 2011)의 저서를 참고하길 바란다.

4 질적 연구의 주요 특징에 대한 다음 논의는 덴진과 링컨(Denzin & Lincoln, 2011)의 1장의 서술을 주로 참조했다.

2) 다중적 방법론multi-method

질적 연구는 기본적으로 사례 연구case study의 속성을 띤다고 할 수 있다. 이 사례 연구에는 대개의 경우 참여 관찰, 심층 인터뷰, 영상 기법, 문헌 연구 등 다양한 연구 방법들이 녹아 들어가 있다. 따라서 질적 연구 과정에는 삼각접근법triangulation을 통한 타당도의 검증 도구validity check가 내재되어embedded 있다고 볼 수 있다.[5] 한 가지 연구 방법이 가질 수 있는 오류나 한계를 다른 연구 방법이 보완해 주는 방식인 삼각접근법은 현상을 심층적으로 이해하기 위한 시도로, 거의 모든 질적 연구가 자동적으로 활용하는 기법이라고 볼 수 있다.

여기서 주목할 것은, 질적 연구는 특정한 하나의 연구 방법만을 특권 시 하지 않는 일련의 해석적 활동이라는 점이다. 2000년대 들어 국내 연구자들이 질적 연구 방법들을 행한 논문들을 보면 대체적으로 심층 인터뷰에 의존한 연구들이 많이 눈에 띈다(다른 연구 방법들도 부수적으로 사용하고는 있지만 말이다). 그렇다고 해서 심층 인터뷰가 참여 관찰이나 다른 질적 연구 방법보다 우월하다거나, 설명력이 높다거나, 깊이 있는 해석을 가능케 한다고 착각해서는 안 된다. 연구 방법은, 연구 문제가 무엇이고 연구자의 문제의식이 무엇인지 또 연구 환경은 어떠한지에 의해 크게 영향을 받는 것이므로, 이런 요소들에 의해 핵심 연구 방법이 정해지는 것이지, 모든 연구 과정과 연구 환경을 초월하는 절대적 영향력을 가

5 질적 연구, 특히 민속지학의 다양한 데이터소스 활용은 커다란 장점이다. 다양한 접근법을 내재한 민속지학은 삼각접근법을 통해 다른 종류의 데이터를 체계적으로 비교할 수 있게 해 줌으로써 타당성의 문제를 자연스럽게 해결한다(Hammersley & Atkinson, 2007).

진 질적 연구 방법 같은 것은 존재하지 않는다. 질적 연구자가 어떤 연구 방법을 택할 것인가는 미리 정해지는 것이 아니며 전적으로 연구의 구체적인 맥락과 연구자의 문제의식에 달려있다.

3) 다중적 정체성

덴진(Denzin & Lincoln, 2011)은 질적 연구자란 과학자, 현장연구자fieldworker, 저널리스트, 사회평론가, 예술가로서의 정체성을 동시에 갖는 — 가져야 하는 — 존재이며, 그가 하는 작업은 소프트 사이언스, 저널리즘, 민속지학, 브리콜라주, 퀼트 만들기, 몽타주 작업이라고 말한다. 즉 질적 연구자는 '몽타주(편집) 작업을 통해 이미지의 조각들을 이어붙이는 영화 감독이나, 천 조각들을 이어붙이는 퀼트 메이커, 브리콜라주 작업을 하는 브리콜루어bricoleur' 같은 존재라고 표현한다. 쉽게 말하면 이는 좋은 질적 연구자가 되려면 다재다능해야 할 뿐 아니라 마치 카멜레온과 같은 존재가 되어야 함을 의미한다. 우디 앨런 감독이 만든 영화 〈젤리그*Zelig*〉를 보면, 주인공(우디 앨런)이 흑인 커뮤니티 속으로 들어가면 피부가 검어지고 입술이 두꺼워지고 곱슬머리가 되고, 유태인 커뮤니티 속으로 들어가게 되면 갑자기 수염이 길어지고 랍비들이 입는 검은 옷을 입고 유태인들이 쓰는 모자를 쓴 사람으로 변하는 장면들이 나온다. 이 캐릭터는 상징적으로 질적 연구자가 얼마나 유연하고 다중적인 정체성을 지녀야 하는지를 잘 표현하고 있다고 할 수 있다.

아울러 질적 연구자는 고유의 생애사life history를 가지고 있고, 사회적으로 위치된 존재이며, 고유의 해석적 프레임과 학문적 패러다임을 가지고 현장에 들어간다. 카멜레온 혹은 해석적 브리콜루어인 질적 연구자가 수행하는 연구는 연구자 자신의 개인사, 젠더, 계급, 인종/민족성,

그리고 현장에서 만나는 사람들에 의해 영향을 받는 일련의 해석적 과정이란 것을 덴진은 거듭 강조한다(Denzin & Lincoln, 2011). 결국 질적 연구자란 인간의 경험 세계에 대한 해석적 이해를 추구하는 사람이란 뜻이고, 진공 상태에서 존재하는 게 아니라 사람과 사람 사이의 구체적 만남의 장에 존재(해야)한다는 점을 재확인시켜 준다.

4) '객관적 진실'보다 '부분적 진실'을 추구

질적 연구자들은 '객관적 진실'이란 포착할 수 없고 재현representation을 통해서만 알게 될 뿐이라고 본다. 즉 진실은 1990년대를 대표하는 미드인 〈X 파일*X-file*〉이 주장하는 것처럼 '저 너머에 있는 것the truth is out there!'이 아니라 '오직 가까이 다가갈 수 있을 뿐'이라고 믿는다. 프리즘이나 수정구에 부딪힌 빛이 굴절되는 것처럼 — 마치 구로사와 아키라 감독의 영화 〈라쇼몽〉에서 한 살인 사건을 두고 네 명의 목격자가 다 조금씩 다른 얘기를 하는 것처럼 — 삼각접근법은 객관적 진실이나 진리는 하나가 아님을 우리에게 인지시키고, 다수의 굴절된 리얼리티들이 동시에 존재할 수 있음을 보여 주는 데 탁월한 능력을 발휘한다. 우리는 오직 총체적 진실이 아닌 '부분적 진실partial truths'만을 알 수 있을 뿐이다(Clifford & Marcus, 2010).

요약하면, 질적 연구는 다방법론적이며 '자연주의적 관점'에서 — 즉 자연스럽지 않은 인공적인 세팅에서 수행되는 연구는 피한다 — 인간의 경험 세계에 대한 해석적 이해를 추구한다. 이러한 질적 연구의 지향과 특징을 나타내는 네 가지 핵심 키워드는 해석적interpretive, 자연주의적naturalistic, 비판적critical, 인문학적/사람 중심적humanistic 등이다.[6]

4. 질적 연구 방법 대 양적 연구 방법[7]

질적 연구에 대한 가장 전형적이고도 거친 비판은 질적 연구가 비과학적이고 주관적이란 것이다. 덴진(Denzin & Lincoln, 2011)이 잘 지적했듯이 이러한 비판에는 질적 연구가 사람들로 하여금 실증주의에 대한 회의를 갖게 하는데서 비롯된 불편한 인식이 반영되어 있다. 실증주의positivism 과학은 서양 문명의 요체인데, 질적 연구는 가치 중립적인 객관적 과학에 도전하고 있다고 보는 것이다. 실증주의자들은 질적 연구자들이 과학이 아니라 소설을 쓰고 있다고 비판하며, 질적 연구자들이 자신들의 주장을 객관적으로 증명할 수 없다고 비판한다. 이 세상에는 객관적인 사회과학의 실증적인 연구 방법들 — 물론 그것은 '사람'이 아닌 '자연'을 연구하는 자연과학의 방법론을 수입해 온 것이다 — 을 동원해 연구하고 밝혀낼 수 있는 불변의 진리, 절대적인 진리가 있다고 상정하고 포스트실증주의자들과 질적 연구자들의 반대를 인간의 이성과 진실에 대한 도전으로 규정하는 것이다. 이렇게 극명하게 갈리는 실증주의와 포스트실증주의의 세계관, 양적 연구자와 질적 연구자의 전혀 다른 세계관은 어디서 비롯된 것이며 근본적인 차이는 무엇일까?

6 현장에 들어가는 질적 연구자들은 이 네 가지 덕목을 연구의 고비나 결정적 순간마다 상기하고 실천할 것을 권한다.

7 질적 연구 방법과 양적 연구 방법의 결정적 차이에 대한 이분법적 논의의 틀과 주요 논점들은 Norman Denzin & Yvonna Lincoln (2011), *The Sage Handbook of Qualitative Research* (4th ed.), London: Sage에서 가져왔다.

1) 철학과 세계관의 차이

덴진이 잘 요약한 것처럼, 질적 연구는 현실은 사회적으로 구성된 것임을 강조한다. 또한 연구자와 연구 대상 간의 긴밀한 관계를 중시하며, 연구에 가치가 개입될 수밖에 없음을 강조한다. 사회적 경험이 어떻게 만들어지고 의미를 갖게 되는지 연구한다. 반면에 양적 연구는, 앞에서 언급했듯이, 객관적 진실과 리얼리티가 존재한다고 믿으며, 변수들 사이의 인과관계 측정과 분석에 초점을 맞춘다. 철저히 가치 중립적인 틀framework 안에서 자신들의 연구가 이루어진다고 주장한다.

2) 연구 스타일의 차이

(1) 실증주의 대 포스트실증주의

질적 연구는 실증주의적 세계관을 벗어나 포스트실증주의(그리고 자연주의)로 나아가면서 리얼리티란 절대 완벽하게 이해할 수 있는 것이 아니며 '오직 가까이 다가갈 수 있을 뿐'이라는 관점을 견지한다. 반면에 사회과학 분야의 주류라 할 수 있는 양적 연구는 인과관계causality — 혹은 최소한 상관관계correlation — 를 분리해내고, 이론적 개념을 조작화operationalize하고, 현상을 측정measure하고 계량화하여, 연구 결과를 일반화 시키는 것이 목적이다. 실증주의는 연구 과정을 표준화하고, 자연주의는 사회를 직접 경험하게 한다는 면에서 차이가 있다(Hammersley & Atkinson, 2007).

(2) 새로운 감수성을 가진 연구 세대의 출현

양적 연구의 이러한 기본 정신을 거부하는 새로운 세대의 질적 연구자들은 '오직 다를 뿐'[8]이라는 마인드를 가지고 연구에 임한다. 즉 어떤 특정한 연구 방법이 다른 연구 방법보다 우월하지도 열등하지도 않다. 양적 연구 방법에 좀 더 격렬하게 반대하는 일련의 질적 연구자들은 실증주의나 포스트실증주의의 기준이나 잣대로 자신들의 작업을 평가하는 것도 거부하며, 특정한 종류의 과학만을 생산하는 기존의 잣대 대신 대안적인 잣대로 자신들의 연구를 평가하려는 시도를 한다.[9] 예를 들면 양적 연구자들이 금과옥조처럼 떠받드는 신뢰도reliability와 타당도validity라는 도식적인 객관성 평가의 도구를 벗어나, 문제의식과 연구 결과의 그럴듯함verisimilitude, 가치 중립에서 벗어난 현실 개입적인 연구와 정치적 실천, 연구 과정에서 연구 결과 보고에 이르기까지 개인적/윤리적 책임 다하기, 다성적인 텍스트multi-vocal/polyphonic text의 구현 등을 목표로 한다. 질적 연구의 과정 자체도, 엄정한 가설 검증을 위해 도식화되고 경직되어 있는 양적 연구에 비해 상대적으로 유연하다.

8 나는 평소 다양한 질적 연구 방법들에 대해서 '오직 다를 뿐'이라는 마음으로 임하는 질적 연구자의 태도, 그리고 객관적 진실과 리얼리티에 대해 '오직 가까이 다가갈 수 있을 뿐'이라는 겸손한 마음으로 임하는 질적 연구자의 태도를 대학원생들에게 강조하곤 하는데, 이러한 마음가짐은 하버드 대학 출신 현각 스님의 스승으로 널리 알려진 큰 스님이신 숭산 스님이 던지셨던 화두 중 하나인 "오직 모를 뿐Only Don't Know"에서 영감을 받았다.

9 이러한 질적 연구자들의 저항적 시도에도 불구하고 양적 연구자들의 방법론적 헤게모니는 여전히 압도적으로 강고하다. 현재 빅 데이터와 데이터 마이닝 기법에 대한 학술적/사회적 관심이 높아지면서 사회과학 영역에서 수학과 통계학의 인기가 날로 높아가고 있는데, 이러한 현상은 양적 연구자들이 신봉하는 실증주의 패러다임이 여전히 지배적인 패러다임임을 웅변해 준다.

(3) 사회적 행위자로서의 개인

질적 연구자들은 세밀한 인터뷰와 관찰을 통해서 사회적 행위자들에 더 가까이 다가갈 수 있다고 믿는다. 반면 양적 연구자들은 연구 대상자들과 어떠한 관계 맺기도 하지 않으며, 이들과 절연된 상태에서 추론적 연구 방법을 사용한다.

(4) 일상 세계

질적 연구자는 일상 세계everyday life-world가 어떻게 움직이며 작용하는지 살펴보고, 그 맥락 안에 자신들의 연구 결과를 위치시킨다. 질적 연구는 사례 중심적이며 특정 사례의 구체적인 측면들에 주목한다. 반면 양적 연구자들은 이런 일상의 세계로부터 연구 문제를 추상화abstraction시키며, 연구 문제를 직접 태클하는 경우는 없다.

5) **두껍게 기술하기**thick description

질적 연구자들은 사회에 대한 풍부한 기술이 가치 있는 일이라 믿지만, 양적 연구자들은 그런 디테일에 대해 관심을 두지 않는데 가장 큰 이유는 그것이 일반화 과정을 방해한다고 생각하기 때문이다. 질적 연구자들은 문화기술지 텍스트, 역사적 내러티브, 1인칭 서술, 스틸 사진, 생애사 등 다양한 데이터를 모두 활용하는 반면, 양적 연구자들은 수학적 모델과 통계를 집중적으로 쓰고, 개인적인 것이 개입되지 않은 3인칭 시점에서 연구 결과를 기술한다.

5. 민속지학의 전 과정[10]

질적 연구에는 여러 가지 다양한 버전이 있다. 미디어와 커뮤니케이션 연구 분야로만 한정해 보더라도, 예를 들면 미디어에 대한 역사적 접근, 미디어 생산/문화 생산 현장 연구, 민속학적 미디어 수용자 연구 등 '현장과 사람'에 대한 연구뿐 아니라, 텔레비전 프로그램이나 영화, 광고 등 미디어 텍스트에 대한 기호학적 분석이나 담론분석처럼 미디어 '텍스트'에 대한 질적 접근도 얼마든지 가능하다. 롤랑 바르트식의 기호학적 분석이나 미셸 푸코식의 담론분석은 다른 기회에 다루기로 하고, 이 장에서는 질적 연구의 핵심적 연구 방법이라고 할 수 있는 민속지학에 집중해서 민속지학의 전 과정을 단계별로 짚어 보고 각 단계별로 연구자가 유념해야 할 사항들은 무엇인지 논의해 보고자 한다.

1) 에스노그라퍼

성찰성reflexivity이라는 개념은 민속지학의 정신 그리고 에스노그라퍼가 현장에서 가져야 할 태도와 세계관을 함축하고 있다. 현장 연구를 하는

10 참여 관찰participant observation을 중심으로 한 민속지학의 각 단계별 유의 사항에 대한 다음 논의는 Martin Hammersley & Paul Atkinson (2007), *Ethnography: Principles in Practice*, 3rd edition, London: Routledge; Norman Denzin & Yvonna Lincoln (2011), *The Sage Handbook of Qualitative Research*, 4th edition, London: Sage; Danny Jorgensen (1989), *Participant Observation: A Methodology for human Studies*, London: Sage의 틀을 집중적으로 참고하고 인용했다. ethnography는 '문화기술지,' '에스노그라피,' '민속지학' 등으로 사용되는데, 이 책에서는 '민속지학'으로 통일해 썼다.

에스노그라퍼ethnographer는 연구라고 하는 것이 결국은 자신이 연구하는 사회의 한 부분일 뿐이고(연구자 역시 이 사회의 일원일 뿐이고) 민속지학 역시 하나의 기본적인 사회 연구 방법일 뿐이라는 것을 깨달아야 한다. 동시에 연구 대상인 사람들의 관점의 이해가 중요하다는 것, 일상 세계 속에서 그들의 행동을 관찰하는 것이 중요하다는 것을 깨달아야 한다.

에스노그라퍼는 장기간 사람들의 일상적 삶 속으로 들어가 관찰하고, 무슨 일들이 일어나는지 보고, 사람들이 무슨 말을 하는지 듣고, 통찰력 있는 예리한 질문을 던지는 존재라고 정의할 수 있다(Hammersley & Atkinson, 2007). 에스노그라퍼는 실험이나 서베이 같은 인공적인 연구 방법들은 일상의 세계에서 벌어지는 사람들의 행위의 의미를 포착해내는 능력이 없다는 이유로 거부한다. 인공적인 세팅setting이 아닌 자연스러운 세팅이 데이터 획득의 주요 소스가 되어야 한다고 믿으며, 연구의 세팅에 민감하게 반응할 수 있는 방식으로 연구를 진행해야 한다고 믿는다.

이들이 신봉하는 자연주의의 관점에 따르면, 사람들의 행동을 이해하려면 그들의 행동을 견인하는 의미들에 다가갈 수 있는 접근 방법을 써야 한다. 참여 관찰자로서 우리는 우리들이 연구하는 사람들의 문화나 하위문화를 배울 수 있으며 그들과 마찬가지의 시각에서 이 세상을 이해하고 해석할 수 있게 된다. (참고로 참여 관찰과 민속지학의 어원은 같다. 이 두 개념/연구 방법은 학자들에 의해 종종 혼용된다.) 민속지학의 가치는 한 사회 또는 커뮤니티 내부를 가로지르는 문화적 패턴의 다양성과 차이를 포착해 내는 능력에 있다. 이러한 문화(들)에 대한 기술이야말로 자연주의 연구 방법의 중심 목표이자 에스노그라퍼의 책무인데, 여기서 중요한 것은 사람들의 행동은 구체적 맥락context/conjuncture 안에서만 이해될 수 있다는 점이다.

2) 민속지학의 종류

덴진 같은 학자는 민속지학의 역사적 진화 과정을 세분화하여 시기별로 구분해 전통적 민속지학, 모더니스트 민속지학, 포스트모더니스트 민속지학 등으로 나누기도 한다(Denzin & Lincoln, 2011). 또 민속지학을 장르별로 구분하기도 하는데, 예를 들면 가장 전통적이고 대중적인 장르는 생애사life history와 구술사oral history라 할 수 있다. 이는 일부로 전체를 표현하는, 즉 한 사람의 이야기가 전체 문화를 대표할 수 있다고 믿는 제유법synecdoche적 접근 방법인 셈이다.

이외에 개인적 서사를 담아내는 민속지학 장르로는 최근 국내 학자들에 의해서도 간간히 시도되는 자기민속지학/자기기술지auto-ethnography가 있고 페미니스트 민속지학도 있다. 자기민속지학은 그것이 갖는 나르시시즘적인 측면에 대한 비판도 있지만, 연구자 자신의 개인적 경험이 한 커뮤니티의 문화 속으로 진입하여 주요 논의의 지점들을 발굴하고 절개해 들어가는 데 매우 유용한 팁을 제공해 줄 수 있는 방법이라는 점에서 지지를 받기도 한다. 페미니스트 민속지학은 항상 남성 중심, 서구 중심의 시각을 상정하는 기존의 현장 연구와 글쓰기 방식을 탈피하여 참여적이고 또 사적이면서도 정치적인 페미니스트의 의식을 바탕으로 한 글쓰기를 시도한다.

이외에도 여러 세부 장르가 있을 수 있지만 결국 중요한 것은, 민속지학은 인간의 삶에 대해 역사적/정치적/개인적으로 맥락화된 설명/기술/해석/재현을 만들어 내는 작업이란 것이고, 그 과정에서 연구자는 연구 대상자보다 특권적인 위치를 차지해서는 안 된다는 것을 기억하고 실천하는 것이다.

3) 민속지학의 강점과 방향성

마틴 해머슬리Martin Hammersley와 폴 앳킨슨Paul Atkinson(2007)은 민속지학의 한계로 과거의 이벤트를 연구할 수 없다는 것, 국가와 같은 큰 단위/스케일의 연구를 하기 힘들다는 것을 지적하고 있다.[11] 이런 한계가 있긴 하지만, 민속지학의 강점은 ① 자료의 다양성 확보가 가능하며(항상 삼각 접근이 가능하다), ② 항상 현상의 맥락화가 이루어지며(따라서 급진적 맥락주의radical contextualism를 지향하는 문화연구에 적합한 연구 방법이다), ③ 실천적/현실 개입적 연구의 성격을 띠며, ④ 과학성/객관성 신화에 매몰된 양적 연구의 한계를 넘어, ⑤ 풍부한 기술과 통찰력 있는 해석을 제공할 수 있다는 데 있다.

좋은 민속지학은 기본적으로 현장성/실천성/현실 개입성을 지녀야 하고 또 이를 높이는 방향으로 나아가야 한다. 새로운 글쓰기 방식을 끊임없이 탐구하고 실험적인 연구 방법과 논문 포맷을 시도해야 한다. 기존의 논문 생산 방식을 벗어난 문학적/시적 글쓰기라든가 자기민속지학 같은 자전적/자기기술지적 글쓰기도 과감하게 시도해 볼 필요가 있다고 본다. 아울러 질적 연구 방법과 양적 연구 방법을 조화롭게 병치시켜 쓸 수 있는 방안은 없는지 더 치열하게 고민해야 한다.

11 이러한 지적은 부분적으론 수긍이 되나 전적으로 동의하기는 어렵다. 과거에 있었던 사건/현상/일들은 구술사나 생애사, 자기민속지학과 같은 역사적 접근historical approach을 통해 연구가 가능할 것이다.

4) 민속지학의 전 과정: 참여 관찰을 중심으로

(1) 참여 관찰의 특성

민속지학은 참여 관찰Participant Observation로 환원될 수 없지만 그럼에도 종종 참여 관찰과 동일시된다. 어원이 같은 것도 한 가지 이유겠지만, 참여 관찰이야말로 에스노그라퍼가 필드에 들어가 인간을 연구하는 데 최적화된 인문학적/경험적 연구 방법이기 때문일 것이다. 일반적으로 질적 연구는 양적 연구에 비해 연구의 과정이 세밀하고 엄정하게 조직화되고 체계화되어 있지 않은 경우가 많은데, 민속지학이나 참여 관찰도 예외는 아니다. 하지만 일부 학자들은 질적 연구의 절차와 계통을 세우려는 노력을 꾸준히 하는데, 여기서는 대니 조르겐슨Danny Jorgensen(1989)의 작업을 중심으로 참여 관찰의 특징과 연구 과정을 살펴보고자 한다. 이를 통해 민속지학의 전 과정에 대한 고찰도 동시에 이루어질 수 있을 것이다.

조르겐슨(Jorgensen, 1989)은 참여 관찰의 기본 특성을 다음과 같이 크게 7가지로 정의하고 있다.

① 내부자의 관점에 특별한 관심 참여 관찰은 내부자의 관점insider's point of view에서 바라본 인간 실존의 의미들에 관심을 둔다. 그들이 사용하는 의미들을 발견하고, 접근하여, 드러내는 것을 목표로 한다. 참여 관찰은 내부자의 의미 세계에 대한 직접 경험적이고 관찰적인 액세스를 제공하는 연구 방법이다.

② 일상적 삶의 세계가 연구의 토대 일상적 삶의 '여기, 지금here and now'이 중요하다. 왜냐하면 그곳이야말로 연구자가 연구 주제와 연구 문제들을 (재)정의하고 세련화/정교화시키는 곳이기 때문이다.

③ 이론화 작업 참여 관찰은 해석적 이론을 정립하는 데 적합한 개념과 영감을 제공한다.

④ 개방적인 연구 과정 참여 관찰은 개방적이고open-ended, 유연하며, 기회에 민감하고, 연구 문제가 무엇인지 끊임없이 재정의를 내리는 연구 방법이자 연구 과정이다.[12]

⑤ 심층 사례 연구 참여 관찰은 대체적으로 사례 연구의 형태로 수행되며, 개별 사례에 대한 매우 세밀한 기술을 요한다.

⑥ 참여(관찰)자의 능력 중요 현장에서 인포먼트informant들과 우호적이고, 친밀하며, 신뢰할 수 있는 유대 관계를 맺고 유지하는 데는 참여(관찰)자의 능력이 요구된다.

⑦ 다양한 정보 획득 방법의 사용 직접 관찰 이외에 문서, 문화적 의미가 있는 물품artefact, 생애사 수집 등을 하고 심층 인터뷰도 수행한다.

(2) 참여 관찰의 연구 과정

참여 관찰의 특성이 위와 같다면 그럼 전체적인 연구의 과정은 어떻게 구성되어 있을까? 조르겐슨에 따르면, 참여 관찰은 대략 다음과 같은 세부 절차로 이루어진다(Jorgensen, 1989).

연구 문제의 정의와 연구 윤리에 대한 고려 참여 관찰의 이점은 필드에서 경험하고 관찰함으로써 정확히 연구 문제를 어떻게 정의하고 명확히 해야 하는지 알게 된다는 데 있다. 연구자는 자신이 관심을 둔 연구 분야가 무엇인지 대강의 아이디어는 가지고 필드에 들어가지만, 필

12 거꾸로 얘기하면, 연구자가 발견해내고 관찰해내는 것에 근거해 연구 문제를 (재)정의하고 정교화 할 수 있게 연구 문제가 열려있어야 한다는 뜻이다.

드에서 수집한 데이터를 기반으로 연구 문제를 정의하고 연구의 초점을 정확히 맞출 수 있다. 참여 관찰을 통해 연구 문제를 정의한다는 것은 결국 정확히 무엇을 연구할 것인지를 밝혀내고, 명료화하고, 타협하고, 가다듬고, 정교화하는 작업인데, 이것은 유연하고, 개방적이고, 지속적으로 이루어지는 과정이다.

또한 참여 관찰자는 여느 질적 연구자/에스노그라퍼와 마찬가지로, 연구가 가치 중립적일 수 있다거나 가치 중립적이어야 한다는 사고를 거부하며, 연구하는 현상/대상에 개인적으로나 주관적으로 연관되는 것을 삼가야 한다는 사고도 거부한다. 반면 참여 관찰은 연구 대상자들의 권리에 대해 잘 인식하고 있으며, 연구 결과가 그들과 그들의 삶에 어떤 영향을 미칠지 잘 인식하고 있다. 연구 윤리는 참여 관찰 연구자들이 매일매일 일상적으로 걱정하는 분야라 해도 과언이 아니다. 참여 관찰은 윤리적 문제에 매우 민감한 연구 방법이다.

현장 진입 현장 진입에는 전통적으로 두 가지 방법이 사용되어 왔다. 연구자가 자신의 연구 목적을 분명히 드러내고 동의를 구해 현장에 진입하는 방법overt strategy과 자신의 연구 목적을 숨긴 채 현장에 진입하는 방법covert strategy이 있다. 외부자가 접근하기 힘든 현장이나 공개적으로 다루기 힘든 민감한 사회적 이슈에 한해 은밀한 비공개 전략이 극히 제한적으로 쓰이긴 하지만 연구 윤리의 문제 때문에 더 이상 권장되지는 않는다.

일상 세계에의 참여 연구자는 현장에서 완전한 참여자가 되거나 완전한 관찰자가 되거나 아니면 그 중간쯤 어딘가에 위치하게 된다. 즉 관찰자 – 관찰 참여자 – 참여 관찰자 – 참여자라는 스펙트럼 중 그 어단가에 위치하게 되는데, 대체적으로 참여는 부정확한 관찰의 가능성을 줄인다는 측면에서 권장되지만 모든 연구자가 참여를 잘 할 수 있는 것은 아니며 연구 문제나 세팅에 따라 참여가 불가능한 경우도 있다. 또한 연구자가 어떠한 물리적/사회적 위치를 차지하고 있느냐에 따라 관찰의 결과가 달라지기도 한다. 예를 들어 연구자가 교수인지 학생인지, 남성인지 여성인지, 중년인지 청년인지에 따라 무엇을 관찰할 수 있고 또 관찰의 기회는 확보할 수 있는지 등이 달라지므로 참여 관찰에서는 항상 다른 앵글과 시각을 찾으려 부단히 노력해야 한다. 현장에서 참여 관찰 연구를 하다 보면 계급, 인종/민족성, 젠더/섹슈얼리티, 나이, 지역성, 하위문화 등의 차원에서 연구자와 뚜렷이 차별화되는 협력자/조력자가 필요한 경우가 있는데, 이때 개인이 아닌 팀으로 연구진을 구성해 들어가는 것은 현장에서 매우 효과적인 전략이 될 수 있다. 팀원이 동시에 각각 참여자와 관찰자의 역할을 할 수도 있고, 개별 연구자들이 갖고 있는 각기 다른 재능과 아이덴티티 — 성별과 나이 같은 것 — 를 이용할 수도 있다.[13]

현장에서 관계 형성하고 유지하기 성공적인 연구를 위해 현장에서 연구자는 연구 대상자들과 적절한 관계를 형성해 나아가야 한다. 이때 가장 중요한 세 가지 키워드는 라포/유대감rapport, 친밀감intimacy, 그리고 신뢰감trustworthiness이다. 단적으로 말해 현장에서 연구 대상자들과 이 세 가지를 쌓을 수 없다면 그는 실패한 연구자이며 좋은 에스노그라퍼가 될 가능성은 없다고 보면 된다. 내부자 또는 인포먼트와 진정한 라

13 뒤에 기술한 '6. 좋은 질적 연구자, 좋은 에스노그라퍼란?' 중에서 '5) 협업'의 미덕을 참조하라.

포를 형성하는 데에는 긍정적이고 호의적인 감정의 교류가 전제되어야 한다. 어떤 문화권 또는 커뮤니티의 구성원들과 교류를 할 때 기꺼이 자신을 내놓고 드러낼 줄 아는 능력을 요한다. 라포를 형성하는 능력은 친구와 우정을 쌓아가는 과정과 비슷하나 다분히 의도적이고 의식을 한다는 점에서 다르다. 인포먼트들과 높은 수준의 라포를 형성하기 위해서는 그들의 방식에 깊숙이 그리고 치열하게 일상적으로 참여해야 한다. 어느 정도 유대감과 연대 의식이 생겼을 때 비로소 친밀한 감정을 쌓아갈 수 있는 토대가 형성된 것이라 볼 수 있으며, 나아가 상호간에 두터운 신뢰 관계가 형성되면 인포먼트들이 마음속 깊이 감추어 두었던 속내를 털어놓을 수 있는 수준으로까지 관계가 진전된다.

심층 인터뷰: 참여 관찰에 버금가는 유력한 데이터 수집 방법

지속적인 참여와 관찰을 통한 데이터의 수집과 함께 현장에서 거의 항상 같이 쓰이는 연구 방법은 심층 인터뷰in-depth interview다. 흔히 하는 표현으로 질적 연구 또는 민속지학의 '원투펀치'(즉 두 개의 핵심적 연구 방법)는 참여 관찰과 심층 인터뷰라고 할 수 있을 정도로 이 둘은 항상 쌍으로 붙어 다닌다. 심층 인터뷰는 주로 비공식적인informal 인터뷰 기법에 의존하는데, 특정한 사안들을 디테일까지 아주 자세하게 풀어내기 위해 쓰는 방법이다. 구조화되고structured 공식적인formal 인터뷰와는 달리 한 사람에 대해 몇 시간을 할 수도 있으며 오랜 기간에 걸쳐 할 수도 있다. 심층 인터뷰가 한 인포먼트의 인생 전체에 관심을 불러일으킬 때, 그 결과물은 생애사life history/herstory의 형태를 띠게 된다. 심층 인터뷰는 인터뷰어interviewer와 인터뷰이interviewee 사이의 적극적인 교류의 결과이며, 그 결과물은 두 사람이 특정한 맥락에서 공동으로 생산한 텍스트이자 지식이라 할 수 있다. 따라서 이 둘 사이의 관계 맺는 방식은 참여 관찰에서와 마찬가지로 매우 중요하다. 라포의 형성과 친밀함 및 신뢰도 확보는 여전히 중요하며, 특히 인종, 사회적 지위, 연령, 젠더 등 둘 사이의 사회적 상호작용에 영향을 줄 수 있는 요소들에 각별히 유념할 필요가 있다(Denzin & Lincoln, 2011). 인종, 사회적 지위, 연령, 젠더와 같은 사회학적 변인들은 인터뷰어와 인터뷰이 사이의 관계를 사회에서 흔히 볼 수 있는 또 하나의 권력 관계로 환원시켜 버리기 쉬우므로, 이런 일이 벌어지지 않도록 인터뷰를 수행할 때 권위적 세팅을 피하는 등 연구자는 항상 깨어 있어야 한다.

덴진이 잘 지적했듯이, 어찌 보면 참여 관찰을 통해 수집된 대부분의 데이터라는 것이 사실은 비공식적이고 비구조화된 심층 인터뷰를 통해 얻은 것들이 대부분이므로, 현장에서 참여 관찰과 심층 인터뷰는 '손에 손잡고' 둘이 같이 가는 형태라 볼 수 있다(Denzin & Lincoln, 2011). 결국 우리가 민속지학이라고 부르는 질적 연구 방법은 참여 관찰과 한 몸이며, 참여 관찰은 또 심층 인터뷰와 한 몸이기에, 이 셋은 정확한 경계 구분 없이 서로가 서로를 함축하며 맞물려 돌아간다고 보면 된다.

심층 인터뷰는 종종 개인 인터뷰가 아닌 그룹 인터뷰의 형태로도 치러지는데, 이것 역시 질적인 연구 방법 중 하나다. 최근 들어 마케팅 리서치나 소비자 행동 연구 분야에서도 많이 쓰이는 것이 그룹 인터뷰를 응용한 포커스 그룹focus group이다. 이제 모든 그룹 인터뷰는 포커스 그룹 인터뷰(focus group interview: FGI)라 해도 과언이 아닐 정도로 일반화되었고 상업적 목적으로도 많이 하이재킹되어 쓰이고 있다. 그룹 인터뷰는 인터뷰 참여자들 사이에 작용하는 그룹 다이나믹스group dynamics가 있을 수가 있다. 즉 개인 인터뷰에서 얘기 못했던 것들을 참여자들 사이에 연대의식과 동질감이 생기면서 용기 있게 털어놓을 수 있다든지 하는 장점이 있다. 하지만 거꾸로 남들 앞에서 얘기하기 힘든 민감한/사적인 사안들도 있으므로 그룹 인터뷰라는 세팅 자체가 억압의 기제로 작용하기도 한다. 따라서 그룹 인터뷰에서는 그룹 인터뷰를 이끌어가는 모더레이터moderator(일반적으로 연구자 스스로 담당한다)의 균형 잡힌 중재자적 역할과 편안하게 인터뷰를 이끌어 가는 인터뷰 스킬이 매우 중요하다. 현장 연구를 하다보면 개인 인터뷰와 그룹 인터뷰를 병행하는 것이 가장 효과적인 방안임을 경험하게 되는 경우가 많다.

필드 노트/저널 분석하고 이론화하기 현장에서 이루어지는 참여관찰의 기록은 항상 필드 노트나 필드 저널field notes/journal 또는 다이어리 형태로 기록해 남기는 게 중요하다. 연구자는 꾸준히 기록할 뿐 아니라 수시로 자신이 기록한 것들을 들여다보고 자신이 제대로 연구를 하는지 반추하면서 새로운 질문을 벼리고 새로운 해석의 틀을 만들어 나간다. 즉 인포먼트들을 대상으로 자신이 제대로 된 질문을 던지고 있는지, 적정한 위치에서 제대로 된 관찰을 하고 있는지, 자신이 관찰하거나 들은 내용을 제대로 이해도 못했으면서 엉터리로 분석하거나 해석한 것은 없는지 등등을 끊임없이 돌아보고 점검해야 한다. 이렇게 질적 연구자들은 현장 경험에 근거한, 즉 현장에서 수집한 데이터에 기초한, 그리고 연구자로 하여금 현장에서 민감하게 반응하게 하는 개념들을 사용한 이론화 작업을 지향한다.[14]

현장 떠나기 그리고 결과 보고하기 부드럽게 현장에 잘 진입하고 안착하는 것 못지않게 중요한 것이 현장을 무리 없이 잘 떠나는 것이다.

14 이것이 바로 질적 연구자들이 현장 연구의 독특성으로 항상 강조하는 '감응적 개념 sensitizing concept'이고 '근거 이론grounded theory'이다.

질적 연구를 수행한 뒤 연구가 종료되면 뒤도 돌아보지 않고 현장을 떠나는 연구자들이 대부분이다. 이들은 언제 그랬냐는 듯이 인포먼트들과의 연락도 끊고 관계도 바로 끊어 버리며 학계에 연구 결과를 보고하는 작업에만 매달린다. 하지만 현장에서 만나 관계를 쌓은 인포먼트들도 어떻게 보면 연구의 조력자이자 공동 저자다. 이들은 존중받아야 마땅하며, 사회적/정치적으로 민감한 연구 결과를 담아낸 현장 연구의 경우에는 윤리적 측면에서라도 더더욱 이들과의 관계를 상당 기간 유지하고 피드백을 주고받는 과정이 필요하다. 그것이 현장과 현장에서 만난 사람들을 연구 대상으로 삼은 자의 최소한의 도리이고, 사회적 책임을 다하는 지식인의 태도이고, 윤리적 연구자의 태도다. 연구 결과를 현실적 임팩트가 있는 정책 보고서 형태로 낼지, 학술 논문 형태로 낼지, 대중 교양서 형태로 낼지 결정하는 것은 오히려 그다음 문제다.

6. 좋은 질적 연구자, 좋은 에스노그라퍼란?[15]

지금까지 질적 연구의 특징, 민속지학과 참여 관찰의 전 과정을 살펴보았다. 이제 다시 처음에 던졌던 근본적인 질문으로 돌아가 보자. 어떤 질적 연구가 좋은 연구이며 어떤 질적 연구자가 좋은 연구자인가? 좋은

15 이 장에서는 그동안 본인이 수행해 온 민속지학의 사례들 중 몇몇 에피소드들을 기억으로부터 소환하여, 현장에 들어가 연구하려는 학생들(특히 미래에 좋은 에스노그라퍼가 되는 것을 꿈꾸는 대학원생들)에게 실질적으로 도움이 될 만한 팁을 제공하고자 노력하였다. 《은하수를 여행하는 히치하이커를 위한 안내서》라는 소설(및 영화) 제목을 패러디하자면, '좋은 에스노그라퍼가 되고자 질적 연구 방법론의 바다를 여행하는 사람들을 위한 안내서' 정도로 이름 붙일 수 있겠다.

질적 연구를 하기 위해선 대체 무엇을 어떻게 해야 하고, 좋은 질적 연구자가 되기 위해서는 혹은 그저 그런 질적 연구자가 아닌 좋은 질적 연구자로 거듭 나기 위해서는 어떻게 해야 할까?

좋은 질적 연구자가 되기 위해서는 결국 연구자로서의 태도와 감수성sensitivities이 가장 중요하다고 본다. 똑같은 표현을 반복하는 것인지는 모르겠지만 연구자의 심성과 정신도 중요할 것이다. 즉 현장에서 만난 사람들을 따뜻한 시선으로 바라보고, 연구자 대 연구 대상자가 아닌 인간 대 인간으로 배려할 줄 아는 마음, 그리고 현장에서 겪는 여러 형태의 어려움에도 굴하지 않고 부분적 진실의 규명과 사회에 도움이 되는 지식 생산을 위해 한 발자국씩 뚜벅뚜벅 걸어가는 연구자로서의 마인드도 중요하다. 그중에서도 가까운 미래에 현장에 들어갈 젊은 질적 연구자들이 갖춰야 할 소양과 그들에게 줄 구체적 팁들을 콕 찍어 얘기하라면 다음과 같다.

1) 문화적 감수성

거듭 강조하지만, 질적 연구자는 우리 사회의 소수자와 그들의 하루하루 삶의 문화lived culture를 그들의 시각에서 이해하려는 따뜻한 문화적 감수성cultural sensibilities을 가지고 있어야 한다. 전통적 민속지학의 시기를 대표하는 학자 중 하나인 말리노우스키의 필드 다이어리가 사후에 출판되어 큰 스캔들을 불러일으킨 적이 있었다. 알고 보니 그는 현장에 일주일 이상 제대로 머무른 적도 없었으며, 자신이 연구 대상으로 삼은 사람들을 속으로 경멸하고 있었다는 것이 밝혀졌다. 우리는 우리가 연구하려는 사회나 커뮤니티의 일부가 되지 않고는 그 사회나 문화를 이해할 수 없다. 따라서 자신이 연구하고자 하는 사람들에 대해 전혀 마음이 움직이지 않거나 냉정한 태도를 견지하는 사람은 필드에 들어가선 안 된다. 좋은 현장 연구를 할 가능성도 없고 미래에 좋은 에스노그라퍼로 성장할 가능성도 없기 때문이다.

2) 성찰성

뛰어난 질적 연구자들은 한결같이 성찰성reflexivity을 질적 연구자가 지녀야 할 중요한 덕목으로 강조한다. 위에서도 언급했지만, 성찰성이란 사람들 (질적 연구자들 포함)로 하여금 다른 사람/사회/세계와의 교류에 의미를 부여할 수 있게끔 해 주는 해석적 능력을 말한다. 질적 연구는 연구 과정의 각 단계에서 벌어지는 일들에 대해 그리고 연구자 스스로에 대해 끊임없는 (자기) 성찰을 요구한다.[16] 자신이 애초에 왜 이 현장에 들어왔는지 잊지 않고, 자신이 지금 이 현장에서 무엇을 하고 있는지, 제대로 하고 있는지 끊임없이 돌아보고 성찰하는 자가 바로 좋은 질적 연구자다.

3) 윤리 의식과 사회적 책임감

현장에서 연구를 수행하다 보면 여러 가지 윤리적 문제에 부딪히게 된다. 어찌 보면 민속지학의 전 과정 — 연구 주제의 선정, 연구 방향의 (재) 설정/미세 조정fine-tuning, 연구 대상자와의 관계 설정/정리, 연구 결과의 보고 등 — 에 '연구의 정치학과 윤리학'에 대한 지속적인 고민과 성

16 '난 누구인가, 여기는 어디인가?'는 우리가 생활 속에서 유머러스한 톤으로 종종 쓰는 표현이지만, 이러한 각성과 자문은 질적 연구자에게 항시 요구되는 덕목이라 할 수 있다.

찰이 요구된다고 할 수 있다. 연구자와 연구 대상자 간의 상호작용 과정에서 연구자나 연구 대상자의 언행이 매우 정치적인 톤을 띨 수도 있고, 연구의 함의가 연구자의 정치적 스탠스를 위치 지워 버리는 경우가 생길 수도 있으며, 연구 결과도 연구자가 원하든 원하지 않든 간에 정치적 목적으로 전유될 수도 있다. 이러한 상황을 맞닥뜨릴 때 연구자는 끊임없이 윤리적, 정치적 판단을 해야 하며 종종 사회적 책임까지 지는 것도 감내해야 한다.

이와 관련하여, 아직도 기억에 생생하게 남아있는 인상적인 에피소드가 있다. 한국의 텔레비전 지형에서 보기 드문 퀄리티 드라마이자 한국 방송의 역사에서 최초로 자발적 팬덤이 형성된 드라마로 각광받았던 MBC 드라마 〈네 멋대로 해라〉(2002) 팬들을 연구하던 시절의 이야기다. 하루는 한강 선유도 공원에서 시민들을 대상으로 〈네 멋대로 해라〉 무료 야외 상영을 마친 팬 카페 회원들과 함께 뒤풀이 자리를 갖게 되었다. 평소에 같이 이 연구를 진행하던 동료 연구자에 비해 팬 카페 회원들과의 교류가 적었던 나는 '라포를 더 돈독히 형성하고 좀 더 친밀해지고 싶어(!)' 기꺼이 그 뒤풀이에 참여하였다. 그런데 야외 상영이 저녁에 시작된 데다가 장비 반납 등 뒤처리를 하고 한강 다리를 걸어서 건너 마포에 있는 한 호프집에 자리 잡고 보니 시간은 이미 새벽 1시가 다 되어 가고 있었다. 그날은 상당히 중요한 오프라인 팬 활동이어서 카페 핵심 운영진은 물론 많은 일반 회원들이 자리를 같이 했는데, 대략 50명 정도가 남아 있었다. 자리를 잡고 앉자 젊은 회원들은 슬금슬금 내 앞자리와 옆자리를 피해 앉기 시작했고(참여 관찰과 심층 인터뷰에서 연령과 사회적 지위가 얼마나 파워풀하게 작용을 하던지!), 결국은 한 여학생이 내 앞에 앉게 되었다. 카페지기의 제안으로 다들 생맥주를 한잔씩 들고 건배를 하는데, 몇 마디 얘기를 나눠 보니 그 여학생은 고등학교 1학년생이었다. 앳되어 보여도 대학교 1~2학년생인 줄 알았는데, 어린 미성년자였다. 참으로 난감했다. 나는 연구자이자 팬의 정체성을 가지고 연구 대상자인 〈네 멋대로 해라〉 팬들을 만났지만 한편으론 성인/교수라는 사회적 정체성도 가지고 있다. 팬 대 팬으로 만난다면 '팬심의 위대함'으로 인해 "그까짓 연령 따위" 아무런 문제가 되지 않지만, 중년 아저씨 대 미성년 여학생의 구도라면 전혀 다른 얘기가 된다. 순간 갈등했다. 이 아이와 맥주잔을 부딪치며 세대 격차를 넘어 '팬심으로 대동단결'하여 〈네 멋대로 해라〉에 대해 이야기꽃을 피우며 날밤을 샐 건지, 아니면 짐짓 근엄한 표정을 지으며 너는 미성년자이니 술을 마셔서는 안 되고 이미 시간이 너무 늦어 부모님이 걱정하실 테니 집으로 돌아가는 게 어떻겠냐고 타일러야 할지……. 지금 이 글을 읽는 여러분이라면 이 상황에서 어떻게 하겠는가? 내가 그때 그 시공간에서 어떤 결정을 내렸는지는 독자들 상상에 맡긴다. 어찌 보면 사소하지만 막상 현장에서 바로 윤리적 판단을 하기가 만만치 않았던 사례인데, 현장 연구를 하다보면 이런 상황, 이런 사례들은 수도 없이 생긴다.[17] 그럴 때 현명한 판단을 하고 상황에 맞는 결정을 내릴 줄 아는 연구자가 되어야 좋은 연구자임은 두말 할 필요도 없다.

17 질적 연구자는 문화 수용이나 문화 소비의 현장뿐 아니라 문화 생산의 현장에 대한 연구에서도 얼마든지 이런 윤리적 딜레마에 처할 수 있다. 예를 들어 텔레비전 프로그램 제작 현장에서 작동하는 메커니즘을 현업 PD가 현장에 대한 액세스를 통해 연구하고 그 결과물을 논문으로 발표할 경우, 자신이 일하는 직장의 조직 문화와 동료들의 직업 세계를 민낯 그대로 드러내게 된다. 그러므로 연구자는 연구 결과의 보고가 가져올 수 있는 윤리적/정치적 파장에도 유념하며 연구에 임해야 한다.

4) 연구자는 최고의 연구 도구

해머슬리와 앳킨슨(Hammersley & Atkinson, 2007)이 잘 지적한 것처럼, 현장에선 '연구 과정의 적극적 참여자로서의 연구자'야말로 최고의 연구 도구key research instrument다. 즉 성공적인 현장 진입과 긴밀한 유대 관계/신뢰 관계의 형성을 잘 해내는 연구자야말로 최상의 연구 도구인 자기 자신을 잘 활용한 좋은 연구자라 할 수 있다. 동시에 연구자는 인간적으로, 지적으로 겸손해야 한다. 수차례 강조했듯이, 질적 연구는 인간 대 인간의 관계 속에서 이루어지기 때문에 겸손함과 상대방에 대한 배려 같은 인간적 매력은 항상 연구에 긍정적으로 작용한다.

5) 협업의 미덕

덴진(Denzin & Lincoln, 2011)은 전통적 에스노그라피의 시기를 'lone ethnographer'의 시기, 즉 고독한 에스노그라퍼(이자 고독한 단독 연구자)의 시기라고 명명하는데, 우리는 바로 이 '고독한 에스노그라퍼' 신화를 깰 필요가 있다. 즉 현 시대의 민속지학에서는 단독 연구자가 아닌 2인 이상의 공동 연구 팀을 구성하는 팀 전략을 적극 활용할 필요가 있다. 예전엔 단독 연구가 일반적이었던 수학과 같은 자연과학 분야에서도 이제는 심지어 수십 명의 수학자들이 팀을 이루어 협업을 하고 공동 연구를 하는 경우가 점점 많아지고 있다고 한다. 수학적 연구와 증명, 이론화의 대상이 연구자 한 명이 감당하기에는 너무나 복잡하고 어려워졌기 때문일 것이다. 질적 연구도 마찬가지다. 사회는 점점 복잡해지고 있으며 한 명의 연구자가 홀로 감당하기에는 버거운 현상/활동/문화들도 많다.

심지어 아무리 연구하고 싶어도 어떤 연구자에겐 접근 자체가 허용되지 않는 현장들도 있다. 홍대 클럽이 좋은 예다. 중년의 남성 연구자가 아무리 하위문화에 관심이 많고, 다양한 하위문화 그룹들을 연구한 경험이 있는 유능한 문화연구자이며, 클럽 음악을 잘 안다 하더라도, 잘나가는 홍대 클럽에 대한 액세스는 절대 허용되지 않는다. '기도한테 문전박대 당한 중년 문화연구자의 비애'에 대한 소문은 과장된 것이 아니라 현장 연구자가 맞닥뜨리는 현실이다. 짐작컨대 힙합 씬scene에 대한 연구도 마찬가지일 것이다. 이럴 경우에는 당연히 팀 전략을 쓸 수밖에 없다. 클럽이라는 현장에 진입 가능한 젊은 연구자와 팀을 이루어 협업/공동 연구의 형태로 연구를 진행하는 것이 최선의 대안이다.

한편 아무리 현장 연구를 하고 싶어도 성격상 내성적이거나 사람들과 잘 어울리지 못하는 연구자도 있다. 이럴 때에도 공동 연구가 미덕이다. 활발한 성격으로 사람들과 잘 사귀고 잘 어울리고 얘기도 잘 풀어나가는 공동 연구자가 현장 중심적인 연구 활동을 주로 하고, 사교적이진 못하지만 차분하게 데이터를 정리/분류하고 논문 작업을 잘 하는 공동 연구자는 또 그렇게 자신의 몫을 하면 된다.

6) 글쓰기 능력

결국 현장에 들어간 질적 연구자가 하는 작업을 최대한 단순화시켜 표현하면 '살며, 연구하며' '두껍게 기술하기'다. 자신이 관찰하고 인터뷰한 사람들 그리고 자신이 경험한 사건과 활동들에 대해서 두텁게 디테일이 살아 있는 기술을 풍부히 할 수 있어야 그것이 통찰력 있는 해석으로 자연스레 이어질 수 있다. 이때 연구자가 예민한 문학적 감수성을 갖고 있다면 그것은 연구 과정에서 엄청난 플러스로 작용한다. 심층 인터뷰와 필드 노트/저널 그리고 그에 기반을 둔 연구 논문이나 보고서는 결국은 스토리텔링의 일종이며 자기가 하고 싶은 얘기를 하는 것이다. 따라서 표현력이나 어휘력이 떨어지는 사람, 창의적이고 상상력이 풍부한 글쓰기 능력이 떨어지는 사람은 질적 연구와 민속지학에 적합하지 않다. 문학청년이 좋은 문학 평론을 쓰고 좋은 문학 담당 기자가 될 수 있듯이, 평소에 문학적/시적/감성적인 글을 잘 쓰는 사람이 더 풍부한 결texture이 들어있고 독자들에게 영감을 주는 좋은 민속지학적 텍스트ethnographic text를 쓸 수 있다.

7) 공감 능력

마지막으로 강조하고 싶은 것은 공감 능력이다. 이것은 위에서 언급한 문화적/문학적 감수성과 성찰성과도 연관되는데, 질적 연구자는 연구자가 처해 있는 현 국면에서 동시대인들의 '감정의 구조structure of feeling'를 깊이 있게 이해하고 또 적극적으로 풀어낼 줄 알아야 한다. 좋은 질적 연구자는 자신이 속한 세대의 문제, 계층의 문제, 젠더의 문제, 지역의 문제에 공감하고 바로 거기에 있는 사람들과의 적극적인 커뮤니케이션과 상호작용을 통해서 문제를 들여다보고, 연구를 통해 많은 사람들과 고민을 나누려는 노력을 하는 사람이다.

공동체 라디오에 대한 연구가 하나의 예가 될 수 있겠다.[18] 마포FM이나 관악FM처럼 정부 성책의 결과에 의해 허가된 소출력 공동체 라디오도 있지만, 지역에 뿌리박고 자생적으로 생겨난 팟캐스트 형태의 공

18 아래의 공동체 라디오에 대한 논의는 현재 필자가 수행 중인 공동체성과 공동체적 삶 그리고 공동체 라디오에 대한 현장 연구 — 마포FM과 창신동 라디오 덤에 대한 사례 연구 — 를 토대로 한 것이다.

동체 라디오도 있다. 창신동 라디오 덤을 예로 들 수 있는데, 이러한 형태의 공동체 라디오는 공동체성/공동체주의communitarianism란 무엇이고 공동체적인 삶communal life이란 과연 무엇인지 우리에게 질문을 던진다. 또 이 공동체 라디오는 그 매체적 속성만 따로 떼어내 분석할 수 있는 것이 아니라 마을 공동체에 기반을 둔 공동 육아 운동과도 맥이 닿아 있다. 즉 창신동의 공동체 라디오에 대한 연구는 팟캐스트를 기술적으로 만들어 내는 사람들에 대한 연구에 그치는 게 아니라, 무엇보다 그 지역에서 가내수공업 형태의 봉제업에 종사하며 하루하루를 살아가는 사람들과 그들의 감정 구조에 대한 연구, 그리고 그 지역에서 수십 년간 공동체의 일원으로 활동해 온 시민운동가들에 대한 고찰까지 포괄하는 형태로 확장되어야 하는 것이다. 그런 현장 연구를 할 줄 아는 연구자가 좋은 질적 연구자다.

이상 좋은 질적 연구자가 갖춰야 할 일곱 가지 품성/태도/자질/의식에 대한 논의를 통해서 알 수 있듯이, 질적 연구와 민속지학은 아무나 할 수 있는 게 아니며, 분명히 이런 연구 스타일에 적합한 사람과 적합하지 않은 사람이 있다. 민속지학, 즉 현장에 들어가야 하는 '사람 연구'에 적합하지 않은 연구자는 질적 텍스트 연구가 대안이다. 물론 아무나 질적 텍스트 연구를 잘 할 수 있다는 뜻은 절대 아니다. 창신동 라디오 덤의 사례에서 보듯이, 이 지역, 이 마을 사람들의 고단한 하루하루의 삶에 대한 공감 능력이 떨어지는 사람은 공동체 라디오를 연구한답시고 현장에 들어가서는 안 된다. 질적 연구를 하더라도 현장 중심의 민속지학은 피해야 하며, 이런 유형의 사람들에게는 혼자 조용히 책상머리에 앉아서 하는 질적 텍스트 연구 — 기호학적 분석, 담론분석 등 — 가 더 잘 맞을 수도 있다.

다 써 놓고 보니, 좋은 질적 연구자가 되려면 마치 팔방미인이 되거나 종합 예술인이 되거나 다재다능한 카멜레온과 같은 존재가 되어야 한다고 주장한 것처럼 되어 버렸다. 그만큼 좋은 연구자, 그것도 좋은 질적 연구자가 되는 길은 멀고도 험하다는 뜻으로 받아들여 주면 좋겠다. 마이크로한 일상 세계의 미세한 결과 질감을 통찰력 있고 상상력 풍부한 해석 안에 담아낼 수 있는 연구자가 좋은 질적 연구자이자 좋은 현장 연구자이자 좋은 문화연구자라는 것이 나의 생각이다.

* 이 장은 지난 10여 년 간 내가 외대 대학원 신문방송학과에서 강의해 온 '질적 연구 방법론'의 수업 내용을 토대로 구성하였다. 비록 단독 저서도 아니고 강의록을 바탕으로 쓴 것에 불과하지만, 이 자리를 빌려 꼭 감사드리고 싶은 사람들이 있다. 우선 일리노이대 ICR 박사 과정 첫 학기에 'Qualitative Research'라는 과목을 통해 질적 연구의 세계에 눈 뜰 수 있게 학문적 세례를 주신 클리포드 크리스찬스 교수님께 감사드린다. 그분이 아니면 나는 질적 연구에 입문하지도 못했을 것이며 질적 연구자로 성장하지도 못했을 것이다. 'Social Interaction' 수업과 엄청난 부피의 저서들을 통해 질적 연구가 얼마나 방대한 분야인지 깨우쳐 주신 노먼 덴진 교수님께도 감사드린다. 마지막으로 항상 흥미진진하게 그리고 매주 읽어야 하는 상당한 양의 리딩에도 굴하지 않고 기꺼이 질적 연구의 세계에 도전해 준 외대 신문방송학과 대학원생들과 문화연구를 전공하는 내 학생들에게도 고마움을 전한다.

질적 연구 분야의 주요 참고 문헌

• 미디어와 커뮤니케이션 연구 그리고 질적 연구 전통의 접합

Jensen, K. B. (2002). *A Handbook of Media and Communication Research: Qualitative and Quantitative Methodologies*. London: Sage.

• 질적 연구 및 민속지학 분야의 고전

Clifford, J. & G. Marcus (2010). *Writing Culture*. 발간 25주년 기념판, Berkeley: University of California Press.

Geertz, C. (1977). *The Interpretation of Cultures*. NY: Basic books. (특히 이 책의 마지막 장인 15장 'Deep Play: Notes on the Balinese Cockfight'는 '두껍게 기술하기'의 정수를 보여 주므로 반드시 읽어야 한다.)

Hammersley, M. & P. Atkinson (2007). *Ethnography: Principles in Practice* (3rd ed.). London: Routledge.

• 질적 연구의 다양한 갈래(민속지학/자기민속지학/구술사/생애사/포커스 그룹 인터뷰(FGI)/페미니스트 접근 등)

Denzin, N. & Y. Lincoln (2011). *The Sage Handbook of Qualitative Research* (4th ed.). London: Sage.

• 참여 관찰

Jorgensen, D. (1989). *Participant Observation: A Methodology for Human Studies*. London: Sage.

• 미디어에 대한 역사적 접근

김영찬 (2011). "1970년대 텔레비전 외화 시리즈 수용 연구: 자기민속지학과 구술사 방법론을 중심으로," 〈한국언론학보〉, 55-6호, pp.5~29.

김영찬 · 김종희 (2012). "1960년대 후반 여성지를 통해 본 근대적 패션과 소비문화에 관한 연구," 〈커뮤니케이션이론〉, 8-2호, pp.154~196.

한국방송학회 엮음 (2011). 《한국방송의 사회문화사》. 한울.

• 미디어 생산/문화 생산 현장 연구

김영찬 (2006). "이주노동자 미디어의 문화정치적 함의," 〈방송문화연구〉, 18-1호.

김영찬 (2007). "미드의 대중적 확산과 방송사 편성 담당자의 문화생산자 그리고 문화매개자로서의 역할에 관한 연구," 〈방송문화연구〉, 19-2호, pp.35~61.

연정모·김영찬 (2008). "텔레비전 연예정보 프로그램의 생산자 문화에 대한 민속학적 연구: KBS 2TV 〈연예가중계〉의 생산 현장을 중심으로," 〈한국방송학보〉, 22-2호, pp.82~122.

• 민속지학적 미디어 수용 연구

김영찬 (2008). "베트남의 한국 TV 드라마 수용에 관한 현장 연구," 〈커뮤니케이션학연구〉, 16-3호, pp.5~29.

김영찬·이기형 (2003). "〈네 멋대로 해라〉 폐인들의 문화적 실천에 관한 현장 보고서," 〈프로그램/텍스트〉, 제9호. 이 논문은 이기형(2011)의 《미디어 문화연구와 문화정치로의 초대》 2장(pp.95~128)에 전재되어 있음.

• 미디어 텍스트에 대한 질적 접근: 기호학과 담론분석

김영찬 (2001). "광고의 기호학: 콘텍스트에 충실한 텍스트 비평을 향하여," 〈한국광고홍보학보〉, 3-2호, pp.235~256.

Barthes, R. (1957). *Mythologies*. NY: Hill & Wang. (특히 이 책의 맨 마지막 장인 'Myth Today'는 기호학의 기본 개념들을 이해하기 쉽게 설명해 놓은 글이므로 기호학과 구조주의에 입문하는 학생들은 반드시 읽어야 함.)

Berger, J. (1972). *Ways of Seeing*. London: Penguin Books.

Rose, G. (2011). *Visual Methodologies* (3rd ed.). London: Sage.

• 국내 문화연구자의 대표적인 질적 연구 방법론 개론서

나미수 (2012). 《미디어 연구를 위한 질적 방법론》. 커뮤니케이션북스.

이기형 (2011). 《미디어 문화연구와 문화정치로의 초대: 민속지학적 상상력의 가능성과 함의를 중심으로》. 논형.

2장

영상 분석 방법

주창윤

● 주창윤은 한양대학교 및 동 대학원 신문방송학과를 졸업했으며, 영국 글래스고대학교 대학원 Film & TV 학과에서 박사 학위를 받았다. 현재 서울여자대학교 언론영상학부 교수이며, SBS 시청자위원, MBC 경영평가위원, 〈한국언론학보〉 편집위원장 등을 역임했다. 주요 저서로는 《사랑이란 무엇인가: 왜 지금 사랑이 중요한가》, 《한국 현대 문화의 형성》, 《허기사회》, 《영상 이미지의 구조》, 《대한민국 컬처코드》 등이 있다.

1. 두 개의 이미지

우리는 일상에서 수많은 이미지들을 만난다. 보도 사진, 텔레비전, 영화, 컴퓨터 인터페이스, 디지털 디스플레이에 이르기까지 영상은 우리를 둘러싸고 있다. 우리 앞에 보이는 이미지들은 실재 그대로가 아니다. 그것들은 누군가에 의해서 '구성된 현실constructed reality'이거나 '구성된 이미지'들이다. 영상 이미지가 증거로 받아들여졌던 초기 사진에서조차도 보여진 것은 현실 자체가 아니었다.

우리 앞에 놓여 있는 이미지는 생산자가 우리로 하여금 어떻게 보도록 유도한 것들이다. 우리는 생산자의 의도에 맞게 구성된 현실을 바라보면서 그것을 현실의 일부로 인식한다. 우리는 이미지가 현실의 일부일 수는 있지만, 현실 자체라거나 진실이라고 믿지 않는다. 그렇다고 내

* 이 장은 주창윤 (2015), 《영상 이미지의 구조》를 바탕으로 쓴 것이다.

가 모든 이미지들은 조작되었다고 말하는 것은 결코 아니다. 우리에게 필요한 것은 이미지를 만든 사람이 어떤 의도를 갖고 어떤 방식으로 표현했는가를 파악하는 일이다.

우리가 영상 분석을 시도하는 이유는 바로 여기에 있다. 우리가 이미지를 바라볼 때 자신의 의도대로 보는 듯하지만, 실상은 그렇지 않은 경우가 적지 않다. 이미지를 만든 사람이 우리로 하여금 보도록 유도한 방식에 따라 대상을 보는 경향이 있기 때문이다.

우리의 시선을 유도하는 방향성을 '벡터vector'라고 부른다. "영상 이미지 내에서 작동하는 가장 강력한 요소는 우리의 시선을 하나의 지점으로부터 다른 지점으로 이끄는 방향적 힘directional forces일 것이다. 벡터라고 불리는 힘의 요소들은 실제 물리적 힘처럼 강력할 수 있다. 각각의 벡터는 방향적 확실성에 대한 중요도나 강도를 갖고 있다"(Zettle, 1999: 166). 생산자가 의도한 벡터는 의미를 해독하는 데 중요한 영향을 미친다.

예를 들어, 이미지 왼쪽 아래에 총을 들고 산 속으로 들어가는 포수가 있고, 오른쪽 위에 작게 묘사된 호랑이가 있는 사진을 생각해 보자. 이 경우 포수는 상대적으로 호랑이보다 크게 보일 것이다. 독자는 이 사진을 보면서 포수가 호랑이를 잡으려 한다고 생각하지 호랑이가 포수를 노리고 있다고 읽지 않는다. 만일 반대로 왼쪽에 크게 찍힌 호랑이가 있고 오른쪽 위에 멀리 작게 찍힌 포수가 있다면, 우리는 호랑이가 포수를 노리고 있다고 생각할 것이다. 왜냐하면 우리의 시선은 큰 피사체로부터 작은 피사체로 이동하게 되고, 무의식적으로 큰 피사체를 주어로 읽는 경향이 있기 때문이다. 이와 같은 해석의 차이는 생산자가 의도한 벡터의 방향성에 따라서 우리가 해독하기 때문에 발생한다.

우리가 영상 이미지를 분석할 때, 생산자의 숨겨진 의도를 파악해야 하고 그것을 통해서 정치적, 문화적 의미(혹은 이데올로기)들을 해석해 내야 한다. 영상 텍스트의 심층 구조를 파악하는 방식은 이미지의 은유와 환유, 이미지의 구성 요소(배열, 현저성, 프레이밍, 시선), 의미 작용의 과정, 각각 기호들의 요소(언어적 요소, 도상적 요소, 조형적 요소), 영상 이미지가 생산된 맥락 등을 분석함으로써 가능하다.

그러나 문제는 이와 같은 영상 분석 요소들을 하나의 영상 이미지 분석에 모두 포함시킬 수가 없다는 것이다. 양적 연구의 경우, 분석 항목에 모든 요소들이 포함되어야 한다. 양적 연구에서 분석 항목에 여러 가지 요소들이 빠진다면 통계적 의미는 사라질 것이다. 하지만 영상 분석의 경우 의미를 분석하는 데 특정 영상 요소가 갖는 의미의 비중이 다른 요소들과 동일하지 않다. 이 때문에 (비록 계량화할 수 있다고 하더라도) 연구자가 우선적으로 핵심 요소들을 파악해야 한다. 이런 점에서 통계적인 의미에서 영상 분석은 객관적이지 않다고 할 수 있다. 하지만 영화에서 볼 수 있듯이 하나의 스쳐가는 장면이 영화 전체에 중요한 의미를 부여할 수 있다. 따라서 영상 분석에서 의미의 객관화를 추구하는 것은 적절하지 않다. 오히려 맥락을 통한 의미의 상호 주관적 해석이 중요하다.

두 개 이미지의 사례를 통해서 영상 분석의 특성을 살펴보자. 두 사진은 〈마이애미 헤럴드*Miami Herald*〉의 사진 기자 패트릭 패럴Patrick Farrell이 2008년 9월 아이티 허리케인 피해 지역에서 찍은 것이다. 그는 이때 촬영한 수많은 사진들로 2009년 퓰리처상 긴급 뉴스 부문 수상자로 선정되었다.

2008년 8월 28일 아이티 북부 고나이브 지역은 허리케인의 영향으로 극심한 피해를 입었다. 당시 아이티 정부의 잠정 집계에 따르면, 확인된 시신만 1330구이며, 실종 1056명, 부상 2601명, 이재민 30만 명이 발생했다. 홍수 피해가 극심한 고나이브 지역에선 건물 3층까지 차오르는

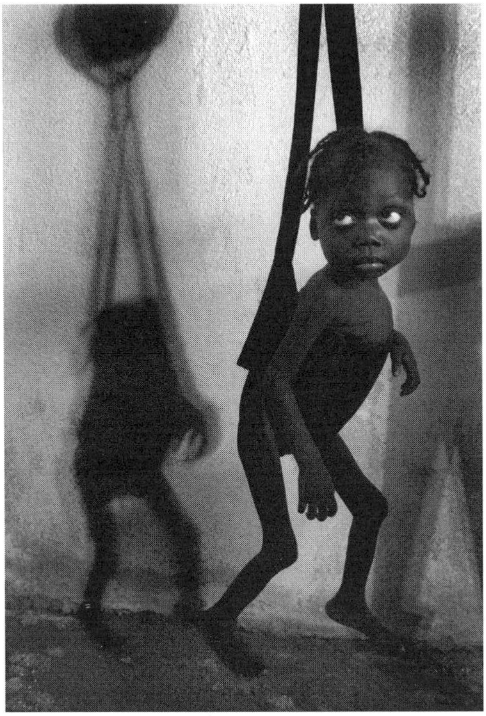

그림 1　아이티 홍수 사진 1

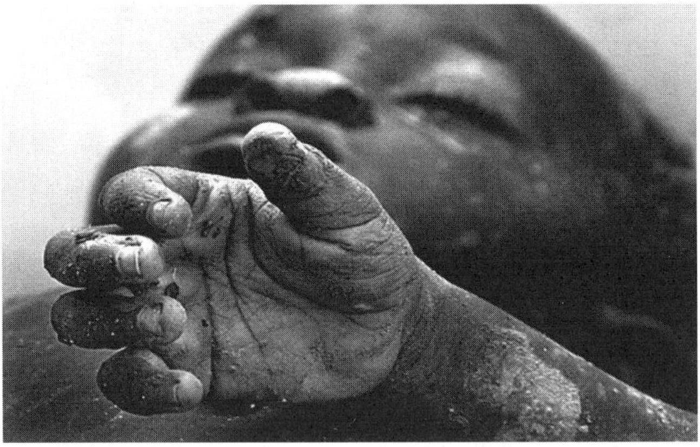

그림 2　아이티 홍수 사진 2

침수 피해로 주민의 80%가 수해를 입었다. 고나이브를 포함한 아이티 북부 지역은 물바다가 되어 주민 상당수가 고립되었고, 이재민들은 9월 1일 이후 제대로 구호물자를 받지 못했다. 아이티 북부 지역 곳곳에서 산사태가 이어져서 구호물자 수송이 제대로 이루어지지 않았고, 구호물자 트럭을 약탈하는 일이 빈번하게 발생했기 때문이었다.

위의 두 사진은 이와 같은 맥락에서 아이티 홍수 관련 보도 사진들이다. 이 두 사진을 어떻게 읽어 낼 수 있을까? 먼저 위의 사진(그림 1)을 살펴보자. 죽음으로부터 살아남은 아기는 오른쪽에 위치하고, 줄이 있는 보자기에 매달려 있다. 아기의 시선은 왼쪽을 향하고 있으며, 뒤쪽으로 아기의 그림자가 있다. 깡마른 아기는 처참한 현실을 보여 준다.

그림 1의 분석 포인트는 세 가지다. 매달려 있는 아기, 아기의 시선, 아기의 모습과 대비되는 그림자. 매달려 있는 아기는 살아 있음의 불안함을 보여 준다. 아기는 땅에 안전하게 서 있는 모습이 아니라, 매달려 있다. 카메라는 하이 앵글로 아기를 찍었다. 카메라의 앵글이 높을 경우 피사체의 무기력함을 보여 준다. 매달려 있는 아기는 돌보아 주는 사람 없이 누군가의 보호를 기다리는 듯하다. 사진 기자는 아이티의 처참한 현실을 담고자 이런 사진을 찍었을 것이다. 이 아기처럼, 아이티는 아직 구호물자를 제대로 전달받지 못했고 구호 활동조차 이루어지지 않은 채 혼자 남겨져 있기 때문이다. 사진에서 아기를 매달고 있는 두 줄의 윗부분은 프레임 밖에 있다. 아직 구조 활동이 제대로 이루어지지 않음을 보여 준다. 아기는 여전히 삶과 죽음 사이에 위치해 있다.

아기의 시선은 왼쪽 누군가를 향하고 있다. 커다란 아기의 흰자위는 애절하고 선명하다. 아기는 교류적transactive 시선을 보내고 있다. 아기가 보내는 교류적 시선은 화면 밖에 있는 누구겠지만, 아마도 구조대나 부모 등일 것이다. 매달려 있는 아기의 뒤쪽으로 그림자가 있다. 살아 있는 아기와 그림자로 표현된 아기 사이에 분명한 대조가 있다. 그림자로 표현된 아기는 마치 아기의 영혼을 보여 주는 듯하다. 아기는 대홍수 속에서 살아 있지만, 아직 살아 있는 것이 아니라는 뜻이다.

그림 2의 사진을 살펴보자. 홍수로 죽은 아기가 배경에 있고, 전경에는 아기의 손이 선명하게 찍혔다. 전경에 있는 아기의 손이 배경에 있는 아기의 손은 아닌 듯하다. 왜냐하면 죽은 아기의 (보이지 않는) 왼손은 프레임 밖에 있을 것이기 때문이다. 아무리 생각해 봐도 죽은 아기의 왼손이 위치상 앞에 놓일 수 없다. 그렇다면 아기의 손은 배경이 있는 아기의 손이 아니라, 그 옆이나 앞에서 죽은 다른 아기의 손일 가능성이 높다.

그림 2에서 중요한 분석 포인트는 두 가지인데, 하나는 아기의 손이며, 다른 하나는 희미하게 표현된 죽은 아기의 모습이다. 아기의 손에서 주목할 점은 손금이다. 우선 아기의 손은 구원이 늦었다는 것을 보여 주거나 빨리 구원해 달라는 요청으로 보인다. 자신은 이미 죽었지만, 살아 있는 사람들을 위해서 구원이 필요하기 때문이다. 다른 한편으로 선명히 보이는 아기의 손금은 동양이나 서양 관계없이 운명을 말한다. 아기의 운명이 재난에 의해서 이미 결정되었다. 이것은 인간의 운명이나 환경을 넘어서는, 인간이 감당하지 못하는 영역이라는 점도 보여 준다. 죽은 아이의 희미한 표현과 선명한 아기의 손금이 갖는 대비는 상황을 더욱 처참하게 만든다.

이 두 사진은 내가 아이티 홍수와 관련해 보도했던 수많은 사진들 가운데서 임의적으로 선택한 것이다. 사진 기자들은 아이티 현장에서 수천 장의 사진을 찍었고, 나는 그중에서 두 개를 선택했다. 내가 이 사진들을 선택한 것은 자연 앞에 놓인 인간의 무기력함을 가장 잘 보여 주는 사진이라고 판단했기 때문이다. 대재앙에 놓여 있는 인간의 존재는 아기와 같다. 재앙 앞에서는 성인이나 아기나 마찬가지다. 그렇지만 성인의 죽음보다도 아기의 죽음은 보는 사람으로 하여금 더 큰 메시지를 전한다. 아기들은 위험으로부터 스스로 피할 수 있는 능력을 가지 못하기 때문이다. 이 두 사진을 중심으로 영상 분석 방법을 살펴보자.[1]

2. 이미지: 유사성과 유추

이마고imago가 이미지의 어원이라는 점은 흥미로운 함의를 지닌다. 이마고의 어원은 'imitor'이며, 모방한다는 뜻을 지닌 이 단어는 또 다른 세계, 즉 죽음의 세계를 가리킨다(Joly, 1999). 이미지는 대상을 '모방하는 것'과 '죽은 자들의 세계'를 말한다.

이미지와 관련된 많은 단어들, 형상figures, 기호sign 등은 죽음과 연결되어 있다. 형상은 부족장이나 특별한 사람이 죽었을 때 무덤에 함께 넣은 그 사람의 모습이며, 기호는 묘비명을 의미했다. 죽은 자에 대한 모방이 이미지의 어원이라고 말할 수 있다. 모방한다는 것은 대상의 '유사성resemblance'을 지칭하고, 죽은 자의 세계는 보이지 않지만 존재하는 그 무엇, '유추analogy'를 의미한다. 유사성과 유추는 서로 배타적인 것이 아니라 상호작용하면서 의미를 만든다.

1 내가 두 사진을 선택한 이유는 이것들이 다른 사진들보다 특별하기 때문이 아니다. 연구자가 여러 분석 요소들 중에서 어떤 점에 초점을 맞추어서 영상 분석을 해야 하는가를 사례로 보여 주고자 두 사진을 선택했다.

그림 3 이미지: 유사성과 유추

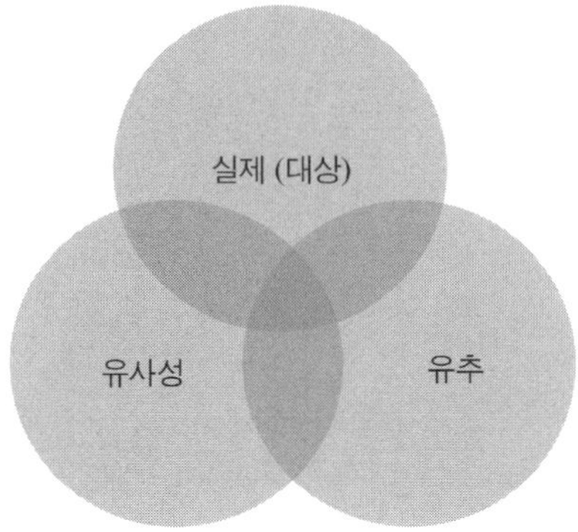

문학(혹은 예술 작품)과 영상은 유사성과 유추를 통해서 이미지를 만든다. 시의 경우, 유사성보다는 유추를 통해서 의미를 전달하는 경향이 있다. 영상 이미지는 일차적으로 대상의 유사성에 기대어 있다. 사진, 영화, 그림 등으로 표현된 것은 대상 그 자체와 밀접한 연관성이 있다. 영상 이미지는 시의 이미지와 달리 상대적으로 모호성이 적은 편이다. 우리는 어떤 대상에 대해 쓴 시를 읽으면 시인이 무엇을 묘사했는지 알 수 있다. 그러나 글로 쓴 이미지와 영상으로 직접 보여 주는 이미지는 차이가 날 수밖에 없다.

영상이 대상 자체가 아닌 것처럼, 이미지도 대상 그대로가 아니다. 사진의 경우, 대상과 상당한 유사성이 있기 때문에 대상 그 자체로 인식되기도 하지만, 한 대상이 어떻게 찍혔는가에 따라서 이미지는 수없이 달라질 수밖에 없다. 이미지의 기능은 대상과의 유사성을 통해서 대상이 아닌 다른 것을 환기하고 의미를 전달하는 데 있다. 이미지의 유사성과 유추는 은유와 환유의 관계로 볼 수 있다. 영상의 유사성은 은유의 관계를 의미한다. 여러 가지 이미지들로 구성된 이미저리imagery 안에는

그림 4 유사성의 활용. 미쓰비시의 자동차 광고.

그림 5 유추의 활용. 〈전함 포템킨〉.

유사성을 담고 있는 이미지들이 있다.

예를 들어, 다음의 두 그림을 보자. 그림 4는 미쓰비시가 제작한 SUV 자동차 광고다. SUV 자동차 = 코뿔소라는 관계가 성립된다. SUV 자동차의 튼튼함은 코뿔소의 건강함과 유사하게 배치되어 있다. 반면, 그림 5는 영화 〈전함 포템킨〉(세르게이 에이젠슈타인, 1925)의 한 장면인데, 잠자는 사자가 무엇을 의미하는지 알 수 없다. 영화의 맥락을 통해서 유추할 수밖에 없다. 영화적 맥락에서 보면, 잠자는 사자는 아직 계급 의식을 갖지 못한 민중이다.

영상 분석에서 우선적으로 고려해야 할 점은 은유와 환유의 의미를 찾는 것이다. 그림 1과 그림 2에서 보았을 때, 그림 1에서 전경에 매달려 있는 아기와 배경에 매달려 있는 그림자 아기 사이에는 살아 있는 육체와 그림자의 영혼이라는 은유 관계가 성립된다. 하나의 영상에서 담겨 있는 두 이미지의 관계는 은유로 볼 수 있다. 예를 들어, 하나의 영상에서 어떤 남자가 있고 그의 배경으로 카멜레온이 지나가는 장면이 있다면, 그 남자는 카멜레온이라는 의미다.

그림 2에서는 죽은 아기의 손과 직접적으로 관련된 것이 없다. 배경에 죽은 아기가 있지만, 아기의 손이 죽은 아기와 은유 관계에 있다고 볼 수 없다. 따라서 아기의 손은 그 자체로 독자가 의미를 읽어 내야 하는 환유의 기능을 담당한다. 그것은 대재앙에 대한 인간의 무기력함이다.

영상 이미지에서 은유와 환유라는 측면에서 보면, 은유보다는 환유가 많이 활용되는 것이 일반적이다. 우리가 이미지의 환유를 읽어 내고자 한다면, 우선적으로 영상이 찍힌 사회적, 문화적 맥락을 파악해야 하고, 다음으로 그 영상의 맥락(다른 이미지들과의 관계 등)을 살펴보아야 한다. 왜냐하면 이미지의 환유는 이미지 그 자체만 가지고는 제대로 의미를 파악하기 어렵기 때문이다.

3. 이미지의 구성: 분석 요소

이미지의 구성은 영상 요소들을 프레임 안으로 배치하여 만족스럽게 통일성을 갖게 하는 것이다. 이미지는 선, 색, 부피, 빛, 배열, 시선 등 다양한 요소들을 배치함으로써 완성된다. 그러나 '만족스럽게 통일성을 갖는다'는 것은 구성 요소들을 단순히 아름답게 배열하는 것을 의미하지 않는다. 이미지의 구성은 의미의 생산과 수용 과정에 밀접히 관련되어 있다. 더욱이 이미지의 구성은 역사적으로 형성되어 온 미적 경험과 관습들로부터 많은 영향을 받는다. 문자 언어가 배열되는 방식, 회화의 전통, 종교적 가치, 문화적 관습 등이 이미지의 구성에 직간접적으로 영향을 미친다.

이미지 구성은 네 가지 분석 요소들을 포함한다.[2] 이를 간략하게 정리하면 다음과 같다.

표 1 이미지의 구성 요소

이미지의 배열	이미지의 배열은 각각의 요소들이 서로 연결되어 있는 방식으로 왼쪽과 오른쪽, 위와 아래, 중앙과 주변에 부여된 특별한 의미들이다.
현저성	현저성은 바라보는 사람의 주의를 끄는 정도다. 그것은 전경과 배경의 위치, 상대적 크기, 색의 대비, 명료성의 차이 등에 의해서 구체화된다.
프레이밍	프레이밍은 분리선인 프레임을 통해서 이미지들의 요소들이 분해되거나 혹은 연결시키는 방식이다. 프레임의 존재와 부재에 의해서 구성 요소들은 함께 묶이기도 하고, 분리되기도 한다.
시선	등장인물의 시선은 수용자, 바라봄의 방식, 정서적 관여 등과 연결되어 있다. 시선에는 주체적 시선, 객체적 시선, 교류적 시선 등이 있다.

2 크레스와 루운(Kress & Leewun, 1996)은 세 가지 요소(이미지의 배열, 현저성, 프레이밍)을 제시했는데, 나는 여기에 시선을 추가했다.

1) 이미지의 배열

이미지의 배열은 구성 요소들이 어떻게 위치되어 있는가다. 여기서는 세 가지 측면 — 왼쪽과 오른쪽, 위와 아래, 중앙과 주변 — 의 배열이 중요하다. 이미지의 구성에서 왼쪽과 오른쪽의 배열은 문자 언어의 구조에 영향을 받았다. 한글이나 영어 등 대부분 문자 언어들은 왼쪽에서 시작해서 오른쪽으로 진행된다. 물론 한글은 한자의 영향을 받아서 위에서 아래로 쓰기도 했고, 오른쪽에서 왼쪽으로 쓰기도 했지만, 문자 언어의 일반적인 순서는 왼쪽에서 시작해 오른쪽으로 끝난다. 이것을 시간적으로 보면, 왼쪽은 과거(이미 쓰여졌다는 의미에서)를, 오른쪽은 현재나 미래를 의미한다.

왼쪽과 오른쪽의 배열은 일상 문화나 그림의 역사에서도 관습적인 규칙이었다. 결혼식에서 신랑은 주례의 왼쪽에 서고, 신부는 오른쪽에 선다. 기독교적 세계관에 의하면, 아담이 먼저 태어났고, 이브가 다음에 태어났으므로 신랑은 기존의 존재이고 신부는 새로운 존재인 셈이다. 텔레비전이나 영화에서 인터뷰를 하는 사람은 왼쪽에 위치하고, 인터뷰를 받는 사람은 오른쪽에 위치한다. 왜냐하면 인터뷰를 받는 사람은 새로운 정보를 제공하기 때문이다.

광고의 경우에도 상품은 대체로 오른쪽에 위치한다. 상품은 이미 있는 것이 아니라 새로운 것이기 때문이다. 따라서 왼쪽에는 기존에 있는 것, 과거의 시간을 배치한다면, 오른쪽에는 새로운 것, 미래의 시간을 배열한다. 이것은 하나의 관습이기 때문에 반드시 이렇게 배열해야 한다는 것은 아니다. 상황에 따라서 반대로 배열할 수도 있다.

왼쪽과 오른쪽의 배열을 중심으로 그림 1을 해석하면, 왼쪽에 있는 아기의 그림자는 과거의 존재가 되고, 오른쪽에 있는 아기는 현재의 살아남은 존재가 된다. 다시 말하면, 왼쪽 아기의 그림자는 대재앙으로 죽은 아기들을 상징한다고 볼 수 있다. 오른쪽에 있는 아기는 살아남았지만 구조 활동의 문제로 여전히 죽음에 직면하는 상태로 해석할 수 있다.

위와 아래의 구성에서 보면, 위에 배열하는 것은 추상적 가치이고, 아래에는 구체적인 가치다. 영상 구성 요소들이 윗부분에 위치하고 다른 것들이 아랫부분에 놓인다면, 위에 위치하는 것은 '이상적이거나 추상적인 것'이 되고, 아래에 놓이는 것은 '실제적이거나 구체적인 것'이다. 그림 2에서 위와 아래의 배열은 죽은 아기와 손이다. 아기는 죽음이라는 추상의 세계에 있고, 아기의 손은 실제적인 구조 요청이나 아기의 운명을 보여 준다.

렘브란트의 그림에서 가장 중요한 요소는 빛이다. 그가 그린 초상화들을 보면, 광원光源은 대부분 왼쪽 위에 있다. 빛은 왼쪽 위에서 나오면서 오른쪽으로 갈수록 어둠이나 그림자가 깊게 깔린다. 빛이 의미하는 것은 '신성한 것,' '하나님의 사랑' 등이다. 빛은 신성하고 이미 존재하는 하나님을 의미하기 때문에서 왼쪽 위에서 나온다.

이미지의 구성에서 한 요소를 중간에 위치시키고 다른 요소들을 주변에 배치하는 것은 중심과 주변의 구성이다. 중심으로 제시된 것은 주변에 위치한 요소들을 지배한다. 주변은 중심에 대해서 의존적이거나 보조적인 역할을 담당한다. 대부분 주변에 위치한 대상의 지위는 서로 동일하거나 비슷하다.

오늘날 이미지의 구성에서 중심과 주변의 배열은 비교적 많지 않다. 대체로 왼쪽과 오른쪽이나 위나 아래의 배열이 지배적이다. 반면 불화佛畫나 성화聖畫의 경우 부처나 예수는 그림의 가운데 위치한다. 그것은 '신성함'에 대한 표현이기 때문이다.

2) 현저성

현저성은 이미지를 부각시키는 요소다. 이미지의 요소들을 어느 위치에 배열하는가와 관계없이 현저성은 요소들 사이에서 매우 중요하다. 이것은 어떤 것을 다른 것보다 더 중요하거나 주의를 끌 만한 가치가 있는 것으로 선택하는 기능을 담당한다.

이미지의 현저성이 높은가 낮은가는 시각적 단서들에 근거해서 판단할 수 있다. 독자는 직관적으로 각각의 구성 요소들이 갖고 있는 '비중'이나 '무게'를 파악할 수 있다. 이미지의 현저성은 크기, 초점의 명확성, 색 대비, 원근법, 특별한 문화적 상징의 사용 등 다양한 요소들을 의해 표현된다. 현저하게 표현된 구성 요소들은 이미지 전체 내에서 계층적 체계를 만들어 냄으로써 시각적 주목과 함께 의미의 중요성을 우선적으로 제시한다.

그림 2의 경우, 현저성이 가장 높은 것은 아기의 손금이다. 아기의 손금이 전경에 위치하고, 상대적으로 크게 찍혔으며, 초점의 명확성을 갖고 있기 때문이다. 이미지를 분석할 때, 우리는 이미지 내에서 현저성이 두드러지게 나타나는 부분에 우선 주목해야 한다. 그것은 찍은 사람이 의도적으로 강조하고 싶은 것을 보여 주기 때문이다.

3) 프레이밍

프레임은 설정된 이미지와 외부 환경, 그리고 이미지의 구성 요소들을 분리하거나 연결하는 기능을 담당한다. 프레임이 존재하는지 혹은 존재하지 않는지에 따라서 이미지가 선택되거나 연결되기도 한다. 프레임은 세 가지 측면 — 외곽선으로서 프레임, 이미지 내의 프레임, 프레임 내

프레임 — 이 있다.

외곽선으로서 프레임은 뷰 파인더view finder를 통해서 시각적 요소들을 제외하거나 포함시키는 역할을 담당함으로써 선택적 기능을 갖는다. 담고 있는 이미지를 다른 이미지와 격리시키는 담장 역할을 하는 것이다. 그림 2의 경우 외곽선으로서 프레임이 설정된 경우다. 보도 사진 기자는 아기의 손과 얼굴을 프레임 안으로 담았다. 만일 사진 기자가 롱숏으로 찍었다면, 아마도 죽어 있는 여러 명의 아이들의 시신이 담겼을 것이다. 그러나 사진 기자는 외부의 장면을 의도적으로 잘라내고 아이의 손과 얼굴에 프레임을 맞추었다. 손(구조)과 죽음의 문제에 초점을 맞추고자 했기 때문일 것이다.

이미지 내의 프레임은 하나의 장면 안에서 프레임이 설정되는 경우다. 그림 6은 영화 〈졸업*The Graduate*〉(1967)의 한 장면이다. 주인공인 벤자민 역을 맡은 더스틴 호프먼은 로빈슨 부인의 장단지 아래에 위치되어 있다. 로빈슨 부인의 다리가 프레임으로 설정되어 있는 것이다. 이것이 의미하는 점은 벤자민은 로빈슨 부인의 의도에 이끌려 다닐 수밖에

그림 6 이미지 내의 프레임. 〈졸업〉. © Metro – Goldwyn – Mayer Studios Inc.

없다는 것이다.

하나의 장면 안에는 신체나 물건 등을 활용해서 프레임을 설정할 수 있다. 이 경우, 프레임은 두 세계를 분리하는 역할을 담당하거나 둘 사이에 위계 관계를 의미하는 경우가 적지 않다.

프레임 안의 프레임은 주요 대상물을 두 번째 프레임으로 감싸므로 대상물을 강조하고 숏의 깊이감을 준다. 전경에 세미 실루엣으로 처리된 대상물을 설정하거나 작은 사각형으로 프레임을 분할하는 거울이나 창문을 사용하는 것이 흔한 예다(Ward, 2002: 87). 거울을 프레임 안의 프레임으로 사용하는 경우는 대체로 자아의 분열이나 이중적 정체성을 표현할 때다. 프레임 안의 자아와 거울에 비친 프레임 속의 자아라는 두 개의 자아가 갈등할 때 일반적으로 사용한다. 거울에 비친 자아는 성찰적 자아를 의미하고, 거울 앞에 서 있는 자아는 현실 속에서 괴로움에 빠진 자아를 의미한다. 거울 앞에 있는 나는 갈등으로 괴로움에 빠져 있는 상태이며, 거울 속에 있는 나를 보면서 자신을 돌아보기 때문이다.

4) 시선

시선은 등장인물의 행위와 밀접히 관련되어 있다. 등장인물의 시선은 수용자나 관객의 시선을 유도한다. 등장인물이 어떤 지점을 바라보고 있다면 관객도 자연스럽게 그것을 바라보도록 이끌리기 때문이다. 따라서 등장인물 시선의 움직임은 수용자, 바라봄의 방식, 정서적 관여, 감각 등과 연결되어 있다.

시선에는 세 가지 방식 — 주체적 시선, 객체적 시선, 교류적 transactive 시선 — 이 있다. 주체적 시선은 등장인물이 직접적으로 카메라를 응시하는 사진을 말하며, 객체적 시선은 등장인물이 카메라가 아니라 다른 어떤 곳이나 사물, 사람 등을 바라보는 것이다. 주체적 시선은 등장인물이 주체가 되며, 이것을 바라보는 독자나 수용자는 대상으로 위치한다. 이것은 수용자가 등장인물을 바라보는 것이 아니라 오히려 등장인물이 수용자를 바라보는 것이다. 등장인물은 그와 같은 시선 속에서 "나를 따르라" 혹은 "나와 동일시하라"라고 말하는 것과 같다.

화장품 광고 사진이나 초상화, 표지 사진 등에서 등장인물은 카메라를 응시하는데, 이것은 주체적 시선을 사용한 것이다. 여성 화장품 광고는 독자를 직접적으로 바라보는 모델 얼굴 전면 사진을 자주 활용하는데, 이것은 독자가 화장품 광고 모델과 시선을 일치시킴으로써 상상적 동일시를 불러일으키기 위해서다. 즉 화장품 광고 모델은 독자에게 당신이 이 화장품을 사용하면 나처럼 아름다워진다고 말하는 것과 같다.

객체적 시선은 수용자가 바라보는 주체가 되며, 등장인물은 바라보여지는 대상으로 위치한다. 객체적 시선의 경우, 등장인물이 직접적으로 수용자를 바라보는 것이 아니라 제3의 공간이나 다른 영역을 바라본다. 객체적 시선은 수용자와 떨어져 있다는 느낌을 제공하면서 객관적 거리를 유지한다. 대부분 보도 사진은 객체적 시선에서 찍은 것이다. 그림 1에서 아기는 프레임 밖을 바라보고 있는데, 이것은 객체적 시선의 예다.

그러나 영상에서 여러 등장인물들이 나오는 경우 인물들 사이 시선 관계를 파악하는 것이 중요하다. 왜냐하면 영상에서 인물들의 위계 관계를 보여 주기 때문이다. 영상에 등장하는 인물(들)은 두 가지 역할을 수행하는데, 하나는 행위자의 역할이고, 다른 하나는 반응자의 역할이다. 행위자는 특정 목표를 가지고 영상 내에서 지배적인 역할을 하는 사람이고, 반응자는 목표를 가지고 있는 행위자를 바라보는 사람이다. 예를 들어, 김정은 관련 보도 사진들을 보면 김정은은 항상 행위자(무엇인가 지시하는 모습)로, 주변 인물들은 반응자(듣거나 내용을 받아 적는 모습)로 표현된다.

그림 1에서 아기는 프레임 밖을 보는데 반응자의 역할을 담당한다. 만일, 그림 1의 왼편에 구조 활동을 하는 사람이 있다면, 그는 행위자의 역할을 수행하는 것이다. 구조 요원은 행위 주체가 되고, 아기는 행위 주체를 이상적으로 바라는 객체가 된다. 이 경우, 아기가 구조 요원에게 교류적 시선을 보내는 것이 된다.

어빙 고프만Erving Goffman(1976)은 광고 이미지에 나타난 남녀 관계의 분석을 통해서 대체적으로 남자가 행위 주체로, 여자는 반응 대상으로 표현된다고 지적한다. 이것은 교류적, 비교류적 시선의 문제와 밀접하게 연결되어 있다. 남자는 비교류적 시선(여자를 바라보지 않고 있으므로)을 유지하는 반면, 여자는 교류적 시선을 주고 있다. 이것은 남자가 여자에게 '선망의 대상'(왜냐하면 남자는 목표를 가지고 있고, 그것을 수행하고 있기 때문에)으로 보여진다는 것을 의미한다. 이것은 시선의 문제와 더불어 남녀 관계의 위치 설정, 이미지의 크기, 초점 등의 문제와 함께 연결되어 표현된다.

그림 7은 1998년 9월 14일 빌 클린턴이 힐러리와 함께 뉴욕 뉴암스테르담 극장에서 공연한 〈라이온 킹*The Lion King*〉을 관람한 후 두 손을 들어 관객에서 연설하는 장면이고, 그림 8은 2013년 9월 5일 오바마와 푸틴이 정상 회담을 하기 위해서 만나는 사진이다. 그림 7의 경우 당시 빌 클린턴은 성추문이라는 정치적 곤경에 처해 있었다. 그럼에도 클린턴은 행위 주체가 되고 힐러리는 클린턴에게 교류적 시선을 보냄으로써 여전히 남편을 신뢰한다는 의미를 전달하고 있다. 클린턴은 행위 주체이고 힐러리는 반응자다. 그림 8의 경우도 푸틴은 오바마에게 시선을 줌으로써 반응자의 역할을 하고, 오바마는 푸틴을 바라보는 것이 아니라 화면 밖에 있는 무엇인가를 보고 있다. 이 사진의 시선을 보면, 푸틴은 오

그림 7 시선의 교류 1. 빌 클린턴과 힐러리의 〈라이언 킹〉 관람 후 장면. © AP, 1998

그림 8 시선의 교류 2. 오바마와 푸틴.
© AP, 2013(제공: 연합뉴스)

바마에게 무엇인가를 바라거나 기대한다는 것을 보여 주지만, 오바마는 그런 기대는 어렵다는 것을 함축한다. 물론 오바마와 푸틴이 서로 만났을 때 시선을 마주치는 장면이 있었을 것이고, 그 순간도 촬영되었을 것이다. 그러나 언론에 보도된 사진은 서로 시선을 교류하는 것이 아니었다. 아마도 사진 기자는 의도적으로 푸틴이 애걸하는 듯한 모습을 독자에게 보여 주고 싶었기 때문일 것이다.

영상 분석에서 시선을 보면 누가 행위 주체가 되고, 반응자가 되는지 알 수 있다. 시선을 받는 자는 행위 주체이고, 시선을 주는 자(교류적 시선)는 반응 대상이 된다. 또한 등장인물의 시선이 어디(위, 아래, 옆 등)를 향하는가도 파악할 필요가 있다. 허공을 보면 정신적 표류를, 아래를 보면 반성이나 잘못에 대한 뉘우침을 의미하기 때문이다. 영상의 전체 맥락을 통해서 시선의 움직임을 파악하는 것이 필요하다.

4. 이미지의 수사학

고전적 수사학은 말과 글을 닦는 기술이다. 수사학은 논거를 발견하고 제시하는 기법과 문체styles의 기술인 표현 기법을 포함한다. 고전적 수사학은 창안법inventio, 배열dispositio, 문체elocutio의 문제에 집중했다. 창안법은 테마 또는 선택된 이유와 관련하여 주제, 논증, 설득의 테크닉을 추구하는 것이다. 배열은 언술의 중요한 부분들(서론, 서술 방식, 토론, 결론 등)을 위치시키는 것이다. 문체는 스타일, 도치, 생략, 반복, 대조법, 감탄법 등을 통해서 문장의 기본적이고 통사적인 구조를 조절하는 기능을 담당한다(Joly, 1999). 고전적 수사학은 이미지를 다루는 현재의 영상 분석에도 유용한 지침을 제공해 준다.

롤랑 바르트Roland Barthes는 고전 수사학을 현대의 이미지 분석에 적용한다. 바르트는 고전 수사학으로부터 설득과 논증의 방식(창안법)과 문체의 활용을 수용해서 이미지의 작동 메커니즘을 밝히고 있다. 바르트는 설득의 방식으로서 함축적 의미가 작용하는 방식을 제시했다. 정확히 말해서 의미 작용의 방식은 이미지의 고유한 부분이 아니다. 그러나 의미 작용이 어떻게 일어나는가를 배제하고 설득의 과정을 말하기란 어렵다. 바르트는 의미 작용의 두 단계를 제시한다. 언어로서 기표와 기의가 새로운 기호를 형성하고, 다시 형성된 기호의 기표와 기의가 사회적으로 이데올로기나 신화로 나아가는 과정을 도식해 왔다(Barthes, 1972: 115).

우선 기표와 기의가 모여서 하나의 기호를 이룬다. 예를 들어, 돼지라는 기호(영상이든 문자이든)는 '게걸스러움,' '풍요,' '탐식,' '행운' 등 다양한 기의를 지닌다. 우리가 일상에서 돼지를 보았을 때 느끼는 돼지에 대한 경험이 돼지의 의미를 만들어 낸다. 언어로서 돼지가 '게걸스러움'과 '풍요'를 의미하는 단계가 의미 작용의 첫 번째 과정이다. 그러나 기호 돼지가 특정한 맥락 속에서 어떻게 놓이는가에 따라서 돼지의 의미는 달라질 수밖에 없다. 만일 노동 문제나 노사 문제를 다룬 포스터나 사진 이미지에서 등장하는 돼지의 기호는 탐욕스러운 사업주나 자본가를 의

그림 9 의미 작용의 과정

<table>
<tr><td>언어 {</td><td>1. 기표</td><td>2. 기의</td><td></td></tr>
<tr><td rowspan="2">신화 {</td><td colspan="2">3. 기호
I. 기표</td><td>II. 기의</td></tr>
<tr><td colspan="3">III. 기호</td></tr>
</table>

미할 것이다. 돼지의 기호가 새로운 의미를 얻게 되는데, 이것이 두 번째 의미 작용의 과정이다. 두 번째 의미 작용을 통해서 특정 기호는 신화 혹은 이데올로기가 된다.

그림 10은 영화 〈브레이브하트*Braveheart*〉(멜 깁슨, 1995)에서 주인공 멜 깁슨이 어린 시절 한 소녀로부터 엉겅퀴 꽃을 받는 장면이다. 주인공의 부모는 잉글랜드 군대에 의해서 무참히 학살되었고, 주인공은 삼촌과 함께 장례식을 치루고 집으로 돌아가려는 중이었다. 이때 장례식에 왔던 한 소녀는 그에게 무덤 근처에서 피어있는 엉겅퀴 꽃을 따서 준다. 영화적 맥락에서 보면, 소녀가 주인공을 좋아한다는 의미다. 이것은 첫 번째 의미 작용이다. 대사는 없지만 아마도 소녀는 주인공에게 부모님을 잃었지만 '나는 너를 좋아하고 항상 옆에 있을게'라고 말하는 듯하다.

두 번째 의미 작용의 과정은 단순히 소녀의 사랑을 의미하는 것을 넘어선다. 왜냐하면 엉겅퀴 꽃은 스코틀랜드의 국화國花이기 때문이다. 소녀가 주인공에게 꽃을 주는 것을 당시 역사적 맥락에서 해석하면, 주인공에게 스코틀랜드를 위해서 싸워달라는 의미로 해석될 수 있다. 따라서 두 번째 의미 작용으로 보면, 엉겅퀴 꽃은 스코틀랜드의 민족주의

그림 10 의미 작용의 과정 사례. 〈브레이브 하트〉. © Mel Gibson

를 의미한다.

바르트(1993)는 이미지의 수사학과 관련해서 메시지를 세 가지 — 언어적 메시지, (코드화된) 도상적 메시지, (코드화되지 않은) 도상적 메시지 — 로 분류한다. 코드화된 도상적 메시지와 코드화되지 않은 도상적 메시지의 구분은 명확하지 않다. 따라서 마르틴 졸리Martine Joly(1999)가 구분한 도상적 메시지와 조형적 메시지로 분류해서 살펴보겠다.

언어적 메시지는 영상 안에 문자가 들어가는 경우다. 포스터, 광고 사진, 보도 사진의 캡션 등이 여기에 해당된다. 이때 중요한 것은 '의미의 닻 내리기anchorage'다. 의미의 닻 내리기는 "텍스트에서 독자를 지도하며, 거기에서 어떤 것을 피하고 어떤 것을 받아들이도록 해 준다. 흔히 섬세한 배치를 통해서 텍스트(문자)는 독자를 사전에 선택된 의미로 원격 조정하는"(Barthes, 1993: 96) 것이다.

의미의 닻 내리기는 일련의 부유하는 의미를 고정시키는 역할을 말한다. 텍스트는 다의성을 지니고 있기 때문에 의미는 상대적으로 열려 있게 된다. 그러나 광고나 보도 사진의 경우 의미가 지나치게 열려 있으면 독자가 해독하는 데 심각한 문제에 직면하게 된다. 의미의 닻 내리기는 해독의 혼란을 방지해 주는 역할을 담당한다. 광고의 헤드 카피나 보

표 2 수사학적 분석 요소

분석 대상	주요 분석 요소
언어적 메시지	영상 안에 포함된 문자(광고 카피나 보도 사진의 캡션 등)
도상적 메시지	영상 안에 포함된 모든 도상(인물, 의상, 장신구, 배경 등)
조형적 메시지	영상이 어떻게 표현되었는가에 대한 분석(프레임, 촬영 각도, 렌즈 선택, 구성, 크기와 차원, 색깔, 조명, 질감 등)

도 사진의 캡션 등이 의미의 닻 내리기 기능을 수행한다.

도상적 메시지는 특정 이미지 내에 포함하는 모든 도상icon을 말한다. 도상은 실제와 유사성을 갖는 기호이므로 모든 영상은 도상이 된다. 하나의 영상 안에 여성이 등장한다면, 그녀의 표정, 몸동작, 시선, 입고 있는 옷이나 장신구, 배경 등이 도상적 메시지를 구성한다.

조형적 메시지는 프레임, 촬영 각도, 렌즈 선택, 구성, 크기와 차원, 색깔, 조명, 질감 등과 같은 이미지의 순수한 조형적 도구들을 지칭한다. 영상에서 조형적 기호들은 단순한 표현 수단이 아니라 하나의 독립적인 기호이면서 동시에 서로 연결되어 의미를 만드는 데 기여한다. 의미는 도상에 의해서 결정되는 것이 아니라 조형적 선택에 의해서도 결정된다.

프레임은 시각에 대한 제약으로 기능한다. 프레임은 지면이나 화면의 경계를 설정한다. 프레임은 선택된 경계와 절단이라는 점에서 보이는 것(화면 안에서 표현된 것)과 보이지 않는 것(선택되지 않은 것, 프레임 밖에 존재하는 것)을 구별 짓는다. 그러나 선택된 것(프레임 내에 존재하는 것)이 일차적으로 중요하지만 선택되지 않거나 잘려나간 부분 역시 의미 구성에 중요한 기능을 담당한다. 이 밖에도 촬영 각도, 렌즈 선택, 이미지의 구성, 크기(예를 들어, 그림 2에서 아기의 손은 상대적으로 크게 표현되었다), 색깔, 조명, 질감 등이 조형적 메시지를 구성하는 요소다.

조형적 메시지 분석을 위해서 표 3과 같은 영상 기호의 기술적 코드와 의미를 활용할 수 있다. 표 3에서 제시한 기술적 코드들은 관습에 따른 의미다. 따라서 그 의미는 맥락에 따라서 달라질 수 있지만, 특별한 경우가 아니라면 대체로 표 3에서 제시된 기의(의미)를 중심으로 영상을 해석해도 무리는 없다.

표 3 영상 기호의 기술적 코드와 의미

	기표	기의
숏 크기	빅 클로즈업 클로즈업 미디엄 숏 롱 숏	중요한 순간, 감정의 고조 친근감 인물과의 개인적 관계 맥락, 객관적 거리
카메라 앵글	높음 시선과 일치 낮음	등장인물의 나약함, 무기력 평등한 관계 등장인물의 지배력, 권력, 권위
렌즈 유형	광각 표준 망원	감정의 고조 일상성, 규범성 관음증
구성	대칭 비대칭 정적 구성 동적 구성	고요함, 침착함 일상성 갈등의 결핍 혼란
초점	선택 초점 연 초점 깊은 초점	특정 부분의 강조, 관심 끌기 로맨스, 향수 모든 배경과 요소의 중요성
조명	명조광high key 암조광low key 강한 대비 약한 대비	행복 불행, 우울함 연극적 효과나 극적 효과 현실적 또는 다큐멘터리
색채	노랑, 오렌지, 갈색 등 파랑, 녹색, 회색 등 검정과 흰색	낙관주의, 열정 비관주의, 침잠, 이성 리얼리즘, 시실
영화적 코드	줌 인 줌 아웃 팬 틸트 페이드 인 페이드 아웃 디졸브 와이프	관찰 맥락 관찰 관찰 시작 끝 시간의 경과, 장면의 연결 강요된 결론

5. 도상해석학의 분석틀

도상해석학iconology은 중세 그림의 의미를 해석하고, 의미들의 관계를 밝히는 분석방법론이다. 도상해석학은 그림의 의미를 파악할 때 그려진 내용(인물들, 장식, 관련 동물, 꽃, 의상, 동작, 표정 등)에 국한하지 않고 다양한 텍스트들(성서, 문학 작품, 신화, 역사 기술 등)을 참고하면서 그림의 의미를 깊이 있게 해석한다.

도상해석학의 대표적인 미술사학자인 에르빈 파노프스키Erwin Panofsky는 아그놀로 브론치노Agnolo Bronzino의 작품인 〈비너스와 큐피드의 알레고리〉를 다음과 같이 해석한다(Panofsky, 2002: 172~179). 파노프스키는 이 그림이 사랑의 즐거움과 사랑이 갖는 위험과 고통을 보여준다고 말한다. 표현 방식에 있어서 즐거움에 속하는 사랑은 무익하고 헛된 것으로 그려냈고, 사랑의 위험과 고통은 거대하고 사실적인 악의 모습으로 묘사했다.

그림의 중앙에는 비너스와 큐피드가 있다. 비너스는 육체적 아름다움이고 그녀의 아들인 큐피드는 육체적 아름다움에 끌린 육체적 사랑이다. 비너스는 사과와 화살을 갖고 있는데, 사과와 화살은 사랑은 달콤하지만 위험하다는 것을 암시한다. 화살을 사용할 때는 책임감이 있어야 한다는 뜻이기도 하다. 큐피드는 이곳저곳 돌아다니면서 사람들을 잘못된 사랑에 빠지게 만들었기 때문이다. 큐피드는 아기가 아니라 청소년의 모습으로 그의 제스처는 단순히 어머니와 아들 간의 포옹 이상으로 에로틱한 분위기를 자아낸다. 큐피드의 엉덩이 부분에 있는 도금양 나뭇가지는 사랑의 상징이다. 비너스, 큐피드와 함께 밝게 그려진 오른쪽에 있는 남자 아이는 장미꽃을 뿌리고 있다. 아이는 '쾌락'과 '익살'을 표현한다. 장미꽃은 현세의 사랑, 덧없는 사랑이다.

그림 11 아그놀로 브론치노의 〈비너스와 큐피드의 알레고리〉(1545년경).

큐피드의 뒤에 있는 머리칼을 쥐어뜯는 늙은 여인은 '질투'다. 장미꽃을 뿌리는 남자 아이와 대비를 이룬다. 아이 뒤에 등장하는 소녀는 '속임수'나 '위선'이다. 소녀는 비늘이 달린 물고기 같은 몸체, 사자의 발톱, 뱀의 꼬리를 갖고 있다. 그녀는 한 손으로는 벌집을 보여 주고 다른 손은 독이 있는 조그만 동물을 감추고 있다. 소녀의 발아래에 있는 두 가면은 젊은 여자와 나이가 많은 남자의 가면인데, 이것도 위선이다. 큐피드의 발아래에 서로 부리를 비벼대는 두 마리 비둘기는 사랑의 애무를 의미한다. 맨 위쪽 오른 편에 있는 노인은 시간이며, 왼쪽에 있는 여인은 진리다. 이것은 시간과 진리에 의해서 감추어진 것은 밝혀진다는 뜻이다.

브론치노는 〈비너스와 큐피드의 알레고리〉를 통해서 사랑은 육체적으로 쾌락적인 일이고 세속적이며, 사랑의 이면에는 쾌락, 질투, 위선이 깔려 있다고 말한다. 또한 시간이 흐르면 장막이 벗겨져서 진리는 드러난다는 것을 그림을 보는 이에게 말하고 싶었을 것이다.

도상해석학은 영상을 바라보는데 있어서 세 가지 시사점을 제공한다. 첫째, 우리가 바라보는 그림이나 영상은 작가의 의도에 따라서 구성되었다는 것이다. 이것은 당연한 말이다. 그러나 우리는 영상을 볼 때 너무 가볍게 힐끗 보는 경향이 있다. 비너스는 왜 화살과 사과를 들고 있는지? 남자 아이는 왜 장미꽃 다발을 들고 있고, 소녀는 왜 어둡게 그려졌는지? 그림의 모티브들은 어떻게 대비되고 있는지를 생각하면서 그림을 보지 않기 때문이다. 우리 앞에 놓이는 다양한 영상들(보도 사진, 광고, 디스플레이, 영화 포스터 등)은 작가의 어떤 의도를 반영하고 있다. 각각의 구성 요소들이 하나씩 면밀하게 파악하지 않으면 영상이 갖는 의미는 제대로 파악될 수 없다.

둘째, 작가는 특정 시대, 특정 사회에 살고 있어서 시대정신이나 문화 코드는 작가의 작품 활동에 영향을 미친다. 영상을 제대로 읽기 위해서는 시대적 맥락을 고려해야 한다. 어떤 작품들은 시대정신이나 맥락을 떠나서 존재하거나 뛰어 넘는 경우도 있지만, 대부분은 시대적 상황이나 맥락 속에 위치된다. 시대적 맥락은 정치 사회적 상황, 종교 문화적 배경, 그림이 놓이는 예술적 전통, 화법畵法, 관습 등을 의미한다.

셋째, 도상해석학은 그림을 해석할 수 있는 방법론을 제시한다. 도상해석학의 방법론은 세 가지 과정으로 구성된다. 세 가지 의미 구성 과정에서 이차적 주제와 내적 의미 과정을 명확히 구분하기는 어렵지만, 앞에서 본 〈비너스와 큐피드의 알레고리〉를 방법론에 적용해 보면 좀 더 쉽게 이해할 수 있다. 첫째 일차적 주제는 인물의 표현에 대한 형식 분석이다. 예를 들어, 큐피드와 비너스는 어떻게 표현되었고, 등장하는 사물들(화살, 사과, 비둘기, 가면, 장미꽃다발, 벌통 등)은 어떤 의미이며, 왜 큐피드, 비너스, 어린 남자 아이는 밝게 그려졌는가 등에 대한 의미 해석이다.

표 4 도상해석학의 방법론

해석 대상	해석 행위	해석 도구	해석의 수정 원리
I. 일차적 또는 자연적 주제: 사실과 표현	형식 분석	사물과 사건의 친밀성	양식사(사물이나 사건이 역사 조건 아래에서 어떤 방식으로 표현되어 있는가에 대한 통찰)
II. 이차적 또는 관습적 주제: 이미지, 이야기, 알레고리	표층 의미의 도상학적 분석	문헌 지식 (테마나 개념의 친밀성)	유형사(테마나 개념이 역사 조건 아래에서 어떤 방식으로 유형화되어 있는가에 대한 통찰)
III. 내적 의미 또는 상징 가치의 세계	심층 의미의 도상학적 해석	종합 직관(인간 정신의 본질적인 성향에 대한 친밀성)으로서 개인의 심리와 세계관	문화적 징후 또는 일반적 상징의 역사(인간 정신의 본질적 성향이 다양한 역사 조건 아래서 어떤 방식으로 특정 테마와 개념을 통해 표현되는가에 대한 통찰)

출처: Panofsky, 2002: 41 재구성.

이차적 주제는 그림의 각각 사물과 인물들이 어떤 유형 혹은 범주 속에 위치하는가를 문헌 지식을 통해서 비교하는 것이다. 예를 들어, 비너스와 큐피드는 다른 유형의 그림들(비너스와 큐피드를 그린 수많은 그림들)과 관련해서 어떻게 다르고 어떻게 유사하게 그려져서 공통의 의미를 갖는가를 파악하는 것이다. 벌통을 들고 있는 소녀 역시 얼굴은 인간이지만 몸이 동물로 그려진 다른 유형의 그림들과 관계 속에서 그 의미를 해석한다. 시간과 진리의 그림도 마찬가지다. 노인이 파란 장막을 걷는 부분의 경우 시간이 흐르면 진리를 밝혀진다는 시간에 대한 많은 그림들(폭로자로서의 시간, 죽음으로서의 시간, 선으로서의 시간 등) 속에서 의미를 해석한다. 또한 사랑을 의미하는 유형들(비너스, 큐피드, 도금양 나뭇가지, 비둘기, 가면 등)이 어떻게 배열되어 각각 상이한 사랑의 의미를 나타내는지를 파악해야 한다. 따라서 이차적 의미 분석은 〈비너스와 큐피드의 알레고리〉라는 개별 그림의 분석만으로는 부족하다. 이와 유사한 주제나 관습들을 갖는 다양한 그림들과의 관계 속에서 주제를 해석하고 분석한다.

세 번째 내적 의미나 상징 가치의 세계는 그림이 그려졌던 16세기의 종교적 가치, 문화적 관습, 신플라톤주의, 인본주의적 관점 속에서 해석하는 것이다. 파노프스키는 세 번째 의미 분석의 해석 도구로 '종합 직관synthetic intuition'이라는 모호한 표현을 쓴다. 종합 직관이란 문화, 철학, 종교 등 해석을 끌어내기 위한 지식들을 축적한 학자나 전문가의 능력을 말한다.

도상해석학의 방법론이 단지 중세 그림을 분석하는 데만 유용한 것은 아니다. 광고나 사진 분석 등에도 활용할 수 있는 요소들을 담고 있다. 이차적 분석 혹은 관습적 분석의 틀은 개별 사진 하나를 분석하는 데만 유용한 것이 아니라 역사적 시기나 특정 시기에 걸쳐서 나타나는 사진이나 광고를 분석할 때도 적용할 수 있다. 텔레비전 수상기 광고를 역사적으로 분석하고자 한다면, 초창기부터 현재에 이르기까지 인쇄 광고를 수집해서 일차적 표현으로 광고의 소구 요소들이 어떻게 표현되었는지 어떤 사물이나 사건들이 등장하는가를 파악하고, 유형화해서 테마나 개념들의 변화 과정을 분석하고 해석할 수 있다.

6. 영상 분석 가이드라인

이 장에서 영상 분석에 필요한 세 가지 분석틀을 제시했다. 첫째는 이미지의 구성과 관련된 분석 요소들(이미지의 배열, 현저성, 프레이밍, 시선)이고, 둘째는 수사학적 분석 방법으로 도상적 메시지와 조형적 메시지의 분석 대상, 셋째는 도상해석학의 분석틀이다. 영상 분석의 경우, 하나의 이미지만 분석할 것인지 수많은 이미지들을 분석할 것인지 그리고 스틸 이미지인가 동영상인가에 따라서 분석틀은 달라질 수밖에 없다. 여기서는 하나의 스틸 이미지를 대상으로 영상을 분석할 때 초점을 맞추는 것을 제시하고자 한다.

하나의 영상 이미지를 보았을 때 내가 제일 먼저 주목하는 것은 '현저성'이다. 현저성은 영상을 제작한 사람이 수용자에게 먼저 말하고 싶어 하는 것을 보여 주기 때문이다. 그림 1에서 현저성은 그림자와 아기의 눈동자이며, 그림 2에서 현저성은 아기의 손과 손금이다.

둘째, 이미지의 배열(왼쪽과 오른쪽, 위와 아래, 중심과 주변)을 분석한다. 이미지의 배열 분석은 도상적 메시지 분석틀과 함께 고려한다. 이미지의 배열을 살펴본 이후 배열에 따른 도상들(인물, 동작, 표정, 인물들의 관계, 의상, 배경 등)을 분석 범주에 넣는다.

셋째, 조형적 메시지를 분석한다. 조형적 메시지는 어떻게 생산자가 찍었는가를 분석하는 것이다. 촬영과 관련된 영상 언어의 기술적 코드(숏 크기, 앵글, 렌즈, 구성, 초점, 조명, 색체 등)를 함축적 의미와 함께 살펴본다.

넷째, 시선과 프레이밍이 갖는 의미를 찾아본다. 등장인물의 시선이 어느 쪽을 향하는지, 교류적 시선과 비교류적 시선은 어떻게 관련되는지 그리고 프레이밍 안에 있는 이미지들과 더불어 프레이밍 밖에 무엇이 있는지에 대해서 추론한다.

다섯째, 분석된 의미를 유형화한다. 많은 사진들을 분석했을 경우, 그 사진들은 찍힌 대상이나 테마와 관련해서 몇 가지로 유형화할 수 있

그림 12 영상 분석의 절차

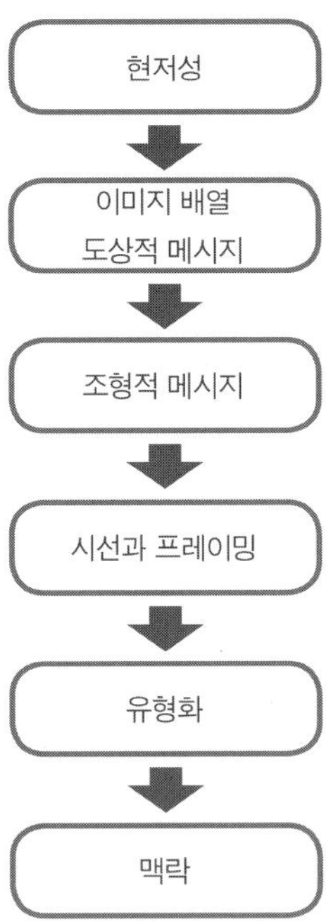

다. 아이티 대홍수에 대한 사진들을 유형별로 분류하면, 어린 아이를 중심으로 찍은 사진들은 하나의 유형이 되고, 구조 활동이나 직접적으로 피해를 입은 건물이나 사람들의 사진들도 유형이 될 수 있다.

마지막으로 이미지를 사회적 맥락 속에 위치시킨다. 이미지의 맥락은 의미를 텍스트 안에서만 해석하는 것이 아니라 사회적 관계나 주변 맥락을 통해서 해석하는 데 필수적이다. 맥락에 대한 파악은 바르트가 말하는 이차적 의미 작용의 과정으로서 신화와 이데올로기를 파악하는 것이다. 우리가 영상을 분석하는 목적 중 하나는 영상을 사회적 맥락 속에 위치시킴으로써 함축적 의미를 찾아내기 위한 것이기 때문이다.

결과적으로 보면, 영상을 분석할 때 하나의 분석틀이나 방법만으로는 부족하다. 내가 제시하는 분석 과정 역시 (디자인 분야에서 제시하는) 이미지의 구성 요소, 기호학(수사학적)적 분석틀, 도상해석학을 통합한 것이다. 상황에 따라서 어느 분석틀이 유용한지는 다양한 이미지들을 파악한 후 결정해야 한다. 기존에 고정된 분석 방법을 기계적으로 따르기보다는 분석자가 여러 가지 분석틀을 혼합해서 재구성하는 것이 필수적이다.

참고 문헌

주창윤 (2015). 《영상 이미지의 구조》(개정판). 나남.

Barthes, R. (1972). *Mythologies*. A. Lavers (trans.). New York: Hill and Wang.

Barthes, R. (1993). 《이미지와 글쓰기: 롤랑 바르트의 이미지론》. 김인식 편역. 세계사.

Goffman, E. (1976). *Gender Advertisement*. New York: Harper and Row.

Joly, M. (1999). *Introduction a l'analyse de l'image*. [김동윤 옮김. 《영상 이미지 읽기》. 문예출판사. 1999].

Kress, G. & T. Leeuwen (1996). *Reading Images: The Grammar of Visual Design*. London: Routledge.

Panofsky, E. (2002). *Studies in Iconology: Humanistic Themes in the Age of the Renaissance*. [이한순 옮김. 《도상해석학 연구》. 시공사. 2002].

Ward, P. (2002). *Picture Composition for Film and Television*. [김창유 옮김. 《영화·TV의 화면 구성》. 책과길. 2002]

Zettle. H. (1999). *Sight, Sound, Motion: Applied Media Aesthetics* (3rd ed.). London: Wadsworth Publishing Company.

3장

텔레비전 텍스트의 서사 분석 방법

이경숙

● 이경숙은 고려대학교 신문방송학과에서 언론학으로 박사 학위를 받았다. 현재 고려사이버대학교 문화예술경영학과 교수이며, 한류, 디즈니 문화, 이주 여성과 미디어 등 지구적 차원의 문화 현상에 대해 관심을 갖고 있다. 공저로는《가족과 미디어》,《젠더, 이주 & 모바일놀이》,《텔레비전과 시청자》,《한국 사회의 미디어와 소수자 문화정치》 등이 있고,《문화연구사전》,《사회과학방법론》,《국제커뮤니케이션과 세계화》 등을 공역했으며, "혼종적 리얼리티 프로그램에 포섭된 '이산인'의 정체성" 등의 논문이 있다.

1. 미디어 연구에서 서사 분석의 의의

서사 분석narrative analysis은 이야기를 탐구의 대상으로 하며, 다양한 학문 분과에서 연구 방법으로 활용되면서 그 용어도 다양하게 쓰인다.[1] 이는 이야기가 인간과 사회의 존재에 필수 요소이자 지적 탐구의 대상임을 보여 주는 것이기도 하다. 사회과학 분야에서 오랫동안 주목받지 못했던 인간의 일상과 경험이 학문적 탐구 대상으로 주목 받게 되면서 이를 전달하고 기록하는 이야기에 대한 관심도 높아졌다. 신화의 시대부터 이야기의 생산과 전달은 개인에 의해 이루어지거나 미디어를 통해 이루어졌다. 서사 분석 방법을 활용하여 개인의 이야기를 분석하는 구술

1 서사 분석narrative analysis, 서사 연구narrative research, 서사 탐구narrative inquiry 등 여러 명칭으로 불리는 서사학narratology은 내러티브narrative, 즉 이야기체에 대한 이론 및 방법론이다(윤태일, 2010).

사나 생애사 연구[2]는 주로 사회심리학 연구, 역사 연구, 여성학 연구 등에서 발달했다(Riessman, 1993). 이들 영역은 개인의 경험을 기억하고 구술하는 방식과 일기나 비망록과 같은 개인의 삶의 자료에 관심을 갖는다. 미디어 연구의 서사 분석은 현대 사회에서 이야기 전달자 역할을 하는 소설, 영화, 텔레비전 등의 미디어 텍스트를 비평하는 문학, 영화학, 미디어 연구 분야에서 주로 발전했다. 한국의 미디어 연구에서 서사 분석의 발달은 1990년대 이후 서구의 문화연구 전통을 따르는 구조주의·기호학 연구의 흐름과 함께 대두되었고(황인성, 1999), 이후 영상 미디어 텍스트 분석에 꾸준히 적용되고 있다. 생애사 연구 등의 서사 분석과 달리 미디어 연구의 서사 분석은 텍스트 비평의 계보를 따르며, 다른 미디어보다 텔레비전 텍스트를 분석하는 데 많이 활용되고 있다. 이러한 서사 분석은 특정 사회의 미디어 체계 속에서 미디어가 생산한 다양한 양태의 이야기가 어떠한 구성 양식에 의해 어떠한 과정을 거쳐 의미를 생산하고 실천하는지 탐구하는 데 초점을 둔다.

구술 이야기와 달리 텔레비전 텍스트는 방송사 조직의 집단적 실천이 빚어낸 결과물로서 의도적으로 생산된 작품 형태를 띠지만, 구술 이야기 못지않게 인간의 일상과 경험, 당대의 정서를 구어적으로 표현한다. 또한 텔레비전은 인간의 일상 깊숙이 들어와 소비되며, 당대의 문화를 형성하고 변화시키는 핵심적인 역할을 한다. 서사 분석이 인간의 일

2 개인의 삶에 대한 서사 분석narrative analysis은 이야기의 스타일이나 어문학적인 특성에 초점을 맞추어 살아온 이야기를 분석하는 연구 방법으로 개인들의 내적 지향, 또는 삶의 방향성을 진단하는 데 장점이 있다(Riessman, 1993). 서사 분석은 이야기 전체를 하나의 유기적 전체로 묶어 주는 틀, 또는 어문학적 형식을 분석하고, 이를 통해 의미 있는 사회과학적 정보를 생산하는 방법이기 때문에 당대의 어문학적 비평의 성과를 많이 수용하고 활용한다(이재인, 2004).

상과 경험을 질적으로 탐구한다는 점에서 일상성을 지닌 텔레비전 텍스트 또한 분석 자료로서 가치를 지닌다. 구술사 등의 서사 분석은 수량적 데이터로 전환할 수 없는 인간의 일상 언어를 연구 자료로 삼는 질적 연구 전통을 따른다. 마찬가지로 미디어 연구의 서사 분석도 특정 사회 문화적 맥락에서 미디어를 통해 재현된 의미의 생산과 실천 방식에 초점을 두고, 자료가 창출되는 맥락과 주관적 의미의 중요성을 강조하는 질적 연구 전통을 따른다고 할 수 있다.

미디어 연구의 서사 분석은 미디어 텍스트가 생산되고 소비되는 일련의 체계나 맥락, 생산과 소비의 과정 전체가 미디어 텍스트의 생산에 영향을 끼친다고 가정한다. 미디어나 언어가 현실을 있는 그대로, 저기 밖의 실재 모습을 모사하거나 반영한다는 현실반영론적 관점에서 벗어나 미디어가 우리의 삶, 현실을 구성한다는 현실구성론의 관점에 기대고 있다.[3] 실재를 있는 그대로 보여 주는 듯하지만 텔레비전이나 영화 등의 미디어는 카메라 렌즈 너머의 기술적·미학적 장치, 약호, 관습 등을 동원하여 인간과 사회에 관한 현실을 구성한다. 이는 텔레비전 텍스트가 코드화와 관습화 과정을 통해 생산되며(Allen, 1992/1994), 특정한 사회적 맥락이나 전략 속에서 의미를 실천하는 것과 연관된다. 서사 분석은 이러한 현실구성론의 관점에서 미디어 텍스트의 의미화 과정을 파악하고, 생산과 수용의 관계와 사회적 관계를 통해 재현된 텍스트의 의미와 양태를 분석하려고 한다. 그동안 미디어 연구의 서사 분석은 미디어를 통해 한 사회가 공유하는 지배적 가치 체계를 검토하여 사회의 특정

3 미디어 연구의 서사 분석은 구조주의·기호학의 영향을 받은 문화연구 전통을 따르는데, 이들 전통은 한 사회의 이데올로기적, 문화적 심층 구조가 하나의 틀로서 모든 문화적 텍스트의 사회적 현실 구성에 관여한다고 본다(Hall, 1982).

담론에 대한 분석과 생산 방식을 확인하는 데 기여해 왔다(김훈순·김명혜, 1996).

2. 서사 분석의 주요 개념과 분석 층위

서사narrative는 역사와 문화를 초월하여, 그리고 매체와 장르의 경계를 초월하여 가장 기본적이고 보편적으로 의미를 전달하는 형식인 동시에 서사는 인간이 세계를 인식하고 경험하는 기본적인 사고 체계이기도 하다(김훈순, 2004). 서사가 없다면 우리의 경험은 불가능해지는데, 서사는 겉으로 보이는 내용들을 가능하게 하는 이야기의 심층 구조라고 할 수 있다. 수용자들은 소설, 영화, 텔레비전 등 다양한 형태의 문화 형식을 어린 시절 부모로부터 듣던 동화처럼 시간적 순서에 따라 이야기로 이해하고 경험한다. 미디어 텍스트도 이들 문화 형식과 마찬가지로 이야기로 전달되고 이해될 수 있는 토대인 서사 구조narrative structure를 가지고 있다. 서사 구조는 보편적으로 적용 가능한 구조로, 여러 사건들을 하나의 스토리로 선적으로 조직하며, 언어의 랑그나 구조에 해당한다고 볼 수 있다. 생산자나 소비자 모두 이러한 서사 구조에 기대어 미디어 텍스트를 생산하고 이해한다. 즉 우리는 우리도 모르는 사이에 무언가를 접하고 이해할 때 하나의 이야기[4]로 받아들이고 전달한다. 《신데렐라》나 《콩쥐팥쥐》와 같이 서로 다른 지역의 전래 동화에서도 이와 같은 보

4 이야기는 '논리적으로 연결되고 시간에 따라 진행되는, 그리고 일관된 주제에 의해 하나의 전체로 묶여지는 두 가지 이상 사건들의 상술詳述'로 정의된다(Stam, et al., 1992/2003).

편적 서사 구조를 쉽게 발견할 수 있다. 우리는 다양한 문화적 형식들을 원인과 결과의 시간적 흐름에 따라 사건을 이야기로 조직하여 이해하거나 기승전결, 권선징악, 영웅과 악당의 이항 대립 구조 등에 기대어 이해한다.

미디어 연구에서 계승한 서사 이론은 아리스토텔레스의 《시학》에서 출발하여 오랜 전통을 가진 문학 텍스트 비평 분야에서 발달했다. 1920년대 후반에 블라디미르 프롭프Vladimir Propp와 러시아 형식주의 비평가들에 의해 서사 이론의 기초가 놓였으며, 전통적인 문학이론가들이 이를 재정립하였고,[5] 롤랑 바르트, 제라르 주네트Gérard Genette, 츠베

5 서사 이론의 기초를 정립한 러시아의 민담 연구자인 프롭프의 《민담형태론》은 러시아 민담을 분석하면서, 이들 이야기들이 특정한 패턴과 구조로 이루어져 있음을 보여 준다. 러시아 민담은 소수의 특정한 행위 공간을 지니고 있으며, 이들 행위 공간의 배열과 이들 사이의 관계는 모든 러시아 민담에서 공통적으로 나타나는 구조임을 보여 준다. 내러티브의 인물 유형을 밝히고 이들 인물들의 기능 목록을 추출해 냄으로써, 그것의 구조와 패턴을 밝힌다. 이러한 프롭프의 분석은 지나치게 단순하며 환원론적인 측면이 있다. 이러한 작업은 특정 텍스트의 보편성을 규명하는 데에는 효과적일 수 있으나, 그 특수성을 밝히지는 못한다. 프롭프 이후의 서사 이론은 이야기와 이야기하는 방식을 구분 지어, 텍스트의 보편성과 특수성을 동시에 고려할 수 있도록 하고 있다. 이를 위해 현대의 서사 이론은 이야기를 '스토리'라 부르고, 이야기하는 방식을 '담화'라고 규정지어 둘을 구분하여 텍스트 분석을 시도하고 있다(Sholes & Kellog, 1966).

탕 토도로프Tzvetan Todorov 등의 프랑스 학자들이 개념과 절차를 정교화하였다. 이후 서사 분석은 이야기뿐만 아니라 담화와 서술 행위에 초점을 두는 언어학자, 인류학자, 민속학자, 문예비평가, 기호학자 및 영화이론가 등 다양한 분야의 학자들에 의해 성장해 왔다(Allen, 1992/1994).

1920년대 러시아 형식주의는 서사물의 층위를 파불라fabula와 수제트sjuzet로 구분했다. 파불라는 기본적인 이야기의 재료로서 서사 속에 관련된 사건들의 총체로 '행위에 대한 요약,' 즉 이야기다. 반면 수제트는 이야기를 표현하고 서술하는 방식들, 즉 시점, 화법, 서술 방법 등 담화에 해당한다(Chatman, 1978). 프롭프 이후의 서사이론가들은 서사물의 층위를 분류하는 데 서로 차이를 보이며, 분석 범주를 달리 구성했다. 주네트, 마이클 J. 툴란Michael J. Toolan 등은 서사물을 이야기, 담화, 서술 행위narration로 나눈다. 주네트는 담화를 언어로 표현되는 사건으로, 서술 행위를 등장인물이나 작가의 목소리로 서술의 장치와 선택으로 정의한다. 담화는 사건을 언어로 표현한 것이므로 서술 행위 없이는 불가능하기에 서술 행위는 담화의 한 영역으로 볼 수 있다. 이러한 구분의 모호성 때문에 한국 미디어 서사분석가들은 대체로 바르트와 시모어 채트먼Seymour Chatman의 분류 방식인 이야기와 담화로 구분하여 분석하는 방법을 활용하고 있다(주창윤, 2003). 영화의 서사 분석을 시도한 채트먼(Chatman, 1978/2003)은 구조주의적 접근으로 서사 일반의 보편 원리를 밝히려 한 토도로프를 따라 서사를 '이야기Story'와 '담화Discourse'로 나눈다. 서사물은 사건들의 내용과 그 연쇄 및 사물적 요소라고 부를 만한 것이 합쳐진 이야기, 그리고 표현 혹은 내용이 전달되는 방식인 담화로 크게 구성된다. 이야기란 서사물 속의 '무엇'에 해당하며, 담화란 '어떻게'에 해당된다. 채트먼은 이야기를 사건들과 존재물들로 다시 구분한다. 사건적 요소에는 행위와 돌발사가 포함된다.[6] 이야기는 텍스트에 의해 명백히 제시되거나 추론된 모든 사건들을 연대기 순으로 정리한 것이다. 이야기에서 존재물들은 등장인물과 배경으로 나뉜다. 표현의 차원으로서 담화는 두 가지 측면으로 나눌 수 있다. 서사적 전달 구조와 서사적 발현이다. 서사적 전달 구조는 화자의 목소리나 시점[7] 또는 시간과 관계있으며, 서사적 발현은 물리적 매체의 특성으로 드러나는 영상, 편집, 음악 등이다(홍경수, 2009). 서사 분석을 위해 이야기 층위는 사건과 존재물에 해당하는 인물의 유형, 인물들 간의 관계, 사건과 행위의 전개, 배경 등을 대상으로 이야기의 내용을 분석하는 것이다.[8] 대체로 담화 분

6 사건은 행위와 돌발사happening로 구성된다. 행위는 '행위 주체(등장인물)에 의해 야기된, 혹은 행위 객체(등장인물)에게 미친 상태의 변화'를 의미하고, 텔레비전 서사에서 사건을 이끄는 주요 요소다. 돌발사는 등장인물 혹은 그에 준하는 행위 주체들이 야기하는 상태의 변화가 아닌, 그들이 피동적 객체가 되는 상태의 변화를 의미한다. 돌발사는 행위만큼 사건 구성에 빈발하지 않지만, 행위에 의해 사건이 이루어지는 서사 방식에 전환을 주는 역할을 한다(한용환, 1999). 예를 들면, 'IMF 환란이 몰아치면서 온 몸으로 파산을 막으려 한 철수를 가족들과 뿔뿔이 흩어져 살게 했다'를 들 수 있다. 등장인물 철수는 서사의 객체가 되며, IMF 사태가 서사의 주체가 된다. 인물이 아닌 서사의 주체로서 IMF 사태가 어떻게 인물을 서사적 객체로서 상태를 변화시키는지 알 수 있다.

7 문학 비평의 복잡한 서술자 시점을 코즐로프(Kozloff, 1987)는 두 가지로 단순화시켰다. 하나는 이야기 내부의 등장인물에 의해 서술되는(텍스트 내에 존재) 동종 다이제시스적homodiegetic 서술자의 시점이고, 다른 하나는 작가와 같은 이야기 세계 밖의 인물에 의해 이야기되는 이종 다이제시스적heterodiegetic 서술자의 시점이다.

8 예를 들어 텔레비전 드라마의 경우, 인물의 유형과 관계는 배경이나 갈등과 긴밀한 관계를 맺고 있다. 농촌, 직장, 학교 등의 배경에 따라 인물이 차지하는 역할과 유형은 다르다. 인물의 유형은 이야기 전개 과정에서의 역할과 그에 따른 성격의 특성을 유형으로 구분할 수 있다. 분석가는 인물이 드러내는 성격을 그의 사회적 위치나 관계와 연관하여 분석 과정에서 기술하면서 유형을 분류할 수 있다. 직장을 배경으로 할 경우 주인공의 성격과 위치를 유형화할 수 있다(예: 리더형, 문제 해결형, 갈등 유발형, 순응형, 조력자형 등과 더불어 인물의 사회적 위치도 구분). 서사 전개가 직장을 배경으로 보편적 주제인 사랑과 관련

석은 표현 방식에 초점을 두고, 언술 표현과 영상 표현을 통해 이야기가 서술되는 방식을 분석한다(김훈순, 2004). 언술 표현 방식을 분석하기 위해 화자의 유형 및 화법에 따라 서술자의 유형, 서술 모드, 서술자의 위계 구조와 시점 등에 초점을 둔다. 영상 표현 방식은 영상으로 표현하는 데 사용되는 기술적 측면으로 카메라의 기법과 움직임, 조명, 음향 등을 뜻한다.

위와 같이 서사의 분석 층위를 이야기와 담화로 나누어 세분화한 채트먼의 서사 구조 분석틀에 기초한 분석 방법이 한국의 텔레비전 텍스트 분석에 주로 활용되고 있다. 이 장에서도 이 틀에 근거하여 분석

채트먼의 서사 구조

<table>
<tr><th></th><th>분석 층위</th><th>구성 요소</th><th>분석 범주</th></tr>
<tr><td rowspan="6">서사</td><td rowspan="4">이야기</td><td rowspan="2">사건</td><td>행위</td></tr>
<tr><td>돌발사</td></tr>
<tr><td rowspan="2">존재물</td><td>등장인물</td></tr>
<tr><td>배경</td></tr>
<tr><td rowspan="2">담화</td><td>서사 전달 구조 – 언술 표현</td><td>목소리, 시점 등</td></tr>
<tr><td>서사의 발현 – 영상 표현</td><td>이미지, 편집 등</td></tr>
</table>

된 갈등을 통해 이루어질 경우, 사랑이나 사적인 차원에서 보여 주는 인물의 성격을 별도의 차원으로 유형화할 수 있다. 인물의 관계는 갈등의 핵심 요소가 된다. 따라서 복잡한 인물 간의 관계망을 화살표로 그려보면서 관계의 종류와 성격을 구분할 수 있다(예: 연인 – 진정한 혹은 사업적, 친구 – 조력자 혹은 경쟁자, 갈등 – 질투 혹은 경쟁, 협력 – 사업적 혹은 지지적, 부모 – 독립적 혹은 의존적 등).

방법을 제시한다.

3. 텔레비전 텍스트의 서사 분석 방법과 절차

1) 텔레비전 서사 분석의 문제의식과 연구 주제 설정: 관찰하고 질문하기

텔레비전의 서사를 분석하는 것은 텔레비전이 현대의 가장 중요한 서사 매체이기 때문이다. 이런 이유로 서사 이론을 발전시킨 문학 비평의 분석가들조차 종종 텔레비전 텍스트에 관심을 갖는다. 텔레비전을 가장 중요한 서사 매체로 보는 것은 텔레비전이 지닌 막강한 사회적, 문화적 영향력 때문이다. 이는 특정 현상이나 대상에 의미를 부여하고 공유하게 하는 텔레비전의 의미화 실천에서 비롯된다. 텔레비전은 가장 자연스럽고 쉽게 수용자에게 이야기를 전달하고 받아들이게 하며, 널리 의미를 공유하게 한다. 텔레비전은 다수의 서로 다른 수용자를 대상으로 이야기를 전달해야 하기에 누구나 쉽게 받아들일 수 있는 내용과 형식을 선호하면서도, 수용자에게 새로운 텍스트를 제공해야 하는 숙명을 지니고 있다. 다수의 수용자를 확보하면서 새로움을 주기 위해서는 기존 관습을 따르면서 내용과 형식을 변화시키는 전략을 지속하게 된다. 이를 위해 텔레비전은 의미 구성의 복잡한 요소나 장르적 특성들을 새롭게 배치, 첨가, 혼용하는 등의 변화 전략을 취한다. 이러한 이유로 지속적으로 생산되는 텔레비전 텍스트의 재현 관습과 서사 전략이 사회적 담론 형성과 관련하여 중요하다. 또한 텔레비전 프로그램은 관습과 코드에 의해 미디어 체계 아래서 만들어지는 하나의 텍스트이기에 그 자체로서 의미화 실천 방식에 관심을 갖게 한다.

보고 지나쳐 버릴 텔레비전 프로그램을 분석 대상으로 삼기 위해서는 연구자가 지닌 텔레비전 텍스트에 대한 문제의식과 연구 문제로 표출되는 연구 주제 설정과의 연관성이 중요하다. 무엇보다도 한 사회 구성원으로서 연구자는 텔레비전 텍스트와 미디어 체계에 대한 지식을 지녀야 한다. 의미 있는 문제의식은 분석가가 마주한 환경에서 나타나는 현상에 대한 호기심에서 비롯되기에 수용자이자 분석가로서 텔레비전 텍스트, 미디어 체계, 연관된 사회 환경에 대해 지속적으로 관심을 가져야 한다. 텔레비전은 사회적 현상을 텍스트 생산에 반영하기도 하고 그러한 현상을 초래하는 역할도 하기에 서사 분석가는 텔레비전 텍스트뿐만 아니라 사회에도 관심을 가져야 한다.

먼저 사회적 현상에 대한 관심과 문제의식을 텔레비전 텍스트 분석과 연결 지은 실제 분석 사례를 살펴보자. 김수정(2008)은 심각한 사회적 문제로 대두된 영어 교육 열풍 현상에 대한 텔레비전 시사 다큐멘터리의 서사 분석을 시도했다. 그는 국가적으로 휘몰아친 영어 열풍 현상이 단순히 영어 교육의 문제가 아니라 세계화 과정에서 국가, 계층, 교육제도, 문화 자본 등이 복합적이고 다층적으로 얽혀있는 결과물로 본다. 보통 사람들은 영어 열풍을 영어 공부나 교육의 문제로 파악하기 쉬운데, 미디어의 재현이나 자신의 실제 경험에서 이를 이해하는데 그치기 때문이다. 따라서 미디어가 영어 열풍을 어떻게 규정하고 재현하는가는 이 현상에 대한 사회적 담론 형성뿐만 아니라 해결책과 문제점을 파악하는 데도 중요하다. 그는 영어 열풍이라는 사회적 현상에 대한 관심과 문제의식으로부터 텔레비전 담론으로 연결시켜 "텔레비전 시사 다큐멘터리 프로그램들이 영어 교육 열풍을 어떻게 규정하며 한국 사회에서 영어의 의미를 어떻게 서사화하는가"라는 질문을 하게 된다.

이러한 사회 현상으로부터 출발하여 텍스트로 연결시킨 문제의식은 '텔레비전 텍스트가 특정 사건이나 대상을 어떻게 재현하는가'라는 기초적인 질문에서도 찾아볼 수 있다. 예를 들어 현대 자본주의 사회에서 강요되거나 은폐되는 작동 원리에 대한 문제의식 속에서 8·15에 대한 기억의 재현, 소수자(동성애나 이주자 등)에 대한 텔레비전의 재현 방식에서 어떻게 대상을 규정하고 현실을 구성하는지 탐구하게 된다.[9] 이 경우 주류 미디어의 담론 형성과 소수자나 소외 집단의 목소리를 소외하거나 정형화하는 방법은 무엇인가? 미디어가 지배적 가치를 재생산하는 방식이나 전략은 무엇이며, 어떠한 재현 관습을 갖는가? 등의 연구 문제를 도출할 수 있다.

분석가의 텍스트에 대한 호기심이나 문제의식에서 서사 분석을 시도하는 경우는 수용자로서 텔레비전 텍스트에 대한 관심과 애정에서 시도되기도 한다. 또한 특정 텍스트가 미디어 체계에 변화를 일으켜 사회적 현상으로 확산되는 경우에도 연구자는 텔레비전 텍스트의 서사 분석을 시도하게 된다. 시청률을 당면 목표로 하는 상업적인 텔레비전 산업에서 특정 프로그램이 크게 인기를 얻을 경우 유사 소재나 포맷 베끼기와 같은 방식으로 미디어 체계에서 트렌드를 형성하며 변화를 초래한다. 이러한 트렌드는 사회적으로 확산되어 열풍을 낳게 되고, 각종 미디어는 이 현상에 대한 담론 형성을 주도하고 일상에까지 영향을 미친다. 대표적인 사례는 〈위대한 탄생〉, 〈K-pop 스타〉, 〈슈퍼스타 K〉 등의 오디션 리얼리티 프로그램이 오디션 열풍을 일으킨 경우를 들 수 있다. 각

9 그러한 예는 태지호(2012), 〈텔레비전 다큐멘터리를 통한 사회적 기억 제도로서의 영상 재현에 관한 연구: 〈우리는 8·15를 어떻게 기억하는가〉(KBS)에 나타난 1945년 8월 15일의 기억을 중심으로〉와 심훈(2012), 〈KBS 인간극장에 나타난 다문화 방영물 서사 분석〉을 찾아볼 수 있다.

종 텔레비전에서 오디션 프로그램을 제작하고, 기업이나 학교 등의 조직에서도 구성원 간의 경쟁을 장려하는 오디션 형식을 하나의 의례처럼 실행하는 문화가 생겼다. 이러한 현상을 통해 우리는 열풍을 일으키는 프로그램에 수용자들은 왜 그리 열광하는지 질문하게 되고 그 이유를 텍스트와 텍스트 생산의 조건에서 찾게 된다. 이어 그 프로그램들은 어떠한 관습과 코드, 그리고 서사적 특성이나 전략을 가졌는지 등에 대한 일차적 질문을 하게 된다. 더불어 미디어 텍스트를 통해 구성되고 매개되는 현실과 맥락에 호기심을 갖게 된다.[10] 이러한 호기심은 미디어가 서사물을 생산하는 과정을 탐구하고 확인하게 한다. 생산 과정에서 재현 전략은 어떠한 사회적 효과를 발휘하는가, 특정 재현 관습이나 메커니즘은 어떠한 권능을 갖는가라는 질문을 하게 한다. 이를 통해 텍스트 생산 과정에서 어떠한 기제와 전략이 동원되었고, 왜 그러한 전략을 써야했으며, 그 결과는 어떠한 사회 문화적, 혹은 정치적 함의를 가졌을까를 연구 문제를 설정하게 한다.

정리해 보면, 텔레비전 서사 분석에서의 문제 제기는 대체로 사회적 담론 구성이나 텍스트의 의미화 실천과 연관하여 미디어 텍스트의 서사적 특성과 전략, 그리고 양태에 대한 문제의식, 텍스트에 대한 수용자의 반응을 서사적 특성과 연계한 문제의식, 재현과 관련하여 텍스트에서 드러나지 않거나 표현되지 않고, 억압받는 요소들에 대한 문제의식, 텔

10 이를 분석한 사례는 이경숙(2011)의 〈오디션 프로그램의 리얼리티와 경쟁 그리고 참가자의 순환적 위치: 〈슈퍼스타 K〉를 중심으로〉, 최소망 · 강승묵(2012)의 〈텔레비전 오디션 리얼리티 쇼의 서사 구조 분석〉을 들 수 있다. 이들은 텔레비전의 오디션 리얼리티 쇼로부터 시작하여 미디어 체계의 오디션 트렌드 형성, 그리고 열풍으로 확산된 일련의 현상에 대해 오디션 프로그램의 서사적 특성과 리얼리티를 구성하는 전략에 관심을 갖고 그 사회문화적 영향력에 대해 문제의식을 갖는다.

레비전의 사회적 영향력을 텍스트의 서사로부터 찾으려는 문제의식 등을 대표적으로 들 수 있다.

2) 텔레비전 서사 분석의 자료 수집 및 분석 대상 선정: 파악하고 선택하기

개인의 서사를 분석하는 생애사나 구술사 연구가 개인의 경험과 기억, 또는 일상이나 생애를 기록한 사적 자료를 분석 대상으로 삼는 것과 달리 텔레비전의 서사 분석은 영상물의 형태로 작품화되고 공적으로 발화된 특정 텍스트를 분석한다. 분석가는 분석 대상으로서 텔레비전 텍스트를 탐구하려는 문제의식을 갖게 되면, 해당 텍스트와 관련된 자료를 수집하고 검토하는 과정에서 연구 목적, 연구 주제, 연구 문제를 정교화한다. 이를 위해 해당 텍스트의 내용, 텍스트나 관련 현상에 대해 미디어를 통해 형성된 사회적 담론과 수용자의 관심과 반응, 텍스트 생산 체계와 환경에 관한 정보, 관련 문헌이나 선행 연구, 나아가 필요할 경우 유사 텍스트의 생산과 소비에 대한 세계적 경향 등을 검토한다.[11]

텔레비전의 프로그램 유형으로 볼 때 다양한 유형이 존재하지만, 다수의 관심을 받는 드라마, 뉴스, 다큐멘터리, 리얼리티 쇼 등이 주로 서사 분석의 대상이었다. 모든 텔레비전 텍스트가 서사 분석의 대상이 될 수 있지만, 분석가는 주로 다음의 경우에 서사 분석을 시도한다. 텔레비

11 최근 데이터베이스의 발달로 관련 자료에 접근하기가 용이해졌다. 인터넷 정보를 활용할 경우, 해당 텍스트의 인터넷 홈페이지, 팬 카페나 관련자의 SNS, 검색 포털 등을 우선 검토할 수 있다. 검색 기능을 활용하여, 해당 텍스트의 타이틀, 장르나 유형, 출연자와 연출자, 관련 현상의 용어(예를 들면, 오디션 열풍 등), 관련 주제어(상호작용적 수용자, 남성성의 변화 등)를 검색어로 설정하고 자료를 찾고 관련성이 높은 자료들을 목록화하여 저장하고 검토할 수 있다.

전 프로그램이 사회적 변화나 새로운 현상과 상호작용하고 이를 재현할 경우, 프로그램 유형이나 미디어 체계에 변화를 초래했을 경우,[12] 포맷이 새롭거나 금기시된 소재를 다룰 경우,[13] 특정 작가나 제작자(사)에 의해 생산된 경우나 특정 대상이나 집단에게 소비되는 텍스트 등을 주로 분석 대상으로 삼을 수 있다. 관심 있는 텔레비전 텍스트에 대한 문제의식과 관련하여 대략의 분석 대상과 연관된 자료를 수집하고 파악했다면, 분석 대상과 관련한 기존 연구나 문헌들을 함께 검토하여 연구 문제를 명료히 해야 한다. 연구 문제는 분석 대상 선정과 긴밀하게 연관되고 향후 무엇을 분석할지를 명확히 보여 주며, 어떻게 분석 결과를 제시할지에 대한 지침이 되기 때문이다.

구체적인 분석 대상 선정을 앞두고 기초적으로 프로그램의 유형이나 장르, 시간, 공간의 축에 따라 분석 대상의 범위를 고민하게 된다. 먼저 대상으로 삼을 프로그램과 연관된 유형이나 장르의 최신 경향을 파악하고 전체적 변화 양식이나 특성을 파악한 후 특정 프로그램을 분석 대상으로 삼을지 같은 장르의 프로그램들을 비교 분석할지 고민한다. 시간의 축을 고려하면, 현재 프로그램의 서사적 구성 방식에 초점을 둘지, 특정 기간(1개월, 1년 등)의 동일 유형이나 요건에 부합하는 프로그램들을 분석할지, 해당 장르의 서사적 변화를 역사적으로 탐구할지에 대

12 사회적 변화나 현상을 텔레비전이 어떻게 재현하는지를 분석하는 사례는 여성상의 변화 등에 대해 미디어가 생산하는 담론은 무엇인지 그리고 어떠한 변화가 나타나는지에 대해 분석(김훈순 · 김명혜, 1996)한 연구와 텔레비전이 남성성의 변화를 어떻게 재현하는지에 대한 김미라(2014)의 〈TV 매체에 재현된 새로운 남성성masculinity과 그 한계 — 주말 예능프로그램을 중심으로〉를 들 수 있다.

13 사극과 SF의 결합이나, 동성애나 점술가와 미신과 같은 터부시되던 소재를 다룰 경우를 들 수 있다.

한 고민이 분석 대상 선정과 연결된다. 다음은 연구자가 위치한 텍스트 수용의 공간적 범위에 한정할 것인지 국가 간 비교 혹은 세계적 수용과 연관 지어 텍스트를 비교할 것인지 등을 고려해야 한다.

텔레비전 프로그램의 유형이나 장르, 시간, 공간적 범위 설정이 연구 문제와 관련하여 이루어졌다면, 수많은 텔레비전 프로그램 가운데 무엇을 분석 대상으로 할지를 고민해야 한다. 텔레비전 프로그램은 기존에 생산된 동일 유형이나 장르와 형식이나 관습이 서로 연관되고, 하나의 프로그램 또한 일회적 서사물이기보다 연속적인 서사물의 형태를 갖고 있기에 분석가가 프로그램 전체를 분석 대상으로 삼을지 특정 에피소드를 선정할지를 고려해야 한다.

① 해당 영상물 전체를 분석하는 경우,[14] ② 분석하려는 영상물 가운데 대표적인 에피소드 한 편을 분석 대상으로 설정하는 경우, ③ 시간, 공간, 장르 등에 따라 대표적인 에피소드를 선정하여 비교 분석하는 경우,[15] ④ 특정 시기의 기간을 설정하고 전체 유형 혹은 장르나 주제에 해당하는 모든 프로그램을 비교 분석하는 방법이 있다.[16]

14 이경숙(2006)은 국제 결혼 가정의 이주 여성에 대한 재현 방식을 분석하기 위해 〈러브인 아시아!〉 전체 프로그램을 분석 대상으로 선정했다. 등장하는 이주 여성의 국가와 인종별 재현 방식을 파악하기 위해 전체 프로그램으로 선정하여 2005년 11월 5일부터 시작하여 2006년 4월 1일까지 총 20회 방송분을 분석했다. 영상 자료는 인터넷으로 제공된 방송 다시 보기를 활용했다.

15 예를 들면, 이종수(2000)는 미국, 일본, 프랑스, 한국에서 생산된 텔레비전 역사 다큐멘터리 시리즈물 가운데 자국의 역사를 다룬 대표성을 띠는 한 편의 에피소드를 선정하여 비교 분석했다.

16 김훈순 · 김명혜(1996)는 텔레비전 드라마의 가부장적 서사 전략을 분석하기 위해 분석 당시 특정 기간 동안, 즉 2개월간 4개 방송국에서 여성의 일상을 주로 다룬 드라마 10

분석 대상을 선정할 때 분석가는 문제의식이나 연구 방법과 관련하여 분석 대상을 선정한 이유와 함께 자료 입수 방법이나 출처, 제작이나 방송 개시일부터 종료일까지 방송 일시와 횟수 등 분석 대상 영상물에 관한 상세한 기록과 생산이나 수용 과정의 특이점(이러한 정보가 분석에 필요할 경우) 등을 밝히는 것이 좋다. 분석가는 해당 프로그램과 관련된 장르의 텍스트들을 분석하거나 혹은 비교 분석할 경우, 특정 프로그램이나 에피소드를 분석 대상에 포함시키지 않을 때 그 이유 또한 밝혀야 한다. 분석 대상 선정이 대중적 관심이나 주목 혹은 특정 현상의 초래에서 출발했다면 시청률 혹은 열풍 등의 사회적 관심 정도나 관련성에 대해서도 밝힌다.

3) 텔레비전 텍스트의 서사 분석: 분석틀 작성 및 특성 파악과 기록하기

(1) 분석틀 작성: 분석 범주 선정과 리스트 작성하기

텔레비전 텍스트의 서사 분석은 여러 사건들을 하나의 이야기로 조직화하는 텍스트적 장치와 전략을 밝히는 작업이다(이종수, 2000). 하나의 프로그램을 분석 대상으로 선정했을 경우, 이미 분석가는 그 서사물의 줄거리와 형식적 특성에 대해 대략적으로 파악한 상태다. 본격적인 서사 분석을 하기 전에 분석가는 선택된 에피소드를 반복적으로 시청하면서 분석하는 과정을 거치기에 일차적으로 가장 파악이 용이하고, 관습적 특성을 지닌 프로그램의 형식적 요소를 분석하는 작업을 하는 것이 좋다. 유형 또는 장르, 주제, 소재, 동원된 하위 포맷과 특성(예를 들면, 오락 프

편을 분석 대상으로 선정했다.

로그램의 경우, 스튜디오 담화, 현장 녹화, 재연, 인터뷰 등), 분량, 작가와 연출자, 출연진, 제작 방식 등의 정보를 도표화하여 작성하고 분류해야 한다. 예비 분석에 해당하는 일차 분석에서 파악한 텍스트의 형식적 특성은 관습과 구성 방식, 서사 전략을 분석해내는 기초 자료로 쓰일 수 있다. 일차 분석 과정에서 전체적인 이야기 전개 과정, 형식적 특성과 대략적 관습 등을 파악하면서 본격적인 분석틀과 분석 범주를 설정하는 것이 좋다. 이 과정에서 이미 정립한 연구 문제와 함께 스토리 층위와 담화 층위의 세부 분석 범주들의 리스트를 작성하면서 연관성을 검토해 본다.

물론 연구 문제에서 탐구하고자 하는 바가 무엇인지에 따라 분석 범주는 영향을 받지만, 프로그램의 형식적 분석 자료와 함께 기존 문헌을 검토하여 구체적인 서사 분석틀을 작성한다. 이 장에서는 한국의 텔레비전 서사 분석에 가장 널리 활용되는 채트먼의 서사 구조 분석틀에 기초하여 분석 범주를 소개한다. 분석가는 체계적인 분석과 일관성 유지를 위해 분석 범주의 리스트를 작성하고, 분석 내용을 기술할 수 있도록 도표화하는 것이 필요하다. 리스트에 들어갈 범주는 스토리 층위에서 인물(역할에 따라 사회적 위치, 유형, 관계), 배경(시간과 공간), 사건(종류, 행위, 발생 방식), 플롯 또는 이야기의 전개 방식(기승전결, 원인–결과, 균형–불균형–균형 등)을 예로 들 수 있다. 담화 층위에서 서술자의 유형(화자의 유형 및 화법, 자막), 서술자의 위계 구조(내레이터, 등장인물, 제작진/자막), 시점, 그리고 카메라의 기법(숏의 종류, 길이), 편집, 움직임, 조명, 음향 소품 등의 범주를 들 수 있다.

대체로 서사 분석틀은 스토리와 담화 층위를 구분하여 분석하지만, 텔레비전 프로그램 분석에서도 문학 텍스트처럼 서사 전개에 초점을 두어 실제 분석에선 스토리 층위만 분석하는 경우들이 종종 있다. 즉 전체 텍스트의 영상적 표현이나 기법에 대한 체계적 분석보다 이야기 전개나 구성 방식에 초점을 두어 스토리 층위와 영상 관습 분석에 한하기도 한다. 이는 영상 분석에 대한 합의된 명확한 분석틀이 존재하지 않고, 장르나 텍스트마다 서로 다른 영상, 문자 등의 편집으로 인한 표현의 복잡성으로 명료하고 체계적인 분석이 어렵기 때문이기도 하다. 따라서 실제 분석에서 텍스트 생산의 관습적 특성과 함께 담화 층위에 대한 분석이 스토리 층위를 보완하는 방식으로 종종 활용되기도 한다. 또한 담화 층위의 분석 범주는 분석 대상이나 연구 주제와 관련하여 분석가의 선택에 따라 서로 다르게 활용된다(김훈순, 2004). 이경숙(2006)은 결혼 이주 여성을 재현한 교양·오락 프로그램인 〈러브 인 아시아〉를 분석하기 위해 형식적 특성과 담화 층위의 분석 범주로서 프로그램의 전체적인 포맷과 진행 방식, 서술자의 위계 구조(출연자, 사회자와 패널의 위치와 역할), 재연 방식과 인터뷰 방식의 특성, 영상의 특성, 타 장르와의 상호텍스트적 특성 등을 설정했다. 스토리 층위의 분석 범주로는 인물(출신 국가, 주인공과 남편의 성격과 직업, 가족 관계, 주변 인물들과의 관계), 배경(농촌과 도시, 가족의 규모와 특성) 사건(이주의 원인, 갈등의 요소)과 문화적 상징(모국의 문화를 의미하는 상징과 정보의 내용)을 설정했다. 인물이나 사건이 서사 전개에 핵심적 역할을 하는 드라마와 같은 경우는 스토리 층위의 인물, 사건, 배경, 이야기 전개의 요소로서 갈등 범주와 담화 층위에서 파악할 수 있는 관습적 장치를 분석 범주로써 중시한다. 김훈순·김명혜(1996)는 드라마의 가부장적 서사 전략을 분석하기 위해 인물 유형과 관계, 플롯, 갈등 구조를 분석 범주로 삼았으며, 담화 층위는 분석에서 제외했다. 스토리와 담화를 함께 분석한 연구자들도 분석 범주들 가운데, 대체로 서술자, 카메라의 시선과 기법, 자막 등을 분석 범주로 설정했다(김훈순, 2004). 다큐멘터리 등 역사적 사건이나 소수자에 대한 텔레비전의 지배적 서사 전략을 탐구할 경우는 스토리 층위뿐만 아니라 담화 층위의 관습적 장치 파악이 중요하다. 이 경우 담화 층위의 서술자나 카메라 시선과 기법, 음향 등이 분석 범주로서 활용되어야 한다.

(2) 범주별 특성 파악과 기록하기

분석틀과 분석 범주를 결정하고 리스트를 작성하여 도표화했다면, 텍스트를 반복적으로 시청하면서 스토리 층위의 범주부터 그 특성을 파악하고 이를 도표화된 기술지에 발견된 사실들(인물의 유형이나 성격 등)을 서술하는 것이 좋다. 스토리 층위를 먼저 파악하는 이유는 인물, 사건, 배경이 서사 전개의 핵심 요소이며, 전체 서사를 분석하는 토대이고, 담화 층위보다 분석이 용이하기 때문이다.

이와 함께 담화 층위의 두드러진 특성들을 메모하면, 담화 층위의 복잡한 분석 범주를 정정하거나 보완할 때 활용할 수 있고, 관습이나 코드, 미학적 장치를 세밀하게 분석할 때 용이하다. 분석가가 많은 분량의 영상과 정보를 검토해야 하고, 텍스트의 내용이나 구성이 반복적인 특성을 보이기에 검토 후반부로 갈수록 분석 자료에 대한 기록을 소홀히 하는 경우가 있다. 예비 분석부터 본 분석 과정에 이르기까지 전 에피소드에 대한 분석가의 발견 사실이나 의견들을 기록으로 일관되게 남겨야 분석 자료에 대한 해석이나 서사 전개 과정과 구성 방식을 분석하는 데 어려움을 겪지 않는다. 분석의 과정은 텍스트의 서사 전개 과정이 진행되는 것을 함께 거치기에 특정 전개 시기에 어떠한 변화들이 나타나고 투입되는 구성 요소나 변화가 무엇인지도 일관된 조건하에서 분석하고 기술할 필요가 있다.

스토리 층위의 분석 범주들은 서사 전개 과정과 그 논리를 파악하기 위해 통합체적 분석과 계열체적 분석으로 구분하여 분석할 수 있다.[17] 계열체 분석은 이야기의 등장인물이 누구이며, 이들의 관계가 어떠한가를 파악하는 데서 시작한다. 또한 인물, 사건, 배경에 대한 선택과 배제의 계열체적 작용을 분석할 수 있고, 심층에 놓인 이항 대립적 가치를 파악할 수 있다(김수정, 2008). 통합체 분석은 사건의 시간적 순서, 인과 관계, 기승전결 구조 등 사건의 배열을 분석하는 것을 의미한다. 이 과정에서 분석 텍스트의 주제가 무엇이며, 사건을 배열시키는 논리가 무엇인지를 파악할 수 있다.[18]

텔레비전 텍스트에 대한 담화 층위의 분석은 대체로 서술자의 유형과 카메라 기법, 편집을 통한 표현의 특성을 파악하는 데에 초점을 둔다. 프로그램에 따라 서술자가 텍스트 내에 존재하는지 외부에 존재하는지 우선 파악해야 한다. 예를 들어, 다큐멘터리의 경우, 전지적 관찰자 시점에서 객관성을 확보하려는 장르적 관습을 지니고 있다. 이에 비해 드라마와 같이 서술자의 다양한 형태가 주제나 무드와 관련되어 서사 전략에 영향을 미칠 때 서술자의 위치는 매우 다양하기에 이를 분류하는 것이 필요하다. 주인공의 시점에서 심리 상태에 초점을 두고 독백형 서술을 하는 경우(예: 노인의 고독한 삶을 다루는 휴먼 드라마)와 제3의 서술자가 전지적 관찰자 시점에서 서술을 하는 경우(예: 형사물) 등 다양하다. 최

17 스토리는 인물, 사건, 배경 등의 선택에 대한 계열체적 분석과 계열체적 단위들을 인과성이나 그 외의 논리적 법칙에 따라 의미 있게 연결하는 시퀀스 분석 등의 통합체적 차원의 분석으로 세분화된다(Fiske, 1987).

18 이종수(2010)는 자연 환경 다큐멘터리 〈아마존의 눈물〉의 서사 전략을 분석하면서 계열체적 분석과 통합체적 분석을 시도했다. 계열체적 차원에서 자연/인간 문명, 내부인/외부인(환경 파괴의 원인 제공자), 피해자/가해자의 이항 대립 구도로 분석했다. 통합체적 차원에서는 순수 원주민 → 문명화 중도 과정 → 문명화로 인한 타락 → 파괴된 원주민의 삶으로 이야기를 전개하며, 풍요의 땅에서 멸종의 땅으로 붕괴하는 위기 내러티브와 함께 휴먼 드라마적 요소와 인간적 흥미를 가미한 대중적 서사 전략을 보여 준다.

근 들어 연출자의 시점과 존재를 텍스트 안에서 보여 주고, 제작 과정을 드러내거나 이를 보여 줌으로써 재미를 촉발하는 자막의 역할이 중요해지고 있다. 자막을 통해 화자(내포된 화자)와 청자(내포된 청자)의 긴밀한 관계 맺기가 발생하고, 자막을 통한 정보나 정서 제공이 점차 서사 전개에 중요한 역할을 하면서 화자와 청자의 거리감이나 위치도 변화하고 있다. 즉 연출자가 텍스트 안에서 존재를 드러내고 시청자에게 직접적으로 말걸기를 시도하거나 의미 부여 장치로 활용하는 자막의 역할과 자막 내 발화나 화법의 특성을 분류할 필요가 있다. 예를 들면, 자막이 웃음 유발, 의미 부여, 말 걸기, 맥락 전달 등 다양한 기능을 수행하고 대화적 표현, 서술적 표현, 정서적 표현 등 다양한 방식으로 표현되기에, 분석가는 이를 분류하여 서사 전략과 어떠한 관계를 맺는지 파악해 볼 수 있다. 텍스트에서 자막은 화자가 청자로서 시청자와 상호작용하는 데 중요한 역할을 하므로, 내포된 청자의 위치에 따라 등장인물과 작가/연출자가 어떠한 위계질서에서 시청자와 관계 맺기를 하는지 파악해 볼 수 있다.

영상 표현 범주는 카메라의 기법을 들 수 있으며, 카메라 앵글의 위치와 종류를 분류하고, 숏의 길이를 조사하고 기록할 수 있다. 카메라 앵글은 관습적 특성과 연관 지어 분류하고 해석할 수 있기에 앵글의 종류, 길이, 효과 등을 기록하고, 인물, 사건, 배경에 따라 서사 전개 과정에서 어떠한 앵글이 주로 동원되는지도 파악한다. 프로그램에 따라 조명의 역할, 음향이나 소품의 특성도 상세히 기술한다. 음향은 장르, 주제, 소재에 따라 정서적 접근에 있어 중요한 의미 전달 수단이다. 예를 들어 범죄의 장면, 애절한 사랑, 아프리카 원주민의 때 묻지 않은 삶을 표현할 때 각각 서로 다른 음향이 동원되고, 이는 장르적 관습에 기초해 분류해낼 수 있다. 또한 역사극의 경우 소품, 의상 등 시각적 요소가 드라마의 완성도와 주제나 인물의 성격 표현에 중요한 역할을 하므로 이들의 특성도 세밀히 파악하고 기록해야 한다.[19] 담화 층위의 범주들을 분석하면서 동시에 해당 프로그램이 기존의 장르적 관습과 어떠한 차이가 나타나는지도 파악한다.

4. 분석 자료의 해석과 논문 작성하기: 해석하기와 글쓰기

1) 분석 자료의 해석

분석가는 텔레비전 프로그램을 반복적으로 시청하면서 예비 분석, 본격적인 분석(스토리 층위와 담화 층위) 과정을 거치면서 각 범주의 특성을 도표로 기술한 자료를 얻었다. 분석가는 서사 전개 과정의 특성과 서사의 핵심 요소를 중심으로 자료에 기술된 분석 범주를 다면적으로 살펴보아야 한다. 대체로 서사 전개의 핵심 요소는 텔레비전 서사물의 주제, 목표, 장르 등에 따라 쉽게 파악할 수 있다. 예를 들어 남녀 간의 지고지순한 사랑을 주제로 한 드라마는 인물의 갈등이 서사 전개의 핵심 요소이기 쉽다. 이 경우, 분석가는 인물의 유형이나 관계를 중심으로 분석 범주의 특성을 유형화하고 다른 범주들과 어떻게 관계를 맺는지 살펴보면서 공통된 특성을 통해 예비적인 개념을 귀납적으로 추출한다. 또 다른 방식은 분석가가 자료의 해석을 위해 프로그램의 주제나 목표와 연관되어 각 범주가 어떻게 관계를 맺고 어떠한 특성을 갖는지 살펴보는 것이다. 분석가는 각 범주 간의 연관성과 서사 전개 과정의 특성을 분류

19 〈해를 품은 달〉은 사극의 시대적 배경과 인물로 스토리를 전개하지만, 남녀 주인공의 아름다운 의상과 CG를 통해 멜로드라마적 주제인 낭만적 사랑을 강조했다.

하고 해석해야 하며 이로부터 서사 전략을 귀납적으로 도출한다. 대표적 분석 사례를 보면, 김훈순·김명혜(1996)는 텔레비전 드라마의 가부장적 서사 전략을 파악하기 위해 아침 일일극 〈큰언니〉와 〈그대의 창〉 등에서 여성들의 특성을 각각 기술하고 이를 분류하여 온유형과 요부형으로 대비한다. 온유형은 남성에게 의존적이며 가부장적인 여성성을 극대화시킨 인물이다. 〈큰언니〉의 상희와 〈그대의 창〉의 은서의 모습 등에서 이러한 개념을 도출했는데, 이상적인 연인으로 묘사되며 사랑하는 남성을 위해 희생하며 여성스럽고 결혼 후 가정에 잘 순응할 자질을 갖춘 인물형이다. 요부형은 자신의 매력을 무기로 하여 남자를 자신의 목적을 위해 마음대로 조종하는 인물의 특성이다. 〈큰언니〉의 하란과 〈그대의 창〉의 박성주의 모습 등에서 나타나고, 시청자에게 반감을 사지만, 온유형보다 주체성 확립에 적극적인 인물로 해석했다. 위의 분석가들은 이 두 인물형을 중심으로 한 갈등을 서사 전개의 핵심 축으로 분석했다. 이들은 텔레비전 드라마의 생산자가 온유형의 인물을 선택하고 자기 주장이 강한 요부형을 배제하는 '가부장적 선택과 배제 전략'을 서사 전략으로 삼았음을 드러낸다.

이처럼 분석가는 서사 전개의 핵심인 갈등을 토대로 인물의 유형과 관계를 파악할 수 있다. 기록된 도표에 기술된 각 인물의 역할, 성격, 관계를 보면서 복잡한 인물 간의 관계망을 화살표로 그려볼 수 있다. 예를 들어, 텔레비전 드라마는 대체로 남녀 간의 사랑을 다루기에 삼각관계나 사랑을 성취하는 과정에서 나타나는 장애나 방해물 등이 서사 전개의 핵심 요소인 갈등을 촉발하고, 이는 인간관계에서 초래된다. 즉 서사 전개의 축인 갈등을 중심으로 인물 관계를 해석하고 이를 그림으로 그려 보면 관계 파악이 용이하다. 배경 등에 대한 해석은 시간과 공간, 그리고 도시와 농촌, 가정과 직장 등에 따라 주요 배경의 특성이 무엇인지를 해석하고 주요 배경의 특성을 항목으로 표현한다. 담화 층위의 범주들은 장르에 따른 관습적 장치가 어떻게 작동하고 있고 기존 관습과 어떠한 차이를 드러내며, 이것이 인물이나 사건의 성격과 주제를 어떻게 효과적으로 재현하는지에 주목하여 해석한다. 예를 들어, 대표적 관습적 장치로써 긴장감을 고조시키기 위한 음향 효과, 현장감과 극적 효과를 나타내기 위한 핸드헬드 카메라의 흔들림 등은 주관적 표현성을 강조하는데, 리얼 버라이어티 쇼에서는 리얼리티를 강조하기 위해 활용되기도 한다. 〈삼시세끼〉와 같은 장르에서 카메라 촬영이나 제작 과정, 제작진의 노출은 서사물이 추구하는 목표인 리얼리티 강조에 효과적이다. 이러한 방식은 관찰자적 다큐멘터리 형식의 리얼리티 추구라는 기존 장르 관습을 변형시키고, 시청자를 현장으로 불러들여 현존감과 친밀감을 낳는 것으로 해석할 수 있다. 이러한 방식으로 도표에 기록된 분석자료를 서사 전개와 연관된 주요 범주를 중심으로 다면적으로 보면서 인물 관계, 서사 전개 방식과 관습적 특성, 서사 전략을 파악하고, 연구문제를 중심으로 결과를 해석한다.

2) 논문 작성하기

논문 작성하기는 연구 문제를 염두에 두고, 분석의 전 과정을 간결하게 정리하고 연구 결과를 제시하며, 분석의 함의를 밝히는 과정이다. 논문 작성하기는 일반적인 논문 작성 방법을 따르되, 분석 방법과 분석 결과 제시는 서사 분석 방법의 틀에 따라 서술하는 것이 좋다. 분석가는 서론에서 연구의 의의와 필요성, 그리고 목적을 밝힌다. 연구 문제를 별도의 절로 기술하지 않을 경우, 서론의 말미에 연구의 목표와 관련하여 연구 문제를 서술하기도 한다. 다음으로 분석 방법에서 앞서 서술한 분석 대상에 대한 선정의 근거와 구체적 대상의 특성을 서술한다. 이어 서사 분석 방법의 내용을 담은 분석틀과 어떠한 범주를 분석했는지도 상세히 밝힌다. 텍스트 비평을 위해 서사 분석과 다른 분석 방법을 함께 분석 도구로 활용할 경우는 해당 분석 방법의 내용을 함께 서술하고, 그 이유를 밝힌다. 분석 결과의 기술은 대체로 연구 문제의 순서에 따라 기술하되 독자가 분석 대상 텍스트를 이해할 수 있도록 형식적 특성과 서사 전개 혹은 통합체적 분석, 인물, 사건, 배경 등에 대한 계열체적 분석, 그리고 서사 전략에 대한 기술과 논의의 순서로 구성한다. 혹은 분석틀에 기초해 스토리와 담화, 서사 전략의 순서로 기술하기도 하고, 서사 전략에 초점을 두고 발견된 전략의 특성에 따라 분석 층위와 관계없이 세부 범주의 특성을 포함시켜 기술하기도 한다. 맺음말에선 발견된 전략을 간략히 정리하면서 분석의 함의를 밝히고 사회 문화적 맥락에서 어떤 의의를 갖는지 논의하고, 이론 및 방법론적 한계 및 과제를 제시한다.

5. 서사 분석의 의의와 한계

서사 분석 방법은 텔레비전의 상업성과 대중성에 기초해 생산된 영상 서사의 심층 구조와 서사 전략을 밝힌다. 이를 통해 서사 분석은 표피적으로 드러난 의미를 넘어서 이면에서 작동하는 의미화 실천의 원리를 드러내고 텍스트를 비판적으로 해석할 수 있도록 하는 데 의의가 있다. 즉 독자로 하여금 텔레비전 텍스트에 명백히 드러나지 않은 의미나 가치관을 파악할 수 있게 한다. 또한 서사 분석은 텔레비전 텍스트 내용에 대한 관심보다 왜 그렇게 재현되어야 했는지, 무엇이 그렇게 재현하도록 했는가에 대해 관심을 가짐으로써 텔레비전은 약호와 관습이 복잡하게 얽힌 텍스트임을 파악하게 한다. 특히 텔레비전 텍스트의 구체적인 서사 전개 과정을 밝힘으로써 어떤 맥락에서 어떤 요소, 구성 방식, 전략을 통해 텍스트에 드러난 통합적인 의미나 메시지가 생산되었는지를 밝힐 수 있다. 이 과정에서 텔레비전의 메시지는 작가나 연출자의 단순한 창작물이 아니라 사회 문화적, 제도적 맥락과 장르의 관습과 매체의 기술적 특성 등의 영향 아래 의미가 생산됨을 보여 준다. 이와 더불어 텍스트가 생산된 사회 문화적 맥락을 고려하여 왜 지금 이 시점에서 그러한 서사물이 생산되었고, 달성하려는 것은 무엇인가에 대한 답을 밝히는 데 기여하여 텍스트의 서사 구조가 생산과 수용을 매개하는 과정도 이해할 수 있도록 한다. 따라서 서사 분석은 한 사회나 미디어 체계에서 관습화되어 자연스럽게 당연시되는 의미, 이를 생산하고 소비하는 주체들 간의 관계, 이를 통해 사회적 효과와 다양한 문화적 가정들을 밝히는 데 기여할 수 있다.

또한 분석가는 같은 시기 텔레비전 텍스트 간의 비교 분석은 물론 시·공간적 비교 분석을 통해 텔레비전 프로그램의 서사 전략을 밝혀내어 당대의 멘탈리티와 사회 문화적 변화나 특성을 밝히는 데 기여할 수 있다. 텔레비전 프로그램에 대한 활발한 서사 분석은 보고 지나치는 일상적인 텔레비전 프로그램을 비평의 대상이자 문화적 텍스트로서 격상시켰고, 영상물 분석 방법을 발전시키는 데 기여했다. 서사 분석은 독자적인 분석 방법으로 쓰일 수도 있으나 다양한 분석 방법들과 함께 활용되어 텍스트의 의미가 생산되는 사회 문화적 맥락과 방송의 산업적·제도적 맥락에 주목하고, 서사가 시청자에게 미치는 사회적·심리적 영향력 등을 파악하는 데도 유용하게 도움을 줄 수 있다.

한계를 살펴보면, 서사 분석은 대체로 질적 텍스트 비평의 전통을 따르며 텍스트에 대한 해석 방법에 기초하다 보니 연구자의 주관에 치우치기 쉽다. 분석 범주의 설정 또한 서사 구조를 도식화하고 형식의 발견에 초점을 두어 형식적이라는 비판을 종종 받는다(김훈순, 2004). 텔레비전에 대한 서사 분석이 영상 텍스트의 서사 분석임에도 불구하고 영상을 표현하는 담화 층위보다 기초적인 스토리 층위의 보편적인 서사 특성을 밝히는 데 그치는 경우가 많다. 또한 텔레비전 텍스트의 서사 분석 결과들을 살펴보면, 합의된 분석 범주나 절차가 부재하다 보니 연구자의 관심이나 역량에 따라 분석 층위나 범주의 폭이 서로 크게 차이가 난다. 이는 텍스트 비평으로서 서사 분석을 통해 보여 줘야 할 것들보다 연구자가 보고자 한 것만을 밝혀낸 것은 아닌가라는 비판을 받기 쉽다.

또한 서사 분석은 서사물의 심층 구조와 재현 메커니즘을 텍스트로부터 밝히는 것이기에 텍스트에서 발견된 사실에 기초하여 귀납적으로 해석해야 한다는 한계가 있다. 따라서 연구자가 분석 결과를 사회 문화적 맥락을 고려하여 심도 있게 해석하려 할 경우, 텍스트로부터 벗어난 연구자의 주관적 해석이라는 비판을 받기 쉬운 면도 있다. 이를 극복하기 위해서 분석가는 텍스트와 연관된 생산 조건, 미디어 체계, 그리고 사회 문화적 맥락과의 관계를 밀도 있게 파악하고 있어야 텍스트에 대한 깊이 있는 해석을 할 수 있다.

참고 문헌

김미라 (2014). "TV 매체에 재현된 새로운 남성성masculinity과 그 한계 — 주말 예능 프로그램을 중심으로," 〈한국콘텐츠학회논문지〉, 14(1), pp.88~96.

김수정 (2008). "영어 교육 열풍에 대한 텔레비전 담론: 시사 다큐멘터리의 서사 분석,"

〈한국방송학보〉, 22(5), pp.7~52.

김훈순 · 김명혜 (1996). "텔레비전 드라마의 가부장적 서사 전략," 〈언론과 사회〉, 12, pp.6~50.

김훈순 (2004). "텔레비전 서사연구의 메타분석," 〈방송통신연구〉, 59, pp.167~197.

윤태일 (2010). "'신명의 매체서사학'에 대한 탐색적 고찰," 〈언론과학연구〉, 10(4), pp.307~349.

이경숙 (2006). "혼종적 리얼리티 프로그램에 포섭된 '이산인'의 정체성: 〈러브人 아시아〉의 텍스트 분석," 〈한국방송학보〉, 20(3), pp.239~276.

이경숙 (2011). "오디션 프로그램의 리얼리티와 경쟁 그리고 참가자의 순환적 위치: 〈슈퍼스타 K〉를 중심으로," 〈미디어, 젠더 & 문화〉, 20, pp.107~136.

이종수 (2000). "영상 다큐멘터리 역사 재현의 현실성과 표현성: 한국, 미국, 프랑스, 일본 텔레비전의 20세기 특집 기획 다큐멘터리 비교 분석," 〈한국언론학보〉, 44(3), pp.301~341.

이종수 (2010). "자연/환경 다큐멘터리의 대중 서사 전략: '아마존의 눈물'(MBC)과 '아마존'(BBC2) 비교 분석," 〈한국언론학보〉, 54(3), pp.374~397.

이재인 (2004). "서사방법론과 여성주의 연구," 〈여/성이론〉, 10, pp.243~271.

심훈 (2012). "KBS 〈인간극장〉에 나타난 다문화 방영물 서사 분석: 이야기 구도와 등장인물, 발화를 중심으로," 〈한국언론학보〉, 56(4), pp.184~209.

주창윤 (2003). "텔레비전 드라마의 서사 구조: 동성애에 대한 표현 방식을 중심으로," 〈한국언론학보〉, 47권 3호, pp.197~222.

태지호 (2012). "텔레비전 다큐멘터리를 통한 사회적 기억 제도로서의 영상 재현에 관한 연구: 〈우리는 8 · 15를 어떻게 기억하는가〉(KBS)에 나타난 1945년 8월 15일의 기억을 중심으로," 〈한국방송학보〉, 26(4), pp.431~471.

한용환 (1999). 《소설학 사전》. 문예출판사.

황인성 (1999). "'트렌디 드라마'의 서사 구조적 특징과 텍스트의 즐거움에 관한 이론적 고찰," 〈한국언론학보〉, 43(5), pp.221~248.

Allen, R. (1992). *Channels of Discourse: Television and Contemporary Criticism*. Chapel Hill: The University of North Carolina. [김훈순 옮김. 《텔레비전과 현대비평》. 나남. 1994].

Chatman, S. (1978). *Story and Discourse: Narrative Structure in Fiction and Film*.

NY: Cornell University Press. [한용환 옮김. 《이야기와 담론》. 푸른사상. 2003].

Fiske, J. (1987). *Television Culture*. London: Routledge.

Hall, S. (1982). "The Rediscovery of 'Ideology': Return of the Repressed in Media Studies," in M. Gurevitch et al. (eds.), *Culture, Society and Media*. London & New York: Methuen.

Kozloff, S. R. (1987). "Narrative theory and television," in R. Allen (1992) (ed.), *Channels of Discourse: Television and Contemporary Criticism*. Chapel Hill: The University of North Carolina.

Riessman, C. K. (1993). *Narrative Analysis*. Newbury Park: Sage Publications. [김원옥 · 강현숙 · 조결자 · 은영 옮김. 《내러티브 분석》. 군자출판사. 2005].

Sholes, R. & R. Kellogg (1966). *The Nature of Narrative*. New York: Oxford University Press.

Stam, R., R. Burgoyne, & S. Flitterman-Lewis (1992). *New Vocabularies in Film Semiotics: Structuralism, Post-structuralism and Beyond*. New York: Routledge. [이수길 외 옮김. 《어휘로 풀어 읽는 영상기호학》. 시각과언어. 2003].

4장

'담론분석'과 담론의 '문화정치'

이기형

● 이기형은 연세대학교 영문학과를 졸업하고 미국 일리노이대학교에서 사회학 석사와 커뮤니케이션학 박사 학위를 받았다. 현재 경희대학교 언론정보학과 교수다. 책으로는 《TV 이후의 텔레비전》(공저), 《한국 사회의 소통 위기》(공저), *Asian Media Studies*(공저), 《미디어 문화연구와 문화정치로의 초대》 등이 있으며, 논문으로는 "현장 혹은 민속지학적 저널리즘과 내러티브의 재발견," "한 장면 채집자에 대한 소고: 노순택의 사진들은 무엇으로 사는가?" 등이 있다.

1. 왜 담론에 주목하는가

우리는 담론이라는 용어와 개념을 인문학과 사회과학을 가로지르는 일련의 지적 탐구들 속에서 매우 흔하게 접할 수 있다. 예컨대 미디어 연구나 여성학, 역사학과 사회학 혹은 미학과 건축학 등의 영역에서 담론을 활용하는 다수의 접근 방식이나 담론 개념을 활용하는 일련의 작업들을 어렵지 않게 목격할 수 있다. 즉 지식의 생산 과정에서 담론에 관한 이론화의 작업과 이 개념의 활용은 매우 활발하며, '간학문적'으로 이루어지고 있다고 논할 수 있는 것이다(김수정, 2015 참고).

그러한 측면을 고려하면서 이 장은 담론과 담론분석의 역할에 대한 이해를 심화시킬 수 있는 주요한 논점들을 정리한다. 또한 질적 방법론의 중요한 축으로 실행되고 있는 담론을 매개로 한 일련의 탐구와 진단, 그리고 이 매우 유용하지만 동시에 결코 만만치 않은 개념을 둘러싼 이론화의 함의와 활용 방식의 명암 등의 핵심적인 사안들을 학자들이 시도한 주요 사례들을 중심으로 복합적으로 조명하고자 한다.

동시에 이러한 작업을 수행하면서 기존에 존재하는 매우 어지러울 정도로 다기하며 매우 다양한 계열에서 추구되는 담론의 개념들과 담론 분석을 풀어내는 일련의 사례들을 포괄적으로 그리고 밀도 있게 정리·진단하기는 어렵다. 그러한 포괄적인 정리와 매우 세밀하게 개진되는 진단 대신에, 이 작업은 담론의 역할과 용례를 수행된 주요 분석의 사례들을 중심으로 논의한다. 특히 미디어 연구와 문화연구의 영역에서 그간에 수행된 담론분석의 주요한 특성과 방향성 그리고 성취와 한계를 중심으로 논점과 사유를 집중하고자 한다. 특히 담론의 복합적인 역할을 풀어 가며 정치 사회적인 이슈나 쟁점에 관한 '가용 가능한' 담론분석의 특징과 함의 그리고 활용을 파악하기 위한 일련의 단서와 숙고할 측면들을 중심으로 논의를 풀어 가고자 한다.

다소 단적으로 정의할 때, 담론분석의 지향점은 특정 사회 현상이나 의미화의 세밀한 기술이나 설명을 넘어서서, 문제틀과 범주의 설정, 심화된 진단, 그리고 개입적인 해독과 실천 등의 측면들을 포함한다. 광의의 담론분석은 특정한 사회 역사적인 이슈와 쟁점 혹은 대상이 특정한 방식으로 — 즉 일련의 이해관계들과 결합되면서 — 구현되며, 이 과정에서 생성되는 정당화와 세력화의 단면들 그리고 재현과 제도적인 개입의 제 측면들에 심화되고 조직적인 '문제 제기problematization'를 시도한다.

먼저 담론분석이 주목하며 상당한 관심을 기울이는 주요 쟁점들을 질문의 형식으로 풀어 보자. 특정 공공적인 또는 첨예한 정치적인 이슈는 사회 내에서 그리고 특히 특정한 국면에서 담론을 매개로 어떻게 의미화되고, 환기되며, 동시에 특정한 효과 — 지지, 비판, 강화, 정당성의 부여, 쟁점화, 대안의 제기, 세력화와 결집 등 — 를 발휘하게 되는가? 왜 광의의 인문학과 사회과학을 포괄하는 '인간과학human sciences'에 있어서 '담론적인 전환discursive turn'과 담론작용에 관한 심화된 이해가 중요한가? 누가 혹은 어떤 세력들이 사회적인 영향력을 발산하는 담론들을 생산하는가? 이러한 결과 어떤 유형의 담론들 간의 각축과 연대 그리고 투쟁과 대결 등이 형성되는가? 이 과정에서 어떠한 사회적-제도적인 효과와 반향, 그리고 도전들이 생성되는가?

'담론discourse'이라는 용어는 주지하다시피 학술과 광의의 지식 영역 속에서 이제는 흔하게 접할 수 있는 개념이자 매우 중시되는 대상이기도 하다. 동시에 학문의 영역을 넘어서도 우리는 종종 그리고 부지불식간에 정치와 언론 그리고 대중적인 영역에서 특정한 주제나 쟁점들을 풀어내고 주창하는 일련의 담론들을 끊임없이 접하게 되며 또한 일상적으로 소비한다. 예시로 정부의 정책 추진이나 언론의 지면과 방송 뉴스에서 혹은 온라인 사이트나 학술서와 대중서 등을 통해서, 우리는 흔히 특정한 의미 작용과 주장 그리고 관점과 이해관계를 명시적으로 설파하거나 혹은 은밀하게 풀어내는 복수의 담론들과 만나게 된다.

담론이라는 양식의 일상화된 수용과 용례는 다양한 측면으로 활자화되고, 발화되며, 이미지나 통계 수치 등과 결합되어 표출된다. 사회과학과 문화연구의 영역에서 그간에 주목을 받은 대표적인 담론들을 언급해 보면, 신자유주의, 세계화, 국가주의, 민족주의 등의 거시적인 대상에서, 최근에 상당한 주목을 받고 있는 양극화, 다문화주의, 통치성이나 자기 계발, 문화적 혼종화cultural hybridization 등의 사회 내에서 심대한 효과와 치열한 이견을 생성하는 일련의 복합적인 '담론적인 구성물discursive construct'들을 들 수 있다.

예컨대 세계화는 탈지역적으로 유포 또는 확산되는 거대 담론이면서, 다수의 사회적 주체들의 삶을 변화시키며 불균등하게 체감되는 리얼리티lived reality 또는 현실의 일부이기도 하다는 복합적인 단면을 드러낸다. 류웅재(2009: 342)는 '이데올로기의 종언'과 같은 한때 풍미하던 신보수의 담론을 진단하면서, 이 특정 담론이 "자본주의의 사회주의에 대한 완벽하고 되돌릴 수 없는 항구적인 승리라는 선언적 주장으로 정당화함은 향후 전개될 현실을 객관적으로 분석하는 과학적 언어라기보다, 이러한 믿음과 진실 레짐regime of truth, 그리고 연관된 담론구성체에 의해 현실적 이익을 극대화하고자 한 특정 국가와 자본, 그리고 계급의 정치 경제학적 이해관계를 반영"하는 '정치적인' 동시에 이해관계가 개입된 구성물임을 지적한다.[1]

또한 지식장과 공공 영역에서도 긴요한 사회·정치적인 주제와 쟁점 또는 갈등을 다루거나 증폭시키는 담론들의 경합과 각축 그리고 연합과 대립 등의 양상들을 관습적으로 접할 수 있다. 특정한 사회·정치적인 이슈나 의제를 풀어내는 담론을 수용한다는 것은 이 담론에 직간접적인 지지와 인준 내지 인정이나 관용을 표출하는 측면들을 포함하게 된다. 이러한 담론의 가변성과 다면적인 역할을 논하면서, 문화연구자인 스튜어트 홀Stuart Hall(ed., 1997)은 담론이라는 용어 자체의 활용이 어떤 조건과 상황에서 이루어지고 배치되느냐에 따라 유연하게 혹은 역동적인 방식으로 굴절되고 변화하는 측면을 짚어 낸 바 있다.

동시에 사회 내에서 지배적인 혹은 영향력을 발휘하는 담론에 적극적으로 반대하거나 대안과 차별적인 이견을 제기함으로써, 대항 담론 내지 대안적인 측면의 담론들이 생성되며, 이러한 담론들의 복합적인 흐름

1 한편 손석춘(2010: 56)이 짚어 내듯이 미국발 금융 위기와 신자유주의 노선의 문제점이 크게 부상한 상황에서도 "'신자유주의=세계화=글로벌 스탠더드'임을 확신하며 그것을 '선진국으로 가는 길'이라며 내놓고 선전"하는 보수 언론과 지식인 일부의 행태는 매우 문제적인 담론의 설파라고 지적하지 않을 수 없는 것이다.

과 굴절을 통해서 종종 치열한 대립과 공방, 힘겨루기, 그리고 담론 영역과 담론 질서의 재편 등이 구현되기도 한다. 또한 담론은 명시적이거나 외면적으로 설득과 진단 또는 해설 등을 포함하지만, 집합적인 감정의 분출이나 여론의 변화 등에 개입하면서 갈등과 이견 그리고 대립과 저항을 사회적으로 보다 증폭시키기도 한다.[2]

담론이 발휘하는 거시적인 효과와 동태적인 활동상과 관련된 예시를 조금 더 들어보자. 자본과 시장의 가치와 힘을 중시하고, '자원의 효율적인 분배'와 경쟁을 통한 개인들의 참여를 강조하는 시장의 역할을 강조하며, 정부의 시장과 기업 영역에 대한 축소된 기능을 주창하는 광의의 '시장자유주의 담론'의 경우, 담론의 내부에 이러한 시장 중심의 사고와 경쟁, 사적 소유에 대한 강조, 탈규제와 민영화, 자유로운 기업가 행위, 낙수 효과trickle down effect론, 자유지상주의, 경쟁지상주의, 성과중심주의, 기업가형 개인주의 그리고 사회적 공공성에 대한 공격과 비판 등을 핵심적인 수사와 강조되는 논점으로 배치한다.

또한 이 특정한 경제 담론은 경제 영역과 정책의 수행과 재현 과정에서, 보수 언론과 정부, 관료, 그리고 경제 단체 등이 형성하는 전략적인 연대와 긴밀한 상호작용을 통해서, 강력한 효과와 더불어 지배적이

2 김성해(2013: 67)는 적지 않은 긴장과 갈등을 생성하는 공식화된 역사 재현과 갈등상의 주요한 예시로 언론이 재현하는 '동북공정'과 '독도' 문제에 주목하는 미디어 담론을 분석하면서, "동아시아가 직면하는 상황은 공통의 이해관계와 편향적인 지식과 감정적 여론몰이에 의한 사회적 구성물일 가능성이 높다고" 진단한다. 그의 문제의식은 역사와 영토의 문제를 대상으로 의미화되는 매체의 역할과 정치적인 이해관계와의 접합을, 단순히 현존하는 특정한 정치·사회적인 질서의 반영이 아닌, 주요한 행위자 집단의 조직적인 기획과 개입으로 인한 담론적 결과물로서 추구한다. 이는 기존의 주류적인 혹은 실증적인 미디어 연구의 입장과는 차별적인 관점과 문제 제기의 방식을 드러낸다.

고 영향력이 강한 '사회적 상상social imaginary'으로 작용하기도 한다. 동시에 노동계나 학계 그리고 진보적인 지식인들은 이러한 시장 중심의 담론들이나 이들 담론이 생성하는 특정한 정책이나 입장에 관한 강한 이견과 저항 또는 도전을 제기하며, 이 과정에서 담론들 간의 (불균등한) 투쟁과 대립, 집합 행동, 그리고 사회적인 갈등상과 균열이 부각된다. 이정민과 이상기(2014)가 '민생' 담론의 사례를 통해서 논하듯이, 특정한 주제나 관련 쟁점들을 풀어내는 일련의 경제 담론들의 수렴과 결합은 보다 거시적인 담론 효과의 구현과 함께 현실에 심대한 영향을 발휘하는 특정한 담론들의 망과 구성체formation를 형성하게 된다.

한편 담론의 역할과 효과를 중시해야 하는 주요한 이유는, 담론이 단순히 특정한 사안들을 정의하고, 재현하기 때문만이 아니다. 앞서 언급한 시장자유주의라는 강력한 사회 정치적인 함의를 발산하는 담론의 예를 통해 다시 논점을 풀어내면, 이 담론은 통치와 관리의 거시적인 과정 속에서 추구되는 정부의 주요 경제적인 정책들, 그리고 이를 제도적인 강조점과 실행으로 풀어내는 매우 많은 사안들과 더불어 집합적인 동력을 생성해낸다. 이 과정에서 담론은 정치적인 투쟁이나 갈등 그리고 첨예한 사회·경제적인 이해관계를 발현하고 동시에 '추동'하는 만만치 않은 역할을 수행하게 되는 것이다. 이러한 측면은, 담론의 역할과 효과를 진단하는 주체들에게 크고 작은 담론들의 결합이나 연결망을 통해서 생성되는 거시적인 의미들의 흐름과 이 과정에서 생성되는 제도적인 — 즉 '비언어적인' — 효과와 실행들에 관한 집중된 이해와 심화된 분석의 필요성을 제기한다.

시선을 돌려서 지식 생산의 영역에 주목하면, 담론분석과 담론 비평은 언어학과 문학, 미디어 연구, 교육학, 역사학, 사회학, 과학기술학, 여성학, 인류학, 지리학 등의 영역에서 활발하게 채용되고 있다. 또한 세계화나 (탈)식민주의, 주체의 형성, 대중문화의 역사적인 역할이나 장기적인 효과 등을 대상으로 추구되는 일련의 분석 작업이나 — 주로 미셸 푸코Michel Foucault의 영향 속에서 이루어지는 '계보학genealogy'[3]으로 불리기도 하는 — 진단을 수행할 때 폭 넓게 활용되기도 한다. 예컨대 특정한 지식의 체계나 앎의 부상 그리고 구현되는 특징과 그 '이면'을 다면적으로 혹은 사례별로 탐구하는 작업을 추구할 때, 담론분석은 매우 유용한 지적-비판적인 그리고 개입적인 자원이 된다. 또한 담론은 언어학과 기호학 그리고 인문학을 넘어서 사회과학의 주요 분야들에서 활용되는 개념이기에, 종종 '간학문적인' 존재감과 효과를 발휘하기도 한다. 이는 그만큼 담론의 개념화와 역할에 관한 지식의 탐구와 관심이 크다는 예시일 것이다.

지식사회학이나 '계보학적'인 입장에서 접근하면, 담론은 한국 사회의 경우 1990년대에 본격적으로 부상하기 시작했고, 그 이후 매우 강력하고 지속적인 존재감과 활용의 측면들을 발현하고 있다. 주지하다시피 담론을 언급할 때 떠오르는 대표적인 이론가 혹은 담론의 주창자로 정의할 수 있는 미셸 푸코의 역할과 그에 영향을 받은 일련의 학자들의 작업이 국내에 수용되기 시작하면서, 담론에 관한 보다 심화된 이해와 확장된 담론을 매개로 하는 다수의 작업들이 뒤따르기 시작한 바 있다.

다소 단적으로 풀어내면, 지식의 생산에 권력이 개입하는 양상을

3 푸코는 계보학이 "사건이나 역사의 전개 속에서 개념과 초월적 주체에 의존하지 않고, 지식과 담화와 대상의 영역이 어떻게 구성되는가를 설명해내는 역사 서술의 한 방식"임을 강조한다(김수정, 2015: 81에서 재인용). 계보학적인 접근은 통상적으로 특정한 역사적인 사건이나 주목을 받는 사례가 어떤 사회적 상황과 국면 속에서 사회적인 그리고 담론적인 힘과 테크놀로지들 그리고 권력 작용의 접합 과정에 의해서 우발적으로 형성되었는지를 세밀하게 탐구하는 작업이다(Foucault, 1980; 2001; Said, 1979; 벤느, 2009 참고).

추적하며, 특정한 앎의 사회 역사적인 구성과 확장된 의미화 그리고 이를 넘어선 제도적인 효과를 탐구하는 작업은 담론분석의 요체라고 할 수 있다. 이러한 인식이 분과 학문의 영역을 넘어 집합적인 수용과 깨달음을 생성하게 되면서, 이른바 '담론적인 전환'이 한국 사회의 지식 영역에서 폭 넓게 이루어진 것이다.

이러한 측면을 조금 다르게 설명할 수 있는 또 다른 예시를 들 수 있다. 다양한 지식의 패러다임이나 이론틀들이 부상하고, 활성화된 효과들을 생성한 1990년대 이전 한국 사회의 경우, 담론이라는 용어는 간과되었고, 지식 영역에서도 큰 주목을 받지 못했으며, 분석적인 동시에 정치적인 함의와 역할을 충분히 인정받지도 못했다. 하지만 지난 20여 년간 담론은 지식 생산의 영역에서 매우 중요하고 핵심적인 키워드가 되었으며, 이론과 방법론, 그리고 사유와 탐구의 측면에서 담론에 관한 논의들이 크게 신장된 바 있다.

조금 다르게 담론이 거시적인 논점이나 공공적인 의제 혹은 주장만을 펴는 것만은 아니다. 즉 담론이라는 존재는 일반인의 삶과 일정한 거리를 둔 전문가 집단이나 공인 혹은 엘리트 집단만의 전유물이 아니다. 일상 속의 소소한 대화나 우발적으로 발생하는 논쟁 속에서, 혹은 SNS 상에서나 면대면 담화의 양식을 빌려, (거시적인) 담론의 자취와 영향 또는 효과들을 미시적인 상황에서 체감하고, 수용하게 되는 경우들도 상당하기 때문이다. 이 일상적으로 대면할 수 있는 예시에서 특정한 사회적인 이슈나 주제에 관해 이야기하는 화자는 자신이 논하는 특정 담론을 스스로 매개하거나 자발적으로 체화하기도 하지만, 동시에 그러한 담론의 효과 속에서 발화를 수행하게 되는 이중적인 측면을 보이게 된다.

이렇듯 담론이라는 존재는 미시에서 거시의 수준을 — 즉 사적인 대화에서 공적으로 발화되는 특정 정치적·정책적 논점이나 여론의 향방에 이르기까지 — 유연하게 넘나들며, 주요한 사회 정치적인 관심사와 의제들을 구현하고, 환기시키며, 나아가서 쟁점으로 만드는 데 깊게 관여한다. 부연하면 담론이라는 존재는 언어의 복잡한 재현 과정 속에서 부각되고 변주되며, 나아가서 이러한 일상적이거나 미시적인 용례를 넘어서서, 사회 구조와 현실을 그리고 사회 변동을 '구성'하는 데 긴밀하게 개입하는 것이다(Fairclough, 1993; 1995; Hall ed., 1997; Proctor, 2004 참고).

또한 이러한 인식에 기초하여, 학문의 영역과 사회 내에서 적지 않은 주목을 받게 되며, 동시에 갈등과 대결 그리고 연대와 제도적인 실행 등의 구체적인 효과를 발휘하는 '담론의 메커니즘'과 질서를 다면적으로 규명하고, 체계적으로 진단하며, 나아가서 이론적으로 정련화하려는 '담론분석'과 '담론이론' 혹은 '담론연구'의 필요성과 역할이 많은 주목을 받게 된 것이다(Fairclough, 2010; Howarth, 2000; Jorgensen & Phillips, 2003; Mills, 2004; Wodak, 2011; Barker, 2004; Barker & Galasinski, 2001; Benwell & Stokoe, 2006; Wetherel et al. eds., 2001참고).[4] 이제 본격적으로 담론의 정의와 활동 영역에 관해 알아보자.

4 통상적으로 담론이론과 담론분석 혹은 담론연구는 동의어로 사용된다. 또한 담론적-역사적인 접근discourse-historical approach 등의 새로운 명명법이 등장하기도 했다. 또한 담론은 단순한 방법론의 차원에서만 주목을 받는 대상이 아니다. 담론에 관한 지적-비판적인 관심은 이론과 분석 그리고 광의의 해석적인 접근 등의 영역을 두루 포함하기 때문이다.

2. 담론의 정의와 동학을 숙고하기

먼저 담론의 관행적인 정의를 짧게 내려 보면, 담론은 통상적으로 사회 내에서 생성되며 회람되는 일련의 발화와 서사, 의미 작용, 그리고 나아가서 이러한 과정을 통해서 사회 내에서 세밀하게 발현되는 특정한 가치와 권력 작용, 그리고 제도 차원의 확장되거나 증폭된 효과들을 뜻한다고 할 수 있다. 전술했듯이 담론은 언어학, 문화연구, 언론학, 사회학, 교육학, 사회복지학, 역사학, 여성학, 인류학, 영상학, 문학, 인종 연구, 지리학, 섹슈얼리티 연구, 과학기술학, 미학, 그리고 예술사 등의 영역에서 활발하게 사용되는 핵심적인 개념이자, 요동치는 사회 현실을 '개입적'으로 진단하고자 하는 '비판 사회과학critical social science'의 영역에서 빼놓을 수 없는 긴요한 지적·분석적인 자원이자 '전술strategy'이기도 하다.[5]

담론이 뿌리를 둔 언어학의 경우, 담론은 통상적으로 '발화와 대화 혹은 스피치'를 칭하며, 이 단어는 명사이자 동사로서의 쓰임새를 발휘한다. 또한 이 단어의 라틴어적인 어원이 나타내는 뜻은 '이리저리 돌아다닌다to run around'이다(Casey et al., 2002: 64). 언어학적인 입장을 수용한 초기 담론이론의 경우, 통상적으로 담론을 문장 이상의 단위로 정의한 바 있으며, 담론이 작용하는 예시를 일상이나 공적 영역에서 접할 수 있

5 필자는 여기에서 이론과 현실의 진단 및 개입의 긴요한 자원으로서의 전술을 등치시키고자 한다. 한편 이 리스트에 더하여 '식민지 담론분석colonial discourse analysis'과 같은 '탈식민 이론postcolonialism'을 적극 활용하면서 규율권력으로서 식민 체계와 폭력성 그리고 인종적인 차별화의 역사적인 그리고 제도적인 측면들을 깊게 탐문하는 새로운 지적인 흐름도 학계에서 정립된 바 있다(Young & Bhabha, 2004; 이경민, 2005 참고). 지면 관계상 이 장에서는 담론의 역사적인 측면에 초점을 맞추는 — 역사적 문화연구 계열에 속하는 — 작업들이나 계보학적인 추구들을 포함시키지 못했다.

는 대화와 발화 혹은 진술 정도로 정의내리기도 했다.

하지만 이러한 입장은 담론이론과 분석이 심화되면서, 보다 사회적이고 역사적인 영역으로의 확장 그리고 복합적인 사유와 이론화의 과정을 겪으면서 변화하며 크게 확장되게 된다. 이는 담론의 유동적이지만 강한 효과에 대한 관심의 확산과 더불어 물적-제도적인 층위를 (재)구성하는 담론의 활동상으로까지 담론연구의 문제의식이 심화된 데 기인한다. 노먼 페어클러프Norman Fairclough(2003: 2)의 논점을 활용하면, 담론이 주목하는 언어라는 존재는 사회적 삶 속에서 '축소할 수 없는' 주요한 역할을 담당하며, 이 영역 내에서 다른 요소들과 긴밀한 그리고 '변증법적인' 상호관련성을 발휘한다.[6] 이는 사회 정치적인 현상을 분석하고자 하는 담론분석이 기본적으로 언어, 상징, 재현 작용 등의 제 측면에 대한 진단과 탐구를 공유하며, 동시에 협소한 의미 구현이나 전통적인 언어학적인 관심을 크게 넘어서, 사회 내 권력 작용이나 제도적인 실행을 통한 힘의 역학과 구조화의 단면들에까지 집중된 관심을 기울인다는 측면을 강조한다.

특히 담론을 이론화하며 체계적인 방식으로 담론분석을 정초한 미셸 푸코나 페어클러프 등의 작업을 통해 접근하면, 담론이라는 존재는 의미 구성과 표현 그리고 발화의 영역을 — 즉 협소하게 정의되는 재현representation이라는 측면을 — 넘어서, '행동'하고 무엇인가를 '만들어' 내거나 '(재)구성'하는acting, doing, and constructing 매우 역동적인 역할을 발휘한다(Fairclough, 2003; Foucault, 1980; 2001; Howarth & Torfing eds., 2005 참고). 즉 담론은 특정한 정책이나 정치적인 사안이나 역사적으로 함의가

6 풀어쓴 원문은 다음과 같다. "language is an irreducible part of social life, dialectically interconnected with other elements of social life."

지대한 특정한 사건들의 함의 혹은 집합적인 정체성 등을 생성하거나 재구성하는 주요한 동인 혹은 '행위자actor'로 주목받게 된 것이다.

서구의 문화연구자인 크리스 바커Chris Barker(2009: 63)는 담론을 "일상적으로 사용할 때 이는 단순히 의미 있는 설명으로 수렴되는 많은 텍스트나 구두적인 발화를 의미한다"고 정의한다. 이어서 그는 "담론은 언어와 [사회적] 실천을 '통합'하는 것이며, 주체에 대한 규제된 말하기의 방식이며, 이 방식을 통해 대상과 실천은 의미를 획득한다고" 논한다. 나아가 "물질적 대상과 사회적 실천에 의미를 부여하는 언어를 통한 지식생산을 우리는 담론적 실천이라고 부르게" 됨을 강조한다. 즉 담론에 관한 관심은 말과 재현이라는 광의의 언어학적인 영역에 결집된 출발점 혹은 관심을 두되, 이를 넘어서서 '비담론적인' 측면non-discoursive dimensions들로까지 — 예컨대 매체를 통해서 부각되고 구현되는 사회경제적인 의제와 특정한 정책들의 추진 혹은 정치적인 쟁점들과 이 과정에 접합되는 일련의 제도적인 효과들로 — '확장'된 것이다(Blommaert, 2005; Chouliaraki & Fairclough, 1999; Howarth et al. eds., 2010 참고).

이러한 인식의 확장은 페어클러프를 비롯한 담론 비판과 담론이론의 주요 이론가와 실행가들이 언어학에 뿌리를 두고, 지적 훈련을 받았던, 동시에 협소하고 기능적인 언어학의 한계를 넘어서서 사회 구조적인 영역과 긴밀하게 연계되는 대안을 능동적으로 구축했던 이력에서도 일정 부분 유추할 수 있다. 광의의 담론이론과 분석은 1970년대 말 서구에서 부상하기 시작했고, 특히 영어권과 유럽에서 비판적인 사회과학의 새로운 동시에 주요한 주자로 위상과 영향을 확보하기 시작한 바 있다(Howarth & Torfing eds., 2005 참고).

특히 '비판적 담론분석critical discourse analysis'으로 집합적인 정의를 구현하고, 때로는 '학파school'로도 불리며, 상당한 분석적인 작업의 규준과 지적인 기반을 축적해 온 페어클러프(2010)와 일군의 학자들은 담론의 층위와 사회적인 배치를 보다 '중층적'으로 풀어낸다. 이들에 의하면 담론의 활동 범주는 일상적인 담화와 텍스트를 통한 미시적인 의미 작용에서, 사회적인 상호작용이자 실행으로 확장된 담론과 담론의 체계들, 그리고 담론의 작동과 형성에 영향을 발휘하는 사회 내 구조와 물질성의 영역 등으로까지 확대된다.

이러한 담론이 매개하고 생성하는 복합적인 효과들에 착안하면서, 신진욱(2011: 11)은 담론분석을 "상징적 매개를 통한 사회적 행위와 그것의 물질화된 산물인 텍스트를 분석하여, 사회적 관계와 상호작용, 사회 구조의 질서와 변동을 이해하려는 접근법"이라고 정의한다.[7] 앞서 언급한 담론의 층위와 동태적인 구성 그리고 사회 구조와의 동적인 관계성을 조명하면서, 신진욱과 이영민(2009: 275)은 비판적 담론분석이 "담론적 실천과 사회적 실천 사이의 연계를 주목하여 특정한 담론의 의미를 사회적 갈등과 지배 구조의 맥락 속에서 해석"하려 하며, 발화된 미시적인 담론에서 "경험 세계를 상징하는" 담론들의 역할과 동력 그리고 사회 제도 내 구조화된 담론들이 구현하는 거시적인 질서까지도 포괄적으로 다루고자 한다는 측면을 강조한다. 나아가서 이러한 작업은 "담론과 권력의 관련성을 강조하여, 다양한 담론 유형 간의 권력 관계, 나아가 사회 구조적 권력이 담론적 실천을 통해 작동하는 양식을 규명"하는 데

7 아래에서 보다 상세한 논의를 제공하겠지만, 담론분석과 이론이 내장하는 언어의 생산적인 혹은 수행적인 관심에 의해, 실제 담론에 주목하는 연구 프로그램이나 추구되는 방법론의 사례들 속에서 '텍스트'라는 분석의 단위를 종종 포함하게 되기도 한다. 동시에 본문에서 밝혔듯이 담론분석은 텍스트에 집중하는 기존의 분석 방식의 관(습)성을 넘어서, 특정 텍스트들이 연계되고, 특수한 사회 정치적인 '국면'에서 발휘하는 복합적인 역할과 관계성에 보다 큰 분석적인 초점을 투사한다.

있다는 '개입적인' 측면을 제기하기도 한다.

한편 김영욱(2012: 356)은 이를 다음과 같이 풀어내기도 한다. "사회의 의제에 대한 담론의 전이discourse transformation는 사회·문화적인 실천을 배경으로 한 텍스트와 담론적 실천, 그리고 담론 경쟁discursive struggles을 통하여 이루어진다." 또한 양은경(2010: 200)은 비판적 담론분석이 "푸코의 담론이론을 언어학적 담론분석 전통과 결합하여, 권력 관계를 생산하고 유지하는 담론 실천의 역할을 밝혀내는 데 중점"을 두며, 특히 페어클러프(Fairclough, 1993; 1995; 2010)의 비판적 담론이론을 참고하면서, "미디어 텍스트의 재현 및 사회적 관계와 정체성 생산 기능들에 초점"을 맞추는 연구를 수행한 바 있다. 그녀는 이러한 재현 과정에 관한 담론을 통한 분석적인 초점이 "어떤 선택들이 만들어졌는가, 무엇이 포함되거나 배제되었는가, 무엇이 명시화되거나 암시적인 채 남겨졌는가, 무엇이 주제화되거나 주제화되지 못했는가에 대해서 보는 것"이라는 측면을 함축적으로 강조한다. 또한 서덕희(2011: 239)는 "담론분석은 거대한 사회 구조적 변화를 연구하기 위한 한 방법이기도 하지만 동시에 그 변화가 이루어지는 구체적인 일상의 한 순간순간을 비판적으로 파악하고 성찰할 수 있는 방법이기도 하다"는 측면을 주목한다.

이 지점에서 담론이 실체화되며 실행의 힘을 발휘하는 다면적인 차원들과 관련된 일련의 사례들에 관해 조금 더 들어보자. 담론은 특정한 효과와 맥락(성)을 발현하며 사회적 공간에서 발화되는 대화나 진술에서 공식 문서나 메모, 담화문, 포고령, 보고서, 혹은 영상 이미지와 서사의 결합으로 제시되는 방송의 보도나, 언론의 기사와 사설 등으로 다양하게 표출된다. 또한 학계의 전문가가 제시하는 저작이나 연구 보고서, 싱크탱크가 발간하는 보고서, 정당이나 공적 기구가 발간하는 공약집이나 강령과 (정책)백서 등의 형태로 등장하기도 한다. 조금 다르게 담론의 변화된 유형들로는, 온라인상에서 등장하는 발화와 글쓰기의 형식들, 전문가들의 기고문이나 비평문 등의 다기한 형식으로 발현되고 회람되는 특정한 주제와 관련된 주장, 진단, 규정, 관찰, 정의, 호명 등을 변주시킨 일련의 입장과 관점 혹은 체계화된 지식 등을 들 수도 있다.

담론은 앎과 인지, 통치와 배제, 설득과 정당화, 그리고 억압과 대항의 기제mechanism일 수 있으며, 특정한 입장과 관점을 풀어내고, 정당화하며, 또한 환기시키는 일련의 해석과 조명, 정보의 제시나 기술적인 자원technological resources들과의 — 예컨대 숫자와 통계나 이미지 등을 포함하는 관련 자료나 여론 조사의 활용 등의 — 결합으로 이루어지기도 한다. 정리하면 담론이 사회적으로 존재하는 방식은 매우 다기하며, 물질성과 제도적인 측면을 필수적으로 포함하면서도 또한 이들 측면들을 능동적으로 생성해내기도 한다.[8]

예를 들어 특정 지식 담론은 지식의 전수, 추구, 교육, 그리고 재생산 등을 포괄적으로 의미하는 역할을 발휘하지만, 동시에 그 영역의 내부에 정련된 개념들과 모델, 이론들, 커리큘럼, 교육 방식, 학제, 전통, 공인, 그리고 재생산의 체계 등이 긴밀하게 접합되는 특성들을 포함하기도 한다. 얼핏 보아 담론은 명백히 언어와 소통과 관련된 특징들이나 명명법과 발화 혹은 규정의 방식 등을 지칭하고 포함하지만, 효과와 영향의 측면에서는 단순히 특정 사물이나 사안을 재현하는 것 이상의 보다 조밀하고 복합적으로 연계된 역할 혹은 '역능agency'을 발휘한다고 이해할 수 있다.[9]

8 이러한 측면을 담론이론가들은 다음과 같이 표현한다. "Discourse is socially constitutive as well as socially constituted"(Blommaert, 2005: 25).

9 여기서 역능이라는 역동적인 행위자성을 압축적으로 표출하는 단어를 특별히 사용

조금 다르게 지식 담론은 학자와 전문가 등의 특정 지식의 생산 주체들, 학생과 독자 등의 (재)교육과 지식 사회화의 대상들, 다양한 커리큘럼과 주요 교과서 혹은 교과 과정 내 대표적인 경전canon과 텍스트들로 상징되는 제도화된 지식 생산의 결과물이나 주도적인 탐구와 수용의 방식들을 포함하며, 특정한 지식의 부상과 지식을 매개로 한 작용을 생성하는 데 기여하는 구체적인 역사성과 더불어 지식의 구성에 영향을 미치는 특정한 사회·정치적인 요소들까지도 포함하게도 된다. 이런 측면에 착안하면서 서덕희(2011: 219)는 "담론이라는 용어는 바로 언어를 지식, 행위, 힘(권력)과의 관계 속에서 읽고 쓸 수 있도록 하는 학문적인 개념"이라고 정의한 바 있다.

논의를 조금 더 좁혀서 특정한 예시를 들어보자. 매체가 조명하는 교육 담론 속의 주요 쟁점들을 보여 주는 예시로 "고등학교 교육의 정상화"와 같은 자주 논의되는 표제어 내지 낯익은 표현법에 주목해 보자. 이러한 표현은 언론의 헤드라인이나 방송의 관련 보도에서 주기적으로 — 또는 관행적으로 — 강조되는 표현이자, 단순한 의미화나 지적의 수준을 넘어서 정책적으로 지향되는 목표이기도 하며, 제도적인 이상ideal

한 이유는, 담론이 지식인이나 정치인 또는 관료 등의 특정한 발화자와 생산의 주체를 가지는 경우도 상당하지만, 담론 자체가 특정한 의미 작용과 이를 넘어서는 제도적인 효과를 발휘하는 매우 역동적이고 다면적인 역량을 보이기 때문이다. 예컨대 특정 지식 담론을 생산하는 이론가 또는 연구자는 그러한 특정한 지식의 교육 과정과 훈육의 체계를 통해서 형성되고 구성된 '효과effects'로서의 주체이기도 하다. 예를 들어 구조주의라는 강한 지적 전통과 영향을 발휘한 간학제적인 사조를 설파하고 탐구하는 이론가들은, 동시에 구조주의라는 거시적인 지적 담론의 질서와 연합체 그리고 집합적인 효과와 심대한 영향 속에서 자신들의 지적인 배움과 앎 그리고 궤적이 형성되게 된 주체들인 것이다. 물론 이러한 담론의 효과와 상호작용은 불균등하게 이루어지며 기계적인 것은 아니다.

등을 함축적으로 내장한 매우 가시적인 표제어이기도 하다.

조금 다르게 이 표현은 현재 제도적으로 운용되는 고교 교육에 상당한 문제점들이 생성되고 있으며, 적지 않은 갈등과 이견 그리고 풀어낼 난제와 '비정상성' 등이 존재한다는 측면을 압축적으로 환기시켜 준다. 동시에 고교 교육의 비정상성이나 '파행'은 학교에서 제공되는 다분히 획일적인 교과 과정의 문제점, 사교육이 공교육을 크게 압도하는 사회적인 현실과 이면이 포함하는 심각한 문제들, '전인 교육'이라기보다는 입시 교육으로 변질된 다분히 기능적이며 '경쟁'이라는 강화된 서사에 매우 취약하고 순치된 고등학교 교육의 그늘진 그리고 공공성이 훼손되는 현실이 맞닥뜨리는 일련의 한계와 난점들, 그리고 구조화된 문제점과 갈등들을 짚어 내기도 한다.

예를 들면 교육 현실에 대한 비판적 담론분석을 시도한 서덕희(2003; 2011)와 강진숙(2006)의 작업은 '교실 붕괴'를 다루는 주요 언론이 생산한 학교 교육과 교육 정책에 관한 기사와 기획들이 제기하는 특정한 이해관계와 논점 그리고 비판과 주장들이 녹아든 거시적인 의미 작용과 이러한 사회적인 갈등이 촉발되기도 하는 강력한 재현이 담지하는 '상식'의 정치성을 중심으로 상세한 진단과 비판을 개진한다. 이들은 예컨대 보수 언론이 '평준화'와 '전인 교육' 그리고 '아동 중심 교육'을 '교실 붕괴' 담론을 공세적으로 문제 삼고 쟁점화하기 위한 표제어이자 수단으로 활용하는 제 양상들을 — 즉 담론의 특정한 기획과 공격적인 배치를 — 꼼꼼하게 그리고 비판적으로 조명한다. 또 대안으로 '자율성'과 '수월성'의 강조와 소비자의 선택, 그리고 시장 중심적인 노선과 '일류 상품'으로서 교육의 역할을 조합시켜 강조하는 측면을 — 즉 '시장화된' 교육을 지지·확산시키는 특정한 담론의 생산과 그 이면을 — 날카롭게 진단한다.

한편 이 지점에서 '고교 교육의 정상화'라는 특정한 교육 담론의 사회적인 쓰임새와 이 특정 담론이 포함하는 복합적인 요소들이라는 측면에서, 이 담론을 구현하는 또 다른 복합적인 그리고 구조적인 요소들을 논할 수도 있을 것이다. 예컨대 고등학교 교육과 직간접적으로 연결되는 교사와 학생과 학부모 집단 등으로 구성되는 특정한 주체들, 교수와 교사들을 포함한 교육 전문가 집단이 생산한 특정한 교과 과정과 교육과 관련된 일련의 지식 자원과 진술의 체계들, 학교에서 시행되는 교육을 구성하는 제도화되고 규범화된 '진리 효과truth effects'로서 지식과 실행들, 이 과정에서 특히 정책적인 관리와 개입의 측면에서 지대한 영향력을 발휘하는 교육부 등의 기구와 관료 집단, 그리고 교육 관련 법안과 정책을 제시하는 정치인들 등이 교육이라는 거시적인 담론의 내부에 매우 조밀한 관계망과 역할 그리고 역학을 형성하는 측면을 떠올릴 수 있을 것이다.

물론 이러한 거대한 교육 담론의 네트워크와 구조를 지금까지 논한 담론분석으로 접근하거나 특히 연구 프로그램이나 개입적인 방편의 일환으로 실행하기 위해서는, 특정한 목적과 대상, 기간, 그리고 핵심적인 문제의식을 보다 구체적으로 또는 전술적으로 설정하고 선택된 영역과 특화된 문제에 집중할 필요가 있다. 예컨대 시장 논리를 도입하는 교육 정책의 변화상이나 공교육의 위기 차원을 전문가 집단이나 정부의 교육 정책 관련 주요 입장이나 갈등의 양상들을 중심으로 관련 사례를 심도 있게 진단하거나, 보수와 진보 언론이 대립 상을 보이는 역사 교과서 문제를 둘러싼 주요 담론들의 각축과 대결을 언론 영역의 쟁점과 '정치화된' 갈등을 중심으로 제기할 수도 있을 것이다. 바꾸어 말하면, 교육 담론은 교육에 관한 특정한 입장이나 이야기들의 결합체를 넘어, 교육과 관련된 지식, 교수법, 사회화, 관리, 감독, 훈육, 가치들의 투사, 정책의 추구, 권력 작용과 재생산 등의 보다 복잡하며 또한 의미와 관념, 문화의 영역에서부터 물적인 그리고 제도적인 자원들까지를 망라하는 매우 이질적인 요소들을 포함하는 것이다.

조금 논의를 단순화시킨다면, 담론이나 이 단어의 동의어로 사용되기도 하는 '언설'은 '힘이 실린' 말이며, 단순히 의사 표현이나 소통에 그치지 않고, 특정한 제도적인 실행이나 정책들을 매개로 강한 사회적인 — 동시에 결코 중립적이거나 투명하지 않은 — 동력과 효과 그리고 행위자성을 발휘한다고 간주할 수 있다. 부연하면 크고 작은 이야기와 주장 그리고 논점이나 시각들이 공적 영역에서 등장한 주요 담론들의 틀 속에 다층적으로 녹아들며, 담론작용은 다양한 효과와 설득 작용, 정당화의 노력, 이해관계와 가치의 투사, 그리고 집중된 선택과 배제의 작용을 사회 일반이나 특정 부문에서 발산하는 것이다. 담론의 라틴어 어원이 '이리 움직이고 저리 움직이는 것'이라는 전술한 측면이 시사해 주듯이, 담론은 약간의 의인법을 활용하면, 고정되거나 정체되기보다는 기민하게 움직이며, 자신이 표상하는 영역과 범주 그리고 주제를 '선택적'으로 구현해내고 포착하기도 한다. 동시에 앎과 조명 그리고 인지를 도모하는 담론의 효과는 사회 내에서 종종 배타적이거나 대립적인 효과를 촉발한다.

앞서 언급한 담론이 발현되는 매우 복잡한 양식성과 효과들이 시사해 주듯이, 담론은 정의내리기가 매우 까다로우며, 다양하고 복합적인 버전의 정의와 용례들이 제시되고 또한 관련 주체들에 의해 설파되거나 추구되는 특성을 보인다. 담론은 먼저 발화되거나 기록되고 제시된 말로 압축시켜 정의내릴 수 있을 것이다. 동시에 말이 특정한 의미를 생성·매개하며, 동시에 감정과 욕망을 실어 나르기도 하는 복합적인 기제이자 단순한 표현물이거나 의사 전달 측면을 크게 넘어서는 '가변적이며' 역동적인 역할을 수행한다는 측면을 고려하면, 담론에 관한 논의의 결textures과 유형들types은 한결 복잡해질 수밖에 없다. 특히 사회 내에서 특정한 이슈를 풀어내고 조명하면서 동시에 구체적으로 개진되는 이슈나 쟁점을 적극적으로 부상시키거나 생성/견인/매개하는 담론의 '능동적인' 역할이나 '생산적인' 효과들을 눈여겨본 사람이라면, 이 개념에 관한 지적-비판적인 관심과 숙고가 긴요하다는 논의를 간과하기 어렵다. 특히 정치와 사회 그리고 언론의 영역에서 출현하고 발현되는 담론들은 적지 않은 학문적인 동시에 그 이상의 광의의 사회적인 관심이 투사되는 대상들이다.[10]

부연하자면 사회 내에서 일상적으로 벌어지는 규모와 범주 그리고 영향력이 큰 담론들 간의 충돌과 대립, 그리고 연대와 대항은 치열하고 집요한 '담론 투쟁'이나 담론들이 매개하는 정치적 세력화와 이슈화, 그리고 양극화나 공론화 등을, 즉 '담론정치'를 실체화한다(김대영, 2005; 박해광, 2003; 신진욱, 2011; 이기형, 2004; 조희연 엮음, 2003; 참고).[11] 예컨대 '보수'와

10 언론의 역할과 관련하여, 양은경(2014: 215)은 뉴스 담론의 분석에 관한 비판적 진단을 페어클러프 등의 작업을 수용하면서 다음과 같이 풀어낸다. "[비판적 담론분석Critical Discourse Analysis은] 뉴스를 하나의 텍스트로 놓고 그 의미 작용이 거시 사회적 맥락에서 어떤 이데올로기적 역할을 하는지에 관심을 둔다. 따라서 CDA의 목적은 뉴스 텍스트에서 암시하는 의미, 당연시되는 가치와 전제들을 찾아내고 그것을 지배 구조 및 권력과 연결 짓는 것이다. 또한 CDA는 이러한 뉴스 텍스트를 생산하는 언론 관행의 상업적·정치적 맥락들을 살펴보고, 뉴스와 보도 담론이 사회적 공론화와 담론화의 과정 — 사회 제도, 사회관계, 경제적 과정 등 — 에 영향을 미치고 역으로 이러한 영역들에 의해 영향을 받는 변증법적 관계에 대한 설명을 시도한다(Fairclough, 1993, 1995; Jorgensen & Philip, 2002; Matheson, 2005 참고)."

11 정치적인 주요 주제나 '정치적인 것the political'을 세분화하고, 기존의 지배적 관념과 관성에 균열을 내며 대안과 변화를 모색하는 '문화정치'는 — 또는 동의어로서의 '삶

'진보'를 대변하는 담론들은 정치 영역과 사회 내 공론 영역에서 종종 대결하고 충돌하거나, 특정 국면에서 상대 진영을 압도하(려)는 움직임과 더불어 자신의 이해관계를 관철시키며 지지 혹은 연대하는 세력을 결집시키려는 구체적인 그리고 조직적인 실행을 발현한다.

앞서 예시로 든 보수 대 진보의 담론 투쟁은 동시에 '균등하게' 이루어지는 것이 아니다. 한국 사회와 같이 보수 세력이 정치·경제적으로 매우 강하며, 특히 상당한 기득권과 권위를 발휘하는 지배적인 정치 세력으로서의 공고한 위상과 역할을 점유하는 상황이나 '기울어진 운동장'으로 은유되는 제도 매체의 보수성과 역량을 고려하면, 보수 담론과 진보 담론의 역학은 매우 경사진 구조와 힘의 차이를 노정한다. 이와 관련하여 담론복합체로 기능하는 언론에 관한 다음의 입장을 곱씹어 보자. "담론복합체는 자신들의 이익을 위해 생각하고 움직인다. 담론을 형성하는데 있어 특정한 의도가 있는 것이다. 특히 언론이 형성하는 담론은 여론을 형성하고 집단적인 인식을 심어 줄 수 있기 때문에 그 영향력은 강력하다. 따라서 언론은 복합체의 요소가 되기 충분하고 실제 그렇게 되어 왔다."(이병욱·김성해, 2013: 102~103). 즉 이러한 진단 속에서 언론의 장 내에서 보수적인 입장과 이해관계를 조직적으로 동시에 자신들의

의 정치life politics'는 — 젠더와 싱, 인종 등을 포함하는 사회 정치적인 '차이'들을 개념화하고, 사회 내에 영향력이 발현되는 담론들로 전략화하면서, 대안적인 정치의 문제를 둘러싼 새롭고 효과적인 추구와 상상을 가져오는 데 크게 기여했다. 이와 함께 정치적 담론분석political discourse analysis은, 경제 위기나 신보수주의의 등장과 같은 주요한 담론적인 사건과 주제를 다루기도 하지만, 앞서 언급한 인종과 젠더, 다문화주의, 세대, 계급 그리고 퀴어 문제 등을 포함하는 보다 유연하고 기존의 제도 정치와 일정한 차별성을 발현하는 문화정치의 문제를 포함한다. 또한 이러한 문화정치는 새로운 주체들에 의한 정치 영역으로의 개입과 도전을 포함하기도 한다.

이해관계를 은폐하면서 혹은 '자명한' 대상으로 제기하는 담론복합체의 위상과 힘은 상당히 강력한 것이다.

한편 정치적인 이해관계나 특정한 스펙트럼을 드러내는 정치 담론들 외에, 주요 사회·정치적인 의제나 갈등적인 주제와 관련된 수많은 담론들이 매체의 재현을 통해서 출몰하며, 상호 경쟁이나 연합에서 대치와 더불어 종종 치열하고 대립각을 세우는 '이전투구'의 양상을 형성하기도 한다. 즉 정치적인 역학이나 사회적 동의를 유발하는 '헤게모니' 작용의 구현 혹은 사회적인 의제들이 부상하고 정련화되는 과정에서 — 혹은 제도 정치나 이에 관한 대안이자 저항으로서의 '삶의 정치life politics'나 '문화정치'가 활성화되는 과정 속에서 — 담론은 매우 중요한 자원이자 핵심적인 동인으로 작용한다(Barker, 2011; Hall ed., 1997; Proctor, 2004; 이기형, 2011 참고). 특히 후자의 경우, 환경, 젠더와 섹슈얼리티, 인권 등의 표제어에 수렴되며 과거에는 충분한 인정을 받지 못했던 다양한 유형의 사회운동을 통한 현실 개입과 변화를 추구하는 주체들이 등장한 바 있다. 즉 기성의 공고한 제도화된 정치 영역이나 '정치적인' 함의에 도전하고 균열을 내는 새롭고 대안적인 방식의 참여와 개입이 사회적으로 부상한 바 있으며, 이들 운동의 주체들은 지배적인 의미의 담론들과 경합하면서 대안적인 정치의 문법과 새롭고 전복적인 상상imaginary을 구현하려는 일련의 담론들을 제기한 바 있다.

조금 다르게 담론이 부상할 수 있는 광의의 사회(환경)적인 그리고 역사적인 측면의 특성도 고려할 필요가 있다. 담론이라는 존재의 부상과 집합적인 효과는 제도적인 민주화가 구현되고 일정한 다원주의적인 사회상이 전개되면서 보다 확산되고 심화되었다고 논할 수 있다. 특히 독재나 매우 강한 권위적인 정치 체제에서는, 종종 지배적인 담론의 일방통행이 상당 부분 관철되거나, 다원적인 담론들이 설 여지가 매우 축소되고 억압된다는 측면을 떠올릴 수 있을 것이다.

물리적인 강제력이나 법과 제도를 통한 폭력이 압도하는 권위적인 정치의 장에서, 설득과 해명 또는 정당화 등의 작업을 구현하는 데 필수적인 담론들의 역할과 운용의 폭은 상대적으로 협소하거나 크게 위축될 수밖에 없는 것이다.[12] 이는 정치적 지배의 상황이나 특정 정책을 시행하는 과정에서 필요한 헤게모니 또는 동의와 추인을 얻어 내는 정치역학과 이를 실행하기 위한 일련의 전술들의 운용과 관련하여 담론의 역할이 지대해졌다는 측면을 시사해 준다. 즉 특정 정치 세력이나 집단은 자신들이 표방하는 담론의 동학을 매개로 정치적인 이해관계와 목표를 추구 혹은 달성하고자 하며, 이 과정에서 사회 내 집단들을 대상으로 치열하게 '담론 공세'와 담론을 통한 설득과 포섭 그리고 문제 제기를 끊임없이 수행한다.

한편 사회 내에서 극단으로 치닫거나 공세적으로 상당한 가시성과 효과를 내기는 하지만, 내용이 조악하거나 다분히 수단화된 용례와 허약한 논리 구조를 보이는 담론들도 주기적으로 관찰된다. 예컨대 '선진화' 담론은 MB 정부가 출범하면서 주창된 지배적인 담론이자 정책적인 표제어로 크게 강조되었지만, 정련되고 설득적인 논리 구조나 보다 세밀한 담론적인 구현상을 갖추지 못했다. 이런 측면에서 선진화 담론은 급조되고 내용과 정합성이 매우 부실하며, 사회 내 주체들에게 큰 영향이나 반향을 줄 수 있는 역할과 사회적 동의와 설득을 유발하는 헤게모니

12 라클라우와 무페 등의 기존 마르크스주의의 한계를 넘어서 사회 내 복수의 갈등과 대안으로서의 급진적 민주주의를 이론화했던 학자들의 작업은 종종 복수의 이데올로기적 담론들이 사회 내에서 각축하며 광의의 정치적인 쟁점과 주체 효과 그리고 동력을 발휘하는 측면에 주목한다(Laclau & Mouffe, 2014; Laclau, 2014 참고).

의 힘을 끌어냈던 효과적인 담론이라고 판단하기는 매우 어려운 것이다. 그러한 결과 선진화 담론은 실효성이 미진한 다분히 정치적인 슬로건이자, 형해화된 담론의 포장 정도로 기능한다는 판단도 충분히 가능하다(김종태, 2014; 손석춘, 2010; 이항우, 2011 참고).

일방적인 무력이나 강한 물리력만으로 주요 정치 사회적 의제의 수립이나 목표의 달성이 어렵거나 이러한 효과를 현실적으로 기대하기가 어려운 상황에서, 담론은 결집되고 증폭되는 이해관계를 촘촘하게 혹은 설득적으로 구성하며, 동시에 그러한 담론이 지향하는 효과를 '유연하게' 그리고 반발이나 저항과 마찰을 줄여가면서 관철시키기 위한 일련의 조직적인 시도나 결집된 '기동maneuvering'들 속에서 간과할 수 없는 동인으로 작동하는 것이다. 물론 특정 정치 담론이나 정책 담론이 지향하는 효과가 의도된 대로의 결과를 산출하거나 보증하는 것은 아니다. 거기에는 늘 지배적인 담론과 충돌하거나 관점과 이해관계 측면의 차이를 드러내는 대항 담론들이나 사회적인 저항이 부상하며, 대안성을 발휘하거나 지배적인 담론을 균열시키기도 하는 또 다른 담론들의 생산과 '상호담론적인interdiscursive' 교차들과 결합들 그리고 대립상 등이 종종 발생하기 때문이다. 주지하다시피 담론은 또한 특정한 사건의 제기나 부상 등으로 인해 보다 강화되거나 굴절되는 측면을 보이기도 한다. 즉 지배적이거나 저항적인 담론의 힘과 이를 통한 사회 내의 세력화나 갈등과 대립은 특정 정치 사회적인 사건이나 쟁점과의 결합을 통해서 가시화되고 구체적인 양상을 드러내는 것이다.

한편 담론의 주요한 혹은 가시적인 생산의 주체로 지식인과 이데올로그, 전문가 집단, 언론, 정당, 정치 집단, (거대) 기업, 정부, 관료, 시민단체, 운동가 집단 등을 논할 수 있을 것이다. 이들 주체들은 상당한 전문성과 심화된 지식, 이해관계, 그리고 상징 자본이나 재원 등을 기반으로 사회 내에서 조명되고 주목받는 주요 사안들에 관한 정의내리기와 '낙인찍기' 혹은 의제화를 생성·조율하는 담론들을 생산한다. 이런 방식으로 이들 담론 생산자들은 사회·경제적으로 함의와 효과가 큰 이슈들을 '개입적'으로 구현해낸다. 즉 주요 정치 담론들은 '개발,' '성장,' '분배,' '경쟁,' '인정' 등의 키워드를 적극적으로 활용하거나 '전유'하며, 자신이 설파하는 메시지를 사회 내 주체들에게 전달하고 지지와 승인을 구하려는 — 혹은 배제와 타자화othering를 도모하는 — 조직적인 움직임을 보인다. 또한 담론의 생산과 전파는 고단하고 집약된 지적 노동과 함께 종종 복수의 매개체들을 — 예컨대 교육, 지식 생산·협업, 테크놀로지, 매체, 홍보 등을 — 필요로 한다.

지금까지의 논점을 정리하면, 사회 내에서 경합하며 치열하게 각축을 벌이는 주요 담론들은 특정한 쟁점과 의제를 구체적으로 혹은 명시적으로 풀어낼 뿐만 아니라, '사회적 실재'로서 이들 이슈들을 구성해내는 것이다(김왕배, 2009; 신진욱, 2011; 이기형, 2006; 조희연, 2008 참고). 사회 내에서 담론이 발휘하는 효과와 구성의 힘에 주목하면서, 이병욱과 김성해(2013: 81)는 담론의 성격과 사회 내 역할을 다음과 같이 제기한다. "담론은 허상이 아니다. 담론은 실재하는 힘이며 특히 논리적 설득력과 감성적 호소력 및 저항할 수 없는 권위를 갖는다. 담론은 또한 권력이 배분되는 방식을 정당화시키며, 특정한 역사적 배경과 정치적 목적을 갖는다."[13] 한편 주장윤(2015: 368)은 사회적 실재가 재현 혹은 표상을 통해서

13 이러한 정의에 필자 또한 상당 부분 동의하지만, "저항할 수 없는"이라는 표현은 "저항하기 쉽지 않은" 정도로 바꾸는 편이 보다 적확하다고 생각한다. 강력한 지배적인 담론은 사회 변동과 사회운동의 역학에 강한 개입의 힘을 발휘한다는 측면에서 고려될 필요가 상당하지만, 그러한 우세한 담론이 위세와 공고함을 잃거나 발휘하던 힘과 역량이 사회 역

담론화되는 측면을 다음과 같이 정리한다. "표상[혹은 재현]의 방식은 단순히 사회적, 물질적 관계를 그대로 반영하는 것이 아니라, 사회적으로 구성된 언어와 상징 체계를 통해서 구성하고, 동시에 구성되는 것이다."

3. 담론분석은 '어떻게' 추구할 수 있는가

지식의 탐구와 방법론의 측면에서 담론분석은, 질적인 전통과 연구 작업 속의 주요 방법론이자 해석틀로 자리 잡은 바 있다. 언어학적인 측면에서 담론은 통상적으로 문장 이상의 복합적인 구조를 발현하는 일련의 공적, 사회적인 담화나 발화 그리고 진술의 체계를 뜻한다.

동시에 이러한 형식과 존재적인 차이의 측면을 넘어서서 — 혹은 언어학적, 기호학적, 구조주의적인 측면의 초점을 넘어서 — 담론이 지식, 행위, 권력 간의 복합적이며 유기적인 동시에 불균등한 연결망을 구현하며, 담론연구자들은 이 과정에서 생산되는 사회·제도적인 효과들과 작용하는 '맥락성context'의 문제에 주목한다. 즉 담론은 의미와 상징의 영역을 넘어서서 사회적인 '실행social practices'의 주요한 구성 양식이자 기민한 활동성 혹은 행위자성을 발현하는 주체로도 인지되는 것이다.

서덕희(2011)는 이러한 담론의 복합성과 생산성을 염두에 두면서 담론을 "발 없는 말"에 가깝다고 은유적으로 표현하기도 한다. 예시를 들어보자. 우선 담론이라는 대상이 심대한 효과를 발휘하는 공간으로 정치 분야와 언론장 등과 같은 공공적인 영역을 들 수 있을 것이다. 특히

사적인 변동 속에서 스러지는 사례들도 존재하기 때문이다.

논란과 이해관계가 결집하면서, 치열한 대결과 공방전 그리고 대중을 대상으로 한 설득과 환기를 시도하는 힘과 움직임들이 출몰하는 이 특정 영역은 담론의 활동상과 역할을 논하기에 적절한 출발점으로 보인다. 예컨대 '국론을 양분시키며' 숱한 논쟁과 이견 그리고 갈등과 사후적인 영향을 배태한 바 있는 '4대강 사업'이나 '세월호 참사' 등의 사례는 이들 첨예한 사회적 사안들을 바라보고 진단하는 수많은 담론들이 교차되고, 응축되며, 치열한 사회 정치적인 공방과 투쟁 그리고 장기간에 걸쳐 지속된 쟁점을 야기한 대표적인 동시에 매우 갈등적인 사례들이다.

이들 사례들 속에서, 복수의 담론들이 부상했으며, 이들 담론들은 특정한 '논리'와 (선택적으로 구성된) 팩트, 주장, 그리고 설득과 배제의 전략들을 포함하고 포진시킨 바 있다. 예컨대 특정 담론은 4대강 개발의 정당성과 긍정적인 측면, 즉 '경제 유발 효과'와 수자원 관리 등의 '사회적 이익'의 생산적인 측면을 강조한다. 예컨대 중장기적인 물 관리와 가뭄 대비, 4대강 개발의 필요성, 그리고 고용 창출 효과 등이 이러한 정당화와 지지의 담론들 속에서 등장하고 강조되었으며 대대적으로 홍보되었던 측면을 쉽게 기억할 수 있을 것이다. 반면에 '대항 담론'의 경우, 수십 조라는 천문학적인 예산이 소요되며 환경을 일시에 인위적으로 바꾸는 거대하고 단기간에 걸쳐 '속도전'으로 추진된 초대형 토목 공사와 이를 이른바 '녹색 성장'이라는 야심적인 정치적인 기획으로 끌어갔던 정치권력의 역할에 관해 매우 강한 부정과 날이 선 비판 그리고 숙고된 이견과 비판 등을 제기한 바 있다.[14]

14 MB 정부가 주도한 4대강 사업은 감사원의 감사나 〈뉴스타파〉와 〈SBS 스페셜〉 등의 탐사 고발 프로그램의 진단 등을 통해서 총체적으로 부실한 사업이었음이 드러난 바 있다.

한편 세월호 사건의 경우, 이 복합적인 사건을 거대한 '참사'로 규정하는지 혹은 이른바 '교통사고'에 준하는 통상적으로 발생하는 사건으로 보는지 등과 같은 매우 첨예하며, 양자 사이에 거리가 매우 먼 관점들이 충돌하면서 적지 않은 갈등과 공방 그리고 '증오'를 유발한 바 있다. 나아가서 초기의 충격과 구조 실패 등의 공통된 논점에 대한 언론의 조명이 시간이 지나면서 탈색되고, 정치적인 논리와 이해관계가 깃든 담론들이 과정적으로 부상했고 강화된 측면들 또한 존재한다. 즉 사회적으로 생성된 위험과 위기, 구조의 실패와 무능, 그리고 망자들에 대한 애도의 담론들이 세월호의 초기 국면에서 분출했다면, 그 이후 보수 언론과 정부의 조직적인 개입과 여론몰이로 희생자 배상과 이른바 '떼를 쓰며,' '특권'을 행사하려는 유가족 및 진보 진영의 움직임을 주된 프레임으로 삼아 부정적으로 공박하는 담론과, 유가족들의 요구를 반영하고자 하는 진보적인 그리고 대안적인 담론들 간의 충돌이 세월호를 둘러싼 사회적 의미 구성과 역학을 과정적으로 크게 변모시키는 동인으로 작용한 바 있다.[15]

이들 예시들이 상징하듯이, 담론들은 특정한 이해관계에 기초하거

15 보수 매체와 보수적인 정치인들이 세월호 국면에서 조직적으로 생산하고 연대한 담론들은 또한 '경제 위기'와 난국 그리고 '피로감' 등을 크게 강조한 바도 있으며, 초기의 충격에 대한 상대적으로 조심스러운 응대나 재현을 넘어 국면이 장기화되면서, 세월호 특별법에 대한 문제 제기와 유가족이 연루된 대리 기사 폭행이나 단식 사안을 부정적으로 재현하고 확대시켜 강조하는 프레임의 활용과 조명 그리고 이에 기반을 둔 담론 공세를 조직적으로 제기하기도 했다. 또한 보수 언론은 이 사건과 관련된 정치권력의 무능이나 책임과 관련된 비판이나 문제 제기를 녹여내는 담론작용을 최소화하거나 의도적으로 방기하며, 유병언을 포함한 특정 인물들에 집중된 보도와 조명을 장기간에 걸쳐서 시도한 바 있다 (김서중, 2015; 김종엽, 2014; 노명우 외, 2015; 지주형, 2014 참고).

나 이를 은폐하기도 하며, 사회 내에서 자명한 혹은 설득적인 메시지를 구현하려는 욕망을 공격적으로 드러내기도 한다. 나아가서 담론은 협소한 의미의 '말들의 풍경'이나 공방전만을 구현하는 선에서 멈추는 것이 아닌, 다양하고 결집된 정책이나 구체적인 제도적인 실행과 압박을 생성하는 데 크게 기여하기도 한다. 매우 논쟁적인 이슈와 긴밀하게 관련된 담론의 역할 혹은 '담론작용'은, 그런 측면에서 심대한 사회·정치적인 그리고 문화적인 동력과 존재감을 발휘하는 것이다. 이런 차원에서 광의의 담론분석은 담론이 사회 내의 쟁점과 갈등 혹은 이익 관계를 다면적으로 풀어내며, 이들 사안들을 구체적인 방식이나 체계적으로 부각시키는 '생산적인' 역할과 더불어 심대한 영향력을 발휘하는 '수행적인 performative' 측면에 주목한다.

광의의 미디어 연구와 문화연구의 영역에서 담론분석은 이제 종종 접할 수 있는 주요한 방법론 측면의 긴요한 자원이자, 질적인 탐구의 전통 속에서 많은 운용과 적용을 받아온 텍스트 분석, 수용자 분석, 혹은 민속지학 등과 '어깨를 겨루거나,' '경쟁하면서' 또는 이들 방법론과 '조합'되는 분석 방식의 일환으로도 활용되고 있다. 동시에 특히 넓은 범주의 텍스트 분석과 관련하여 일정한 영역적인 그리고 구성상의 겹침이나 혹은 방법론 측면의 혼선을 생성하기도 한다.

이 측면을 조금 더 상세하게 풀어 보자. 조금 단순하게 논할 때, (대중)문화 현상이나 매체가 재현하는 특정한 쟁점이나 이슈를 복합적으로 조명하는 텍스트 분석은, 연구의 대상이 되는 드라마나 다큐멘터리, 언론의 기사 혹은 영화 등의 다양한 문화 텍스트가 발휘하는 의미 작용의 주요 단면과 명암을 세밀하게 탐구하는 데 주력한다. 이 방법론은 이 과정에서 특정한 가치나 이데올로기 작용의 영향이나, 지배적인 의미들의 생산과 제시를 주로 비판적으로 그리고 '징후적'으로 논한다.

한편 담론분석 또한 기본적으로 분석의 대상이 되는 텍스트가 생성·매개하는 특정한 의미 작용을 조밀하게 풀어내려 하지만, 이 과정에서 촉발되는 '의미들의 투쟁struggles over meaning production'과 이러한 '재현의 정치'라는 측면을 함축하는 확장된 권력 작용과 복합적으로 작용하는 맥락성의 문제를 보다 동태적으로 파악하려 한다는 측면에서는 적지 않은 차별적인 지적-분석적인 관심을 발휘한다.

이제 정부나 매체가 제시하며 구현해내는 정치-사회-공론 영역의 주요 이슈와 치열한 공방에 관한 담론분석의 주요 유형과 활용 가능성에 관해 알아보자. 제도 정치와 정책들이 발현하는 사회적인 중요성이나 역할의 비중 등과 관련하여, 언론학과 사회학, 그리고 정치학 등의 분과 학문 내 복수의 연구자들이 담론의 정치성과 공적인 함의 그리고 권력 작용에 초점을 맞추는 일련의 연구들을 수행하고 축적해 온 바 있다.

거시적인 정치적-정책적인 함의를 담은 일련의 사안들은, 집합적인 측면에서 다수의 사회 내 주체들의 삶에 적지 않은 영향을 끼치며, 언론이 이들 사안 내지 쟁점들에 관한 조명을 활발하게 수행함으로써, 인지와 의미화 그리고 '세력화' 등의 차원에서 적지 않은 영향과 효과를 발휘하게 된다. 즉 정부, 정당 등의 정치 집단과 언론, 학자와 지식인을 포함하는 전문가 집단 그리고 NGO 등의 사회적 행위자들은 광의의 '담론정치'와 '담론 투쟁' 그리고 '담론의 연대와 연합체'를 추동하는 주요 주체들이며, 특정한 담론을 생산/유포/강화/제기하는 핵심적인 집단들이라고도 할 수 있다.

예컨대 사회·정치적인 측면의 거시적인 담론들의 부상이나 강화와 세력화의 단면과 과정을 진단하는 작업들은, 대중문화 현상에 관한 담론분석과 비교할 때, 보다 넓은 지적 관심과 사회적인 반응이나 대응을 불러일으키기도 한다. 이러한 공공 영역에서 심대한 가시성과 더불어 강한 효과를 발산하는 정치·사회적인 담론들의 유형으로 '세계화,' '시장 포퓰리즘,' '보수주의,' '진보,' '다문화(주의)' 등의 거시적이며 사회적인 영향력이 심대한 주제들을 논할 수 있을 것이다. 이러한 주요 담론들과 관련된 미디어 연구자들이나 인접 영역의 학자들의 경우, 주로 다음과 같은 방식으로 담론분석을 수행한다. 기존에 확립된 텍스트 분석이나 프레임 분석을 부분적으로 활용하면서 언론의 재현 작용 혹은 언론들이 생성하는 의미들의 생산이나 확산과 관련하여 보다 역동적이며 '관계론적인' 측면의 탐구를 활성화시켜서 추구하는 방식이다.

예컨대 신문을 대상으로 하는 담론분석의 경우, 주로 특정한 시기에 주요 신문이나 방송이 의제화하고, 의미 구현을 제기하는 개별 주제와 주요 이슈들, 제도-정책적인 쟁점들, 혹은 사건들을 기사와 사설, 내·외부 기고문 등이 발현하는 특징과 구성 그리고 가치와 이데올로기 작용을 주로 표제어 내지 핵심 키워드들의 제시, 주요 어휘적 레퍼토리의 구성, 강조되는 가치와 논리의 흐름, 선택적으로 활용되는 프레임들의 효과, 전술적으로 강조되는 팩트들, 핵심적인 주장, 수사적인 표현과 정서적인 효과 등을 중심으로 체계적으로 분석하고자 한다(신진욱, 2011; 주창윤, 2015 참고).[16] 또한 담론분석은 특정 시기나 국면에서 부상하며 일정한 '시간성' 혹은 지속성과 변화를 보이는 담론의 유형들이 어떠한 전술적인 연합과 동맹 혹은 상호작용과 연쇄를 거치며 거시적인 혹은 대립적인 담론의 질서를 구현하는지까지도 분석적인 그리고 개입적인 관심과 초점을 투사

16 통상적으로 학술 논문의 양식을 빌려 제시되는 담론분석의 경우, 여기서 거론한 분석적인 초점들 모두를 하나의 단일한 연구 안에서 상세하게 조명하기는 어렵다. 그러한 이유로 실행되는 담론분석의 사례들 중 상당수는, 이들 초점 중에서 특정 요소와 측면에 선택적인 집중을 도모한다.

한다.

조금 다르게 담론분석의 예시를 제시해 보면, 진단되는 대상이 신문일 경우, 1면에서 사설까지 주요 의제나 쟁점을 풀어내는 재현과 의미 구성의 함의와 효과들이 특정 기간에 그리고 주요 사건들과의 연동되는 측면에서 어떻게 이루어지고 있는지를 주요 기사와 기고문 그리고 사설들이 집합적으로 — 혹은 대항적으로 — 연계하는 의미들의 흐름과 배치 등을 중심으로 진단한다. 동시에 이러한 실천은 스트레이트와 의견 기사들 그리고 서사와 이미지들 간의 조합으로 이루어지는 복합적인 의미 작용과 정치화된 가치들의 투사와 선별적인 강조를 언론 영역 내부의 동학이나 정치권의 동향과 결합시켜가며 보다 '입체적'으로 읽어 내는 작업을 추구하게도 된다.[17]

한편 분석의 대상이 언론과 정치권 그리고 시민 사회 영역을 중심으로 부상하고 각축·대립하는 담론들일 경우, 담론분석은 주요 쟁점과 이슈를 풀어내는 담론들의 생산과 발화의 핵심 주체들, 사회적으로 담론화되는 (하부) 주제들, 담론 내에서 강조되는 주요 전제, 논리와 주장들, 그리고 담론의 스타일적인·수사적인 장치와 장르적인 특징 등에 주목하며, 이러한 측면들을 체계적으로 조명하고 상세하게 풀어내려는

17 물론 이러한 탐구의 방식은 '표준화된' 학술 논문이나 발제문 등의 양식으로만 이루어지기는 쉽지 않은 측면을 드러낸다. 지면상의 압박이 우선 존재하며, 이를 넘어 주어진 연구 문제를 풀어내는 데 집중되는 이론적 자원의 (재)해석에 관한 과도한 강조나, 상대적으로 협소한 고찰과 검증 그리고 토론에 관한 리뷰나 심사를 통한 기대와 요구가 논문의 양식성 속에서 상당한 압박과 관행으로 작용하기 때문이다. 조금 다르게 정부가 추진하는 주요 정책이나 영향력이 상당한 보수 언론의 논조와 담론화 전략을 비판적으로 다루는 작업 자체를 '정파적'으로 '정의'내리거나 달가워하지 않으며, 요동치는 현실로부터 거리를 두는 연구자들의 문제적인 관성이나 순치된 대응도 지적할 수 있을 것이다.

결집된 노력을 기울인다.

또한 이러한 분석을 시도하면서, 특정한 사회적 갈등이 분출한 주요 국면에서 지배적인 담론과 대항 담론의 대립상이나 경쟁과 각축 그리고 특정 담론과 사회운동 혹은 정치적 역학과의 결합 등의 거시적인 측면에도 상당한 관심을 기울이게 된다. 동시에 실행의 측면에서는 담론분석의 작업이 지향하는 범주가 매우 클 수 있기에, 언론이나 정치권 내에서 등장한 특정 담론의 생산이나 흐름에 — 예컨대 언론의 의제 구성과 보도의 양상이나 정치인들의 발화 등 — 초점을 맞추기도 한다. 이러한 경우, 앞서 강조했듯이, 담론분석은 집약적인 사례 연구나 혹은 보다 확장되고 동태적인 국면 연구 등의 방식으로 차별적으로 이루어질 수 있는 것이다(강명구, 1994; 김남일·백선기, 2008; 임순미, 2011; 홍종윤, 2011; 허윤철 외, 2012 참고).

부연하면 담론분석은 미시적인 사례에 관한 조밀하고 상세한 분석을 시도하며, 목적이나 필요에 따라서는 이를 넘어 담론들의 결합과 '국면적인' 효과에까지도 관심의 끈을 놓지 않으려는 지적, 비판적 실행인 것이다. 담론분석의 수행과 관련된 주요 논점과 초점, 그리고 숙고할 측면들을 정리하면 표 1과 같다.

이러한 진단의 과정에서 담론분석은 정부와 언론, 학계, 지식 집단, 그리고 시민단체 등이 생산하는 거시적인 정치적 발화와 담론들의 의미 구현과 상징성 그리고 공방과 대립으로 구현되는 집합적인 효과들을 정치하게 탐구하고자 한다. 이제 독자의 이해를 돕기 위해 네 개의 작업을 통해서 담론분석의 분석적인 초점과 해독 전략 그리고 협소한 분석과 진단을 넘어서려는 담론 작업을 매개로 한 진중한 맥락화의 노력에 관해 알아보자.

강명구와 박상훈(1997)의 작업은, 김영삼 정부 시절 추구된 '신한국,'

표 1 언론 영역에 관한 담론분석의 특징과 적용의 주요 함의

적용 대상	담론이 사회적으로 박휘되는 양식은 매우 다양하며, 언론의 기사, 연재물, 칼럼, 기고문, 비평문, 사설, 뉴스와 시사 프로그램, 토크 쇼, 정치 광고, 정책 보고서, 대담집, 강령, 팸플릿, 연설(문), 담화(문), 선언문, 진술(문), 법령 등의 공식 문서, 그리고 주요 공적 인물들이 수행한 발화 등을 포함함. 담론분석은 사회적으로 상당한 주목과 결집된 영향력을 발산하는 다양한 유형의 담론 혹은 언설들이 발휘하는 특정한 의미 생산, 그리고 의미화의 영역을 넘어서는 이데올로기와 권력 작용의 효과와 명암에 주목함. 언론 보도를 통해서 재현되는 기사와 시사 콘텐츠, 정치 집단과 관료, 지식인, NGO, 노조 등 사회 집단의 구성원들이 제시하는 다양한 유형의 발화, 주장, 논리, 해석, 관점과 입장 등이 담론분석의 대상이 됨.
분석 방식과 범주의 설정 그리고 진단의 특징	• 담론분석의 추구 과정에서, 통상적으로 특정한 주제를 풀어내는 의미와 주장, 가치와 이데올로기, 정치·사회적인 이해관계가 복합적으로 결합된 '텍스트'를 분석의 단위이자 '출발점'으로 설정함. 이 과정에서 담론분석은 텍스트와 장르 분석, 내용 분석, 프레임 분석, 사례 분석 등을 부분적으로 활용하기도 함. • 담론분석은 미시적 사례로서 관찰의 대상이 되는 특정 텍스트가 발현하는 주요 주제와 하위 주제들의 구성 방식, 표제어와 핵심 어휘들, 재현의 스타일과 장르적 특성, 논리의 구성, 선호되는 특정 가치와 이데올로기, 상징과 은유들, 활용하는 프레임들의 갈래와 편재성, 호명과 발화, 설득과 수사 그리고 지지와 배제의 전술 등을 세밀하게 진단하고 체계적으로 정리·비교하고자 함. 동시에 개별 텍스트가 발휘하는 의미 작용을 넘어서 거시적인 의미들의 흐름과 이를 통한 세력화와 공론화에 주목함. 이는 통상적으로 미시적 사례들의 조명 → 의미들의 결집과 흐름 그리고 지배적 vs 대항적 재현 작용의 진단 → 담론을 통한 거시적이며 유동적인 현실 개입과 제도화의 효과들에 관한 심화되고 다면적인 평가를 시도하는 방식으로 수행됨. 분석의 대상과 범주를 주로 미시적 사례의 진단 — 중범위적인 담론의 형성과 효과의 탐구 — 거시적인 담론의 질서와 동학의 조명 및 복기 등으로 세분화하고, 이를 통합적으로 분석하는 방식을 탐구함. • 이러한 작업을 통해서 어떠한 이해관계와 핵심적 가치가 공적으로 표출되는 의미와 상징 그리고 발화들 속에서 작용하며 구체적인 효과와 동력을 생성해내는지를 비판적으로 그리고 다면적으로 해독하고자 함. 동시에 미시적인 진단을 넘어서서, 특정 시기나 국면에서 이루어지는 특정 담론들의 출현과 조직적인 배치, 대립과 각축, 연대와 세력 형성 등을 통한 설득 작용, 의제화, 세력화, 공론화, 정당성의 확보, 제도적 효과, 대중적 동의의 유발 — 즉 헤게모니의 과정적 구현 — 등을 통한 권력 작용과 현실 개입에 주목함.

분석과 진단의 초점과 함의	• 담론분석은 언론이 차별적으로 혹은 대립하면서 제기하는 주요 사회·정치적인 쟁점과 정책 등이 생성하는 특정한 의미 효과와 여론 형성에 개입하는 복합적인 힘의 역학에 주목함. 담론분석은 특정한 담론의 기획과 결합에 개입하는 언론과 정치세력의 연합, 공조, 기획 그리고 전술적인 연계와 공세적 대응의 측면들까지 포함하는 확장되고 다층적인 분석을 실행하고자 함. 이러한 입장은 담론을 통한 사회 내 다양한 주체들을 대상으로 이루어지는 통념과 정치적 노선 혹은 가치 작용의 강화, 특정 정치적 입장에 관한 인정이나 수용을 도모하는 공세적인 그리고 대항적인 의미작용을 탐구하는 데 초점을 둠. • 예시를 들면 통상적으로 두 개 이상의 — 보수 : 진보 — 언론이 생산하는 주요 쟁점과 사안에 관한 재현의 방식과 담론 기획 및 구성적인 특성과 차이를 심층적으로 그리고 동태적으로 비교 분석함. 신문 지면의 헤드라인, 주요 기사와 기획 연재물, 사설과 기고문들 혹은 방송의 보도 방식을 분석 대상으로 삼아, 특정 국면에서 선택적으로 그리고 전술적으로 결집되는 거시적인 의미들의 효과와 각축 상을 동태적으로 진단하고자 함. 즉 주요 담론이 발현하는 특징, 효과, 세기, 영향, 굴절, 그리고 다른 담론들과의 연대 및 각축의 함의들을 다면적으로 파악하고자 함. 범주와 대상이 확장된 담론분석의 경우, 언론 – 정치 영역 – 시민 사회를 가로지르며 생성·결집되는 거시적인 재현 작용과 이 과정에서 촉발되는 경쟁, 갈등, 대립, 연합, 대상화와 타자화 등의 제 양상들의 동학과 함의를 — 즉 응집되는 사회·구조적인 측면의 '맥락성'을 — 긴밀하게 읽어 내고 조망하고자 함.
다른 분석 방식과의 비교 그리고 조합의 측면	• 담론분석은 기존의 장르 분석, 텍스트 분석, 프레임 분석, 저널리즘 비평, 문화비평, 기호학적 접근 등의 언어를 통한 의미의 생산과 정치적인 상징화에 주목하는 탐구의 방식을 활용함. 동시에 담론분석은 조명되는 텍스트의 내적 의미 구조와 논리 체계에만 분석의 초점을 국한시키지 않음. 즉 의미와 가치의 복합적인 결합물인 담론이 공공 영역이나 사회 내에서 생성·유발하는 제도와 정책적인 연결망과 헤게모니 효과들까지도 분석 속에 포함시키고자 함. 이 과정에서 민속지학이나 정책 분석, 제도 분석, 생산(자) 연구 등을 담론분석과 조합시키기도 함. • 예컨대 담론분석은 특정 주제나 쟁점의 재현을 둘러싼 관련 기사들의 등장 횟수와 편재, 구성되는 유목이나 항목의 차이와 함의, 그리고 강조되는 키워드들의 차이 등에 집중하는 기존의 양적/질적 내용 분석이 발현하는 '옅은' 분석적인 심도를 극복하고자 함. 즉 다면적이며 중층적인 맥락성의 추구와 포착이 담론분석의 궁극적인 지향점이며, 이러한 실행은 특정 시기에 부상하며 결집되는 담론들의 '전략적인' 역할과 배치 그리고 정치적인 기동들이 유발하는 일련의 효과들을 통합적인 방식으로 진단하고자 함. 이 과정에서 보다 치밀하고 중층적으로 장기적인 진단을 시도하는 '국면분석'을 추구하기도 함.

고려할 주요 측면	• 담론분석은 다층적으로 구성된 현실 속의 주요 쟁점과 문제점을, 매체의 역할이나 정치 세력의 발화와 활동상 그리고 주요 사회적 행위자들의 연합 관계까지도 고려하면서 탐색하는 '개입적인' 측면을 드러내며, 동시에 비판적인 진단과 조방을 치밀하게 수행하고자 함. 이러한 측면에서 담론분석은 분석 대상들에 관한 '가치중립성'을 표방하는 광의의 실증적인 그리고 행정적인 접근과는 매우 차별화된 방향성과 개입적인 지향성을 발휘함. • 예시를 들면 담론분석은 '시장자유주의,' '양극화' 등과 같은 거시적인 담론의 효과를 비판적으로 조명하는 작업에서 '4대강개발'이나 '노동유연화' 등의 공적인 동시에 갈등적인 사안의 담론적인 구성과 배치, 사회적으로 점화/확산/분산되는 담론 효과와 대립상, 그리고 특정 담론전략의 명과 암 등을 조밀하게 탐구·진단하는 방식으로 수행되기도 함.

'국제화' 그리고 '세계화'를 '국정지표'로 설정하고 이를 거시적인 담론의 기획과 공세로 추구한 정부의 역할과, 이 과정에 '전략적'인 연대를 모색한 전경련 등의 이익단체, 그리고 〈조선일보〉 등의 보수 언론의 역할을 담화문, 정책취지문, 관련 기사와 연재물, 사설 그리고 칼럼 등을 분석의 텍스트로 삼아 동태적으로 접근·분석한다. 이들의 작업은 약 3여 년간에 걸친 분석 기간에 집중했으며 그 과정에서 일정한 변화를 보이기도 한 정부와 보수 언론의 전술적인 동맹으로 이루어진 지배적인 담론 활동들이, '무한 경제 전쟁,' '생존,' '개혁,' '(국가) 경쟁력,' 그리고 '효율성' 등의 핵심 키워드를 강조하면서, 어떠한 거시적인 의미화와 전략적인 확산, 그리고 세력화를 통한 동의의 유발과 헤게모니 작용을 '시도'했는지의 과정과 단면들을 꼼꼼하게 그리고 매우 다양한 분석의 자원들을 '통합적'으로 진단함으로써 규명하고자 한다.[18]

18 이들은 다음과 같이 문제의식을 제기한다. [이 작업은] "김영삼 정권 시기 광범하게 생산되었던 '신한국,' '국제화,' '세계화' 담론과 이를 둘러싼 담론정치politics of discourse의

이 연구는 기존의 텍스트 분석이나 '비판적 해석학' 계열의 작업들이 주로 주목하는 언론이나 정치언설의 내적 의미 구조와 형성 그리고 재현 작용의 진단에만 주목하지 않고, 특정한 담론적인 기획과 공세가 출현하는 데 개입하는 사회·역사적인 조건까지도 연계시키고 확장시켜 분석함으로써, 통상적인 텍스트 분석이나 내용 분석의 관성과 한계를 극복하고자 한다. 즉 텍스트 분석이 매체나 국가 기구가 제시하는 정치적인 논의를 문장과 스타일, 주제, 발화자, 관점, 가치 및 소구되는 이데올로기 작용 등으로 세분화시키고 이들 간의 상호작용을 중심으로 특정한 이슈와 정책의 추구를 둘러싼 내적 의미들의 구성과 흐름에 집중한다면, 담론분석은 이러한 측면을 주시하지만 동시에 보다 확장된 해석과 다층적인 검증의 노력 속에 재현의 맥락성과 사회·역사적인 부상의 조건들까지도 '접합'시켜 탐구하려하는 것이다(Gramsci, 1971; Hall et al., 2013; 임영호 편역, 2015 참고).

이러한 보다 동적이며 다면적인 담론분석이 추구하는 확대되고 동시에 조밀한 분석의 틀은 '동의'와 지적-정치적 '지도력leadership'의 형성을 통해서 통치의 방식을 관철시키려 시도하고, 저항을 줄이며, 나아가서 유연한 방식의 대중의 동의와 지지를 추구하는 헤게모니 작용에 관한 치밀한 진단을 포함하게 된다. 이러한 확장되고 매우 조밀하게 구현되는 분석 방식은 그람시의 헤게모니론을 기존의 담론이론과 접합시키며, 특정 정치권력의 행사나 통치 과정에서 실체화된 지배적 이데올

구성과 변화를 분석하고 있다. 이를 통해 1980년대 한국 사회의 역사적 국면에서 (1) 지배적 구조와 담론적 실천 간의 불확정적인unguaranteed 관계가 어떻게 드러나고 있으며, (2) 담론이 정치·경제적 권력 관계와 어떻게 접합되어 있는지를 밝히고자 한다"(강명구·박상훈, 1997: 123).

로기 작용과 광의의 정치적 이해관계의 결합을 복합적으로 탐구한다(Gramsci, 1971; Hall, 1988; 임영호 편역, 2015 참고). 또한 이러한 작업은, 종종 미시적인 차원의 정치 사회적인 의미화에 집중된 초점을 맞추며, 제도와 정책적인 실행 등과 같은 현실을 재구성하는 데 크게 효과를 발하는 '비담론적인' 요인들을 배제하거나 이 측면에 대한 충분한 관심을 투사하지 않는 기존의 텍스트 분석이나 관행적인 내용 분석의 한계와 단점을 극복하기 위한 목적에서 이루어진다.

예컨대 강명구와 박상훈의 작업은 〈조선일보〉와 같은 신문 시장 내 우위를 점하는 강력한 매체가 김영삼 정부가 제기하는 담론 전략을 어떤 방식으로 의제화하며, 사설과 기고문 그리고 관련 기사들의 조합과 배치 등을 통해서, '우호적인' 전달과 더불어 이 담론의 매개와 확산의 전략을 추구하는지의 문제를 규명하는 데만 멈추지 않는다. 이들의 작업은 '지배 블록power bloc'을 형성하는 국가 기구, 전경련, 그리고 보수 매체인 〈조선일보〉가 앞서 언급한 거시적인 담론 기획과 공세를 펴나가면서 어떤 방식으로 상대적으로 장기간에 걸쳐 공조와 상호작용을 추구했는지의 문제와 주요 과정상의 특징을 매우 동태적으로 진단한다.

이들은 이러한 확장된 해독의 과정에서 의미 구성과 재현의 영역만이 아닌, 특정한 그리고 지배적인 정치 세력이 주도하는 담론화의 전략이 가져온 법적-제도적인 실행들까지도 포함시켜 분석함으로서, 담론의 영역과 비담론적인 층위 간의 상호 관련성을 세밀하게 추적하는 노력과 이러한 관심을 녹여낼 수 있는 정련되고 상당한 정합성을 발휘하는 분석의 틀과 모형을 제시한 것이다. 이러한 분석의 범주와 적용 그리고 해독이 심화된 진단을 제기함으로써, 이들 분석의 주체들은 특정 정책을 풀어내는 담론의 효과에 관한 상대적으로 호흡이 짧은 사례 연구나 정치권력이 제시하는 대표적인 텍스트 양식이나 상징물의 해독에만 분석과 역량을 집중하지 않으면서, 이를 넘어서 보다 동적이며 견실한 그리고 개입적인 탐구의 노력을 발현한다. 이들의 작업은 담론분석의 숙성된 성취라는 평가를 받는 홀과 동료(2013)들이 시도한 '국면분석'에 상당히 근접하는 성과와 심화된 진단의 힘을 보여 주기도 한다(임영호 편역, 2015 참고).

이제 두 번째 예시를 들어보자. 통상적으로 언론학의 영역에서 시도되는 미디어가 재현하는 특정 정치·사회적인 의미나 담론을 진단하는 작업들의 경우, 사회 내에서 언론이 발휘하는 현실 구성력과 개입 그리고 의제 설정의 측면들을 보다 구체적으로 파악하기 위해서, 종종 특정한 이데올로기 작용의 측면에서 상이하거나 대립하는 매체들을 복수로 선정하는 방식을 취한다.[19] 예컨대, 이러한 유형의 분석에서 — 통상적으로 이루어지는 양적·질적 내용 분석의 사례와도 흡사하게 — 보수와 진보 언론 내에서 대표적인 일간지를 하나씩 선정하고, 분석 기간 동안 이러한 두 유형의 언론이 차별적으로 또는 매우 상이하게 풀어내는 이슈와 쟁점, 의미 구현의 특징 그리고 양자 간의 대립상과 '기동 maneuvering' 등이 함축하는 정치적인 역학과 사회적인 맥락성을 긴밀하게 비교·진단하는 접근을 취하게 되는 것이다.

이러한 비교론적인 접근 방식은 보다 유연하게 그리고 확장된 담론분석의 방식으로 실행되기도 한다. 예시를 들면, 한국 사회 내에서 여전히 강력한 담론 효과와 심대한 권력 작용을 생성하는 '종북' 담론을 분

19 이러한 분석은 다음과 같은 방식으로 추구된다. "[이] 연구는 미디어에 나타난 노무현 정부와 이명박 정부의 언론 정책 및 언론 관계 담론을 분석하고, 두 정부 시기 간 언론사별 보도 이데올로기의 영향 변화를 살펴보기 위해 보수지와 진보지 간 담론의 양적·질적 분석 결과를 비교해 보았다"(김영욱·임유진, 2011: 99).

석하는 과정에서, 이병욱과 김성해(2013)는 노무현과 이명박 정권 10년간을 분석의 시기로 잡아, 〈동아일보〉, 〈문화일보〉, 〈서울신문〉, 〈한국일보〉, 〈경향신문〉, 〈한겨레〉 등 보수와 중도-진보를 표출하는 6개 일간지를 분석 대상으로, 443개의 사설과 칼럼 샘플들을 분석한 바 있다.

이들은 심화되고 체계적인 분석이 매우 미진한 주제인 종북 담론이 이 기간 동안 어떻게 형상화되고 사회 내에서 구성/배치되었으며, 또한 정치적 권력 작용을 행사하는 '담론복합체' 등의 메커니즘을 통해서 보수정권의 재창출에 기여하게 되었는지의 — "[이러한] 특정하게 배치되는 담론들이 창출하는 권력 효과는 무엇이며 어떤 맥락에서 생산되고 유통되는지"[의](2013: 82) — 문제를 심도 있게 진단한다. 이 연구는 이들 주요 언론들이 '차별적으로' 제시한 종북 담론을 이미지, 평가, 가치 등에 주목하는 표상 체계와 논리 구조, 그리고 구체적인 호명과 설득 전략 등의 주요 특징들을 중심으로 조명했으며, 이러한 주요 정치적인 국면에서 한국 사회를 경직시키며 대결과 증오를 생성하기도 하는 담론의 정치가 정치적 이해관계에 어떻게 복무하며, 어떠한 측면들을 강화하며, 동시에 가리거나 은폐하는지를 촘촘하게 분석한다.

이들의 작업은 종북 담론이 개별적인 동시에 일정한 연대를 보이는 언론사들의 이념적 지향이나 계산된 이해관계 등에 따라 매우 다르게 혹은 특정한 이데올로기적인 방향에서 재구성되었으며, '사실에 기반을 둔 객관성'과는 거리가 먼 동시에 특정하고 자의적인 가치와 주장이 개입되고 강조된 정치적인 재구성의 결과라는 측면을 논한다. 또한 이 작업은 기존의 정치적 언설의 효과나 의제 설정 등을 프레임 분석이나 내용 분석 등의 방식으로 접근하며, 담론이 제기하는 이슈화와 효과를 미시적인 진단이나 매체 간의 대립상이 발현하는 현실 속의 효과와 함의에 주로 한정짓는 관행적인 분석을 넘어서, 장기간에 걸쳐 축적된 '비대

칭적인' 이데올로기 작용과 사회적 배제의 효과를 보다 진중하게 그리고 정치하게 짚어 내려는 노력을 보인다.

마지막으로 이 연구는 '종북 세력'을 배제하고 '타자화'하는 담론의 정치와 담론복합체의 작동에서 유발되는 여론의 왜곡 현상, 증폭되는 사회적 갈등들, 그리고 이러한 특정한 담론의 거시적인 공세와 편향성이 생성한 민주주의 위기에 대해 숙고하는 '비판적이고' '개입적인' 방향성을 드러낸다. 이러한 탐구의 방식은 관찰되는 쟁점에 관한 미시적인 진단이나 특히 가치 중립적인 방향성을 드러내는 실증적인 작업과는 매우 차별화되는 입장을 발현하기도 한다.

이병욱과 김성해(2013: 82)는 담론분석이 지향하는 '비판성'과 관련하여 다음과 같은 매우 시사적이며 동시에 간과해서는 아니 될 중요한 문제의식을 제공한다. 이들에 따르면, "비판적이라는 것은 우선 지식과 연구에 대한 행정주의적administrative이며 도구주의적instrumental 전통에서 벗어난다는 것을 뜻한다. 담론을 단순히 정리, 배열, 또는 분석하는 것을 넘어 특정한 담론이 창출하는 권력 효과는 무엇이며 어떤 맥락에서 생산되고 유통되는지 등에 주목한다."

궁극적으로 담론분석은 "권력 관계가 담론 생산에 어떻게 반영되어 있고, 해당 담론의 이데올로기 효과가 무엇이며, 특정 담론이 지배적 지위를 얻게 됨에 따라 권력 질서가 어떻게 재편되는가"를 조명하는 개입적인 목적성과 확상된 문제의식을 체화하는 것이다. 또한 담론분석은 사회 변화와 사회적 문제점들의 심화된 조명과 이들 사안에 관한 개입적인 탐구 그리고 극복을 부단히 시도한다는 특징과 소명을 지향한다 (Gee & Handford eds., 2012 참고).

그간에 보수 매체와 정치 세력에 의해 강한 사회적 효과와 정치적인 '편 가르기'의 기제로 확대되고 재생산되어 온 종북 담론에 관한 체계적이고 심도 있는 분석이 충분치 않았으며 활성화되지 못한 측면을 고려하면, 이 연구는 학술 분석을 넘어서는 차원의 적지 않은 의의를 발휘한다고 평가받을 수 있다. 이들의 연구에 따르면, '대한민국을 파괴하고 적에 동조하는 행위'로 정의되며 중요한 사회·정치적인 국면에서 주기적으로 활성화되고 증폭된 종북 담론은 충분히 정련된 논리 구조나 부각되는 논리를 뒷받침할 수 있는 현실적 혹은 경험적인 준거와 심화된 근거를 보여 주지 못한다.[20]

또한 실체가 정확하게 제시되지도 않았으며 실정법을 어기면서 돌발적으로 제기되었던 이른바 'NLL 포기 논란' 등의 사안이 예시하듯이, 북한의 직접적인 개입이나 영향이 부재한 상태에서 — "북한 없는 북풍"으로 — 종북 담론과 이 담론을 매체의 보도 속에서 풀어내는 집중적인 프레임 작용을 통한 공세와 '낙인 효과'는 특정한 정치적인 이해관계가 배태된 정치적 기획의 일환으로 제기된 바 있다(김종대, 2014 참고). 이병욱과 김성해(2013)가 수행한 담론분석은 보수 계열의 언론사들이 이 담론의 정의와 지향을 '몸통'과 '외곽 세력'의 상징화와 형상화, '불법,' '폭력,' '간첩,' '이중적 언행,' '내부의 적,' '주체 사상 찬양,' '북한 옹호,' '반국가적 행위' 등을 강조하는 공세적이고 자극적인 수사적 표현과 규

20 이 연구에 따르면, 보수 언론이 조명하고 확대 정의한 담론 전략 속에서 종북 세력으로 규정할 수 있는 '근거'는 "국가보안법 폐지 찬성, 북한 체제 찬양, 김정일과 김정은 체재의 인정 및 옹호" 외에 "미군에 대해 부정적인 사고를 지니는 것과 한미 간 FTA 반대를 외치는 것[까지]도" 포함된다. 이러한 사회 내 강한 영향력을 발휘하는 언론을 통해 대중에게 제시된 일련의 규정과 판단의 자의성과 모호함, 상당 부분 도구화된 목적성, 확장되고 의도된 동시에 배타적인 의미화와 낙인찍기, '종북 세력'이 제기하는 (상상된) 위험에 관한 확신성의 오류와 의도적인 확대, 그리고 정치적 다원주의와 사상의 자유에 대한 몰이해 등의 문제점들이 비판적으로 제기될 수 있을 것이다.

정의 근거들로 구현·제기하는 측면을 구체적으로 그리고 비판적인 방식으로 지적한다. 한편 이들이 분석한 진보 언론들의 경우, 앞서 언급한 보수의 프레임 짜기와 호명 전략과는 매우 상이한 대항적인 그리고 차별화된 담론을 생산한다.

이 연구가 상당한 성취를 보였지만, 동시에 일정한 보완과 대안의 추구 또한 제언할 수 있다. 예컨대 종북 담론이 기존의 대결적, 적대적, 배제적인 냉전적인 사유의 틀로서 '레드 콤플렉스'나 '한국판 매카시즘' 등의 이른바 '친북' 담론의 구성 요소들을 포함하며 전유하는 역사적인 변화의 측면에 주목해서, 종북 담론이 기존의 선행하는 담론들과 어떠한 변화상과 공통분모 그리고 차이들을 소구하는지에 관한 비교론적인 탐구와 진단이 보완적으로 제시될 수 있을 것이다. 또한 종북이라는 '담론복합체'로서 특정 매체와 정치 세력이 활용한 핵심 개념의 공세적인 확대 재생산이나 여론의 향방을 의식한 조직적인 프레임 짜기로 정치와 매체 영역에서 발산된 집합적인 효과에 대한 담론 효과를 검증하는 진단을 넘어, 이 장기간에 걸쳐 존재해 온 종북 담론에 노출된 복수의 사회적 주체들의 차별적인 반응이나 인식들, 특히 이들이 표출하는 상이한 '감정 구조structure of feeling'를 (일상) 문화사나 기억 연구 등의 작업으로 접근하는 작업도 병행시켜 추구할 수 있을 것이다.[21]

이제 논의의 방향을 돌려, 세 번째 담론분석을 활용하는 사례에 관해 알아보자. 이 장의 초반부에서 거론했던 장기간에 걸쳐 집합적인 효과를 생성해 온 '신자유주의적 기획'의 일환으로 시장자유주의 담론에 관한 논의에 주목해 보자. 신진욱과 이영민(2009)이 수행한 작업은 이명박 정부와 한나라당이 추진한 '시장포퓰리즘적인' 정책을 담아내는 담론 전략의 논리 구조와 기술 방식, 상징화된 질서, 그리고 복합적인 헤게모니 작용 등을 분석의 중심으로 설정한다. 이들의 작업은 앞서 거론한 강명구와 박상훈(1997)의 분석과 흡사한 접근과 검증의 방식을 보이며, 미디어로 재현되는 정치·경제적인 담론의 역학에 대한 진단보다는, 범사회적으로 심대한 영향력을 발휘하는 거시적인 담론의 구조와 초점을 조명하는 데 보다 집중한다.

이들은 분석의 주요 자료로 17대 대선과 18대 총선에서 등장한 한나라당의 정책 공약집, 17대 대통령직인수위원회가 발간한 백서, 17대 대선 당시 이명박 후보 캠프의 선거 광고, 이명박 대통령의 서울시장 시기 연설문 123개와 대통령 당선 이후 연설과 기자회견문 등을 분석의 자료로 활용하며, 이 탐구의 과정에서 추출된 핵심어군을 내용 분석 소프트웨어로 추출·분석한다. 연구자들은 이러한 작업과 함께 분석되는 텍스트들의 '외적 맥락'을 파악하기 위해서, 이명박 정부 출범 이후 6개월간 제시된 국정 과제 및 추진 계획안 자료들을 참고하기도 한다.

잠시 분석된 내용과 초점을 접어두면, 이 작업은 종종 상세하게 정의되고 치밀하게 논의되지 못하는 신자유주의의 개념과 한국 사회에서 이 강력한 담론이 부상하고, '착종'되며, 사회·제도적인 영향력과 구성을 드러낸 역사적인 단면들, 그리고 특정 정권을 거치며 이 담론이 발현한 변화상 등을 관련 선행 연구들에 관한 해독을 기반으로 매우 집약적으로 논한다. 연구자들은 신자유주의를 논하기 위해서는 이 담론 안에 "사유재산권의 절대화, 최소 국가론, 탈규제, 민영화, 시장의 자기 조정

21 이러한 접근은 미디어 담론분석과 인문학 영역에서 활발하게 추구되고 있는 서사 분석, 대중문화 비평, 기호학적 접근, 문화사와 미시사 혹은 기억 연구를 조합하거나, 언론학 영역의 저널리즘 비평이나 프레임 분석 등의 분석 방식과 연계시켜 추구할 수 있다. 이러한 경우 추구되는 연구와 진단의 목적과 초점 혹은 분석의 필요성 등에 따라 분석의 범주와 기간 등을 구체화하거나 특화할 수 있다.

능력, 그리고 사적 이익 추구에 대한 도덕적 정당화 등의 요소를 상당 부분 포함하고 있어야 한다"고 지적한다. 나아가서 이 개념의 한국에서의 역사적인 접합 과정을 논하며 이들은 김영삼 정부 시기 '국제화,' '세계화,' '국가경쟁력 강화,' '신한국 창조,' '세계 일류 국가' 등이 정책 담론의 핵심이 된 측면을 복기해내기도 한다. 또한 이들은 "김대중 정권의 '민주주의와 시장 경제의 병행발전론,' 노무현 정권의 '선진통상국가론'과 '동반성장론' 등은 기본적으로 세계화 담론을 계승하면서도, 보수 특권층을 개혁 대상의 일부로 포함시키고 민중 부문에 대한 사회 안전망 확충의 내용을 추가했다는 점에서 한국 보수 정치 세력의 전통적 담론과는 차이점"을 발현한 측면에 주목하기도 한다(p.280).

부연하면 이들의 작업은 이 강력한 경제 우위의 담론 속의 주요 구성 요소와 이 담론을 주창하고 제도적으로 응축시킨 정치 세력의 활동상을 유기적으로 엮어 내고, 체계적인 사례 분석의 결과를 제시하며, 일종의 사전 정지 작업으로 강한 이데올로기이자 변형된 시장자유주의로서 변주된 시장포퓰리즘 담론이 특정 정부의 통치 과정에서 생산되고, 강조되며, 또한 담론 내부의 차이와 이질성을 드러내는 역사적인 부상과 변화의 측면을 땀땀이 복기해낸다.[22]

이들이 제기한 문제의식은 김영삼 정부 이후 보다 강화되며 분화된 측면을 드러내는 사익 추구와 경쟁, 그리고 시장의 논리를 정당화하고

22 이들 연구진은 신자유주의 담론의 변화상을 다음과 같은 담론 구조의 변화에 대한 선행하는 연구를 통해서 읽어 낸다. "김영삼 대통령의 주요 연설들을 분석한 손호철과 김윤철은 "위기(한국병)—대안(신자유주의화)—목표(국가 경쟁력)"라는 담론 구조를 밝혀냈다. 그러나 이명박 정권의 경우 '위기(좌파 정권)—대안(신자유주의화)—목표(국민 성공 시대)'라는 담론 구조가 두드러진다"(pp.283~284).

찬미하는 '시장포퓰리즘market populism' 담론의 효과를 지배 세력이 조직적으로 추구한 일련의 담론들을 세밀하게 검증하는 작업으로 제시된다. 연구진은 이 담론이 "사회적 삶의 모든 영역들을 시장 기제와 상품 관계로 변형시키는 것이 단지 경제적 지배 계급의 특수한 이익에만 봉사하는 것이 아니라, 중산층과 하층 계급을 포함한 전체 국민의 보편적 이익을 가져다 줄 것이라고 말하는 언설 행위 및 텍스트의 총체를 의미한다"고 정의한다(p.281).

동시에 이들은 분석의 과정에서 시장포퓰리즘 담론이 "어떤 담론적 구조와 기술을 통해 텍스트로 물질화되는지"에 집중한다. 이러한 접근법은 '경제 논리'로서 사회 내에 심대한 영향력을 발휘하는 광의의 신자유주의 담론의 성격에만 분석의 초점을 맞추는 대신에, MB 정부 시기에 추구된 이 담론의 '전략적인' 구성을 "민民, 자유, 자율, 권리, 다양성 등 보다 폭넓게 수용되는 민주주의와 자유주의의 가치들과 유기적으로 연계"된 일종의 '포퓰리즘'으로 확장시켜 진단하는 방식을 취한다(p.281). 이 연구는 기존의 매체들이 구성하는 재현 효과들을 관습적인 대상으로 삼는 전통적인 미디어 담론분석이 종종 진단하지 않거나 주변적으로만 다루는 지배적 이데올로기 작용의 주요 포섭 전략과 이 과정에서 활용되는 정치·경제적인 가치들의 조합과 사회적으로 제기되는 실행의 방식을 보다 직접적으로 진단하는 것이다.

이들 연구자들이 수행한 담론분석은 먼저 이명박 정부가 들어서면서 공세적으로 제기한 이른바 "잃어버린 10년"의 함의를 지배 세력이 추구한 담론 구조의 '기본적인' 성격을 중심으로 풀어낸다. 주지하다시피 이 전임 정권들과의 명시적인 단절과 과거의 통치 기간을 매우 부정적으로 함축하는 의도된 표현은, 선행하는 김대중 그리고 노무현 정권에 대한 MB 정권의 핵심 '해석 프레임'이자 대표적인 그리고 전략적으로 선택된 상징어이기도 하다. 이러한 상징화와 호명labelling의 — 또는 '낙인찍기'의 — 전략은, 선행하는 두 정권의 '실정'을 크게 경제난과 규제로 인한 경제 활동과 기업 활동의 둔화, 그리고 양극화와 중산층의 몰락이나 실업 등의 사회 경제적인 측면의 문제들로 풀어내며, 이 과정에서 진보가 주창했던 문제 제기를 — 특히 후자의 경우 — 전유하고 또한 '재맥락화'하려는 측면을 포함한다. 나아가서 MB 정부의 이러한 공격적인 호명 전략은 과거에 대한 강한 부정적인 인식을 드러낼 뿐만 아니라, 일종의 미래 지향적인 표어이자 대중을 설득하기 위해 고안된 슬로건이자 설득의 핵심 서사로 '국민 성공 시대'라는 포지티브한 상징어를 빈번하게 활용한다.[23]

신진욱과 이영민(2009)은 두 번째 분석의 축으로 한나라당의 정책공약집에서 강조되고 있는 광의의 경제난과 경제적 양극화의 심화라는 측면을 문제 제기와 문제 해결의 논리 구조를 중심으로 풀어낸다. 여기서 공세적인 문제 제기의 외견상 '인과적' 설정은 "노무현 정부의 규제 정책과 반기업적 정서 → 기업 투자 부진, 기업 환경 악화 → 경제 성장 둔화 → 실업 빈곤 양극화"으로 표출되며, 이 문제점에 관한 해결의 방식은 "감세, 규제 완화, 정부 인프라 혁신, 서비스 산업 생산성 제고" 등으로 '단선적'으로 제시·강조된다. 이러한 대비와 공세적인 담론의 배치는 MB 정부가 추진하고자 하는 신자유주의 관련 일련의 정책들이 ""만

23 이들 주체들은 다음과 같은 예시를 들고 있다. 이들이 대선 기간 방영된 정치 광고 시리즈 속에 등장한 주요 단어들의 "빈도 순위를 측정한 결과, 사회학적으로 의미 있는 명사 중 상위 6개가 국민(11회), 경제(11회), 경제 대통령(6회), 성공(6회), 대한민국(5회), 국민 성공 시대(3회)였다." 이 연구는 이명박 선거 캠프가 만든 "TV 대선 광고의 어휘 목록이 [크게] 경제성 담론(경제, 경제 대통령, 성공, 국민 성공 시대)과 정당성 담론(국민, 대한민국, 국민 성공 시대)을 중심"으로 배치된 측면을 지적한다.

인의' 보편적 이익을 가져다줄 것"이라는 이데올로기적인 동시에 '보편성'을 전유하는 측면을 강조하기도 한다. 연구자들은 또한 이러한 해결책을 표방하는 거시적인 입장 속에 신자유주의적 가치의 핵심이라 할 수 있는 "명시적으로 친기업, 친시장, 민영화, 반反노동" 등과 같은 상호 연계되는 하위 담론들이 배치되고 결합되는 측면들을 상세하게 밝힌다.

이들은 담론분석의 세 번째 축으로, 과도한 시장 중심의 논리가 사회적으로 확산되는 양대 측면을 "국가와 사회의 상품화와 시장화"라는 시스템의 측면과, "상품화된 자유와 개인의 무한 책임"을 강조하는 행위자 측면을 중심으로 조명한다. 이 작업은 한나라당의 공약집과 인수위의 백서를 분석의 주요 텍스트로 삼아 MB 정권이 공공 부문과 건강, 지식, 정보, 문화, 예술 등의 부문을 포괄하는 광의의 삶의 영역에서 사영화와 상품화의 필요성, 효율성, 그리고 개인의 자율성과 책임 등을 강조하며, 이를 공공성의 추구에 대한 광의의 진보 진영과 노동계에 대한 비판과 대비시키는 측면을 핵심 표현과 기술의 방식, 그리고 긍정과 부정적인 용법과 판단으로 대조되는 구성 등을 중심으로 구체적으로 조감한다.

이 연구에 따르면 이러한 담론 공세는 공적 규제와 공공성의 원리를 비효율적이며 부정적인 대상으로 각인시키며, "규제 철폐를 통해 모든 개인들이 더 많은 자율성과 다양성을 누릴 수 있는 것으로 기술"하면서 사회적 주체들이 누리는 '소비자'와 '수요자'로서의 권리를 강조하는 특정한 방식을 취한다(pp.291~292). 연구진은 MB 정부 초기에 개진된 신자유주의적 포퓰리즘의 논리 구조와 내부 담론 자원의 구성을 조밀하게 해독하면서, 자율성과 다양성, 권리 등을 강조하는 고전적인 자유주의적 도덕 가치와 소비자로서의 권리와 요구를 강조하는 신자유주의적인 경제 개념이 조합되고 연계되는 — 동시에 과거에 시장자유주의적인 접근이 일정하게 변화된 — 측면을 밝힌다. 이러한 복합적인 구성과 분석의 프리즘을 넓힌 이 연구는 이명박 정권 "정책 담론의 중핵에 시장포퓰리즘 이데올로기가 놓여 있으며, 그것은 보다 세부적으로 제시된 정책 언어들 속에서 시장 기제의 공공선 창출 효과를 강조하는 시스템 담론과 소유적 개인주의의 행위자 담론으로 구체화되었음"을 설득력 있게 조명한다.

이 연구는 결론에서 MB 정부 초기에 전개된 정치적인 지지와 동의 유발의 기획과 이면에 관한 진단을 그람시의 헤게모니론으로 논함으로써, 이러한 정치적인 기획의 함의를 보다 거시적인 측면에서 또한 중층적으로 탐색하기도 한다. 이들의 분석에 따르면 이명박 정부가 주창한 시장포퓰리즘적 담론은 서민과 중산층의 이해관계를 충분히 반영하지 않으며, 이들 주체들의 능동적인 지지와 인정을 끌어내지는 못했다는 측면에서 "인민 없는 포퓰리즘populism without people"의 한 버전이며, 포용적이기보다는 "억압적 성격의 수동 혁명의 이데올로기" 작용으로 정의내릴 수 있다.[24]

신진욱과 이영민(2009)의 연구는 치밀하고 숙성된 개념적인 정리와 정치한 진단이자, 집권 세력이 생산한 핵심적인 통치와 정치적인 세력화

24 사회·정치적으로 심대한 효과를 발휘하는 담론에 대한 정련된 분석은, 종종 그러한 수행 과정에서 요동치는 정치 현실의 구성과 동학을 면밀하게 관찰하고 고려하면서, 그람시가 제기했던 헤게모니론의 구체적이고 심화된 적용과 전략적인 사유와의 결합을 필요로 하는 것이다. 이러한 조망의 측면과 관련하여 저자들은 다음과 같은 판단을 내린다. "이 연구는 이명박 정부와 한나라당의 정책 담론을 분석하여 시장포퓰리즘적 헤게모니 담론 전략의 논리 구조와 담론의 질서, 담론적 기술을 규명하는 것을 목표로 한다…… 이러한 전략은 결코 자동적으로 실제적 헤게모니로 실현되는 것은 아니며, 언제나 대항 헤게모니 전략들과의 경합 관계에 놓여 있다."

의 상징적 구심점으로서의 시장포퓰리즘의 주요 구성적인 특성과 재현 작용을 매우 다면적으로 엮어 낸 작업이다. 이 연구는 정치언설과 이데올로기 작용에 관한 담론분석에 관심이 많은 주체들에게 중요한 시사점과 더불어 참고할 수 있는 분석의 긴요한 사례를 제시한다.

동시에 이명박 정부 초기에 이루어진 분석이기에, 현재의 관점에서 돌아보면 이 연구가 '놓친' 측면들도 일부 존재한다. 먼저 집권의 초기에 일종의 담론 공세이자 통치의 청사진으로 이명박 정부가 제시한 시장포퓰리즘 담론은, 그 이후에 등장한 4대강 개발의 난맥상이나, 편향된 인사 문제와 전횡, 소통의 부재, 대다수 기획이 실패한 끝나며 막대한 재원을 낭비한 자원 외교, 그리고 국가 재정적 위기 등이 축적되면서 매우 심각한 문제점과 부정적인 집합적인 효과들을 생성함으로써, 정권의 '정당성'이 크게 흔들린 바 있으며 다수 시민들의 평가 또한 매우 부정적으로 각인되고 있다. 이는 '위로부터의 기획'으로서 지배적 정치 담론이 추진 과정에서 사회 현실과 어떻게 유리되었으며, 추진된 정책의 난맥상과 제도적인 문제점들이 축적되면서, 제기된 담론 자체의 정당성과 더불어 사회적인 호소력이 어떻게 휘발되었는지를 보여 주는 생생한 사례이기도 하다.

네 번째 사례로 이정민과 이상기(2014)의 작업은 '민생'이라는 흔히 '전유'되는 정치적인 언설과 언론의 기사 속에서 빈번하게 등장하는 주제이자 핵심 어휘에 대한 담론분석을 수행하기 위한 접근으로, 노무현 정부에서 이명박 정부 말기까지 이 단어를 풀어내는 10개의 종합 일간지가 제공한 사설 기사 455건을 분석의 텍스트로 삼는다. 이 연구는 먼저 이들 사설의 제목에서 '민생'이라는 핵심적인 표제어가 변주된 측면들을 — 예컨대 '민생 투어'나 '민생 치안,' '민생 안전' 등 — 진단하며, 사설이라는 특정한 양식성을 보이는 텍스트 속의 문장 단위에서 이 단어가 어떠한 술어나 '보조 용언'들과 결합되면서 특정한 의미 구현의 효과와 판단을 발휘하는지를 상세하게 관찰한다.

나아가서 이들은 사설이라는 구체적이며 사회적으로 매우 가시적인 텍스트의 틀 내에서 민생 담론이 어떠한 장르적인 구성의 특성과 문제 제기－평가－요구 등의 양식성을 표출하면서, 정부와 정치권이 설정하거나 주목하는 문제점들을 일정한 논리적인 구성의 방식으로 제기하는지를 상세하게 그리고 비판적으로 진단한다. 동시에 이러한 설정, 주장, 촉구와 요구 그리고 문제의식과 지적이 결합된 미시적인 담론들의 구성 속에서 실질적으로 경제 안정이나 경제 위기를 벗어나기 위한 제도와 정책 차원의 심화되고 균형적인 논의가 상당히 결여되어 있는 측면들 또한 예리하게 지적해낸다.

이러한 주의 깊고 세심한 시도를 하면서, 이들 연구자들은 민생을 화두로 한 거시적인 의미들의 흐름 속에서, 빈곤, 분배, 노동, 교육, 노인과 여성 문제, 생활 개선 등의 긴요한 주제가 제대로 논의되지 않으며 또한 충분히 고찰되지 않는 측면의 문제점을 제기한다. 또한 이 작업은 재벌과 같은 민생과 경제라는 주제 영역 속의 핵심 대상을 호명하는 방식이 재벌에서 대기업으로 어의가 의도적으로 탈색되며 — 즉 부정적인 함의가 누락되며 — 특히 노동이나 시민단체 등에 대한 문제 설정의 방식을 비교할 때 이중적인 입장을 통해서 다루어지는 측면을 짚어 내기도 한다.

노동의 문제나 노동계나 이들에게 우호적인 시민단체들에 대한 비판적인 인식과 비교할 때, 언론 시장에서 과점적인 위상을 발휘하는 보수 언론들의 경우, 재벌과 대기업 집단이 드러내는 '족벌 경영'이나 '문어발식 경영' 분배와 경제 정의 그리고 경제 위기를 탈피할 수 있는 구체적인 대안의 모색 등의 측면은 충분히 다루지 않으며, 앞서 언급된 실재하는 문제점들과 관련된 비판적 판단이나 이견과 대안을 '의도적으로 탈색'시키는 측면을 보인다. 이들은 또한 집합적인 재현의 효과를 고려할 때, 다수 언론의 사설들이 기존에 형성된 정치적인 이해관계와 권력작용을 상당 부분 재생산하는 — 동시에 '민생 없는 민생'의 담론적인 재생산이 주로 제기되는 — 권위적이고 보수적인 면모를 탈피하고 있지 못한 고착된 관행과 한계를 밝히기도 한다.

이 연구는 매우 조직적이고 세밀한 방식으로 주요 언론의 지면을 통해서 구현되는 특정한 의미 부여와 가치의 투사를 포착하며, 특히 민생이라는 표면적으로는 매우 낯익은 동시에 대중이 민감하게 판단하는 주제를 담아내는 미시적인 사례들에 관한 세밀한 진단에서 보다 확장된 경제 담론의 사회적인 배치까지를 조망한다는 측면에서, 또 다른 담론 분석의 체계적인 활용의 구체적인 사례와 방향성을 시사해 준다.

동시에 이 대목에서 보다 성찰적으로 고려할 측면들도 제기할 수 있다. 예컨대 언론에 등장하는 사설은 의미 구성과 이데올로기 효과라는 측면에서 특정 언론사 내부의 가치 체계와 문제의식이 가장 직설적으로 그리고 극명하게 드러내는 사례라고 할 수 있다. 즉 사설이라는 텍스트는 적지 않은 이데올로기적인 정파성과 더불어 종종 강한 톤의 획일적이거나 건조한 논조를 담아내며, 연구자의 입장에서 보면 상대적으로 용이하게 분석과 재해독이 가능한 대상이다. 동시에 사설은 한정된 지면의 압박이나 관행적인 의미 효과를 담아내는 텍스트라는 성격으로 인해, 분석을 시행함에 있어 심화되거나 상세한 논점을 제기하는 데 상당한 한계를 내장하는 자료이기도 한 것이다.

이러한 측면들을 고려할 때, 사설에 초점을 집중시키는 담론분석은, 상당한 필요성과 의의를 발휘하지만, 동시에 적지 않은 한계를 내장하게도 된다. 보다 복합적이며 긴 흐름으로 주어지는 연작 기사나 복합적인 담론들의 생산과 비교할 때, 사설은 상대적으로 기능적이며 종종 목적 지향적인 특성이나 방향성을 발현하게 된다. 이러한 결과 사설이라는 특정한 양식성을 구현하는 텍스트에 관한 담론분석은 매체들이 수행하는 보다 확장되고 동적인 의미 생산과 가치 작용을 심도 있게 파악하거나, 언론이 현실 정치의 주요 행위자들과 맺는 관련성이나 전술적인 연대를 균형적으로 파악하는 데 상당한 난점이나 한계를 제기하기도 한다. 즉 보다 집중적인 담론의 공세나 각축의 단면들을 진단하고 짚어내기 위한 대안의 추구와 보완의 모색이 요구되는 것이다.

이제 앞서 예시로 든 네 개 유형의 담론분석을 활용하는 작업들을 매개로 담론분석의 지향점과 특성 그리고 성취와 한계에 관해서 논해보자. 먼저 혹자는 일부 담론분석의 경우, 기존의 매체를 대상으로 하는 텍스트 분석이나 비판적인 해독의 방식들과 상당 부분 흡사하거나 공유되는 분석적 관심과 초점 그리고 방향성을 발현한다고 주장할지 모른다. 일정한 동의가 가는 지적이다. 이는 다수의 담론분석들이 기존의 텍스트 분석이나 혹은 프레임 분석들을 진단과 관찰을 위한 시발점 내지 분석의 한 과정으로 다루는 데 기인하기도 한다. 하지만 심화되거나 정련된 담론분석은 앞서 언급한 분석 방식들이 종종 노출하는 미시적인 사례 연구에 대한 집중이나 정태적인 진단을 탈피하고자 한다.

이 지점에서 담론분석을 시행하는 데 특히 주요하게 고려해야 할 점은 이렇게 개별 매체나 복수의 매체들이 생산하는 특정한 의미와 가치 작용의 흐름을 집약적으로 동시에 치밀하게 분석하는가 하는 것이다. 나아가서 담론분석은 언론장 내 중요한 축을 형성하는 매체들 간의 입장 차이와 대결 또는 각축의 구체적인 역학이나 특정 시기 혹은 국면 속의 결집된 동향까지도 분석의 틀 안으로 확장시켜 가져올 수 있는지를 심도 있게 파악하기 위한 집중적인 동시에 숙고된 모색이라고 할 수 있다.

부연하면 담론분석을 수행할 때, 통상적으로 내용 분석이나 장르 분석 혹은 프레임 분석이나 텍스트 분석 등으로 이루어지는 특정 이슈와 관련된 주요 기사들이나 사설, 뉴스 보도 등을 대상으로 하는 집약적이지만 동시에 종종 정태적인 진단과 협소한 해독의 한계를 넘어서서, 분석의 층위와 의미들의 흐름, 특정 시기에 구현되는 담론연합체와 정치적 이해관계와의 결합, 그리고 해독의 범주와 진단의 다면성을 보다 긴밀하게 그리고 유기적으로 파악하려 하며, 이러한 담론들의 연합과 대립상의 함의를 밀도 있게 조명하는 작업들이 요구되는 것이다.

이러한 능동적이며 결집된 관심은 특정한 이슈나 의제를 대상으로 제시된 방송의 보도와 주요 신문의 기사들을 상호 비교하며, 이 과정에서 발현된 특정한 주장과 의미 구현의 차이점과 한계 그리고 이러한 의미 생산과 결부되는 특정한 공론화와 세력화의 단면과 '이면'을 파고들며, 포괄적으로 관찰되는 담론과 정치·사회적인 실행의 효과들을 포착하고 규명하는 작업을 지향·포함하게 된다. 나아가서 담론분석은 이러한 언론 내부의 움직임과 담론 활동에 관한 진단을 특정 역사적인 상황이나 정세 또는 '국면'에서 발휘되는 정치적 연계 효과와 의제 및 여론 형성에 이르기까지 확장·심화시켜 진단하는 폭이 넓은 문제의식과 실천적 방향성을 개진하게 된다(임영호 편역, 2015; 전규찬, 2008; Hall et al., 2013 참고).[25]

25 국면conjuncture이란 주요 담론과 사회적으로 큰 파장이나 반향을 불러일으키는 사건들 그리고 정치권력과 주요 사회적 행위자들의 개입 등의 복합적인 결합을 통해서 형성되고 재편되는 특정한 사회적인 그리고 공적인 상황과 맥락적인 요인들의 결합을 뜻한다. 예컨대 사회 현실을 일거에 압도하며 종종 정치 집단들 간의 힘의 균형이 깨지는 '공안 정

4. 담론분석의 함의와 명암

담론분석은 사회 내에서 다양하고 치열한 지배적인 그리고 대항적인 논점과 발화들이 제기하는 복합적인 재현 작용과 권력 작용 그리고 제도적인 조명과 실행을 끈기 있게 그리고 치밀하게 탐구·진단한다는 측면에서 매우 긴요한 가치와 역할을 수행한다. 물론 이 질적인 연구의 전통 속에서 꾸준히 성장하고 점증된 주목을 받고 있는 방법론이자 이론을 현실 속의 주요 쟁점들과 접합시켜가며 조명하려는 노력은 상당히 고된 지적 노동과 심화되고 다면적인 사유 그리고 동적인 의지의 발현을 필요로 한다.

박해광(2007: 84)은 담론이론과 담론분석을 소개하는 글을 쓰면서, 당시 그가 접했던 이 접근 방식의 한계나 충분히 정련되지 못한 측면들을 다음과 같이 지적한다.

> 문화연구 내에서 담론분석의 위치와 의미에 대한 본격적인 검토는 의외로 별로 이루어지지 않았다. 그것은 아마도 담론분석이 지나치게 넓은 범위를 포괄하고 있거나, 문화적 현실을 텍스트로 환원한다는 잘못된 편견, 혹은 담론이라는 개념이 풍기는 모호한 이미지에 기인하는 것이 아닐까 싶다. 그런 까닭에 담론이란 개념은, 더 정확히는 담론분석이 지칭하는 문제의식은 말해지기 이전에 상투어가 되어 버린 불균형적인 어떤 것이 되어 버렸다. 물론 담론 개념 자체에 이런 모호성이 어느 정도 존재하는 것이 사실이고, 그러한 모호성을 보다 의미 있는 연구로 전환시키려는 노력이 효과적이지 못했

국'이나 치열한 정치공학적인 기동들이 숨 가쁘게 벌어지는 '선거 정국'과 같은 사례들이 이에 해당한다.

음을 반증하는 것일 수도 있다.

동시에 이 대목에서 2000년대 중반 이후, 매우 다양한 주제와 현안 그리고 쟁점을 풀어내는 담론분석의 유형과 작업들이 인문학과 사회과학의 영역에서 크게 늘어나면서 담론을 매개로 한 연구들의 탐구와 심화된 실행을 활성화시키고, 급진적으로 확장시킨 측면을 고려해야 한다.

예컨대 일상과 공적 영역에서 젠더, 세대, 섹슈얼리티, 지역, 역사, 인종, 다문화, 이데올로기, (탈)근대, 신자유주의, 양극화, 정체성, 자기 관리 등에 관한 매우 다양하고 세분화된 지식 담론들이나, 정치, 사회, 경제, 환경, 위험, 위기, 언론, 문화 현상 등과 긴밀하게 관련된 사회 내 다수의 영향력과 효과가 상당한 일련의 담론들과 이들이 파생해내는 직간접적인 정책적·제도적인 효과들을 근접해서 탐구하고자 하는 지식 생산들이 다양한 담론분석의 틀과 접근 방식을 변주하면서 꾸준히 등장한 바 있다.

앞서 인용한 박해광의 비판적인 지적을 여전히 자기반영적인 방식으로 곱씹을 필요가 상당하지만, 이제 담론분석은 축적된 사례들과 내적 다양성, 분석적인 세밀화와 범주적인 차별화, 그리고 축적된 이론화와 점검 등의 측면에서 적지 않은 지적인 자원들을 구축했다고 논할 수 있을 것이다.[26]

26 담론이 사회 내에서 발휘하는 역할과 효과가 지대하지만, 동시에 담론이 물적 토대나 제도적인 기반과의 결합을 통해서 보다 구체적인 효과를 발휘한다는 측면을 다시 한 번 기억할 필요가 있다. 즉 '담론 결정론discursive determinism'과 같은 담론이 생성하는 재현 작용의 효과를 지나치게 부풀리거나 방만하게 논하는 측면을 성찰적으로 경계하고 자각할 필요성이 제기되는 것이다.

물론 사회 내에서 치열하게 각축과 경쟁을 벌이는 주요 담론들의 특성과 내용 그리고 사회·정치적인 전략과 역량들을 조밀하게 — 동시에 이 과정에 개입하는 크고 작은 '맥락적인' 효과와 영향들을 긴밀하게 고려하면서 — 분석하고 자리매김하는 일은 결코 용이하지 않으며, 인정컨대 이는 매우 고단하고 버거운 과업이기도 하다. 동시에 지배적인 위상을 발휘하는 특정한 담론들의 연합이나 기획과 배치 속에서 전략적으로 이루어지는 의미화와 권력 작용 그리고 정치적인 메시지와 프레임의 효과에 대항하고, 이를 '전복'시키거나 '제어'하는 작업은 적지 않은 정치적인 함의들을 발휘한다.

또한 학제적인 측면에서 문화연구, 언론학, 영상학, 여성학, 사회학, 인류학, 교육학, 역사학, 기억 연구, 공간 연구, 문학 비평, 예술 비평 등의 분야에서 담론분석에 관심이 많은 이들이 구체적으로 참고하고, 활용할 수 있는 다양한 유형의 모색과 성취들이 이미 존재한다. 이러한 담론분석의 추구는 요동치는 현실에 대한 단순한 관찰자 혹은 기능적인 전문 해석자로서의 입장과 위상을 넘어서서, 권력에 대한 감시와 유의미한 차원의 사회적인 개입과 변화를 가져오기 위한 진중한 고민과 열정, 그리고 그러한 문제의식을 구체적인 노작으로 풀어내려는 지적-비판적인 실행을 필요로 한다. 이는 담론으로 구성되는 현실을 긴밀하게 곱씹고 '읽어내며', 담론이 제도와 정책적인 실행과 결합하면서 발휘하게 되는 구체적인 효과와 함의들을 진단하는 능동적인 탐구가 여러모로 긴요하다는 측면을 일깨워 준다.

물론 담론분석의 한계 또한 존재한다. 관찰되는 현상이나 쟁점을 추동하는 사회적인 힘들의 관계성에 관한 다면적인 그리고 정치한 분석이 충분히 이루어지지 못하면, 담론분석은 일정한 분석의 기능과 쓰임새를 발휘하기는 하지만, 의미들의 연쇄와 효과에만 주로 집중하는 기존의 정태적인 텍스트 분석이나 혹은 제도와 정책적인 측면의 효과들에 관한 상세한 진단이 결여된 느슨한 문화 분석의 수준에 머무르게 될 수 있다. 부연하면 현실에 대한 부단하고 치밀한 진단과 사유, 강력한 의미 작용과 설득 및 배제의 기제로 작용하는 담론들의 효과와 이면에 관한 날카로운 관찰과 조망, 그리고 동태적이며 성찰적인 방식으로 담론의 역할을 끈기 있게 조명하려는 의지는 이 접근 방식을 탐구하는 주체들이 지속적으로 숙고해야 할 주요한 요건들이라 할 것이다.

담론분석은 인문학과 사회과학의 영역을 가로지르며 상당수의 연구자들이 활용하는 유용한 방법론이면서, 지식 생산의 과정을 성찰적으로 탐문하는 지적, 비판적 이론화의 작업이자 기획project이기도 하다. 담론분석의 추구와 복합적인 적용을 둘러싼 심화된 고민과 점검, 그리고 생산적인 연대가 보다 활발하고 치밀하게 추구되기를 기대한다.

참고 문헌

강명구 (1994). "경제 뉴스에 나타난 경제 위기의 현실 구성에 관한 연구," 〈언론과 사회〉, 3호, pp.92~131.

강명구 · 박상훈 (1997). "정치적 상징과 담론의 정치 — '신한국'에서 '세계화'까지," 〈한국사회학〉, 31권 1호, pp.123~161.

강진숙 (2006). "'교육 위기' 담론의 의미와 주체 구성 방식 연구: 한겨레신문과 조선일보 기사를 중심으로," 〈한국언론정보학보〉, 33호, pp.7~52.

김남일 · 백선기 (2008). "TV 뉴스의 특정 지역 담론화와 사회 문화적 함의: KBS-TV 서울 '강남권역' 보도의 담론 형성을 중심으로," 〈한국언론학보〉, 52권 2호, pp.125~150.

김대영 (2005). 《공론화와 정치평론: 닫힌 사회에서 광장으로》. 책세상.

김서중 (2015). "세월호 대참사 1년, 변하지 않은 정부 그리고 보수 언론," 〈황해문화〉, 86, pp.324~330.
김성해 (2013). "동아시아 공동체와 담론 전쟁: 한국 언론의 동북공정과 독도분쟁 재구성," 〈언론과 사회〉, 21권 3호, pp.64~106.
김수정 (2015). "담론에서 정치성까지: 푸코와 한국 미디어 문화연구의 만남과 생성. 박홍원." 김수미 엮음. 《커뮤니케이션 다시 읽기》. pp.65~108, 새물결.
김영욱 (2011). "선전, 보수 세력 그리고 언론: 선전 전략으로서 '잃어버린 10년' 분석," 〈한국언론정보학보〉, 53호, pp.100~120.
김영욱 (2012). "담론 경쟁으로서 PR커뮤니케이션: 새로운 패러다임과 이론의 방향성 설정," 〈커뮤니케이션이론〉, 8권 1호, pp.352~386.
김영욱 · 임유진 (2011). "정부 홍보담당자들의 언론 관계와 오보에 대한 인식 조사: 노무현 정부와 이명박 정부 홍보담당자 비교 연구," 〈한국언론정보학보〉, 55호, pp.119~139.
김왕배 (2009). "양극화와 담론의 정치," 〈언론과 사회〉, 17권 3호, pp.78~115.
김종대 (2014). "종북 프레임의 자기파괴적 속성," 〈인물과 사상〉, 189, pp.86~96.
김종태 (2014). "한국 발전주의의 담론 구조: 근대화, 세계화, 선진화 담론의 비교," 〈경제와 사회〉, 103호, pp.166~195.
김종엽 (2014). "이해와 이데올로기 사이에서: 세월호 참사에 대한 몇 가지 고찰," 〈경제와 사회〉, 104호, pp.81~111.
노명우 외 (2015). 《팽목항에서 불어오는 바람》. 현실문화.
류웅재 (2009). "절충적 세계화와 국가의 담론정치: 한국 문화 정경의 사례를 중심으로," 〈한국언론학보〉, 53권 5호, pp.340~359.
박해광 (2003). 《계급, 문화, 언어: 기업공간에서의 의미의 정치》. 한울.
박해광 (2007). "문화연구와 담론분석," 〈문화와 사회〉, 2호, pp.83~116.
벤느, 폴 (2009). 《푸코, 사유와 인간》. 이상길 옮김. 산책자.
서덕희 (2003). "교실 붕괴 기사에 대한 비판적 담론분석: 조선일보를 중심으로," 〈교육인류학연구〉, 6권 2호. pp.55~89.
서덕희 (2011). "담론분석 방법," 〈교육비평〉, 28호, pp.218~239.
손석춘 (2010). "선진화 담론의 후진성," 〈내일을 여는 역사〉, 39호, pp.38~57.
신진욱 (2011). "비판적 담론분석과 비판적 · 해방적 학문," 〈경제와 사회〉, 89, pp.10~45.
신진욱 · 이영민 (2009). "시장포퓰리즘 담론의 구조와 기술: 이명박 정권의 정책 담론에 대한 비판적 담론분석," 〈경제와 사회〉, 81호, pp.273~299.
양은경 (2010). "민족의 역이주와 위계적 민족성의 담론 구성: 〈조선일보〉의 조선족 담론 분석," 〈한국방송학보〉, 24권 5호, pp.194~237.
양은경 (2014). "글로벌 위험 보도와 국가주의: 후쿠시마 원전 사고에 대한 KBS 〈뉴스 9〉의 담론분석," 〈한국방송학보〉, 28권 1호, pp.206~244.
이경민 (2005). 《기생은 어떻게 만들어졌는가》. 아카이브북스.
이기형 (2004). 《인터넷 미디어: 담론들의 '공론장'인가 '논쟁의 게토'인가?》. 한국언론재단.
이기형 (2006). "담론분석과 담론의 정치학: 푸코의 작업과 비판적 담론분석을 중심으로," 〈언론과 사회〉, 14권 3호, pp.106~145.
이기형 (2011). 《미디어 문화연구와 문화정치로의 초대》. 논형.
이병욱 · 김성해 (2013). "담론복합체, 정치적 자본, 그리고 위기의 민주주의: 종북 담론의 텍스트 구조와 권력 재창출 메커니즘의 탐색적 연구," 〈미디어, 젠더 & 문화〉, 28호, pp.71~111.
이정민 · 이상기 (2014). "민생 없는 민생 담론: 한국 종합 일간지 사설에 대한 비판적 담론분석," 〈한국언론정보학보〉, 67호, pp.88~118.
이항우 (2011). "이념의 과잉 — 한국 보수 세력의 사회정치 담론 전략(2005~2006년, 2008~2009년)," 〈경제와 사회〉, 89호, pp.217~268.
임순미 (2011). "무상 급식 논쟁을 통해 본 보수의 담론 · 진보의 담론," 〈한국정치학회보〉, 45권 2호, pp.251~279.
임영호 편역 (2015). 《문화, 이데올로기, 정체성: 스튜어트 홀 선집》. 컬처룩.
전규찬 (2008). "치안의 스테이트와 저항의 스테이트, 그 사이," 〈문화과학〉, 56, pp.277~291.
조희연 엮음 (2003). 《한국의 정치사회적 지배 담론과 민주주의 동학》. 함께읽는책.
조희연 (2008). 《복합적 갈등 속 의 한국 민주주의: '정치적 독점'의 변형 연구》. 한울아카데미.
주창윤 (2015). 《한국 현대 문화의 형성》. 나남.
지주형 (2014). "세월호 참사의 정치경제학," 〈경제와 사회〉, 104호, pp.14~55.
홍종윤 (2011). "방송 정책 결정 과정에 대한 비판적 담론분석 연구," 〈한국방송학보〉, 25권 3호, pp.349~394.
허윤철 외 (2012). "한국 언론과 5 · 18 광주민주화운동 담론," 〈한국언론정보학보〉, 58호, pp.130~15.

Barker, C. & D. Galasinski. (2001). *Cultural Studies and Discourse Analysis: A Dialogue on Language and Identity*. London: Sage. [백선기 옮김. 《문화연구와 담론분석: 언어와 정체성에 대한 담화》. 커뮤니케이션북스. 2009].

Barker, C. (2004). *The SAGE Dictionary of Cultural Studies*. [이경숙 · 정영희 옮김. 《문화연구사전》. 커뮤니케이션북스. 2009].

Barker, C. (2011). *Cultural Studies: Theory and Practice*. London: Sage.

Benwell, B. & E. Stokoe (2006). *Discourse and Identity*. Edinburgh: Edinburgh University Press.

Blommaert, J. (2005). *Discourse: A Critical Introduction*. Cambridge University Press.

Casey, B., et al. (2002). *Television Studies: The Key Concepts*. London: Routledge.

Chouliaraki L., & N. Fairclough (1999). *Discourse in Late Modernity: Rethinking Critical Discourse Analysis*. Edinburgh University Press

Fairclough, N. (1993). *Discourse and Social Change*. London: Polity Press.

Fairclough, N. (1995). *Media Discourse*. London: Edward Arnold.

Fairclough, N. (2003). *Analyzing Discourse*. London: Routledge.

Fairclough, N. (2010). *Critical Discourse Analysis: The Critical Study of Language*. London: Routledge.

Fairclough, I. & N. Fairclough (2013). *Political Discourse Analysis: A Method for Advanced Students*. [김현강 · 신유리 옮김. 《정치담화분석》. 박이정. 2015].

Foucault, M. (1980). *Power/Knowledge*. New York: Vintage.

Foucault, M. (2001). *Power*. New York: New Press.

Gee, J. P. & M. Handford (eds.) (2012). *The Routledge Handbook of Discourse Analysis*. London: Routledge.

Gramsci, A. (1971). *Selections from the Prison Notebooks*. London: Lawrence & Wishart.

Hall, S. (1988). *The Hard Road to Renewal: Thatcherism and the Crisis of the Left*. London: Verso.

Hall, S. (ed.) (1997). *Representation: Cultural Representations and Signifying Practices*. London: Sage Publications & Open University.

Hall, S., et al. (2013). *Policing the Crisis*. London: Palgrave Macmillan.

Howarth, D., et al. (eds.) (2010). *Discourse Theory and Political Analysis*. Manchester: Manchester University Press.

Howarth, D. & J. Torfing (eds.) (2005). *Discourse Theory in European Politics: Identity, Policy, and Goermance*. London: Palgrave.

Howarth, D. (2000). *Discourse*. Buckingham: Open University Press.

Jorgensen M. W. & L. J. Phillips (2002). *Discourse Analysis as Theory and Method*. London: Sage.

Laclau, E. & S. Mouffe (2014). *Hegemony and Socialist Strategy*. London: Verso.

Laclau, E. (2014). *The Rhetorical Foundations of Society*. London: Verso.

Matheson, D. (2005). *Media Discourses: Analyzing Media Texts*. Maidenhead: The Open University Press.

Mills, S. (2004). *Discourse*. London: Routledge.

Proctor, J. (2004). *Stuart Hall*. London: Routledge.

Said, E. (1979). *Orientalism*. New York: Vintige.

Wetherell, M., et al. (eds.) (2001). *Discourse Theory and Practice*. London: Sage.

Wodak, R. (2011). *The Discourse of Politics in Action: Politics as Usual*. New York: Palgrave Macmillan.

Young, R. & H. Bhabha (2004). *White Mythologies*. London: Routledge.

5장

구술사 연구 방법

개인의 삶과 경험을 주체화하기와 역사화하기

백미숙

● 백미숙은 미국 아이오와주립대학교 저널리즘 스쿨에서 매스 커뮤니케이션 석사 및 박사 학위를 받았다. 현재 서울대학교 기초교육원 강의교수이며, 서울대학교 언론정보학과 BK 계약 교수, 방송통신심의위원회 비상임위원을 지냈다. 책으로는 《관점이 있는 한국 방송의 사회문화사》(공저) 등이 있으며, 논문으로는 "1970년대 KBS 텔레비전 교양 피디의 직무와 직업 정체성: 방송 전문성 형성과 신기술, 그리고 제작 정신," "한국 언론학에서 '여성주의/젠더 연구'의 지식 생산" 등이 있다.

1. 구술사 용어와 개념의 정의

구술사oral history는 최근 매우 익숙한 용어가 되었다. 커뮤니케이션학에서도 소수이기는 하지만 구술사 연구가 종종 산출되고 있다. 그러나 우리 학계에서 수행하고 있는 구술사 연구는 대부분 심층 인터뷰를 이용한 질적 연구 방법과 별 다른 차이를 보이지 않는다. 현재가 아닌 '과거'의 경험을 인터뷰하여 자료로 사용하는 연구 방법을 구술사로 설명하는 경향이다.

과거 경험을 인터뷰하는 외양이 일견 단순해 보이는 것에 비해 구술사 이론과 방법론은 매우 다양하다. 구술사라는 용어는 1934년 미국 컬럼비아대학교 앨런 네빈스Allen Nevins가 처음 사용했다. 네빈스 이래 구술사에 대한 정의, 그리고 이론과 방법은 구술사가 수행되는 분과 학문의 수만큼이나 다양하며 나라마다 차이를 보이고 있다.

구술사의 용어 정의 역시 다양하다. 구술 자료 생산 방법, 구술 생산물 자체, 구술 자료를 활용한 연구 결과 모두 구술사로 총칭된다. 구술사의 종류도 다양하다. 개인의 전기Biography, 생애 이야기life story, 생애사life history, 구전oral tradition, 구술 증언oral testimony 등이 모두 포괄된다. 유형으로 본다면 구술 연구는 자전적 구술사와 집단적 구술사로 구분된다. 자전적 구술사에는 과거의 경험을 연대기적으로 서술하는 생애사와 구술자의 주관적 경험과 느낌을 표현하는 데 치중하는 생애 이야기가 속한다. 집단적 구술사는 비슷한 경험을 공유한 사람들의 이야기를 모아서 복합적 서사 텍스트를 구성한 경우로, 한국정신대연구소의 증언집(1~5)이 대표적 사례다(김성례, 2002: 34~35).

그러나 구술사 용어들은 분과 학문이나 연구자의 입장, 각 나라의 사회 문화적 맥락에 따라 혼용되고 있으며, 경계 역시 유동적이라는 점에서 그리 엄격한 구분으로 받아들일 필요는 없다. 예를 들어, 초기 역사인류학 방법론 논의(윤택림, 1994)에서 구술사는 구술 증언과 구술생애사로 구분됐다. 구술 증언은 과거 특정 사건이나 경험에 초점을 맞추어 현재로 불러내어 서술하는 것, 구술생애사는 한 개인이 삶에 초점을 맞추어 그/녀가 태어나서 현재까지 살아온 경험을 이야기하는 것이라는 의미로 정의되었다. 이후 근현대사 구술 채록 작업이 확산되며 구술 증언은 특정 경험의 의미나 맥락보다는 '사실적' 정보에 대한 진술을 채록하는 작업을 의미하는 것으로 변화했다. 구술생애사 역시도 초기 개인 경험의 재현과 서사성의 구성에 초점을 맞추는 것에서 점차 개인의 생애사를 통해 사회의 구조를 재구성할 수 있다는 생애사 연구로 확장되어 왔다.

최근 구술사는 초기의 유형 중심의 나열식 용어 설명에서 벗어나, '특정 개인의 과거의 경험을 구술 인터뷰를 통해 현재의 기억으로 불러와 회상된 이야기'라는 정의로 수렴되고 있다. 이러한 정의는 과거 경험을 재현하는 '이야기성'과 기억을 불러오는 '현재와의 관계성'이 의미하는 바에 주목하는 구술사 연구 동향을 그대로 반영하고 있다. '심층 인터뷰'와 질적 차이를 발견하는 것도 이 지점에서다. 과거 경험에 대한 기억과 기억을 불러오는 현재 시점의 맥락 사이의 긴장된 관계를 인식할 것을 주문한다. 단순해 보이는 '사실' 수집조차도 투명한 과정에 의해 수행되지 않는다는 것이다. 이로 인해 구술사는 구술 자료 수집(인터뷰 과정), 구술 자료 생산(채록 및 아카이빙), 구술 자료 분석 및 해석(연구) 등의 과정에서, 분과 학문마다 연구자가 선택하는 인식론적 입장이나 연구 주제, 연구 방법에 따라 다양한 틈새를 만들어 가고 있으며 틈새의 유동성도 더욱 커지고 있다.

이 장에서는 구술사의 이론과 방법론을 구술사 연구 방법과 관련하여 한정적으로 논의하기로 한다. 이를 위해 구술사 연구를 먼저 수행해 온 다른 분과 학문에 서구 구술사 연구가 도입되어 활성화된 배경과 맥락을 간략히 검토한다.

2. 구술사 도입의 맥락과 배경

한국에서 구술사는 구술 증언과 채록 중심으로 시작되었다. 1980년대 후반 정치 민주화의 흐름에 의해 촉발되어 1990년대 초반부터 활성화된 현대사 연구가 중요한 계기로 작용했다. 식민지 역사 왜곡, 반공 이데올로기와 군사 독재에 의해 억압되었던 한국 근현대사를 복원하기 위해 문헌 자료를 보완할 증언 채록 프로젝트가 시작되었다. 민주화와 더불어 과거사 정리에 어려움을 겪는 우리나라의 특수한 상황이 서구와는 다른 맥락에서 구술사가 활성화된 배경이다. 구술사 연구는 2000년대 들어 민간단체, 대학교 연구소 등과 한국학중앙연구원, 국사편찬위원회와 같은 학술 기관 및 공공 기관에 의해 체계화되며 규모 역시 증대했다. 연구 분야에서도 현대사뿐 아니라 점차 생활사, 지역사, 여성사, 노동사, 미술사, 예술사, 영화사 등 다양한 분야로 확대됐다.[1] 텔레비전 다큐멘터리 제작 방법으로도 채택되어 KBS는 2005년 광복 60주년 특집 방송으로 〈TV 구술사 — 8·15의 기억〉(총 4편)을 제작, 방영했다.

정부 연구 용역에 의한 학술 기관 및 공공 기관의 구술사 프로젝트가 가장 커다란 배경이 됐지만, 학계에서 구술사 연구가 활성화하는 데는 다음 두 가지 학술적 요인이 크게 작용했다.

첫째는 1990년대 초반 미국 인류학계 포스트모더니즘의 세례를 받은 인류학자들에 의해 서구 구술사의 이론과 방법론이 도입된 것이었다. 제주 4·3항쟁과 대량 학살 사건을 제주 여성 무속인의 구술생애사를 통해 연구한 김성례(1989; 1991), 충남 지역의 한 '빨갱이 마을'의 역사를 통해 한국전쟁이라는 근현대사를 연구한 윤택림(1992; 1994; 2003)의 박사 논문은 국내 학계에 커다란 자극이 되었다.[2] 이 연구들은 한국 현

1 주로 한국정신대문제대책협의회, 제주4·3연구소, 전남대 5·18연구소 등의 민간단체, 한국학중앙연구원, 국사편찬위원회, 민주화운동기념사업회와 같은 정부 및 정부 투자 기관, 1990년대 후반부터 본격화된 대학 연구 기관, 전남대학교 호남문화연구소, 전쟁과평화연구소, 성공회대학교 노동사연구소 등의 구술사 연구 등이 개인 학술 연구와 대비되는 증언 채록, 아카이빙 작업의 주체가 되었다. 이들의 구술사 연구는 비전향 장기수와 빨치산 등 좌익 활동가들의 기록, 광주 5·18 및 제주 4·3학살사건에 대한 지역민 증언, 일제 식민기 군위안부 피해자의 증언 작업과 지역 연구, 노동생활사 연구 등으로 이어졌다.

2 김성례의 미시간대학교 박사 논문은 책으로 번역, 출간되지는 않았으나 논문 〈한국 무속에 나타난 여성 체험: 구술생애사의 서사 분석〉(1991)으로 일부가 소개됐다. 윤택림의 미네소타대학교 박사 논문은 수정 보완을 거쳐 《인류학자의 과거 여행: 빨갱이 마을의 역사를 찾아서》(2003)라는 단행본으로 출간됐다. 이에 앞서 윤택림은 국내에 구술사 방법론을 소개하는 논문(1994)을 먼저 출간했다.

대사에서 금기가 되었던 주제들을 현장 조사와 개인 삶의 구술을 통해 접근하고 '작은 사람들'을 역사의 주체로 말하게 했다. 이 점에서 두 연구는 구술사의 인식론이 수용하는 포스트모던의 근대 비판성을 뚜렷이 보여 주었다. 유철인(1990)의 연구 〈생애사와 신세타령〉도 인류학에서 수행된 초기 성과로서 영향을 미쳤다.

인류학계의 구술생애사 연구는 이후 미국 여성주의 구술사 연구(Personal Narrative Group, 1989)의 문제의식을 공유한 윤형숙(1994; 1995)의 〈여성 생애사 연구 방법론〉과 김성례(2002; 2004)의 〈여성주의 구술사의 방법론적 성찰〉 연구로 이어지며 여성주의 구술생애사 연구를 활성화시키는 이론적 토대가 되었다. 이 가운데 1999년에 개최된 문화인류학회 워크숍은 구술사 연구 방법론 논의가 본격화되는 하나의 계기가 되었다.

두 번째는 2000년을 전후해 마침내 국내 역사학계에도 '새로운 역사학'의 인식론을 수용하고 모색하는 분위기가 확산된 것이었다. 새로운 역사학은 포스트모더니즘과 친연성을 갖지만 이에 제약되지는 않으며, 거대 서사에 가려진 개인, 가족, 지역 등 미시 공간의 생활 세계에 대한 관심, 근대의 획일성에 대한 비판과 다양성, 다성성의 추구, 객관적 진리와 역사 발전이라는 관념에 대한 비판 등의 인식론적 지향성을 공유했다.[3] 새로운 역사학이 사회사, 문화사, 미시사, 지역사, 여성사 등으

3 '새로운 역사학'은 이거스(Iggers, 1997)가 말한 근대 역사학의 세 번째 국면에 해당하는 근대 비판적 역사 연구 경향을 총칭하는 개념이다. 이거스는 근대 역사학의 흐름을 19세기 역사주의, 20세기 초의 사회과학적 역사(아날학파), 20세기 말의 포스트모더니즘의 도전 등 세 국면으로 정리했다. 그는 세 번째 국면의 특징으로 이야기체 역사의 부활, 거시사에서 미시사로, 언어로의 전환을 핵심으로 꼽으며, 미시사, 일상사, 신문화사 등을 대표적인 새로운 연구 경향으로 소개했다(Iggers, 1997/2006). 새로운 역사학은 포스트모던

로 발전해 가는 가운데, 구술사는 전통적인 실증주의 역사학의 한계를 넘어설 수 있는 하나의 유력한 방법으로 수용됐다. 문헌 자료에 대한 엄격한 검증과 과학적 역사학, 남성 중심의 거대 서사, 지배 계급 중심의 정치사들로부터 개인과 지역의 기억과 경험을 역사화하는 새로운 역사학의 모색에서 구술사가 대안으로 수용된 것이다(이용기, 2009: 304).

새로운 역사학의 흐름은 1990년대 후반 '사회사' 연구로부터 시작됐다. 한국전쟁을 개인의 삶과 경험의 맥락에서 재구성하고 해석하는 구술사 연구는 월남인의 생활 경험과 정체성을 연구한 김귀옥의 박사 논문(1999a: 1999b)을 필두로, 〈전쟁 연구와 구술사: 아래로부터의 전쟁 연구를 위한 새로운 방법론〉(염미경, 2001) 등으로 이어졌다. 한국전쟁을 민중의 삶의 경험으로 접근해 주목을 받은 김동춘(2000)의 연구 역시 구술 자료를 활용한 성과였다.

역사학이 현대사 구술 증언 채록을 넘어, 구술사에 대한 학술적 관심을 표명한 것은 2000년 '역사문제연구소' 심포지엄에서였다. 결과물은 〈역사문제연구〉에 출판되었다(이용기, 2001; 윤택림, 2001). 주목할 만한 계기는 2002년 〈역사비평〉에서 구술사 연구 동향을 소개하며, 구술 증언을 단순히 "2차 자료가 아닌 하나의 역사로서 승화시키기 위한 작업의 필요성"을 제기한 것이다(이용기, 2002). 역사학계에서는 이용기(2001; 2002; 2009; 2014)의 구술사 연구가 대표적이며 '국사편찬위원회'에서 구술 아카이브 기획을 총괄한 허영란의 연구(2004; 2013)를 꼽을 수 있다. 사회학과 역사학계에서 구술사 연구는 현대사 연구나 한국전쟁 연구에서 드러나듯이 과거의 '사실'에 대한 증언을 기억 회상과 현재와의 관계

역사학의 비판적 문제의식을 계기적으로 수용하면서도 해체주의 역사학과 동일시되지 않는 다양성을 포괄한다(이상길, 2005; 이용기 2000; 2009 참조).

에서 탐구하는 방향으로 진전되었다.

정리하면, 국내 구술사 연구는 분과 학문의 연구 관심사와 인식론적 지형에 따라 인류학과 여성학, 그리고 사회학과 역사학으로 대별된다. 커뮤니케이션 학계에서의 구술사 연구는 새로운 역사학의 흐름을 따라 2000년대 중반부터 미디어 사회문화사 연구 방법의 하나로 시작됐다. 국내 커뮤니케이션 역사 연구는 오랫동안 랑케식의 근대 실증주의 역사학의 자장 안에서 성장해 왔다. 커뮤니케이션학에서 구술사 연구는 새로운 역사학의 인식론 속에서 역사 서술의 주체를 새로이 발굴하고 그들의 관점에서 새로운 역사 쓰기를 수행해야 하는 과제를 부여받고 있다. 그러나 구술사에 대한 관심에 비해 이론과 방법론에 대한 논의는 여전히 초보적 수준이며, 타 분과 학문의 구술사 연구 성과에 기대고 있는 형편이다. 또한, 역사학 중심의 접근에 한정되어 인류학이나 사회학, 여성주의 구술사에 대한 접근은 거의 이루어지고 있지 않다는 한계가 있다. 새로운 연구 주제의 발굴을 위해서도 인식론적 쟁점과 구체적 연구 방법에 대한 이해가 시급하다.

3. 구술사의 인식론적 쟁점: 구술사의 서사성, 주관성, 사실성의 긴장 관계

구술사 인식론 논의의 핵심은 구술 자료 자체에 내재한 특질인 사실성, 서사성, 주관성의 관계에 대한 입장의 차이다. 초기 구술사 연구는 문헌 자료의 공백을 메꾸기 위한 자료 수집을 목적으로 구술 자료의 정확성, 신뢰성, 객관성을 증명하여 실증주의 역사학으로부터 정당성을 인정받고자 했다. 새로운 구술사 연구자들은 이런 방어적 태도가 구술사의 내재적 특질을 인식하지 못한 채 실증주의에 복속하는 것임을 지적했다. 이후 구술사 연구는 구술이 이루어지는 과정에서 일어나는 과거 경험, 기억, 현재의 맥락, 재현 등 구술사의 내재적 급진성을 구술 연구와 자료 해석에 적용하기 위한 실천을 계속해 오고 있다.

구술 연구에서 서사성, 사실성, 주관성이 어떻게 상호적으로 관계하고 어떤 효과를 만들어 내고 있는가, 그리고 이 세 가지 특질 사이의 긴장 관계를 어떻게 다루어야 하는가라는 과제는 각 분과 학문마다 각기 다른 이해와 실천 방식으로 대응해 왔다. 구술사의 학술적 성과를 축적해 오며 구술사 연구의 이론과 방법론을 주도해 온 것은 인류학과 여성학이다. 대규모의 근현대사 구술사 기획을 수행하고, 구술 인터뷰 방법과 구술 자료 축적의 체계화를 이루어 가는데 있어 역사학자들의 기여가 높았지만, 정작 역사학에서 구술사는 사료의 공백을 메꾸는 이차적 문헌 자료 생산 작업에서 간주되는 경향이 강하다. 역사학의 무관심 속에서 구술사 연구의 이론과 방법론은 분과 학문의 연구 실천 정도에 따라 개별적으로 진전되었다. 구술사 연구에 잠복되어 있던 서사성과 사실성, 그리고 주관성의 관계에 대한 방법론적 논의를 촉발한 것은 2000년대 중반에 소개된 '생애사 연구' 방법론(이희영, 2005)[4]이다. 여기서

4 사회학자 이희영(2005)이 '생애사 재구성 방법론'으로 소개한 '생애사 연구'는 보통 해외에서 Biographical Methodology, 혹은 Biographieforschung(전기 연구, 생애 연구)로 불린다. 생애사 연구는 1960년대 독일 사회학 내 빌레펠트 학파를 중심으로 사회 현상을 개인과 사회의 상호작용을 통해 이해하고자 하는 연구 실천적 움직임으로부터 발전했다. 이들은 독일 해석학 전통과 막스 베버Max Weber, 알프레드 슈츠Alfred Schutz, 마거릿 미드의 사회적 행위 개념을 새롭게 수용하여 생애사적 경험과 사회적 조건 사이의 상호적인 구성 과정을 포착하고자 했다. 특히 1930년대 나치즘과 이후의 분단 경험, 그리고 통일이라는 대사건에 대한 연구는 수치와 통계에 의해 포착되지 않는 사회 형상에 대해 '치밀하

는 구술사를 둘러 싼 인식론적 쟁점을 대략 인류학과 여성학의 구술(생애)사, 사회학의 생애사 연구, 역사학에서 구술사 연구로 구분해 커뮤니케이션학의 구술사 연구에 주는 함의를 살펴본다.

1) 인류학과 여성학의 구술생애사: 경험의 서사성과 경험의 역사성

인류학의 구술(생애)사는 크게 경험의 '서사성'에 초점을 맞추는 문화인류학 연구와 경험의 '역사성'에 주목해 '맥락 중심적' 해석을 수행하는 역사인류학 연구로 분류할 수 있다. 문화인류학에서 구술생애사는 구술사가 가지는 복합적 특성 중 자료로서의 가치보다 텍스트로서의 가치에 주목하며(김성례, 1991; 유철인, 1990), 주로 여성주의 구술생애사의 흐름을 주도했다. 여성주의 구술사는 '실제' 생애 경험보다 가부장제에서 억압된 젠더 경험을 서사화하는 과정에 초점을 맞춘다. 여성의 젠더 경험은 젠더 주체성이 형성되는 과정이고, 젠더 경험의 서사를 통해 여성은 구체적 사회관계의 맥락에서 젠더 주체로서 자리매김될 수 있다는 포스트구조주의 여성 이론(Scott, 1999)을 주요 이론적 자원으로 한다(김성례, 2002: 33~34). 제주 4·3학살사건을 겪은 제주 무녀의 삶의 이야기(김성례, 1991), 주한 미군과 결혼한 여성의 생애 이야기(유철인, 1996), 제주 해녀의 삶의 이야기(유철인, 1998) 등은 실제 생애보다는 자신의 삶을 '어떻게 이야기하는가'라는 '서사적 진실성'에 초점을 맞추었다. 여기서 구술은 "개인적인 경험의 고백이 아니며 청중에게 '들으라고 하는 이야기'로서 청중에게 경험의 진실성을 주장하는 정치적 욕망의 서사"로 이해된

게 서술하기'를 요청했다. 이는 1970년대 이후 독일에서 진행된 활발한 생애사 재구성 작업의 기반이 됐다(이희영, 2005: 121~122).

다(김성례, 2002: 47). 가부장제 억압에 대한 진술과 비판을 통해 젠더 경험의 기억을 가시화하고, 개인의 삶의 경험을 구술로 형상화하는 과정에서 구성되는 '서사성'이 지닌 해방적 실천의 의미를 강조하는 것이 여성주의 구술사의 정치성이 작동하는 방식이다. 경험의 서사라는 담론정치에서 구술 자료에 내재한 주관성은 이미 이론적으로 정당하다. 여성주의 구술사의 방법론은 여성뿐 아니라 다른 '하위 주체'들의 경험을 가시화하고 해방적 실천을 제언할 수 있다는 점에서 연구 주제와 연구 영역의 외연을 열어 주고 있다.

역사인류학에서 구술사는 기록을 가지지 못한 자들의 기억을 복원하여 공식 기억에 균열을 만드는 대항적 역사 서술, 혹은 '아래로부터의 역사' 쓰기를 목적으로 했다. 사회적 약자, 소수자, 하층민이 역사 서술의 주체가 된다는 것은 그들의 구체적인 삶과 경험을 역사의 '잔여적' 부분으로 보여 주는 것이 아니라 역사 서술에 전면화한다는 것을 의미했다(함한희 · 윤택림, 2006: 37). 마을 사람들의 한국전쟁 경험을 통한 근현대사 서술(윤택림, 2003)은 역사인류학에서 수행된 아래로부터의 역사를 대표하는 최초의 구술 작업이자, 경험의 역사성에 주목하는 '맥락 중심적' 해석에 의한 역사 쓰기 작업으로 손꼽힌다.

위의 두 가지 연구 흐름이 경합하는 가운데, 서사 분석은 구술자의 자기 표현적 성격과 구술사 인터뷰의 연행적 성격을 잘 드러내는 대신, 구술자 경험의 역사적 맥락이 서사와 구분되지 않은 채 불분명함을 봉합하고 있다는 비판에 직면했다(함한희 · 윤택림, 2006: 116; 이희영, 2005; 2007). 이에 역사인류학의 구술사 연구는 '맥락 중심적' 해석이 서사 분석의 한계를 보완하고 있다고 대응한다. '맥락 중심적' 해석은 (여성) 구술자가 살아온 삶의 맥락에서 구술사가 서술하는 경험의 사실성에 주목하고 있다는 것이다. 즉 자신의 목소리로 스스로의 경험을 진술하는 여성은 서사적 주체이면서 동시에 경험의 주체가 되는 것이며, 이는 서사적 진실뿐 아니라 사실적 진실도 중요하다는 관점에서 여성의 경험을 역사화한다는 주장이다(윤택림, 2010b: 67).

그러나 '서사적 진실과 사실적 진실이 충돌하거나 일치하지 않을 경우 연구자는 이를 어떻게 해소하고 해명하는가'라는 분석과 해석 차원에 대한 질문은 해명되지 않은 채 남아 있다. 이를 비판하며 구술 텍스트의 서사 구조가 갖는 특성과 생애사적 체험 사이의 복합적 연관성을 분석하고 재구성하는 방법론이 필요함을 주장한 것이 '생애사 연구'다.

2) 사회학의 '생애사 연구': 이야기된 생애사와 체험된 생애사

'생애사 연구'(혹은 생애사 재구성 방법론)는 개인의 구체적인 생애사를 통해 사회의 구조를 재구성할 수 있다는 이론적 입장을 기초로 한다. 객관성을 가진 사회 구조와 부분으로서 개인이라는 이분법적 도식을 거부하고 개인의 삶 역시도 "사회 구조와의 관계에서 만들어진 생산물"이라는 시각에서 '구체적 일반성concrete generality'을 발견하고자 한다(이희영, 2005). '어떻게 이야기되는가'뿐만 아니라 '왜 이렇게 이야기하는가'의 질문으로, 즉 '어떻게'의 개인 경험 내용이 중층적으로 연관되어 있는 구조를 읽어 '구체적 일반성'을 밝힌다는 것이다(이희영, 2007: 104).

생애사 연구는 구술자의 삶을 '살았던 생애사a life as lived,' '이야기된 생애사a life as told,' '체험된 생애사a life as experienced'로 구분한다. 텍스트에 혼재된 과거 체험의 사실성을 지시하는 내용과 이에 대한 구술자의 사후적 해석을 구분하기 위한 방안이다(이희영, 2007: 109).

체험의 사실성과 구술자의 이야기 구성 관점을 구분하는 생애사 연구의 기획은 인터뷰 단계에서도 '서사적 인터뷰' 또는 '개방형 인터뷰'로 출발할 것을 강조한다. '무엇을,' '어떻게,' '왜'라는 연구자의 질문에 구술자가 주장이나 항변을 하도록 유도하는 방식이 아니라 최대한 자유롭게 자신의 체험을 서사적으로 묘사할 수 있도록 서술 공간을 보장하기 위함이다. 구조화된 질문은 구술 인터뷰에서 연구자의 의도에 맞는 체험만을 듣게 되거나 사전에 설정된 과학적 개념으로 구술자의 체험을 환원시키는 문제를 초래할 수 있다는 것이다. 서사적 인터뷰의 시작 질문은 보통 '000 씨, 이제까지 살아온 이야기를 해 주시겠습니까?'와 같이 전체 생애사에 대한 열린 질문이다. 이에 답하는 구술자의 이야기를 '시작 이야기'라고 한다. 시작 이야기는 구술자의 생애사적 관점을 보여준다. 연구 주제와 관련된 질문은 시작 이야기 외의 질문 단계에서 하면 된다(이희영, 2005: 134~135).

구술 텍스트 해석 단계에서 연구자는 '이야기된 생애사'와 '체험된 생애사'를 구분하여 재구성한다. '이야기된 생애사'를 재구성하는 것은 구술자의 텍스트를 관통하는 특정한 해석의 틀, 즉 '생애사적 관점'을 파악하기 위한 것이다. 구술자가 전체 인터뷰에서 주제를 선택, 구성, 배치하고 자신의 삶을 해석하여 이야기를 구성해가는 총체적 관점이 '생애사적 관점'이다. 구술자의 생애사적 관점을 이해하는 것은 구술자의 체험에 대한 사실성과 이후의 해석을 구별할 수 있는 단초를 마련하는 것이다. '체험된 생애사'는 특정한 과거 사건에 대한 구술자의 주관적 체험을 사실성에 기초하여 재구성한다. 구술자의 '이야기된 생애사'가 어떤 생애사적 체험과 연관되는지를 고찰하는 것이다(이희영, 2005: 139~140).

예를 들어 학생운동 출신 구술자의 생애사 연구는 그/녀의 개인적 삶이 한국 사회 구조와 어떻게 연계되었으며, 그 구체적 경험의 내용은 무엇인가라는 주제를 탐구하는 것이었다. 여기서 연구자는 구술자의

'시작 이야기'가 아버지의 가정 폭력에 관한 것이었다는 점에 주목한다. 이로부터 연구자는 구술자의 서사 구조가 어린 시절에 체험한 가난과 아버지의 폭력이 함의하는 바를 학생운동 과정에서 습득한 사회과학적 인식을 통해 사후적으로 새롭게 인식하게 되었다는 이야기틀을 가지고 있음을 발견한다. 1980년대 학생운동이 구술자가 어린 시기부터 가족 내에서 체험한 폭력과 가난을 사회적인 문제로 이해하고 소화할 수 있는 행위 공간을 제공했다는 것이다. 이는 '나의 사회 참여는 우리 부모가 체험한 정치적 박해에 대한 생애사적 표현이다'라는 생애사 관점으로 정리된다. 아버지가 겪은 정치적 박해와 그와 관련된 상황을 어떻게 체험했으며 이것이 어떤 삶의 과정을 통해 구술자의 사회운동 참가와 연관을 가지게 되었는지에 대한 이야기는 체험된 생애사로 재구성된다. 생애사 연구는 구술자가 현재 가지고 있는 해석의 관점(생애사적 관점)을 이해하고 이것과 구분되는 과거 사건에 대한 체험의 내용(사실성)을 재구성하는 것을 목적으로 한다(이희영, 2005: 140~143).

이야기된 생애사는 여성주의 연구 방법론에서 주목하는 생애 이야기가 갖는 '서사성'과 유사한 것으로 설명된다. 체험된 생애사의 '사실성'은 구술자의 과거에 있었던 체험의 객관성을 뜻하는 것이 아니라 서사적 맥락 속에서 설득력을 가지게 되는 과거 체험을 의미한다는 점에서 '서사적 진실성'과 유비된다. 그러나 여성주의 구술생애사는 생애사 텍스트 속의 구술 내용 그 자체가 서사적 진실성을 가지고 있다고 본다. 반면, 생애사 연구는 이야기된 생애사와의 연관 속에서 재구성된 체험된 생애사가 갖는 서사적 진실성을 말한다(이희영, 2007: 110~111). 이는 생애사 재구성 방법이 '맥락 중심적 해석' 방법과 다르지 않다는 반론을 불러왔다. 구술자의 생애 전체의 맥락에서 특정 사건과 경험의 사실성, 그리고 서사적 진실성을 추구한다는 점에서 연구 방법(그리고 결과)에 별

다른 차이가 없다는 것이다(윤택림, 2010b).

이러한 한계에도 불구하고 '생애사 재구성' 방법은 젠더의 경험을 역사화하는 데 있어 계보학적 접근의 가능성을 제공한다고 주장한다. 특정한 젠더 체험에 대해 이해하는 것만이 아니라, 서로 다른 생애 시간에 발생한 젠더 체험들이 생애사적 맥락에서 어떤 의미를 획득해 가는지를 사회 구조와의 연관 속에서 추적할 수 있다는 것이다. 계보학적 접근은 여성 젠더의 신체와 정신에 역사화된 섹슈얼리티에 대한 기억을 문제 삼는다는 점에서 의의가 있다(이희영, 2007: 111~112). 그러나 성매매 여성에 대한 생애사 재구성 방법의 분석으로도 젠더 경험의 역사성을 드러내지 못했다는 자성(이희영, 2007)과 비판(윤택림, 2010)을 볼 때 서사성과 사실성에 대한 방법론 쟁점은 진행 중인 과제다.

그럼에도 생애사 연구는 특히 여성주의 연구에서 생애사 관점이나 구술 전략이 갖는 함의를 해석하고 사회 구조와의 연관성을 탐색하는 연구 실천을 만드는 데 기여하고 있다. 이는 모성 경험, 성매매, 성폭력, 가정 폭력과 빈곤, 돌봄 윤리의 구성, 직업 정체성과 직업 문화, 사회운동 정체성, 지역 정체성, 문화 정체성 형성 등으로 (여성주의) (구술) 생애사 연구 영역과 주제가 확장되고 있는 경향에서도 확인된다(예를 들어, 구은정, 2008; 김미선, 2009; 박경용, 2013; 박언주, 2015; 박혜경, 2013; 배은경, 2008; 신경아, 2011; 이선영, 2011; 하정옥, 2008 등). 커뮤니케이션학에서는 임영호·홍찬이·김은진(2009)의 〈문화 산업 주변부 종사자의 삶과 커리어: 한국 에로물 감독의 구술생애사〉가 유일하게 생애사 연구 방법을 적용한 사례다.

3) 역사학의 구술사 연구

역사학에서 구술사는 여전히 구술 자료의 정확성, 인터뷰의 상황성, 진술의 일관성 부족을 이유로 '역사적 객관성'을 증명하라고 요구받는다. 그러나 구술사 연구자들은 객관성, 주관성의 이분법적 도식을 거부한지 오래다. 이들은 문헌 자료 역시 특정 계층의 관점과 판단에 의해 작성된 주관적 생산물이며 과거의 실상을 부분적으로 담고 있다는 점을 지적한다. 구술사는 역사학이 과거 실체와 완전히 부합되는 '절대적인 단 하나의 진리'를 추구하는 것을 멈추고 가장 설득력 있고 개연성 높은 '해석들,' '가장 객관적으로 가능한 설명들'을 모색해야 한다는 '새로운 역사학'의 입장에 서있다(이용기, 2009: 312; Appleby, Hunt, & Jacob, 1994/2013: 229에서 재인용).

역사학에서 구술사는 '과거의 실재에 더 가까이 다가가기 위해' 경험의 사실성과 현재 기억의 주관성의 관계에 집중할 것을 주장한다. 과거 경험을 투명하게 반영하지는 않는 구술 고유의 특성을 이해하고 거기에 맞는 비판적 독해의 방법을 찾아야 한다는 것이다(이용기, 2009: 308). 비판적 독해란 기억에 담긴 주관적 요소를 걸러내기 위한 비판적 검증 과정을 의미한다. 구술 간의 교차 검토나 다양한 문헌 자료와의 비교 검토 같은 충실한 사료 비판이 더욱 강조된다. 사회사 연구자들 역시 사전 자료 조사와 비교 검증의 과정을 중요하게 간주한다. 사회 구조와 연관해 양적 조사 방법과의 결합을 제안하기도 한다(김귀옥, 2014). '가장 객관적으로 가능한 설명'을 추론하기 위해 사실성을 보완, 지지할 수 있는 다양한 자료 조사 방법이 결합될 필요가 있다는 것이다.

주관성을 걸러내는 검증의 중요성뿐 아니라 주관성 자체, 즉 현재 기억의 의미를 탐구해야 할 필요성도 주장된다. '왜 과거를 그렇게 기억하는가'라는 분석을 통해 구술자가 발화한 이야기의 "이면을 파고들어야" 과거 경험의 실상을 더 잘 파악할 수 있다는 것이다(이용기, 2009: 311). 여성주의 구술생애사가 '과거를 그렇게 기억하는' 서사성의 실천적 의미 자체에 주목한다면, 역사학의 구술사는 '왜'라는 질문을 통해 과거 경험의 실재에 더 가까이 가려는 목적을 가지고 있다. 서사적 주관성에 주목하는 이유와는 분명한 차이를 보인다.

예를 들어, 한국 사회에서 한국전쟁을 겪어 온 각 개인의 체험은 여전히 '억눌린 기억,' '공식 기억에 압도된 기억'일 경우가 많다. 다양하고 중층적인 과거 개인 경험들은 종종 현재의 회상에서 단순화되고 일정한 플롯으로 '코드화'되어 발화된다. 민중(구술자)은 자율성을 가지면서도 동시에 국가와 자본의 지배 구조라는 자장에서 자유로울 수 없는 존재이며, 구술자의 자기 해석도 자본의 물신성이 체화되어 있거나 민족주의 코드에 포섭되어 있는 경우가 많다는 것이다. 그러므로 연구자는 구술자의 생애사적 맥락에서 '구술 전략,' 혹은 '코드의 틀'(혹은 생애사적 관점, 서사 구조의 해석틀)을 찾아내야 한다. 서로 어긋나거나 심지어 상반되는 구술자의 진술에 대해 어느 진술이 더 정확한가를 판단하기에 앞서, 구술에 담긴 주관적 해석과 기억의 '코드'를 찾기 위한 질문이 우선되어야 한다는 것이다(이용기, 2001; 2009). 이용기(2009: 312)는 구술자들이 한국전쟁 시기 "뭣도 모르고 똑똑한 사람을 따라갔던 무지랭이들의 희생"이라는 해석의 동일한 플롯(코드)을 반복하는 가운데도 그 똑똑한 사람을 기억하고 표현하는 방식에 차이가 있음에 주목했다. 그는 이 차이에 주목해 구술자의 진술을 해석해야 과거의 실상을 더 잘 포착할 수 있음을 예시로 보여 주었다.

또 다른 예로 이용기(2009: 314~315)는 역사인류학자들이 수행한 지방민들의 한국전쟁 경험에 대한 구술사 연구가 종종 '자족지란'이나 '일가주의' 같은 구술자들의 현재 자기 해석의 코드를 읽어 내는 데 그치고 있다고 비판한다. 지방민의 구술에 담긴 해석이 자신을 규정하는 거대구조를 인식하기 어려운 민중의 인식 한계인지, 달리는 도저히 해석할 수 없는 절망감의 반영인지, 아니면 구술자의 머릿속에 있는 기억과는 다르게 진술한 일종의 구술 전략인지가 모호한 채로 남아있다는 것이다. 구술자의 자기 해석과 다양성을 존중하는 것이 자칫 민중을 '낭만화'할 수 있다는 지적이다. 연구자가 구술자의 경험과 기억을 존중하고 하나의 역사(해석)으로 승인하는 것에서 더 나아가 구술자의 해석 코드를 비판적으로 재해석할 때, 대항적 역사 서술이 가능하다. 왜 그렇게 기억하고 해석하는가라는 질문은 구술에 담긴 과거 사실성을 좀 더 치열하게 추론하고 개연성 높은 설명을 강화할 수 있으며 역사 주체로서 당시 민중의 역동성을 살려내는 연구를 가능하게 한다는 주장이다.

구술사가 경험과 기억 사이의 긴장 관계에 좀 더 개입해야 하는 이유는 역사가 과거 그 자체가 아니라 과거에 대한 현재의 해석이라는 점에 있다. 구술사는 기억을 둘러싼 현재의 투쟁에 보다 적극적으로 개입하는 연구 방법이다. 이런 점에서 역사학에서 구술사는 역사인류학의 맥락 중심적 해석, 생애사 재구성 방법론의 구체적 일반화의 발견과는 다른 결에서 경험과 기억 관계를 탐구한다.

미디어 사회문화사에서 수행되는 구술사 연구는 '새로운 역사학'의 인식론을 공유하고 있다. 과거 실재에 가장 가까이 다가가고, 가장 개연성 있는 설명력을 확보하기 위한 '사실성'의 추구라는 역사학 구술사 연구 방법과 친연성이 높다. 그러나 우리 학계에는 과거 경험과 기억의 현재성, 주관성이라는 구술사의 내재적 특질에 주목하는 연구는 아직 없다. 문헌 자료의 부족을 보완하기 위한 구술 증언 채록, 그리고 구술 증언에 대한 사실성과 정확성 판단이 우선되는 가운데, 현재 맥락이 기억 회상에 미치는 영향을 고려하는 정도다. '왜 그렇게 기억하는가'의 의미와 구술 전략에서의 차이점을 찾아내고 탐구하는 질문에 이르지 못하고 있다.

표 1 커뮤니케이션학에서 구술사 연구 현황

구분	제목(저자, 발간 연도)	구술 자료의 특성
	〈해방 이후 한국 방송의 형성에 관한 구술 자료 1~3〉(강명구 · 백미숙, 2007)	한국 텔레비전 초기 방송인들 7인에 대한 총 29회 구술 채록
	〈한국 방송의 초기 아나운서 연구: 미시사적 구술 연구〉(마동훈 · 강재형, 2008)	한국 방송의 초기 아나운서 4인에 대한 구술 채록
구술 채록 보고서	〈한국 방송인 구술생애사 3권〉(이상길 · 김정환 · 유단비, 2011)	한국방송학회 특별 기획 원로 여성 연출자, 아나운서, 성우 구술 채록
	〈한국 초기 텔레비전 드라마 제작 시스템과 인적 자원의 형성〉(백미숙 · 이종숙, 2013)	텔레비전 드라마 연출자 6인에 대한 총 15회 구술 채록
단행본	《아나운서 임택근》(김민환, 2008)	아나운서 임택근 생애사
	"초기 라디오와 근대적 일상: 한 농촌 지역에서의 민속지학적 연구"(마동훈, 2004)	지역 마을의 초기 라디오 청취자들에 대한 민속지학적 구술사
	"대중문화와 생애사 연구의 문제 설정"(손병우, 2006)	코미디언 배삼룡의 자서전을 바탕으로 생애사 문제 설정
	"문화적 냉전과 최초의 텔레비전 HLKZ"(강명구 · 백미숙 · 최이숙, 2007)	HLKZ-TV 방송인들 구술 인터뷰
	"서울텔레비전(KBS-TV) 초기 방송 조직문화 형성"(백미숙 · 강명구 · 이성민, 2008)	KBS TV 개국 방송인들 구술 인터뷰
연구 논문	"여성들의 초기 텔레비전 수용 경험에 관한 민속학적 연구"(김종희 · 김영찬, 2008)	1970년대 주부 텔레비전 시청자들에 대한 심층 인터뷰
	"문화 산업 주변부 종사자인 에로물 감독의 구술생애사"(임영호 · 홍찬이 · 김은진, 2009)	에로 비디오 감독 1인에 대한 구술생애사
	"1950년대 생방송 텔레비전 HLKZ: 미국화와 '잡종화'"(백미숙, 2011)	HLKZ-TV 방송인들 구술 인터뷰
	"일요일의 시보, '전국노래자랑' 연구"(임종수, 2011)	진행자 송해와 제작 PD, 작가, 악단장, 심사자 등의 구술 인터뷰
	"1970년대 KBS 텔레비전 교양 피디의 직무와 직업 정체성"(백미숙, 2012b)	KBS 교양 PD의 구술 인터뷰

	"해직 언론인에 대한 생애사적 접근 연구: 동아자유언론수호투쟁위원회를 중심으로"(김세은, 2012)	해직 언론인 구술 인터뷰와 자서전 등에 의한 집단 생애사 접근
방법론 논문	"한국 방송사 연구에서 구술사 방법론의 사용과 사료 활용에 관하여"(백미숙, 2009)	한국 최초 TV PD들에 대한 구술사 인터뷰 연구 방법
	"'또 다른 목소리'로 듣는 한국 방송사"(이상길 · 김정환 · 유단비, 2011b)	〈한국 방송인 구술생애사 3권〉(2011a)에 대한 연구 방법 논의
	"커뮤니케이션 역사 연구 방법론: 아카이브 연구와 구술사 연구"(백미숙, 2012a)	실증주의 아카이브 연구와 구술사 연구 방법
	"언론학 연구 방법론으로서의 구술사에 대하여: 현장에서 길을 잃은 한 연구자의 질문과 출구 찾기"(김세은, 2013)	미디어 대중문화 수용자에 대한 구술사 연구 방법 사례 분석

표 1은 우리 학계에서 수행된 구술사 연구의 현황을 보여 준다. 대부분이 개인 연구자들이 방송 종사 전문인들을 중심으로 수행한 구술증언 채록, 그리고 구술 자료를 사실적 정보로서 활용한 연구 논문이다. 연구 논문에서도 민속지학이나 심층 인터뷰 연구 방법과의 차이점이 나타나지 않으며, 그것이 연구 결과에 별다른 영향을 미치고 있지도 않다. 마동훈(2004)과 김종희 · 김영찬(2008)의 연구가 구술성을 지닌 민속지학 인터뷰 방법을 사용하고 있으며 구술사 연구를 표방하고 있지 않지만 표에는 포함한 이유다. 이미 살펴보았듯이 여러 분과 학문에서 논의되고 있는 구술사 연구 방법론은 아직 탐구의 과정에 있으나 그동안 축적해 온 연구 주제와 연구 방향의 지평은 커뮤니케이션학에 많은 가능성을 시사한다. 여성주의 구술생애사, 개인의 생애사로부터 사회 구조의 구체적 일반성을 탐구하는 생애사 연구, 역사학에서의 구술사 연구는 모두 커뮤니케이션학에서는 아직 가지 않은 길을 제시해 준다. 대중

문화 수용자 연구, 미디어 문화 산업 종사자들의 직업 정체성 연구, 생산 문화연구, 프로그램의 역사성 연구, 여성 미디어 생산자 연구 등도 구술사 연구의 가능성에 열려 있는 영역이다.

3. 구술사 연구 방법의 실제[5]

구술사 연구의 어떤 특질에 초점을 맞추어 연구를 설계하는지에 따라 구체적인 연구 방법에 차이가 발생할 수 있다. 그럼에도 구술자의 선정, 연구자의 윤리 및 구술자와의 관계, 연구자의 태도 및 위치, 질문의 준비, 자료 생산 및 분석에서 준수해야 할 원칙의 기본 틀은 다르지 않다. 질적 연구 방법의 인식론과 철학적 전제를 공유하는 구술사에서 구술자는 말할 수 있고 생각할 수 있는 사람으로서 면담자인 연구자와 상호적 관계를 맺는 '연구 참여자'다. 여기서는 커뮤니케이션학에서 이루어진 구술사 연구들을 주요 사례로 하여 구술사 연구 방법의 실제를 다룬다.

1) 면담자(연구자)와 구술자(연구 참여자)의 권력 관계: 라포 형성과 연구 윤리

면담자와 구술자와의 관계는 복합적이고 변화적인 실체다. 무엇보다 면담자는 구술자의 인생 경험을 존중하고 그의 삶에 대해 배운다는 진정성 있는 태도를 갖추어야 한다. 구술 연구가 사실 확인을 위한 작업이 아니라 구술자가 기억하고 진술하는 방식과 내용 자체에 의미를 부여한

5 이하 '3. 구술사 연구 방법의 실제'의 내용은 Maxwell(2005/2009); Seidman(2006/2009); 한국구술사연구회(2005); 함한희 · 윤택림(2006); 백미숙(2009; 2012a)을 기초로 재구성했다.

다는 점에서 그러하다. 면담자와 구술자가 상호 참여적 관계를 맺을 때 기억의 회상 공간이 자유롭게 확장되며 더 풍부한 이야기가 산출된다.

구술 인터뷰에서 가장 주의할 점은 연구 성과를 위해 구술자에게 마음의 상처를 주고 고통을 주는 약탈적 인터뷰가 되어서는 안 된다. 마구 파고 들어가는 질문으로 구술자에게 하나라도 더 기억하고 더 많이 구술하도록 강요하는 것은 면담자가 구술자를 도구화하는 것이다. 구술 인터뷰는 구술자가 속마음을 토로하고 사실을 이야기하는 경험을 통해 자신의 삶을 받아들이고, 때로 자신감을 불어넣는 기회, 더 나아가 카타르시스를 느끼고 트라우마로부터 해방되는 치유의 기회가 되어야 한다. 구술자의 동의 없이 인터뷰 시간을 초과하거나 들을 만한 이야기를 다 들었다고 생각하여 인터뷰를 일방적으로 취소하는 일도 없어야 한다. 구술사는 상호 수혜적인 근본 정신을 잃어서는 안 되기 때문이다.

역으로 때로는 구술자가 면담자에게 불신을 보이는 경우도 있다. 특히 학생 연구자의 경우 연령상의 차이로 인해 학생이 '뭘 알겠느냐'고 불신할 때 구술 인터뷰는 어려움에 봉착하게 된다. 그러므로 학생 면담자는 구술자에게 사전에 그리고 인터뷰 과정에서도 연구자로서 자료 준비의 전문성, 준비된 태도, 진정성을 확실히 보여 주는 것이 중요하다. 인터뷰가 실패하게 되면 연구자뿐 아니라 구술자에게도 상처로 남고 구술 인터뷰에 대한 불신을 키우며 구술 기억에도 장애로 작용한다.

라포 형성에서 연구 윤리 준수 역시 중요하다. 연구 윤리 준수를 위해 구술 인터뷰에서는 반드시 연구 참여 동의서를 작성해야 한다(부록 참조). 연구 참여 동의서를 받는 시점은 예비 만남 같은 첫 만남보다는 실제 인터뷰를 시작할 때가 좋다. 첫 만남 (혹은 예비 만남)에서는 연구 참여에 대한 구두 동의를 듣고 다음에 이러한 형식의 동의서를 작성할 것이라는 점을 밝히는 정도에 그친다. 구술자의 동의를 받는 일도 중요하지만 동의를 획득한 이후에는 어렵게 자신의 이야기를 공개하기로 결정한 구술자의 뜻을 존중하고 지키는 연구자의 자세가 필요하다(한국구술사연구회, 2005: 83). 연구 관계나 연구 윤리는 구술 인터뷰가 중요한 정보나 통찰력을 제공하는 경우일수록 추후 자료 사용에서 중요한 요인으로 작용한다. 또한, 잠정적인 윤리적 문제나 타당성 위협이 제기될 우려에 대비해서도 매우 중요하다.

2) 연구 주제와 구술자 선정의 '대표성'

구술 인터뷰는 두 가지 방향에서 기획될 수 있다. 하나는 특정 인물의 생애사를 중심으로 하여 연구 주제를 탐구하거나, 또는 특정 연구 주제를 중심으로 하나 혹은 여러 인물에 대한 구술사를 수행하는 것이다. 구술 인물이 연구 주제에 적절한 사회적, 시대적 대표성과 공정성을 갖추었는가의 기준을 '이론적 대표성'이라고 한다. '이론적 대표성'은 구술자의 '이론적 자격'과 '인성' 두 가지 요소로 구성된다. 이론적 자격이란 구술자가 연구자의 연구 주제에 타당한 정보와 자료를 줄 수 있을 만한 사회적 위치와 역할을 가지고 있는 사람인가를 말한다. 구술자의 삶이 사회 구조와의 연관성을 매개하고, 구술자와 면담자와의 연구 관계가 핵심적 역할을 한다는 점에서 '인성' 또한 중요한 요소다(함한희·윤택림, 2006).

구술자를 선정하는 방식은 사전에 이론적 자격이 있는 사람을 찾거나, 혹은 구술이나 현지 조사를 진행하면서 적절한 구술자를 추가로 소개받을 수 있다. 한국 텔레비전 방송 초기 형성 과정에 관한 구술 연구에서는 주제 성격에 따라 한국 텔레비전 PD 1, 2호로 불리는 인물을 비롯해 국영 방송 공채 1기 PD들을 구술자로 선정하여 이론적 대표성을 확보했다. 초기 구술자들과의 라포가 형성되고 나자 구술자들은 적극적으로 추가 구술자들을 추천해 주겠다고 제안했다(강명구 · 백미숙, 2007).

주제 연구를 하다가 적절한 구술자를 발견하게 되어 구술생애사 연구를 수행한 사례도 있다. 임영호· 홍찬이 · 김은진(2009: 11)은 에로 산업에 관한 연구를 위해 전, 현직 에로 비디오 감독을 만나 심층 인터뷰를 진행하는 과정에서 '이론적 자격'을 갖춘 사람을 만나게 되어 후속 연구로 에로 비디오 감독의 구술생애사 연구를 수행했다. 선행 연구 과정에서 에로 비디오 업계의 상황이나 흐름을 파악하고 있었고, 업계 내에서 면접자의 위치나 특성을 잘 이해할 기회가 있었기 때문에 이론적 대표성을 판단하는 어려움이 없었다. 구술자의 직업 생애 경로가 가장 대표적 사례여서가 아니라 현직 감독 중 자신의 커리어에서 가장 핵심적인 기간 동안, 또 가장 오래 에로 장르에서 보낸 인물이어서 생애사 연구에 적절하다고 판단했다는 것이다.

커뮤니케이션 미디어 연구에서 PD, 기자, 작가, 방송국 간부 출신 인물들을 구술자로 하고자 할 때, 이들은 첨단 직업 계층에 속했던 사회 문화적 엘리트 계층이라는 점에서 '아래로부터의 역사를 지향하는 구술사의 인식론적 지향성과 충돌하는 것이 아닌가' 질문할 수 있다. 그러나 소수 정치 지배 엘리트에 의해 좌우되던 한국 방송 역사의 특수성을 고려하면 이들은 '정치적 약자'라는 복합적 위치에 있었다는 것을 고려할 필요가 있다. (문화) 공보부의 관료적 지배 체계를 중심으로 기술되어 있는 한국 방송의 역사에서 제작 현장의 일이나 경험은 단순히 야사 혹은 웃지 못 할 개인의 직업 에피소드로서 취급되었다. 제작 현장 경험의 기억은 제도사 중심의 공식 기억에 균열을 내고 새로운 관점의 역사 쓰기를 가능하게 한다. 미디어 대중문화 생산의 미시사라는 새로운 역사 연구 영역이 열리는 계기가 되기도 한다. 또한, 군사 독재 정권 시기 정책 결정 과정이나 최상위 정치 행위를 재구성하고 비판적으로 역사화하는 과정에서 기록의 취약점을 보완하는 구술 증언 방법으로도 유효하다.

앞서 언급되었듯이, 에로 비디오 감독과 같은 '주변부 문화 산업' 종사자들의 삶과 직업 역시도 구술생애사 연구가 탐구할 영역이다(임영호·홍찬이·김은진, 2009 참조). PD, 아나운서, 성우, 기자와 같은 주류 직업인 외에 행정, 사무, 기술, 미술, 음악 등의 지원부서 종사자들의 구술사 연구는 아직 시도되지 못하고 있으나 미디어 사회문화사, 생산 문화연구에서 중요한 구술사 영역으로 남아있다.

수용자 구술사는 미디어 대중문화 역사 쓰기의 주체로서 구술사의 전통을 가장 충실히 실천할 수 있는 분야다. 수용자 구술 연구로는 초기 라디오 수용자를 민속지학적 방법으로 탐구한 마동훈(2004)과 김종희·김영찬(2008)의 연구를 꼽을 수 있는데, 구술자 선정과 연구 수행의 어려움, 그리고 중요성을 잘 보여 주고 있다. 김세은(2013)은 대중가요 수용자 구술 연구의 실패 사례를 통해 이론적 대표성을 갖춘 구술자 선정과 라포 형성, 주제의 유동성 문제를 본격적으로 다루었다. 서울/지역, 교육, 연령, 젠더 등의 요소들은 대부분의 연구에서 인물 선정의 타당성 확보를 위해 중요하게 고려할 사항이지만 통계적인 균형이 항상 중요한 것은 아니다. 수용자 구술사의 경우 무리하게 균형성을 맞추기보다는 연구 주제나 질문을 수정 보완하는 방식으로 구술이 가능한 인물을 표집하는 것이 현실적 방안이 될 것이다. 생애사 연구 방법론에서 강조되었듯이 특정 개인의 생애사가 서사적 풍부함을 갖추고 사회 구조와의 연관성을 매개하고 있다면 '구체적 일반성'을 갖는 유형적 사례로서 대표성이 충분하다고 볼 수 있다. 여성주의 구술사에서 강조하듯이 특정 개인의 젠더 경험의 서사화가 담론의 정치로서 유의미하다고 판단된다면 이 역시 구술자로서 이론적 대표성을 확보했다고 할 것이다.

3) 인터뷰 구조 설계와 구술 질문 준비

구술자의 서사는 면담자의 질문에 따라 달라진다. 같은 면담자와 구술자가 다른 기회에 만났을 때 또 다른 판본이 나오는 것이 가능하고, 같은 구술자를 다른 연구자가 인터뷰를 했을 때 또 다른 판본이 나올 수 있다.

구술 인터뷰는 크게 사건에 초점을 둔 에피소드 중심의 인터뷰와 구술자의 전체 생애를 다루는 생애사 인터뷰로 나눌 수 있다(Ritchie, 2003: 4). 그러나 이 둘이 완전히 분리되는 것은 아니다. 구술자에게 인터뷰를 요청하는 과정에서 연구의 대주제를 제시하게 되므로 구술자의 생애사에서도 자연스럽게 연구 주제와 관련된 에피소드 중심으로 기억을 구성하게 된다. 최근 경향은 친근한 대화 형식으로 이루어지는 개방적이고 비구조적이며 인류학적인 생애사 인터뷰를 바람직하게 본다. 예를 들어, '초기 텔레비전 드라마 제작 시스템과 인적 자원의 형성'(백미숙 · 이종숙, 2013)이라는 주제로 구술 인터뷰를 수행할 때 시작 질문은 "어떻게 방송 PD를 하시게 되었나요?"였다. 구술자에게는 아무런 질문지도 준비하지 않았음을 밝히고 편하게 이야기해 달라고 부탁했다. '한국 에로물 감독의 구술생애사'에서도 변남자들은 인터뷰에서 연구자의 개입을 최대한 줄이고 "어떻게 해서 감독이 될 생각을 하셨나요?"와 같은 비구조적 개방형 질문으로 시작했음을 보고했다. 이런 질문에 대해 구술자들은 대부분 어린 시절부터 현재까지의 전반적 인생 여정에 관한 주관적 진술을 하면서 연구 주제에 관련한 사건이나 체험의 사실을 함께 이야기하게 된다. 이처럼 첫 인터뷰에서 구술자가 자유로운 서사 공간을 확보하고 '시작 이야기'를 풀어갈 수 있는 분위기와 환경을 만드는 것이 개방형 인터뷰 구조의 목표다.

비구조화된 개방형 인터뷰를 한다고 해서 연구자가 아무런 자료 조사를 하지 않는다는 의미는 아니다. 주제사이든 생애사이든 연구자는 구술 인터뷰 이전에 기존 연구나 문헌, 기록에 관한 검토를 통해 충분한 사전 학습을 해야 한다. 구술자의 출신 지역 및 활동 지역, 학교, 직장을 비롯한 개인 자료에 대한 조사, 구술자와 관련된 해당 사건에 대한 역사적 사실들에 대한 조사, 사건 연표, 공적 기록 등의 자료 조사 및 관련 주제에 대한 최근 연구 경향을 비롯해 수기, 소설, 관련 다큐멘터리나 영화 시청도 구술 인터뷰를 위한 사전 학습에 포함된다. 기층민이나 일반 수용자들을 생애사적으로 접근할 경우 동일한 유형이나 계층의 인터뷰 기록을 학습한다(한국구술사연구회, 2005). 사전 조사와 학습을 통해 충분히 관련 자료를 습득하고 전문성을 갖춘 후, 구술자의 생애사적 경험을 경청하는 듣기 위주의 인터뷰가 개방형 인터뷰다.

인터뷰의 회수와 길이는 구술자의 의견을 최대한 존중하여 결정해야 한다. 그러나 구술자가 허용한다면 심층적이고 해석적인 인터뷰를 위해 세 번의 인터뷰 구조를 설계하는 것이 좋다. 통상 몇 번의 구술 인터뷰가 적절한가는 구술자와 면담자와의 라포 형성 정도에 따라 스스로 판단할 수밖에 없다. 생애사 연구가(생애사 재구성 방법론이) 제안하는 인터뷰 구조는 '시작 이야기'로부터 구술자의 자유로운 생애사를 먼저 충분히 듣고, 연구 주제와 관련한 미진한 부분은 추후에 보충 질문을 하는 방식이다. 인터뷰 구조를 좀 더 체계화하려면 어빙 사이드만Irving Seidman(2006/2009)이 심층 인터뷰 방법으로 제안한 '개방형 인터뷰 구조'를 참조하는 것이 좋다. 만약 구술자가 한 차례의 인터뷰만을 허용한다면 인터뷰의 길이를 조금 더 길게 하고, 인터뷰 사이에 휴식 시간으로 약간의 간격을 만들면서 주어진 인터뷰 시간 내에서 '생애사적 접근,' '세부 경험의 재구성,' '경험의 의미 숙고'라는 세 단계의 내적 흐름을 구조화하는 차선책을 이용할 수 있다. 실제 구술 인터뷰에서도 매우 효과적인 방법이라는 것을 경험했다.

인터뷰의 1단계(혹은 1차 인터뷰)에서는 구술자의 경험의 맥락을 이해하기 위해 생애사에 집중한다. 구술자에게 자신에 대해 가능한 많은 이야기를 해 달라고 부탁한다. 구술자의 탄생과 성장 과정 등 생애사에 대한 포괄적 질문을 배치하여 특정한 경험을 자신의 생애사 흐름 속에서 서사화하도록 것이다. 질문보다는 '듣기'에 집중한다. 이야기가 다른 방향으로 흐르더라도 흐름을 교정하지 않도록 한다. 구술자가 그렇게 기억을 구성하는 의미가 있기 때문이다. 예를 들어, 1960년대 후반부터 방송 다큐멘터리 PD로서 활동한 구술자의 인터뷰에서 구술자는 자신의 출생에서부터 영화 조감독 경력을 1시간이 넘도록 구술하였다. 총 4시간이 걸린 구술에서 거의 삼분의 일 이상이 방송국에 입사하기 전 20대 초반의 경력이었다. 인터뷰가 종료될 때쯤이 돼서야 이유를 어렴풋이 이해할 수 있었고, 구술 텍스트를 재구성하는 해석 과정에서 그의 생애사적 관점을 확인할 수 있었다. 그는 '대학 졸업자는 아니지만 대졸 PD들보다도 영화 필름 제작에 더 많은 실전 경험을 갖추고 방송 일을 시작했고 그것이 많은 성공적인 작품을 제작하는 능력의 기초가 되었다'라는 해석틀에서 그의 생애사를 구성했다. 구술 인터뷰 당시에는 이해가 되지 않는다고 해도 구술자의 이야기를 충분히 들어야 하는 이유다.

인터뷰의 2단계 (혹은 2차 인터뷰)에서는 구술자가 자신의 경험의 맥락 안에서 경험의 세부 사항을 재구성하도록 질문을 준비한다. 예를 들어, 제작 현장에서의 하루를 시간대별로 세부적으로 구성해 달라고 부탁하거나, 갈등적 인간관계, 이해의 충돌, 시간에 쫓기는 제작 현장, 저녁 술

자리 등의 이야기를 가벼운 대화처럼 질문했을 때, 구술자는 과거 동료들과 가졌던 즐거운 분위기를 회상하며 좀 더 많은 기억을 불러올 수 있었다. 또한 프로그램의 기획에서 제작, 편성, 이후 평가에 이르기까지의 세부 사항을 매우 구체적으로 기억해 보도록 보충 질문을 하기도 했다. 그러나 연구자가 가진 확고한 가설을 증명하거나 개인적 관심과 의문점을 풀기 위한 확인용 질문은 구술자가 심문당하거나 기억력을 테스트당하는 기분을 느끼게 만들 수 있다. 그러므로 세부적 사실의 확인보다는 구술자가 자신에게 의미 있고, 중대한 경험이라고 해석하는 부분을 능동적으로 이야기할 수 있도록 질문하는 것이 중요하다.

질문의 배치는 일반적인 수준에서 시작해 구체적인 질문으로 들어간다. 특히 구술자가 정치적, 심리적으로 부담을 느낄 질문을 초반에 배치하지 않는다. 정치적인 방어를 하게 하거나 인터뷰에 대한 거부감을 가질 수 있기 때문이다.

구술자 개인과 관련 사건에 대해 사전 학습을 했다고 하더라도 이를 질문에 포함하여 직접 구술자의 언어로 듣는 것이 중요하다. 질문 방식은 '왜'보다는 '어떻게'의 질문이 적절하다. '왜 프로듀서가 되었느냐?'는 질문보다는 '어떻게 텔레비전 프로듀서라는 직업을 가지게 되었는가?' '어떻게 방송에 관심을 가지게 되었는가?'의 질문이 구술자가 편하게 서술하는 것을 돕는다. 생애사적 접근은 구술자와 면담자의 라포 형성에 도움을 주고 구술자의 기억 재생에 긍정적으로 작용한다. 면담자에게는 구술자의 경험의 맥락 안에서 구체 사항에 대해 보충 질문을 할 수 있도록 만들어 준다.

인터뷰의 3단계(혹은 3차 인터뷰)에서는 구술자로 하여금 자신의 경험이 갖는 의미를 숙고하는 방향으로 이야기를 끌어간다. 여기서 의미는 단순한 만족이나 보상의 문제가 아니라 구술자가 자신의 일과 삶, 생활과 인간관계 사이의 지적, 감정적 결합을 나타낸다. 예를 들어, 연구자는 유신 체제 아래서 정권 홍보성 프로그램을 제작하던 경험을 구술자 자신이 어떻게 평가하고 의미를 부여하는지를 질문할 수 있다. 이러한 질문은 구술자 자신이 당시의 역사적 조건 속에서 자신의 경험을 어떻게 생각했었는지, 지금은 어떻게 생각하는지를 답할 수 있도록 한다. 그리고 연구자는 그 기억을 회상하고 이야기로 구성하는데 있어 구술자가 이후 살아온 삶의 여러 요인들이 어떻게 서로 상호작용하여 오늘의 생각에 이르게 되었는지를 성찰하도록 인터뷰 과정에서 관여하는 것이다. 친밀함과 신뢰감이 충분히 형성되었을 경우 세 번째 단계의 인터뷰는 연구 주제에 제한되지 않고 확장되며, 연구자가 미처 기대하지 못했던 새로운 경험의 결들과 조우하는 계기가 된다. 관건은 구술자와 연구자와의 관계성이다.

인터뷰 진행에서 구술자가 인터뷰 구조에서 벗어나는 이야기를 할 때, 혹은 흥미로운 이야기를 전개할 때 면담자 역시도 인터뷰 구조에서 이탈하기가 쉽다. 그러나 가능한 인터뷰 구조에 초점을 맞추어 진행하는 것이 좋다. 특히 개방적이고 심층적인 인터뷰에서는 각 인터뷰의 초점을 잘 인식하고 수행해야 연속적 인터뷰가 제공하는 상호적이고 축적적인 특성의 장점을 만들어 낼 수 있다(Seidman, 2006/2009: 50~51). 그럼에도 실제로는 궁금함으로 인해 인터뷰 구조에서 이탈하는 질문을 하는 경우가 쉽게 발생한다.

면담자는 각 단계 인터뷰를 위해 '어느 정도'로 '어떻게' 질문을 사전구조화할 것인가를 결정해야 한다. 면담자가 구술 인터뷰 전체 과정에서 길을 잃지 않고 일관성 있는 인터뷰를 할 수 있도록 준비가 필요하기도 하지만, 세부 주제들을 너무 구체적으로 정해두고 이를 적용하는 것은 떠오르는 통찰력에 반응하는 유연성과 역동성을 떨어뜨리고 '좁은 시야'에 갇힐 우려가 있다. 구조화된 질문지는 양면적 효과를 가지고 있다. 예를 들면, 구술 인터뷰를 결정한 방송 엘리트들은 질문지를 사전에 보내 줄 것을 요청하는 경향이 강했다. 이는 구술을 영상으로 녹화하는 경우 그리고 공식적인 기록성이 높을수록 더 강하게 나타났는데, 구술의 정확성을 높이고 오류를 방지하기 위한 구술자들의 노력이나 태도로 이해할 수 있다. 구술자에게 사전에 질문지를 배포하는 것은 학습한 기억을 이야기한다는 단점으로 작용하기도 하고, 역으로 풍부한 구술 내용을 제공하는 효과를 만들기도 했다. 이 사례가 시사하는 바는 배포용 질문지와 별도로 연구자는 좀 더 비구조화(혹은 반구조화)되고 유연성 있는 질문 목록을 구성하고, 인터뷰 현장 상황에서 창의적이고 통찰력 있는 질문을 제기할 수 있는 준비가 필요하다는 것이었다. 주제 연구가 아닌 개인의 구술생애사를 서사 분석하는 데 초점을 둔 연구라면 구조화된 질문지보다는 구술생애사의 흐름에 충실한 보충 질문 방식이 적절하다.

인터뷰를 마친 후에 종종 이야기가 이어지는 경우가 있다. 인터뷰의 긴장이 완화되면서 구술자가 편한 마음으로 활기차게 이야기를 시작하는 상황이 발생한다. 이럴 경우, 양해를 얻고 녹음기를 작동할 수도 있지만, 여의치 않을 경우 충실히 메모하는 것이 필요하다. 구술자가 의도한 것은 아니더라도 종종 앞서의 구술과 충돌되거나 다른 분위기의 이야기가 나오기도 하기 때문이다. 녹음을 하던 메모를 하던 구술자에게 인터뷰의 연장선상에서 자료 사용에 대한 양해를 얻어야 한다.

4) 구술 인터뷰의 운영: '듣기' 우선과 질문하기, 그리고 메모하기

구술생애사 연구는 '말하기에서 듣기'로, '연구자에서 연구 참여자'로 방점을 맞추는 것을 점점 더 중요하게 강조하고 있다. 구술 인터뷰는 연구 주제와 일정에 맞춰 연구자가 질문을 하고 적절한 대답을 얻어내기 위함이 주된 목적이 아니라, 구술자가 경험의 주체, 서술의 주체로서 기억을 가시화하는 과정에 주목하면서 '듣는' 과정에 중점을 두어야 한다는 것이다. 특히 구술자를 서술의 주체로 위치시킨다는 점에서 심층 인터뷰와 가장 큰 변별성이 있다고 본다(이나영, 2012: 190).

구술자가 조금 긴 침묵을 하는 경우는 기억을 정리하거나 마음의 움직임이 일어나는 때이므로 기다리는 것이 필요하다. 처음 구술로 자신의 이야기를 풀어놓는 경우일수록 침묵이 발생할 가능성이 많다. 연구자는 참혹한 기억, 어색함, 부끄러움 등 구술자가 기억의 멍에에서 벗어나 자유로워질 수 있도록 기다려야 한다. 이러한 침묵은 녹취문의 지문이나 인터뷰 후기에 반드시 기록 한다. 침묵이 의미하는 바를 그대로 기억의 맥락 속에 살려 의미를 부여해야 하기 때문이다. 구술자가 '그렇게'라는 식의 지시적 표현으로 서술을 가름할 때 이것이 의미하는 바가 무엇인지에 대해서 파악하는 노력도 중요하다. 언어화하기 어려운 경험은 침묵으로 저항성을 발화하는 것이기도 하다(이희영, 2007).

듣기에는 적절한 반응도 필요하다. 잘 듣고 있음을 언어적으로 표시하는 것으로 구술자와 소통이 된다. 물론 때에 따라 기억을 도와주어야 할 필요도 있으므로 판단은 구술 현장에서 연구자의 몫이다.

2차 인터뷰나 보충 실문 단계에서 질눈은 연구자에 의해 일방적으로 구성되고 일률적으로 던져지는 것이 아니다. 동일한 주제라도 연구자에 따라, 혹은 구술자의 관심에 따라 질문 내용과 답변 내용이 변경될 수 있다. 좋은 인터뷰 질문은 진정성이 있는 질문이다. 진정성을 가진 질문이 제기될 때 구술자는 연구자가 생각하지 못한 방식으로 자신만의 지식을 답해 주게 된다. 비로소 진정한 협조적 관계가 형성되는 것이다. 종종 기존 문헌에 나와 있는 정도의 동일하고 제한적인 답이 반복되는 경우는 질문의 방식을 바꾸어야 한다. 예를 들어 "조직 문화에서 갈등은 없었는가?" "문화예술계에서의 인력 유입은 어떠했는가?" "방송에 대한 당시 문화예술인들의 인식은 어떠했는가?"라는 질문에 대부분은 "많이들 와서 일했다," "다들 좋아했다" 등의 답으로 그쳤다. 나중에 발견한 바에 의하면, 연극, 미술, 음악계의 문화예술인과 방송인의 영역이 겹치고 매일 일과 후에 술을 마시는 것이 일상 문화였기 때문에 별달리 새로운 '이야기할 거리'라고 생각하지 않았기 때문에 일정한 플롯의 답변이 반복된 것이었다. 이 질문에 대한 답은, '일을 마친 후 누구와 저녁에 술을 마셨는가,' '술을 어디서 주로 마시는가,' '저녁 여가 시간을 어떻게 보내는가' 등의 구체적 질문으로부터 구할 수 있었다. 명동 거리를 중심으로 뭉쳤던 단골 술집, 단골 다방, 그곳에 모이던 사람들의 면면 등을 통해 초기 TV 방송인들이 가졌던 문화예술계의 인맥과 그들이 어떤 방식으로 방송계로 유입되어 미디어 융합적인 문화 공간과 체계를 형성해 갔는지를 이해할 수 있었다.

질문은 한 번에 한 가지씩 하는 것이 좋다. 복합적 질문을 할 경우 구술자는 대개 마지막 질문만 기억하여 대답하기 쉽다. 구술자가 내러티브를 능숙하게 이끌어 가는 경우는 질문 목록에 너무 매이지 말고 일단 전체적 이야기를 듣고 나중에 질문할 수 있다. 구술자가 연구자가 알고 있는 것과 다른 이야기를 할 경우, '제가 알기로는 ~ ~한 이야기도 있던데 제가 잘못 이해한 건지요?' 하는 식으로 완곡한 질문으로 접근해야 한다. 강요하는 질문이나 유도하는 질문은 금기다. '잘 생각해 보면 아닐 거예요,' '다시 한 번 생각해 보세요,' '다른 사람들은 그렇게 얘기하지 않던데요' 등의 질문은 피해야 한다. 사실 확인에 급급해서 '맞습니까?' '정확한가요?' 등으로 숫자, 날자, 시간 등에 대해 지나치게 구체적인 답변을 요구하기보다는 대략적으로 계절, 명절 전후 등의 기준 범위 내에서 질문하는 것이 좋다.

질문에 급급하여 구술자의 기억의 흐름을 방해하거나 맥을 끊어서는 안 된다. 질문을 퍼붓기보다 구술자가 자신의 언어로 자신의 이야기를 하도록 해 주어야 한다. 그러나 자신이 공부한 지식을 설파하거나 대학에서 강의한 경험을 과시하는 형태로 이론적이고 현학적인 내용으로 구술을 지속하는 경우에 면담자의 개입이 필요한 경우도 있었다. 이 경우 불쾌하거나 지루한 표정, 태도를 보이지 않는 것이 좋다. 다만 공공으로 사용하게 될 기억이라는 점에서 "그 이야기는 조금 나중에 여쭤보면 안 될까요?"라거나, 음료수나 간식을 권하며 구술자가 한숨 돌리도록 자연스럽게 방향을 선회하는 방식을 활용한다. 그림, 고유 명사 등을 확인할 필요가 있을 때는 어느 정도 이야기의 흐름이나 맥이 이어진 조금 후에 질문해서 확인한다.

촬영이나 녹음을 한다고 해도 연구자가 메모를 하는 것이 좋다. 녹음, 녹화에 실패한 경우 메모는 더욱 중요하다. 구술 이야기를 들으면서 촬영과 동시에 구술자의 감정 변화에 대해 메모를 해놓는다면 녹취록을 만드는 데 도움이 된다. 연구자의 메모 작성 태도는 구술자에게 경청한다는 인상을 주고 신뢰를 준다. 무엇보다 메모는 구술을 경청하는 가운데 일어나는 자신의 생각을 정리하고 후속 질문을 이끌어 내는 기능을 한다. 또한 인터뷰 직후의 후기 작성에 가장 중요하다. 메모는 녹취록을 만들기 전이라도 인터뷰 전체의 흐름을 잡아가는데 중요한 역할을 하는 것이다.

5) 인터뷰의 예의와 윤리: 인터뷰 세팅, 장소, 길이, 간격

면담자와 구술자의 관계는 섭외를 위해 연구에 대해 설명을 하는 순간부터 시작된다. 학생 연구자 가운데는 지도 교수가 인터뷰 허락을 받아 주는 경우도 있는데, 이런 경우라도 학생 본인이 실제 인터뷰 수행 전에 전화와 메일을 통해 자신의 연구 목적과 인터뷰 계획을 미리 전달하고 논의해야 한다. 시간을 투자하여 자신을 소개하고 구술자의 시간과 자신의 연구를 소중히 여기는 태도를 보여 줄 때 질 높은 인터뷰가 가능하다.

일단 구술 참여자와 전화 연락을 통해 연구 참여에 대해 생각해 보겠다는 답변까지 듣고 났다면, 이후 이메일이나 우편을 통해 충분히 자신의 연구 취지와 목적을 설명한다. 바로 이메일만 보내면 메일이 그냥 삭제되는 일이 발생할 수도 있다. 연세가 높은 구술자의 경우에는 이메일을 사용하지 않을 수도 있으므로 우편을 이용하는 것도 고려해야 한다.

인터뷰 날짜를 약속한 후 인터뷰일이 가까워지면 구술자에게 전화로 다시 한 번 약속 일시와 장소를 확인하는 연락을 하는 것이 좋다. 그리고 인터뷰 당일 시간 약속 엄수가 필수적이다. 인터뷰 당일에는 구술자도 긴장하고 있기 때문에 약속 시간에 늦는다면 불안감을 준다.

인터뷰 장소는 구술자가 가장 편리하게 여기는 장소가 좋다. 특히 편안함과 안정감을 느끼는 장소여야 한다. 구술자가 허락한다면 자택 방문이 가장 좋은 방안이다.

인터뷰 시간은 세 단계의 인터뷰 구조를 설정했을 때 대략 1시간 반을 전후하여 2시간 이내가 좋다. 연구자가 자신의 이야기를 진정성을 가지고 들으려 한다고 구술자가 느끼기에 적절한 시간 길이다. 방송인들처럼 평소에 말하기에 익숙한 엘리트들과의 인터뷰는 보통 더 길어지는 경향이 있다. 인터뷰의 길이는 유동적일 수 있지만 다음의 인터뷰에 부담을 갖지 않도록 적절하게 마치는 것이 좋다. 더 중요한 것은 인터뷰 시작 전에 인터뷰 참여자와 길이를 사전에 결정하는 것이다. 주어진 시간 내에서 자신의 이야기를 서론, 본론, 결론으로 구성할 수 있도록 하기 위해서다. 연구자 역시 시간 범위 내에서 인터뷰를 구성할 수 있다. 이야기가 길어지려고 할 때도 가능한 처음의 약속을 지키도록 한다. 구술자가 피곤함을 느끼지 않고 다음 회의 인터뷰를 기분 좋게 기다리는 정도를 판단해서 결정한다.

인터뷰 간격은 일주일이 가장 효과적이다. 이전 구술 내용과의 관련성을 잃지 않을 만큼의 시간 간격이라는 것을 고려해서다. 세 번의 인터뷰를 위한 여러 번의 방문은 구술자와의 라포 형성에도 긍정적 영향을 미친다. 일정과 약속을 확인하는 연락을 하고, 질문지를 사전에 보내며, 감사의 인사와 선물을 나누는 가운데 연구자와 구술자는 특별한 관계를 형성할 기화를 얻게 된다. 연구비가 있는 경우 현금 사례비를 책정하여 매회 인터뷰 때마다 지급하는 것이 좋다.

6) **인터뷰 직후 작업**

인터뷰 직후 작업은 자료를 집적하며 정리하기 위한 준비 작업이자, 연구자가 구술 인터뷰의 흐름과 맥락을 정리하는 시간이다. 그러므로 인터뷰 직후에는 반드시 인터뷰 일지(인터뷰 일기, 개인 일지 등)를 작성한다. 일지에는 인터뷰 직후 구술 내용에 대한 판단, 평가, 어려움, 시행착오 등을 기록하여 구술 주제에 따른 인터뷰의 맥락과 흐름을 숙지하고, 연구 방법의 수정, 보완, 개선 여부를 판단한다. 기능적인 측면에서도 이후 추가 작업이나 일정에 대한 메모, 연락처, 명함, 조사 과정에서 받거나 수집한 자료 등에 대해 기록하는 것은 필수적이다. 이러한 기록 작업에는 일관된 형식을 갖추는 것이 좋다. 구술 초기 작업 과정에서 혹은 그전에 양식을 만들어 놓아야 한다.

7) 장비의 사용

구술 인터뷰를 촬영하거나 녹음을 시작하기 전에 연구자는 기본 정보를 먼저 기록한다. 날짜, 일시, 구술자 이름, 장소, 참가자 등에 대한 기본 정보를 인터뷰 직전이나 혹은 인터뷰 장소로 가기 전에 미리 녹음을 한다. 간혹 기본 정보를 녹음할 겨를 없이 인사를 나누는 가운데 구술자가 자연스럽게 바로 이야기를 시작하는 경우도 있기 때문이다. 구술 장소에 대한 분위기를 사전에 녹음하는 것도 좋다.

기본 정보를 사전 촬영하거나 녹음하는 것은 출발 '직전'에 다시 한 번 장비가 제대로 작동되는지를 시험해 보는 기회가 된다는 점에서도 도움이 된다. 영상 구술에서는 구술 현장에서 장비를 책임져 줄 보조가 반드시 필요하다. 녹음의 경우는 음질을 확보하기 위해 손수건이나 책 위에 녹음기를 올려놓아 소리가 진동되는 효과를 줄이는 방안도 있다.

촬영은 구술 자료 이용자를 중심으로 화면 구성을 고려해야 한다. 구술자의 표정을 세밀히 포착할 필요도 있다. 구술자와 연구자 모두가 같이 포함된 장면 구성도 포함한다. 구술자는 연구자의 표정에 영향을 받으므로 연구자와 구술자의 얼굴 모두를 비추어야 구술의 맥락이 더 잘 살아나기 때문이기도 하다. 그러나 촬영자가 너무 드러나는 행동을 하게 되면 구술자가 카메라를 의식하게 되므로 움직임이나 이동을 최소화할 필요가 있다.

기본 정보를 녹음한 후 혹은 중간 휴식 시간에 반드시 녹음이나 촬영이 잘되고 있는지 확인한다. 혹시 녹음 사고가 났다고 해도 구술자가 이를 그 자리에서 알아차리도록 내색하지 말고 나중에 알리도록 한다.

녹음기는 '이것으로 오늘 인터뷰를 마치겠습니다. 녹음을 마치겠습니다'라고 한 후에도 켜두는 것이 좋다. 인사를 나눈 이후에도 이야기가 계속되는 경우가 많기 때문이다. 녹음기가 꺼진 다음에 구술자가 이야기를 계속할 경우 녹음이 되지 않을 뿐더러, 구술 동의서에 포함되지 않으므로 이를 사용하게 되면 연구 윤리에 위배되는 문제도 있다.

4. 자료 수집

1) 연구 과정에서 문서 및 자료 관리와 분석

면담자의 수가 많아지고 인터뷰 횟수가 많아질수록 연구 자료의 관리는 대단히 부담스러운 작업이 된다. 어렵게 수집한 인터뷰 자료를 효율적으로 관리하기 위해서는 연구의 시작과 구성 단계에서 서류 정리와 문서 분류의 방법을 결정하고 인터뷰 직후마다 이를 실행하는 것이 필요하다.

인터뷰 자료가 늘어날수록 어느 시점에서 자료 분석을 시작하는 것이 좋은지가 문제가 되는데, 이에 대해서는 두 가지 서로 다른 입장이 있다. 첫째는 자료 수집과 분석에 통합적인 입장을 취하는 방식이다. 인터뷰를 수행하면서 그 내용을 어느 정도 분석하여 결과를 바탕으로 새로운 질문을 더하거나 보완하여 다음 인터뷰를 진행하는 것이다. 둘째는 인터뷰를 모두 마칠 때까지 수집된 인터뷰 자료에 대해 어떤 분석도 하지 않는 방식이다. 자료 분석을 본격화하면 그로부터 일정 정도의 선입견을 가지게 되거나 부분적 결과를 유형화하여 다음 인터뷰에 영향을 미치게 될 것을 우려해서다. 그러나 분석을 하지 않는다고 하더라도 연구자는 인터뷰가 진행되는 과정에서 자연스럽게 특정한 주제가 부각됨을 인지하게 되며 이전 인터뷰의 결과를 고려하게 된다(Seidman, 2006/2009: 237~238). 그러나 두 입장 모두 새로운 구술자로부터 들을 수 있는 새로운 경험과 이해를 이전 인터뷰의 인식틀 내에서 해석하는 오류가 생기지 않도록 해야 한다는 시각은 동일하다.

2) 녹취문 작성하기

녹취문은 가능한 연구자가 직접 작성한다. 또한 인터뷰가 끝난 직후에 신속히 작성하는 것이 좋다. 녹취문 작성을 시작하기 전에 먼저 녹취 원칙을 만들어 놓아야 한다. 동일한 표기 원칙이 필수적이기 때문이다. 만약 녹취를 연구자가 아닌 다른 사람이 하게 된다면 녹취 원칙은 더 더욱 중요하며, 초벌 녹취문에 대한 검독 작업을 하는데 있어서도 가이드가 된다.

녹취문 작성의 맨 앞에는 인터뷰 개요(인터뷰 주제, 구술자, 연구자, 인터뷰 일시, 장소, 인터뷰 차수)와 구술자 신상을 기록하는 양식을 만들어 반드시 기입하도록 한다. 기능적인 측면에서는 구술 전사 작업을 할 때는 녹취를 하다가 놓치는 부분이 있어도 일단 끝까지 다 진행한 후 다시 앞으로 가서 녹취를 하는 방식이 더욱 유용하다. 맥락에 대한 이해와 지루함에 대한 극복 효과가 있다.

구술사 연구가 구술자와 연구자의 공동 결과물이라 할지라도 구술 자료를 텍스트로 만드는 녹취는 해석자로서 연구자의 권한이자 책임이 된다. 그러므로 '구술성'을 최대한으로 살리는 재현 양식을 만들어야 한다. 녹음된 내용을 가능한 최대한으로 그대로 생생하게 녹취물로 만들어야 하며 취사선택을 해서는 안 되는 것이다. 구술자가 경험·기억을 서술하는 형식, 이야기 스타일, 음가를 발화하는 형태, 사투리나 문법적으로 틀린 말, 반복적이고 습관적으로 나타나는 간투사(느낌씨), 도치, 반복, 삽입 등도 그대로 살려야 한다. 이는 언어화하기 어려운 구술자의 호흡과 리듬, 감정을 드러내며 경험의 의미를 맥락화하는 기능을 한다. 말 멈춤, 침묵, 표정, 웃음, 손짓, 분위기, 정황 등의 비언어적 요소들도 녹취록에 지문 형태로 반드시 포함해야 한다. 부가적인 내용이나 구술자가 제공한 참고 자료가 있다면 각주로 처리한다.

초벌 녹취가 끝난 후에는 검독을 한다. 검독 후에는 윤리 기준에 따라 구술자에게 녹취문을 검토하도록 한다. 구술자가 공개를 원하지 않는 부분이 있다면 이를 반영하여 삭제한다. 이의 제기가 있어 수정을 요청한 부분은 원문을 그대로 두고 각주에 구술자의 이의 제기 내용, 일시, 장소 등을 명기하도록 한다. 사실과 달리 구술된 부분이 있을 경우에도 각주로 근거를 밝히도록 한다. 구술 내용에 대해 연구자가 면담자로서 부가적 설명이 필요한 경우도 각주를 이용한다.

이러한 방식의 녹취록 작성은 녹취문이 아카이브 자료로서 보존, 공개, 활용될 것이라는 점을 전제로 하는 것이다. 그러나 개인이 연구의 목적으로만 사용하고 공개하지 않기로 한 녹취의 경우에도 최대한 구술자의 의도와 경험의 의미를 살릴 수 있도록 표기하고 기록하는 것이 중요하다. 이는 기억을 재현하는 구술의 과정에서 그 경험에 내재되어 있는 정치적 이해, 권력 관계 등의 갈등과 경합을 드러나게 할 뿐 아니라, 역사라는 지식의 형태가 만들어지는 과정을 드러내기 때문이다. 구술은 새로운 담론과 사실을 생산하고, 기존의 기억에 대항 담론으로서 유용하게 사용될 수 있다(함한희 · 윤택림, 2006).

5. 자료의 분석과 해석

구술 인터뷰를 통해 수집된 자료를 분석하기에 앞서 연구자는 자신의 관심과 연구 주제에 대한 인식을 다시 한 번 명확히 해야 한다. 녹취록을 분석하는 단계에서 연구자의 선입견이나 편견에 영향을 받거나 개인적 감정이 작용하지 않도록 주의를 기울여야 한다. 녹취록 자체가 숨 쉬고 말하도록 하는 자세를 가지고 자료를 다루어야 한다(Seidman, 2006/2009: 244). 인터뷰 자료를 분석할 때는 전체를 가지고 시작하는 것이 좋으며, 선별을 너무 성급히 시작하는 것은 바람직하지 않다. 또한 연구자는 미리 세워 둔 가설을 검증하거나 자신이 수집한 자료에 적용하기를 원하는 이론을 검증하는 방식으로 접근해서는 안 된다. 이론이 생성된 맥락이 자신의 연구와 일치할 수 없기 때문이다(Glaser & Strauss, 1967/2001).

분석의 첫 단계는 우선 전체 녹취록을 읽고 관심 있는 구절을 표시하는 것으로 시작한다. 연구자는 녹취록을 읽을 때 이미 자신이 중요하다고 생각하는 것에 의해 영향을 받는다. 그러므로 눈에 띄는 의미 있는 주제의 '덩어리'들을 찾아가는 과정에는 연구자의 판단이 자연스럽게 개입된다. 보통 글을 읽으면서 자신이 중요하다고 생각되는 것을 표기하는 것과 다르지 않다. 이 과정을 통해 일차적으로 자료를 줄이면서 분석하고 해석하고 의미를 부여하기 시작하는 것이다. 이러한 판단은 연구자가 연구 경험을 통해 쌓아 온 분석 능력, 자료의 내면화 등의 경험에 좌우된다. 같은 녹취록에서도 연구 주제에 따라 의미 범주는 다르게 포착된다. 연구자의 개인적 관심과 경험에 따라 포착의 지점이 달라지는 것이다. 정답이 있는 것이 아니므로 연구자의 주의를 끄는 내용을 최대한 포함하여 선별 과정을 반복한다. 이 과정에서 주의할 것은 한 번 배제된 자료는 다시 연구자의 의미 범주 속으로 돌아오기가 어렵다는 점이다. 그러므로 전체 녹취록 원본을 기준으로 중간 중간 자료 생산의 맥락과 전체 흐름을 되새겨 보는 기회를 가지는 것이 필요하다.

다음 단계는 녹취록에서 발췌한 내용들을 범주로 조직하는 작업이다. 발췌된 내용 간의 연결 고리와 패턴을 찾고, 여러 (주제) 범주들 간의 관련성을 찾는다. 이것은 녹취록을 읽고 흥미로운 내용들에 범주의 이름을 붙이는 시도 속에서도 이루어진다. 이 단계에서 연구자가 명명한 범주들은 임시적이고 수정이 가능해야 한다. 분석 범주를 너무 일찍 고정시켜 놓으면 다른 의미 범주들을 놓치게 될 위험이 크다. 선별 과정이 거듭되면서 초기에 찾아낸 범주들은 사라지고 새로운 범주들이 떠오르게 되는 경우가 많다. 어떤 범주들은 일찍 확정되는 반면 어떤 것들은 마지막까지 유동적이다.

세 번째 단계는 범주화된 자료들을 모두 정리한 후 정리한 범주 별로 내용을 다시 읽어 보는 것이다. 자신이 분류한 범주와 그 안의 내용들이 적절한지, 억지 짜 맞춤은 없는지를 검토하고 자료를 다시 추려 내는 과정을 거치게 된다. 이런 분류 과정은 어쩌면 매우 직관적인 과정이다. 그러나 연구자 자신은 분류 기준을 명확히 하고 설명하려는 노력을 계속해야 한다. 이러한 설명력이 결국은 연구자가 만들어 낸 범주와 해석을 독자에게 이해시키는 바탕이 된다. 만약 특정 구절들이 모순적이고 다른 내용들과 결정적으로 일치하지 않을 경우 그 구절에 주의 표시를 해둔다. 연구자의 견해를 뒷받침할 만한 자료들에만 주목하여 사용하는 편향된 주관성을 행사하지 않도록 경계의 지표로 삼아야 한다.

마지막 본격적인 해석의 단계에서 특히 유의해야 할 일은 발췌된 분석 자료를 연구자가 미리 정해 둔 주제에 억지로 짜 맞추고 특정 이론에 의해 유형화하여 해석하는 것이다. 연구자는 구술 인터뷰의 과정에서 직접 경험했던 당시의 느낌이나 대화의 맥락을 최대한 존중하고, 사용하는 어휘나 용어의 느낌을 그대로 살려서 해석해야 한다. 예를 들어 구술 과정에서 과거 논쟁이었던 부분을 여전히 말하기 불편한 내용으로 기억하는 경우, 구술자가 긴장으로 인해 볼펜을 딱딱거리는 등의 행동이 더해졌다면 구술 텍스트에 당연히 기록이 되어 있어야 하며, 연구자는 텍스트를 분석하고 해석하는 과정에서 구술자의 느낌을 충분히 반영해, 독자들에게도 이러한 느낌이 전달되도록 해야 한다.

구술 자료를 해석하고 논문 작업을 하는 최종 과정에서 연구자는 계속 자신의 작업에 질문을 던져야 한다. 구술자의 경험들 사이의 연결고리를 어떻게 이해하고 설명할 것인가? 구술 인터뷰를 시작하기 전에 알지 못하던 것을 이제 어떻게 이해하는가? 분석 이전에 연구자가 직감했던 것을 확인시켜 준 것은 무엇인가? 인터뷰 결과를 기존 연구 결과나 문헌과 비교했을 때 어떤 점이 일치하고 일치하지 않는가? 얼마나 다른가? 가장 중요한 것은 구술자에게 경험의 의미를 질문했던 것처럼 연구자는 자신의 작업에 어떤 의미를 부여하는지를 스스로 질문하고 답해야 하는 것이다(Seidman, 2006/2009: 258~267).

6. 연구자의 글쓰기와 성찰적 태도: 연구자의 자기 재현으로서 글쓰기

구술사가 심층 인터뷰 연구와 변별성을 갖는 가장 중요한 지점은 구술자가 서술의 주체라는 것이다. 사회적 관계에서 자신의 삶을 자리매김하는 서사 주체, 역사 서술의 주체, 사회 구조와 관계에서 자신의 삶을 만들어간 개인 주체가 구술자다. 연구자는 단순히 이들의 이야기를 들는 것이 아니라 이들의 삶의 의미에 개입하는 또 다른 주체다. 인터뷰와 녹취록 생산과 분석이라는 과정은 다른 질적 연구 방법과 외형적으로 유사하지만 삶의 이야기를 공동으로 생산해낸다는 점에서 구술자와 연구자(면담자)는 상호간에 위치가 새롭게 위치 지워지는 주체 경험을 하게 된다. 구술사는 이렇게 하여 확장된 인식론적 기반에서 개인과 집단의 역사를 다시 쓰는 연구 실천 행위라는 점에서 가장 급진적이고 민감한 정치성을 내재하고 있다(이나영, 2012: 191). 구술 연구에서 연구자의 윤리, 구술자와 연구자와의 권력 관계, 언어화되지 못한 발화를 읽고 의미화하기 등의 작업이 연구자에게 반복하여 강조되는 이유다.

무엇보다 연구자는 구술 인터뷰의 텍스트를 산출하고 편집하고 해석하고 글을 쓰는 사람으로서 구술사의 최종 책임자이자 권력자다. 연구 참여자로서 구술자를 존중하는 것은 윤리적 과제이지만, 글쓰기는 연구자의 '자기 재현'으로서 온전한 책임을 져야 하는 영역이다(이나영, 2012). 타자의 삶의 경험에 개입하여 이를 또 다른 의미로 해석하고 구성하는 사람으로서 구술자 연구자는 가장 성찰적인 학문 태도를 필요로 한다는 점은 여러 번 반복해서 강조해도 지나치지 않다.

양식 1. 구술 동의서(국사편찬위원회 사례)

본인은 국사편찬위원회 구술 자료 수집 사업의 취지를 이해하고 기꺼이 구술에 참여하면서 아래 내용에 대해 동의합니다.

1. 구술은 녹음 · 녹화할 것이며 그 내용은 녹취하여 원본 사료를 만든다.
(녹음 · 녹화한 테이프 및 그 파일, 녹취록 및 그 파일은 '구술 자료'라고 통칭한다)

2. 국사편찬위원회는 구술 자료를 보존 · 관리하며 연구 및 여타 학술적 목적을 위해 이용할 수 있다. 구술 자료의 이용은 사료의 보존과 이용에 대한 국사편찬위원회의 규정과 방침을 따른다.

3. 나는 구술 자료에 대한 제반 권리를 국사편찬위원회에 이양한다. 단, 사망하거나 또는 ______________까지 나는 구술 자료의 전부 또는
일부 (______________)에 대한 복사 · 이용 · 출판의 권리를 가지며,
나의 서면 동의 없이는 연구 및 기타 목적으로 구술 자료를 이용할 수 없다.

이름: (한자:)
생년월일:
주소:
날짜:
서명(인):
보호자의 서명(만 18세 이하):

국사편찬위원회는 위 내용을 확인하고 동의함
이름:
직위:
서명:

양식 2. 면담 일지(국사편찬위원회 사례)

<table>
<tr><td colspan="2">구술자
(보조 구술자)</td><td colspan="2"></td></tr>
<tr><td colspan="2">면담자
(보조 면담자)</td><td colspan="2"></td></tr>
<tr><td rowspan="4">면담 일시
/장소</td><td></td><td>일시(시간 포함)</td><td>장소</td></tr>
<tr><td>1차</td><td>년 월 일 (시~ 시)l</td><td></td></tr>
<tr><td>2차</td><td></td><td></td></tr>
<tr><td>3차</td><td></td><td></td></tr>
<tr><td colspan="2" rowspan="2">산출물</td><td colspan="2">디지털 녹음 파일 개</td></tr>
<tr><td colspan="2">디지털 영상 파일 개</td></tr>
<tr><td colspan="2">면담 주제
(주요어)</td><td colspan="2"></td></tr>
<tr><td colspan="2">특기 사항</td><td colspan="2"></td></tr>
</table>

양식 3. 개인 소장 구술사료 기술 정보(개별) (한국구술사연구회 사례)

<table>
<tr><td>자료명</td><td colspan="5">* 개인 차원의 자료 관리 번호 포함</td></tr>
<tr><td rowspan="2">구술자 정보</td><td>구술자명</td><td></td><td>생년월일</td><td></td><td></td></tr>
<tr><td>주소</td><td></td><td>연락처</td><td></td><td></td></tr>
<tr><td rowspan="3">자료 정보</td><td>녹음 매체</td><td colspan="4"></td></tr>
<tr><td>녹취문</td><td colspan="4"></td></tr>
<tr><td>관련 자료</td><td colspan="4"></td></tr>
<tr><td>면담 정보</td><td colspan="5">* 면담 상황에 대한 정보 기재
(면담자명, 면담 일시, 장소, 특이 사항 기재)</td></tr>
<tr><td>자료 내용</td><td colspan="5">* 녹음 매체 별로 초록 기재, 매체별 내용 위치 기재</td></tr>
<tr><td>기타</td><td colspan="5"></td></tr>
</table>

참고 문헌

강명구 · 백미숙 (2007). 〈해방 이후 한국 방송의 형성에 관한 구술 자료 1~3〉, 방송문화진흥회 연구보고서.

강명구 · 백미숙 · 최이숙 (2007). "문화적 냉전과 최초의 텔레비전 HLKZ," 〈한국언론학보〉, 제 51-5호, pp.5~33.

구은정 (2008). "사회운동 참여자들의 구술생애사를 통해 본 운동 정체성의 변화: '변혁지향적 · 폭력적 민중운동 대 개량적 · 합리적 시민운동' 이분법에 대한 재해석을 중심으로," 비판사회학회, 〈경제와 사회〉, 78, pp.107~132.

김동춘 (2000). 《전쟁과 사회 — 우리에게 한국전쟁은 무엇인가》. 돌베개.

김미선 (2009). "근대적인 '직업여성'의 여성 정체성과 직업의식의 형성 과정에 관한 연구: 1세대 미용사 임형선의 구술생애사를 중심으로," 한국여성사학회, 〈여성과 역사〉, 10, pp.141~186.

김민환 (2008). 《아나운서 임택근》. 나남.

김성례 (1991). "한국 무속에 나타난 여성 체험: 구술생애사의 서사 분석," 〈한국여성학〉, 7집, pp.7~40.

김성례 (2002). "특집: 구술사와 기억, 여성주의 구술사의 방법론적 성찰," 한국문화인류학회, 〈한국문화인류학〉, 35-2호, pp.31~64. 《여성주의 구술사 연구 방법》(2013)에 재출간.

김성례 (2004). "한국 여성의 구술사: 방법론적 성찰," 조옥라 · 정지영 엮음, 《젠더 · 경험 · 역사》, pp.29~71, 서강대학교 출판부.

김세은 (2012). "해직 언론인에 대한 생애사적 접근 연구: 동아자유언론수호투쟁위원회를 중심으로," 〈한국언론학보〉, 56(3), pp.292~319.

김세은 (2013). "언론학 연구 방법론으로서의 구술사에 대하여 : 현장에서 길을 잃은 한 연구자의 질문과 출구 찾기," 〈커뮤니케이션이론〉, 9(3), pp.205~255.

김종희 · 김영찬 (2008). "여성들의 초기 텔레비전 수용 경험에 관한 민속학적 연구," 〈프로그램/텍스트〉, 제14호, pp.91~127.

마동훈 (2004). "초기 라디오와 근대적 일상: 한 농촌 지역에서의 민속지학적 연구," 〈언론과 사회〉, 12권 1호, pp.56~91.

마동훈 · 강재형 (2008). 〈한국 방송의 초기 아나운서 연구: 미시사적 구술 연구〉, 방송문화진흥회 보고서.

박언주 (2015). “여성 노인의 구술생애사를 통해 본 가정 폭력과 빈곤,” 〈한국여성학〉, 제31권 2호, pp.299~334.

박혜경 (2013). “전후 경제개발의 영웅 서사를 넘어서: 1935년 개성 출생 여성의 구술생애사 연구,” 비판사회학회, 〈경제와 사회〉, 100, pp.374~406.

박경용 (2013). “접골사接骨士의 구술생애사를 통해 본 접골 의료 문화,” 실천민속학회, 〈실천민속학연구〉, 21, pp.297~332.

배은경 (2008). “구술생애사를 통해 본 산업화 시기 한국 어머니의 모성 경험,” 한국여성연구소, 〈페미니즘연구〉, 8(1), pp.69~123.

백미숙 (2009). “한국 방송사 연구에서 구술사 방법론의 사용과 사료 활용에 관하여,” 〈한국언론학보〉, 제53권 5호, pp.103~128.

백미숙 (2011). “1950년대 생방송 텔레비전 HLKZ: 미국화와 잡종화,” 한국방송학회 엮음, 《한국 방송의 사회문화사: 일제강점기부터 1980년대까지》, pp.131~177, 한울.

백미숙 (2012). “커뮤니케이션 역사 연구 방법론: 아카이브 연구와 구술사 연구,” 한국언론학회 엮음, 《융합과 통섭: 다중 매체 환경에서의 언론학 연구 방법》, pp.423~462, 나남.

백미숙 (2012). “1970년대 KBS 텔레비전 교양 피디의 직무와 직업 정체성: 방송 전문성 형성과 신기술, 그리고 제작정신,” 〈한국언론정보학보〉, 겨울 통권 60호, pp.125~149.

백미숙 (2012a). “커뮤니케이션 역사 연구 방법론: 아카이브 연구와 구술사 연구,” 한국언론학회 엮음, 《융합과 통섭: 다중 매체 환경에서의 언론학 연구 방법》, pp.423~462, 나남.

백미숙 (2012b). “1970년대 KBS 텔레비전 교양 피디의 직무와 직업 정체성: 방송 전문성 형성과 신기술, 그리고 제작정신,” 〈한국언론정보학보〉, 겨울 통권 60호, pp.125~149.

백미숙 · 강명구 · 이성민 (2008). “서울텔레비전(KBS-TV) 초기 방송 조직 문화 형성: 구술사를 통한 대안적 방송사 쓰기,” 〈한국방송학보〉, 제22-6호, pp.189~229.

백미숙 · 이종숙 (2013). 〈한국 초기 텔레비전 드라마 제작 시스템과 인적 자원의 형성: 1960~70년대 텔레비전 드라마 피디 구술사 연구〉, 방송문화진흥회 보고서.

손병우 (2006). “대중문화와 생애사 연구의 문제 설정,” 〈언론과 사회〉, 14권 2호, pp.41~71.

신경아 (2011). “여성 노인의 구술생애사를 통해 본 돌봄 윤리의 재구성,” 계명대학교 여성학연구소, 〈젠더와 문화〉, 4(2), pp.197~226.

염미경 (2001). “전쟁 연구와 구술사: 아래로부터의 한국전쟁 연구를 위한 새로운 방법론,” 〈동향과 전망〉, 제51호, pp.210~237.

임종수 (2011). “일요일의 시보, 〈전국노래자랑〉 연구: 기원과 양식, 진화, 미학, 그리고 동시대성과 민족국가,” 〈언론과 사회〉, 19권 4호, pp.2~40.

유철인 (1990). “생애사와 신세타령: 자료와 텍스트의 문제,” 〈한국문화인류학〉, 제22집, pp.301~308.

유철인 (1996). “어쩔 수 없이 미군과 결혼하게 되었다: 생애이야기의 주제와 서술 전략,” 〈한국문화인류학〉, 제29집 2호, pp.397~419.

유철인 (1998). “물질하는 것도 머리싸움: 제주해녀의 생애이야기,” 〈한국문화인류학〉, 제31집 1호, pp.97~117.

윤택림 (1994). “기억에서 역사로: 구술사의 이론적, 방법론적 쟁점들에 대한 고찰,” 〈한국문화인류학〉, 25집, pp.273~294.

윤택림 (2001). “역사인류학자의 시각에서 본 역사학: 구술사 연구를 중심으로,” 역사문제연구소, 〈역사문제연구〉, 6호, pp.213~234.

윤택림 (2003). 《인류학자의 과거 여행: 한 빨갱이 마을의 역사를 찾아서》. 역사비평사.

윤택림 (2010a). 《구술사: 기억으로 쓰는 역사》. 아르케.

윤택림 (2010b). “여성은 스스로 말할 수 있는가?: 여성 구술생애사 연구의 쟁점과 방법론적 함의,” 이화여자대학교 한국여성연구원, 〈여성학논집〉, 27(2), pp.77~111; “여성 구술생애사 연구의 현황과 쟁점,” 《여성주의 역사쓰기: 구술사 연구 방법》, pp.49~75.

윤형숙 (1994). “생애사 연구의 발달과 방법론적 쟁점들,” 배종무총장퇴임기념사학논총간행위원회 엮음, 《사학논총史學論叢》, pp.515~530.

윤형숙 (1995). “여성 생애사 연구 방법론,” 《여성연구 3》, 목포대학 여성문제연구소.

이선형 (2011). “구술생애사를 통해 본 한국 여성들의 모성 인식에 대한 세대 비교 연구,” 한국여성연구소, 〈페미니즘연구〉, 11(1), pp.59~99.

이나영 (2012) “‘과정’으로서의 구술사, 긴장과 도전의 여정,” 한국여성학회, 〈한국여성학〉, 28(3), pp.181~217.

이상길 (2005). “새로운 커뮤니케이션사를 위하여: 연구 방법론에 관한 성찰을 중심으로,” 〈커뮤니케이션이론〉, 1권 2호, pp.106~161.

이상길 · 김정환 · 유단비 (2011a). “‘또 다른 목소리’로 듣는 한국 방송사,” 한국방송학회,

〈한국방송학회 학술대회 논문집〉, pp.49~58.
이상길 · 김정환 · 유단비 (2011b). 〈한국 방송인 구술사 3권〉, 한국방송학회 구술사 보고서.
이용기 (2000). "[특집(特輯)] 미군정기의 새로운 이해와 '사회사'적 접근의 모색," 한국역사연구회, 〈역사와 현실〉, 35, pp.2~36.
이용기 (2001). "[특집: 한국전쟁과 민중] 마을에서의 한국전쟁 경험과 그 기억 — 경기도의 한 '모스크바' 마을 사례를 중심으로," 역사문제연구소, 〈역사문제연구〉, 6, pp.11~55.
이용기(2002). "연구동향 — 구술사의 올바른 자리매김을 위한 제언," 역사비평사, 〈역사비평〉, 58, pp.364~384.
이용기(2009). "역사학, 구술사를 만나다: 역사학자의 관점에서 본 구술사의 현황과 과제," 한국역사연구회, 〈역사와 현실〉, 71, pp.291~319.
이용기(2014). "여순사건의 기억 더듬기: 14연대 군인들의 구술 자료를 중심으로," 청람사학회, 〈청람사학〉, 22, pp.45~95.
이희영 (2005). "사회학 방법론으로서의 생애사 재구성: 행위 이론의 관점에서 본 이론적 의의와 방법론적 원칙," 한국사회학회, 〈한국사회학〉, 39(3), pp.120~148.
이희영 (2007). "여성주의 연구에서의 구술자료 재구성: 탈성매매 여성의 생애 체험과 서사 구조에 대한 사례 연구를 중심으로," 한국사회학회, 〈한국사회학〉, 41(5), pp.98~133.
임영호 · 홍찬이 · 김은진 (2009). "문화 산업 주변부 종사자의 삶과 커리어: 한국 에로물 감독의 구술생애사," 〈언론과 사회〉, 17권 3호, pp.2~50.
임종수 (2011). "일요일의 시보, 〈전국노래자랑〉 연구: 기원과 양식, 진화, 미학, 그리고 동시대성과 민족국가," 〈언론과 사회〉, 19권 4호, pp.2~40.
하정옥 (2008). "정상성의 경계 재구성하기: 구술생애사로 살펴본 30대 여성의 불임 경험," 한국여성연구소, 〈페미니즘 연구〉, 8(2), pp.117~156.
함한희 · 윤택림 (2006). 《새로운 역사쓰기를 위한 구술사 연구 방법론》. 아르케.
허영란 (2004). "구술과 문헌의 경계를 넘어서," 국사편찬위원회 엮음, 《현황과 방법: 구술, 구술자료, 구술사》, 한국사연구지원보고자료집 8, pp.17~33.
허영란 (2013). "한국 구술사의 현황과 대안적 역사쓰기," 역사비평사, 〈역사비평〉, 102, pp.312~331.
한국구술사연구회 (2005). 《구술사: 방법과 사례》. 선인.

한국정신대문제대책협의회 2000년 일본군 성노예 전범 여성국제법정 한국위원회 증언팀 (2001). 《강제로 끌려간 군 위안부들 4: 기억으로 다시 쓰는 역사》. 풀빛.

Appleby, J., L. Hunt, & M. Jacob (1994). *Telling the Truth about History*. W. W. Norton & Company. [김병화 옮음. 《역사가 사라져갈 때: 왜 우리에게 역사적 진실이 필요한가》. 산책자. 2013].

Glaser, B. G. & A. L. Strauss (1967). *The Discovery of Grounded Theory*. [이병식 · 박상욱 · 김사훈 옮김. 《근거 이론의 발견: 질적 연구 전략》. 학지사. 2001].

Iggers, G. G. (1997). *Historiography in the Twentieth Century: From Scientific Objectivity to the Postmodern Challenge*. Wesleyan University Press. [임상우 · 김기봉 옮김. 《20세기 사학사》. 푸른역사. 2006].

Maxwell, J. A. (2005). *Qualitative Research Design: An interactive Approach* (2nd ed.). [이명선 · 김춘미 · 고문희 옮김. 《질적 연구 설계》. 군자출판사. 2009].

Personal Narrative Group (ed.) (1989). *Interpreting Women's Lives: Feminist Theory and Personal Narratives*. Bloomington: Indiana University Press.

Ritchie, Donald A. (2003). *Doing Oral History* (2nd ed.). Oxford University Press.

Scott, J. W. (1999). *Gender and the Politics of History*. N. J.: Columbia University Press.

Seidman, I. (2006). *Interviewing as Qualitative Research: A Guide for Researches in Education and the Social Science* (3rd ed.). [박혜준 · 이승연 옮김. 《질적 연구 방법으로서의 면담》. 학지사. 2009].

6장

미디어 수용자 연구하기

나미수

● 나미수는 이화여자대학교 신문방송학과에서 학사, 석사를 마치고 영국 버밍엄대학교에서 문화연구를 전공하였다. 현재 전북대학교 신문방송학과 교수이며, 구 방송위원회 연구원, 한국언론재단 연구위원 등을 역임하였고, 한국언론학회 연구이사, 한국여성커뮤니케이션학회 총무이사, 〈한국방송학보〉, 〈언론과 사회〉 편집위원, 〈미디어, 젠더 & 문화〉의 편집이사 등으로 활동하였다. 주요 연구 관심사는 미디어 소비와 젠더 그리고 미디어 비평이며, 연구 방법론으로는 질적인 연구 방법을 활용한 텔레비전 프로그램 비평이나 미디어 수용자 연구를 하고 있다. 저서로는 《미디어 연구를 위한 질적 방법론》, 《공영 방송의 이해》(공저), 《미디어 문화와 사회》(공저), 《미디어의 성과 상》(공저) 등이 있으며, 그 외 다수의 논문이 있다.

1. 수용자 연구의 질적인 접근

우리는 일상생활에서 다양한 미디어를 이용하고 그 내용에 노출되어 있는 미디어 수용자라 할 수 있다. 수용자 연구는 이러한 미디어의 수용자들이 실제적으로 미디어를 어떻게 소비하는지에 대한 관심에서 비롯된다. 미디어 수용자는 상당히 복합적인 특성과 의미를 가진 존재이기 때문에, 수용자 혹은 수용자와 미디어의 관계를 바라보는 시각에 따라 미디어와 미디어 내용을 소비하는 수용자의 활동을 이해하는 방식도 변화되어 왔다.

초기 매스 커뮤니케이션 연구의 주류가 되었던 실증주의적 커뮤니케이션 연구에서 수용자에 대한 논의는 수용자의 미디어 이용과 그에 따른 수용자의 인식, 태도나 행위의 변화를 설명하는 데 있었다. 이때

* 이 장은 나미수(2012), 《미디어 연구를 위한 질적 방법론》의 일부 내용을 발췌, 정리하였다.

수용자는 송신자가 이끄는 대로 조종 가능하고 설득 가능한 수동적인 존재로서 익명적인 개인들의 집합체로 인식되었다. 그러나 1970년대의 영국 중심의 문화연구 전통에서 비롯된 수용자상은 실증주의적 커뮤니케이션 연구의 수동적이고 개별적 존재로서의 수용자 개념에서 벗어나 능동적인 수용자로서 인식되었다. 여기서 능동적 수용자란 수용자의 메시지 해독과 의미 창출이라는 측면에서의 능동성을 말하는 것으로, 수용자는 메시지의 소비자에서 나아가 의미의 생산자로 여겨졌다. 즉 수용자는 일상생활에서 미디어를 능동적으로 소비하는 적극적인 의미 창출자로서, 미디어에 대한 다양한 해석이 가능한 존재로 인식되었다. 이러한 시각은 실증주의적 매스 커뮤니케이션 연구에서 자연과학적인 연구 방법에 입각하여 메시지의 효과에 집중해 온 수용자 연구와는 달리 1970년대 이후 문화연구나 영화 비평 이론 등을 기초로 나타났다. 이러한 연구는 질적인 접근 방법을 토대로 주체적, 능동적 존재로서 수용자의 미디어 텍스트에 대한 해석과 미디어 소비의 의미를 이해, 설명하고자 한다.

1) 미디어 텍스트에 대한 수용자의 해독과 수용

능동적이고 적극적인 의미 창출자로서의 수용자상은 스튜어트 홀의 부호화/해독encoding/decoding 모델[1]을 통한 텍스트와 수용자에 대한 이론

1 홀은 텔레비전 담론 속에 작성된 부호는 지배적 의미 혹은 선호된 의미이지만, 텍스트의 의미는 고정된 것이 아닌 경쟁적contested인 것으로 봄으로써 수용자에 따라 상이하게 해독될 수 있음을 강조하고 있다(Hall, 1980). 이러한 홀의 모델의 핵심은 부호화와 해독이 불일치할 수 있다는 가능성을 봄으로써 미디어 텍스트에 대한 수용자의 보다 자율적이

적 전개에 기인한다. 홀의 모델은 수용자와 미디어 텍스트의 관계에 대한 새로운 시각을 마련하는 데 중요한 역할을 하였다. 홀의 모델은 데이비드 몰리David Morley(1980)의 《내이션와이드 시청자*The Nationwide Audience*》 연구를 비롯한 몇몇 경험적 텔레비전 수용 연구를 통해 검증되었다. 수용자의 위치와 텔레비전 텍스트 해독과의 관계를 살펴보는 이러한 연구는 미디어 텍스트에 대한 수용자의 해독이 수용자의 사회적, 계급적 배경에 따라서 다양하게 나타날 수 있다는 것을 실증적으로 검토하고자 하였다. 이러한 연구는 수용자의 사회적, 담론적 위치social, discursive position에 따라 다양한 해독이 가능하다는 것을 제시했다는 점에서 의의를 찾아볼 수 있다. 그러나 이는 텍스트 중심적 연구로 특정 텔레비전 프로그램에 대한 수용자 해독의 문제에만 집중하고 있다는 한계를 가지고 있다. 또한 몰리의 연구에서 나타났듯이, 인터뷰 대상자들은 인위적 공간에서 연구자가 제시한 프로그램을 시청함으로써 그들의 일상적인 텔레비전 시청 경험과는 전혀 다른 상황에서 연구가 이루어졌다. 몰리 자신도 이러한 시청 맥락viewing context의 문제를 인식하여 가공된 맥락이 아닌 자연스런 시청 맥락, 즉 가정에서의 시청 경험을 살펴보아야 함을 지적하였다. 따라서 이후의 연구들은 텍스트 해독의 문제에 집중한 연구의 한계를 극복하고, 수용자의 취향과 선호의 문제라든가 텔레비전 시청을 비롯한 미디어 소비가 이루어지는 맥락에 대한 연

고 창조적 해독의 가능성을 제시한다는 데 있다. 홀은 이러한 부호화와 해독이 불일치되는 원인을 텍스트의 다의미성과 수용자들의 다양한 위치에서 찾고 있다. 즉 미디어 텍스트의 의미가 단일하지 않고 다양하다고 보는 다의미성은 근본적으로 여러 가지 해독이 가능하게 하는 요인이 된다. 또한 수용자들의 다양한 사회적 위치나 문화적 배경은 동일한 텍스트에 대한 서로 다른 해독을 발생시키는 원인으로 보인다.

구로 발전되었다.

수용자의 취향과 선호의 문제에 관심을 둔 연구들은 앞서 언급했던 능동적 의미 창출자로서 수용자상의 관점에서 수용자와 텍스트의 만남에서 나타나는 문화적 실천에 대한 분석을 다루고 있다. 이들 연구는 수용자가 텍스트 소비를 통해 경험하는 즐거움의 문제에 주목하는데, 이는 과거 이데올로기 연구가 갖는 문제점이 지적되면서 나타나게 되었다. 즉 이데올로기 연구에서는 대중문화가 기존의 사회 체제나 계급 관계를 강화하는 기능을 한다는 입장을 취하면서 수용자들이 그들의 이익과 동떨어진 것으로 간주되는 이데올로기를 왜 채택하는지, 그 방식은 어떻게 일어나는지 설명하지 못하고 있다. 이를 비판하는 연구들은 홀이나 몰리의 연구에서 나타난 텔레비전의 정치적, 이데올로기적 역할에 대한 관심에서 벗어나 수용자의 즐거움이나 저항성의 관점에서 텍스트의 의미와 수용자 해독의 문제를 제기하였다. 예를 들어 재니스 라드웨이Janice Radway(1987)는 로맨스 소설을 읽는 여성 독자들을 대상으로 여성 독자들을 매료시키는 로맨스 소설의 내러티브 구조는 무엇이며, 여성 독자들이 로맨스 소설 읽기를 통해 갖는 즐거움과 의미는 무엇인지를 탐구하였다. 로맨스 소설 읽기는 여성 독자들에게 아내와 어머니로서 여성의 책임으로부터 해방될 수 있는 시공간을 제공하는데, 그것은 가부장적 사회에서 여성에게 부과된 억압에 대한 저항의 형태로 나타난다는 점에서 '저항적 즐거움'이 될 수 있음을 지적하였다.

이와 같이 수용자가 텍스트 소비를 통해 경험하는 즐거움에 대한 관심은 수용자들의 일상적 삶 속에서의 감성적 측면에 주목하고 있다. 이는 수용자와 텍스트의 관계에 대한 새로운 이해를 가능하게 하고, 대중문화 소비 경험이 불러일으키는 즐거움을 허위적인 것으로 상정하는 이데올로기 분석이 소홀히 해 왔던 일상성에 주목하여 매일매일의 삶 속에서 미디어 수용을 통해 느끼는 즐거움과 의미를 설명하고자 하였다.

2) 민속지학적 수용자 연구

앞서 미디어 텍스트와 수용자의 관계에 대한 연구들이 주로 미디어 텍스트 해석의 문제나 텍스트 소비를 통해 경험하는 즐거움을 탐구한 데서 나아가, 1980년대 이후 많은 경험적 수용자 연구들은 실제 미디어 수용이 이루어지는 일상생활 속에서 수용의 의미를 설명하고자 하였다. 미디어 수용자는 일상적인 삶을 영위하는 사람들로서, 이들의 미디어 수용 행위는 진공 상태에서 이루어지는 것이 아니라 특정한 사회적/문화적 상황, 특히 일상적 활동의 일부분으로서 행해지고 있다는 것이다. 따라서 수용자들의 일상생활이라는 맥락은 미디어 수용을 탐구하는 데 중요한 요소로 간주되었다.

이와 같이 미디어 수용의 특성을 맥락 차원에서 설명하고자 하는 연구들은 민속지학적 방법을 주로 사용하였는데, 이러한 연구는 미디어 수용 행위를 그것이 위치한 일상적 맥락으로부터 분리시키지 않고 분석할 수 있다는 점에서 의의가 있다. 즉 전통적인 양적 연구들이 수용자를 연구자의 학문 세계로 불러들여 연구하였다면, 민속지학은 연구자들이 직접 수용자의 세계로 들어가 수용자의 구체적 생활을 그들의 목소리로 듣는다. 예컨대 텔레비전 수용자 연구에서 연구자는 수용자와 함께 가정이나 직장에서 텔레비전을 시청하면서 관찰하고 인터뷰하는 등 수용자의 일상생활 속에서 텔레비전 시청이 어떤 의미를 지니고 있는지 등의 문제를 설명한다.

민속지학ethnography은 인류학에서 '타자'의 문화를 연구하기 위해 발전되어 왔던 것이지만, 미디어 수용자 연구에서 민속지학적 접근은 일상생활 속에서 다양한 미디어 소비에 대한 질적인 경험 연구를 지칭하고 있다. 그러나 미디어 수용자 연구 분야에서 하나의 방법론으로서 민속지학은 인류학적 접근 방법을 결여하고 있다는 점에서 비판받아 왔다. 이러한 비판의 초점은 첫째, 이들 수용자 연구에서 사용하는 방법론적 테크닉과 전략은 주로 인터뷰와 제한된 참여 관찰에 의존함에 따라 수용자에 대한 광범위한 정보 수집과 '원주민native'의 관점(Gillespie, 1995) 파악이란 측면에서 한계가 있으며, 둘째, 이들 수용자 연구의 민속지학적 자료는 텍스트가 생산된 이후의 사회적 과정을 설명하는데 실패하였다는 데 있다(Nightingale, 1996).

수용자 연구에서 이러한 지적들의 중요성을 인식한다 하더라도, 이러한 비판은 논란의 여지가 있다. 즉 수용자 연구는 인류학적인 민속지학 연구를 의도하지 않았고, 그러한 접근 방법을 재생산한다기보다는 변형한 것으로, 이들 수용자 연구는 '의미 투쟁the struggle for meaning에 대한 탐구'라는 점에서 인류학과는 다른 목적을 가지고 있다(Fiske, 1996). 아울러 사회 연구자는 타자의 문화를 연구하는 인류학자와는 달리 자기 자신의 문화를 탐구한다는 점에서 내부 지식local knowledge[2]이 있으며, 이미 '장기간의 개인적 현장 경험long personal field experience'을 가지고 있다(Alasuutari, 1999: 8). 이러한 점에서 연구자의 장기간의 참여 관찰과 같은 인류학에서 요구하는 민속지학의 조건은 필수조건이라기

2 클리포드 기어츠Clifford Geertz가 '내부 지식local knowledge'이라고 언급한 것은 사회 연구자들이 문제 제기한 대상들을 이해하기 위한 규칙과 담론들에 대해 익숙함을 의미한다. 따라서 수개월간의 참여 관찰의 결여란 측면에서 미디어의 민속지학을 비판하는 것은 문제가 있다고 말한다. 인류학과 달리 미디어 연구의 경우 연구자는 내부자로서, 현장 연구는 연구가 시작되기 수년 전에 이미 시작되었다는 것이다(Alasuutari, 1999: 8).

보다는 연구의 목적에 따라 결정되는 것으로 보인다.

민속지학적 수용자 연구에 대한 비판의 초점이 전통적 의미의 인류학적 민속지학의 관점에서 심층적, 장기적 참여 관찰 방법의 결여라는 점에 집중되어 있으나, 최근의 추세는 "원주민의 시각에서 그들의 삶의 방식을 이해하는"(Spradley, 1979: 3) 목적을 수행하는 방법론으로서 민속지학을 규정하는 경향이 있으며, 민속지학의 범위가 넓어지면서 다른 그룹 간 비교와 같은 다양한 방법이 사용되기도 한다(Murphy & Kraidy, 2003: 304). 따라서 제한된 관찰이나 인터뷰 중심 연구라 할지라도 민속지학적 목적, 즉 연구 참여자의 '생생한real' 경험에 대한 통찰과 이해에 기반을 둔 것일 경우 민속지학적 연구라고 보는 경우가 많다(Walford, 2001). 이러한 관점에서 일상적인 환경에서 수용자들의 미디어 소비 경험에 대한 최근의 미디어 수용자 연구는 '민속지학적' 의도를 가진 것이라 하겠다.

미디어 수용자 연구에서 민속지학적 접근의 가치는 일상생활에 대한 관심에서 발견된다. 예를 들어 1980년대 이후 수행된 텔레비전을 비롯한 다양한 미디어 수용 연구들은 미디어 수용의 일상적 맥락으로서 가정을 중요한 장으로 간주하고, 가정생활의 조건과 상황이 미디어 수용에 영향을 미친다는 점에서 가정생활의 다양한 상황과의 관계 속에서 미디어 수용을 고찰하고자 하였다.

이렇게 볼 때, 수용자 연구에 있어 질적 접근은 크게 두 가지 방향에서 이루어져왔다. 즉 사회 문화적 존재로서 수용자와 미디어 텍스트와의 관계 그리고 미디어 텍스트 문제를 벗어나 일상생활 속에서 미디어 소비 자체의 의미를 탐구하는 것이 그것이다. 이러한 수용자에 대한 질적 접근은 수용자를 보다 인간주의적 시각에서 커뮤니케이션의 주체로서 파악하고, 미디어 수용을 매일의 삶 속에 위치지어 일상성을 강조하게 되었다. 즉 미디어 수용은 텍스트, 수용자, 그리고 수용 맥락 간의 복잡한 상호 관계 속에서 이루어지며, 이는 수용자의 미디어 수용 경험에 영향을 미치는 것으로 이해되었다.

이러한 관점에서 수용자 연구의 질적 접근은 참여 관찰과 심층 인터뷰 같은 방법들을 적용하여, 미디어 수용 행위의 맥락을 제공하는 일상생활의 실천과 활동을 다루어 왔다. 다음 장에서는 질적인 수용자 연구에서 가장 많이 활용되는 연구 방법인 참여 관찰과 심층 인터뷰란 무엇인지, 수용자 연구에서 이러한 연구 방법이 어떤 유용성과 의미를 가지며 실제로 어떻게 활용될 수 있는지 살펴보고자 한다.

2. 참여 관찰

1) 참여 관찰이란?

질적인 미디어 연구에서 참여 관찰은 독립적으로 활용되기보다는 인터뷰 방법을 비롯한 다른 연구 방법과 병행되는 경우가 많다. 국내 미디어 연구 경향을 살펴보면 인터뷰 방법을 독립적인 연구 방법이나 주요 연구 방법으로 채택하되, 관찰 방법이 부분적 혹은 보조적으로 사용되는 경우가 많다. 그러나 참여 관찰은 연구자가 어떤 상황을 '직접' 이해할 수 있는 방법이라는 점에서 다른 방법들과 가장 차별화되는 의미를 갖는다. 참여 관찰은 연구자가 연구하고자 하는 집단이나 조직의 일상적인 삶에 참여함으로써 자료를 수집하는 방법이다. 이에 따라 연구자는 자연스러운 환경에서 관찰에 근거하여 풍부하고 상세한 자료를 수집할 수 있으며, 참여자들의 일상적인 생활에서 활용되는 가치관과 사고가 무엇인지 알 수 있고, 어떤 상황에 대해 그들 자신의 언어로 표현되는 설명을 들을 수 있다는 장점이 있다.

그러나 참여 관찰은 연구자가 원하는 대로 자료가 얻어지는 것도 아니고, 현장의 상황 역시 연구의 목적이나 의도와는 상관없이 진행되기 때문에 시간과 자원의 소모가 매우 큰 방법이라 할 수 있다. 따라서 연구자는 자료 창출의 방법으로서 참여 관찰을 채택하기 전에 자신의 연구 주제에 대한 분명한 인식과 참여 관찰을 해야 하는 이유를 확실히 해야 한다. 예를 들어, 사회생활에 대한 지식이나 증거가 관찰, 참여, '자연스럽거나 실제적인' 생활 경험, 상호작용하는 상황 등에 의해서 창출된다고 보거나, 사람들의 회상이나 그들의 표현 능력과 재해석 등에 의존하지 않고 자료를 창출하고자 하는 경우 등이다(Mason, 1996/1999: 103~105).

참여 관찰은 연구자의 관심사나 인식론적 입장 그리고 필요로 하는 자료의 성격 등에 따라 유용한 방법이 될 수 있다. 관찰은 사람들의 행동을 그들의 자연스러운 환경 속에서 살펴본다는 점에서 비교적 '가공되지 않은 자료raw data'를 창출할 수 있는 방법이다. 또한 관찰과 인터뷰를 병행하는 경우 관찰은 인터뷰에서 무엇이 질문되어야 할 것인가를 결정하는 데 도움이 될 수 있다. 혹은 공식적인 인터뷰가 없다 하더라도 연구자는 참여 관찰의 과정에서 대화를 통해 많은 정보와 자료를 수집할 수 있다. 반대로 연구 방법으로 인터뷰만을 채택한다 하더라도, 인위적인 장소 — 예를 들어, 커피숍 — 가 아닌 정보 제공자의 자연스러운 환경에서 수행되는 인터뷰는 짧은 관찰을 병행함으로써 유용한 정보를 얻을 수도 있다.

2) 연구자의 역할 설정

연구자는 참여 관찰을 하는 과정에서 단순히 연구자로서가 아닌 참여자로서 사람들과 상호작용하게 되고, 현장과 주변 상황에서 발생하는 예기치 않은 일들과 문제들에 직면하게 된다. 즉 참여 관찰은 연구자와 연구 대상자들이 직접적인 관계를 맺게 되며, 연구자가 관찰되는 현장의 일부가 된다. 따라서 참여 관찰을 수행하는 데 연구자는 자신의 역할을 어떻게 설정하고 그것이 연구에 미치는 영향과 함의는 무엇인지 깊이 고민하고 선택하여야 한다.

참여 관찰자로서 기본적인 연구자 역할 유형은 대체로 네 가지로 설정되는데, '완전한 참여자the complete participant,' '관찰자로서 참여자the participant-as-observer,' '참여자로서 관찰자the observer-as-participant,' '완전한 관찰자the complete observer'가 그것이다(Burgess, 1984). 이러한 네 가지 역할이 완벽하게 구분되기는 어려우며, 연구자는 '완전한 참여자'와 '완전한 관찰자' 간 연속선상의 어느 지점에 자신의 역할을 설정하여야 한다. 각각의 역할에 대해 보다 상세하게 살펴보면 다음과 같다.

첫째, 완전한 참여자는 관찰자로서의 역할이 은밀히 수행되는 것으로, 연구 대상자들에게 연구자의 관찰 행위를 비밀로 하는 것이다. 이는 연구자가 공공연히 연구를 수행하기 힘든 경우에 선택되는데, 예를 들어 관찰 대상 집단의 구성원으로 활동하면서 연구를 수행하는 경우다. 그러나 이러한 역할 설정은 연구자가 자신이 참여한 집단이나 조직의 구성원에 영향을 미침으로써 그들의 행동을 바꾸거나, 종종 집단에서 특정한 역할을 떠맡게 되는 것 — 예를 들어, 회의나 모임을 이끌어 나가도록 요청을 받는 것 — 과 같은 난감한 입장에 처할 수 있다는 문제점들이 따른다(Burgess, 1984). 아울러 연구자가 참여자로서의 역할을 너무 완벽히 수행하거나 구성원으로서의 역할에 지나치게 몰입함으로써 연구자 자신이 내부자native가 될 수도 있다. 이러한 문제들을 해결하기 위해 연구자는 때때로 현장으로부터 떨어져 거리를 둘 필요가 있으며, 그동안 수집된 자료를 기록, 분석하고 성찰하는 시간을 갖는 것이 필요하다. 또한 이러한 역할 수행에서 연구자는 자신의 관찰 행위를 비밀로 해 발생하는 윤리적인 문제에 대해 고찰해야 할 것이다.

둘째, 관찰자로서 참여자는 연구자가 연구 대상자와의 관계를 발전시킴으로써 관찰자뿐만 아니라 참여자로서의 역할을 수행하는 것이다. 이러한 역할의 연구자와 완전한 참여자를 구분하는 기준은 연구 사실의 비밀 유지 여부로, 관찰자로서 참여자는 연구를 비밀리에 수행하지 않는다. 관찰자로서 참여자의 역할이 갖는 장점은 현장에서 행동이 자유롭고 다양한 현장 상황을 관찰할 수 있으며, 직접적인 참여를 통해 보다 풍부한 자료를 확보할 수 있다는 것이다. 반면 현장에 대한 직접적인 참여로 특정한 입장을 취하게 될 가능성이 있으며, 어느 정도 참여할 것인가의 문제도 발생할 수 있다.

셋째는 참여자로서 관찰자의 역할이다. 앞서 살펴본 관찰자로서 참여자 역할이 현장에 들어가 직접적인 참여를 통해 관찰하고 연구하는 것과 달리, 참여자로서 관찰자 역할은 연구 대상자와의 접촉이 간단하고 공식적이다. 따라서 연구자가 '내부 구성원이 될go native' 가능성은 매우 희박하다. 이러한 역할 설정의 난점은 연구 대상자 간의 접촉이 단순하기 때문에 연구 집단에 대한 어떤 편견이 야기될 수 있으며, 현장 속에서 연구 대상자들의 관계나 행동이 갖는 의미에 제대로 접근하기 어렵다는 점이다(Schatzman & Strauss, 1973).

마지막으로, 완전한 관찰자의 역할은 일종의 '엿듣기eavesdropping'나 '정찰reconnaissance' 행위와 동일시된다(Burgess, 1984). 이러한 역할에서 연구자는 연구 대상자와의 지속적인 상호작용이 어려우며, 연구 대상자들의 시각을 제대로 이해하지 못하는 문제가 발생할 수 있다. 그러나 연구자가 완전한 관찰자의 역할을 수행한다는 것은 사실상 불가능하다는 의견도 있는데, 그것은 연구자가 현장에 전혀 영향을 미치지 않고 완벽하게 관찰만을 수행하기 어렵다는 것이다. 또한 연구자가 현장에서 거리를 유지하고 개입하지 않는다 하더라도 연구자의 존재 자체가 현장에 영향을 미칠 수 있으며, 연구자의 태도나 행동이 연구 대상자들에 의해 다양하게 해석될 수 있다.

이상에서 살펴본 바와 같이, 연구자의 역할을 어떻게 설정하고, 현장에 어느 정도 참여하며, 연구 대상자와 어떤 관계를 형성하느냐의 문제는 참여 관찰에서 매우 중요한 이슈다. 위에서 참여 관찰자의 역할을 네 가지로 구분해 살펴보았지만, 실제로 연구자가 연구 과정 내내 한 가지 역할을 고수하는 것은 어려우며 상황에 따라 다양한 역할로 변화될 수 있으며, 서로 다른 역할을 동시에 수행할 수도 있다. 예를 들어, 연정모·김영찬의 연구(2008)에서 연구자는 참여 관찰 초기 '일방적인 관찰자'에서 '참여자'로 다시 '대화자/중개자'로 3단계의 역할 변화를 겪었음을 밝히고 있다. 텔레비전 프로그램의 생산 과정을 살펴보는 이 연구에서, 연구자는 참여 관찰이 진행되면서 촬영 인력의 부족 등 현장의 조건에 의해 VJ 인력이 되도록 종용받음으로써 관찰자에서 실제 생산자 — 참여자 — 가 되었으며, 이에 따라 내부 구성원의 입장에서 일상의 독특하고 미묘한 의미를 습득할 수 있었다는 것이다.

아울러 연구자가 현장에서 일정한 역할을 수행함으로써 연구 현장 혹은 연구 대상자에 어떤 영향을 미칠 것인가 하는 문제 역시 중요하다. 연구자는 이러한 효과를 통제할 수 없으며, 그때그때 상황에 따라 역할을 수정하고 전략적인 결정을 내려야만 한다. 따라서 연구자는 자신이 현장에서 어떤 위치에 있으며, 연구 대상자들과 어떤 관계를 맺고 역할을 수행할 것인지, 그리고 그러한 자신의 위치와 역할이 어떤 영향을 미치는지에 대해 연구 과정을 통해 지속적으로 성찰할 필요가 있다.

3) **현장의 선정**

연구자가 참여 관찰에 적절한 연구 대상이나 현장을 찾아내고 이에 접근하는 데는 어려움이 수반된다. 연구자는 연구하고자 하는 현상을 탐구하기 위해 어떤 시간과 공간이 적절하며, 얼마나 접근 가능성이 있는지를 고려하여야 한다. 연구 주제나 목적에 따라 공식적 조직이나 공공장소와 같은 공적인 공간이 현장으로 선정될 수도 있으며, 가정과 같은 사적인 공간이 적절한 현장이 될 수도 있다. 또한 현장에 접근하기 위해서는 허락을 필요로 하거나 접근의 정도에서 제약을 받을 수도 있기 때문에, 그 현장에서 누가 권력을 가지고 있는지 인지하는 것이 중요하며 현장의 출입을 통제하는 게이트키퍼gatekeeper가 참여 관찰에서 감시와 통제를 행사할 수도 있다는 점을 생각해 보아야 한다.

이와 같이 연구자가 현장 혹은 사회적 상황을 선정하기 위해서는 몇 가지 요인들을 고려해 볼 수 있다(Spradley, 1980/1988: 63~72). 첫째, 단순성simplicity이다. 참여 관찰을 위한 사회적 상황이 복잡할수록 더 많은 시간과 참여, 더 많은 선략을 필요로 한다는 점에서, 난순한 상황이 참여 관찰을 더 용이하게 한다. 둘째, 접근 용이성accessibility으로서, 현장에 대한 접근 가능성의 정도를 말한다. 접근이 어려운 곳은 출입 허가를 받는 데만 오랜 기간이 소요될 수 있으며, 관찰이나 참여하고, 자료를 수집하는 데 어려움을 겪을 수도 있다. 셋째, 비노출성unobtrusiveness은 연구자가 노출될 가능성을 말한다. 예를 들어 공공장소는 연구자의 노출 가능성이 상대적으로 적으며, 남의 눈에 띄지 않고 연구를 수행할 수 있다. 연구자의 존재가 현장에 미칠 영향이 중요하다면 노출 가능성에 대해 더욱 심사숙고할 필요가 있다. 넷째, 허락 가능성permissibleness이다. 어떤 사회적 상황은 누군가의 허락을 받지 않고는 연구가 불가능하다. 이러한 경우, 연구자는 허가를 해 줄 사람을 찾아 자신의 연구를 설명하고 허가를 얻어야 한다. 허가를 얻는 절차가 복잡하고 많은 사람을 거쳐야 한다면 허가가 용이한 다른 상황을 찾는 것이 나을 수도 있다. 다섯째, 빈번히 발생하는 활동frequently recurring activities인데, 사회적 상황을 선정하는 기준으로 '반복해 일어나는 활동의 빈도'는 중요하다. 예를 들어, 사람들의 스마트폰 사용 행위를 관찰한다고 했을 때, 지하철이나 카페 같은 공공장소에서는 이를 쉽게 발견할 수 있다. 즉 관찰하고자 하는 어떤 행위가 빈번하게 반복되는 사회적 상황을 선정하는 것이 좋다.

이상에서 살펴본 참여 관찰을 위한 현장의 선정 기준은 완벽하게 충족될 수는 없다 하더라도 하나의 지침으로 활용할 수 있다. 참여 관찰이란 목적에서 볼 때 좋은 현장은 연구자가 자연스럽게 참여할 수 있는 기회가 충분함과 동시에, 때로는 관찰자로서 다양한 활동을 관찰하고 기록할 수 있는 곳이다. 연구자의 연구 목적과 시간 제약 등의 현실적인 여건, 이론상의 관심에 따라 위에서 제시한 기준을 절충하여 최적의 현장을 선정해야 할 것이다.

4) 관찰 대상에 대한 접근과 관계 형성

참여 관찰을 수행하는 데 연구자는 연구 현장을 최대한 '오염'시키지 않아야 하며, 이런 점에서 관찰 대상들과의 관계를 발전시키고 신뢰를 구축하는 것은 매우 중요하다. 연구자가 자연스러운 상황에서 관찰을 수행하고 싶다면 연구자 자신이 그 상황 속에 섞여 들어갈 필요가 있다. 그러나 관찰 대상에 접근하고 관계를 형성하는 것은 어려운 일이며 사회적 규범이나 관습 등이 작용하게 된다. 또한 연구자의 성, 연령, 인종, 경험 등과 같은 요인 역시 현장에서 연구 대상자와 관계를 맺는 데 영향을 미친다. 예를 들어 학연, 지연 등이 중요시되는 우리 사회에서 이러한 네트워크를 통해 연구 대상자에게 더 쉽게 접근하고 관계를 형성할 수 있다. 이러한 네트워크는 연구자의 관찰 대상에 대한 접근을 용이하게 하고 보다 친밀한 관계를 형성하게 할 수도 있으며, 이들은 연구자의 후원자 혹은 핵심적인 정보 제공자가 될 수도 있다. 연구자가 관찰 대상에 접근할 때 허가를 받아야 하는 중심 인물을 게이트키퍼라고 할 수 있는데(Hammersley & Atkinson, 1995: 63), 게이트키퍼는 조사 현장에 대한 출입뿐만 아니라 정보 제공자를 연결시켜 주는 후원자 역할도 할 수 있지만 게이트키퍼와 후원자가 반드시 일치하는 것은 아니다. 즉 이들은 다른 사람이나 집단을 소개해 줄 수 있으며, 연구자가 관찰 대상자의 범위를 확대시키거나 새로운 관계를 형성하는 데 도움을 줄 수도 있지만, 동시에 연구자의 연구 행위를 통제하거나 영향을 미칠 수 있다는 점도 생각해 보아야 한다. 예를 들어 방송 프로그램의 제작 과정을 관찰하고자 한다면, 해당 프로그램의 책임 프로듀서가 게이트키퍼가 될 수 있다. 책임 프로듀서는 방송 제작 현장에 대한 출입뿐만 아니라 PD, 작가, 다른 제작진들을 연결시켜 주는 후원자의 역할도 할 수 있지만, 연구자가 제작 회의에 참여하는 것을 통제한다거나 관찰할 수 있는 현장의 범위를 제한할 수도 있다.

관찰 대상에 접근하고 우호적인 관계를 맺는 것, 즉 라포rapport를 형성하는 것은 연구자가 현장의 일상을 방해하지 않고 자연스러운 상황을 관찰하고 사람들과 상호작용함으로써 보다 진실한 자료를 얻을 수 있다는 점에서 중요하다. 연구 대상자와의 라포 형성은 연구자에 대한 그들의 반응성, 즉 연구자 효과를 줄이는 데 도움이 된다. 그러나 연구 대상이나 현장에 대해 필요 이상으로 몰입하는 경우 주관적인 감정이 개입되고 편견이 발생함으로써 자료 수집에 문제가 발생할 수 있다. 따라서 연구자는 현장에 참여하여, 활동하고, 사람들과 관계를 형성하기도 하지만 동시에 다른 사람들을 객관적으로 관찰하여 그들이 당연시하는 일들에 대해 '의식'하고, 보고 들은 것을 기록하고 분석하는 관찰의 목적을 가지고 있다는 것을 잊지 말아야 한다.

5) 관찰의 전략

관찰을 통한 자료 수집에서 연구자는 연구 목적에 따라 '무엇'을 '어떻게' 관찰할 것인가를 생각해 보아야 한다. 연구자는 현장에서 모든 것을 관찰할 수 없으며, 관찰할 수 있다고 하여도 무작정 산만하게 현장을 배회하는 것은 비생산적이고 비효율적이다. 즉 모든 관찰은 불가피하게 선택적으로 이루어질 수밖에 없으며, 특정한 관찰 관점에서 이루어진다 (Mason, 1996/1999). 따라서 연구자는 관찰하는 내용이 연구의 주제와 관심사에 적절한지에 대해 비판적으로 고찰해 볼 필요가 있다.

또한 참여 관찰은 연구자의 통제가 불가능한 현장에서 이루어진다는 점에서 원하는 자료를 성공적으로 수집하는 데 많은 어려움이 따른다. 따라서 연구자가 참여 관찰을 성공적으로 수행하기 위해서는 몇 가지 전략들이 필요하다. 윤택림(2004: 60~64)은 인류학적 현지 조사의 측면에서 이러한 참여 관찰의 기술을 제시하는데, 이는 내부자의 문화를 연구하는 경우라 하더라도 시사하는 바가 크다.

첫째, 현지민의 언어를 습득해야 한다. 타 문화를 연구할 때 현지민의 언어를 배우는 것은 필수라고 할 수 있다. 그러나 이는 자문화에 대한 연구의 경우에 관찰 대상자들의 언어적 관습을 배우는 것으로 변형, 해석해 볼 수 있다. 예컨대 청소년의 인터넷 혹은 휴대전화 사용을 연구하는 경우, 이들이 사용하는 인터넷 용어, 각종 축약어, 이모티콘 등이나 청소년 세대에서 많이 사용되는 언어 습관이나 은어 등을 연구자가 습득하는 것은 이들의 미디어 소비문화를 이해하는 데 중요하다.

둘째, 연구 목적이나 주제에 대한 분명한 의식이 있어야 한다. 현지 조사를 하다 보면 관찰 대상자들의 생활을 따라가게 되고 참여 관찰이 일상화됨에 따라 본래의 연구 목적이 불분명해질 수 있다. 또한 현지 조사를 통해 연구 주제의 문제점을 발견하여, 연구 방향의 수정이나 변화가 불가피해지기도 한다. 이러한 경우에 연구자가 본래의 목적을 잃지 않기 위해 분명한 의식을 가지고 있어야 하며, 조사 계획을 뚜렷이 가지고 참여 관찰에 임해야 한다.

셋째, 기억력 쌓기다. 참여 관찰 중에 일어나는 모든 것들을 기록하는 것이 불가능하다는 점에서, 연구자의 기억력을 동원할 수밖에 없다. 현장에서 벌어지는 상황이나 행동, 느낌을 그때그때 기록할 수 없는 상황에서는 가능한 빠른 시간 내에 참여 관찰한 내용을 기록할 필요가 있다. 이 기록은 이후의 분석과 글쓰기에 유용한 자료가 될 것이다.

넷째, 천진함을 유지하는 것이다. 타 문화를 현지 조사할 때 외부인은 그 문화에 대해 잘 모르기 때문에 연구자는 어린아이처럼 현지민의 문화를 배운다는 태도나 느낌을 갖게 된다. 이는 자문화의 경우에도 마찬가지다. 연구자는 연구 주제에 대해 자신의 의견을 내세우기보다는 천진하게 그들의 이야기에 귀를 기울임으로써 더 많은 것을 얻을 수 있다.

다섯째, 기록해야 한다. 현장 조사의 많은 부분을 차지하는 것은 기록이다. 연구자는 참여 관찰을 할 때 항상 연구 노트, 녹음기 또는 비디오카메라를 가지고 다닐 필요가 있다. 그러나 녹음이나 녹화를 허용하지 않는 경우가 발생할 수 있으므로 필기가 기본이 되어야 한다.

여섯째, 현장을 배회한다. 참여 관찰을 수행하는 현장의 상황이나 사람들의 일정은 연구자의 일정과는 무관하게 이루어지기 때문에 연구자는 현장에서 계획적으로 참여 관찰을 수행하기 어렵다. 따라서 연구자가 현장에서 많은 시간을 보냄으로써 예기치 않은 새로운 사실이나 정보 등을 수집할 수도 있고, 미리 전제하고 있던 이론적 틀이나 관점 또는 연구 문제를 수정하는 계기가 될 수 있다. 이는 연구자가 보다 현장의 관점을 수용하고 이해하는 데 도움이 될 수 있다.

일곱째, 거리를 두고 자신의 편견을 접어야 한다. 연구자는 참여 관찰을 시작하면서 현장이나 연구 대상자들에 대한 선입견, 편견을 버려야 한다. 즉 연구자는 눈에 보이는 것을 있는 그대로 볼 수 있도록 노력함으로써, 자신이 보고 싶은 것만 보는 오류를 범하지 않을 수 있다. 참여 관찰이 진행됨에 따라 연구자는 현장의 일상에 익숙해지고 참여의 정도가 커지면서 감정이 개입되거나 편견이 발생할 수 있기 때문에 연구자는 '관찰'과 '참여'의 균형을 맞춰야 한다.

6) 관찰의 자료화

참여 관찰의 자료는 통제 불가능하고 가변적인 사회적 상황에 기초하여 연구자의 기록과 이에 대한 해석으로 구축되기 때문에 그 성격이 모호하고 유동적이다. 따라서 무엇이 자료로 간주되며, 어떻게 분석이 가능하도록 이를 정리하고 재구성할 것인가 등의 문제가 발생한다. 참여 관찰을 자료화하는 데 연구자가 관찰한 것을 어떻게 기록하고, 무엇을 기록할 것인가는 중요한 문제다. 연구자는 관찰을 하면서 다른 자료 수집 방법들, 즉 인터뷰, 시각 자료(녹화, 사진), 녹음, 문서 자료 수집 등의 방법을 함께 활용할 수 있다. 이러한 결정은 현장의 상황이나 현실적 여건, 연구의 필요와 목적에 따라 그 장점과 한계점을 고려하여 이루어져야 한다. 예컨대 현장의 조건상 녹음이나 녹화가 가능한지 혹은 허락의 여부가 필요한지, 연구자의 메모가 연구 대상자와의 상호작용이나 그들의 행동에 영향을 미치는지 등을 생각해 보아야 한다.

관찰의 기록 방법은 기록의 내용에도 영향을 미친다는 점에서[3] 많은 관찰자들은 한 가지 이상의 기록 방법을 활용하며, 대부분은 자신의 관찰 내용이나 해석을 현장 노트나 현장 일기로 작성한다(Mason, 1996/1999: 115). 이때 연구자는 참여 관찰자로서 자신의 객관적 관찰과 주관적 감정을 모두 기록해야 하며, 현장에서 이루어지는 상호작용에서 자신의 역할에 대한 성찰적 기록도 포함시킬 필요가 있다. 이러한 현장 노트의 내용은 유용한 정보나 자료가 될 수 있을 뿐만 아니라 이후의 관찰 계획을 수정하고 보완하는 데 활용될 수 있다.

참여 관찰에서 연구자의 기록은 가장 핵심적인 자료라고 할 수 있다. 그런데 참여 관찰에서 연구자가 자신이 보고 듣고 경험한 것을 객관적으로 기록하고자 노력했다 하더라도, 무엇을 기록할 것인가에 대해 그리고 자신이 관찰한 것이 의미하는 바에 대해 연구자는 끊임없이 판

3 메모는 필요한 모든 것을 기록하기 어려운 경우가 많지만, 관찰할 것에 대한 연구자의 해석과 의미를 포함시킬 수 있다. 반면 현장의 녹음이나 녹화는 현장 상황을 비교적 빠짐없이 생생하게 기록할 수 있게 하지만, 연구자의 느낌이나 해석은 포함되지 않는다. 또한 녹화를 하는 경우 연구자 자신은 촬영되지 않으므로 현장에서의 상호작용에서 연구자의 행동이나 태도에 대한 자기 성찰적 분석이 어려울 수 있다.

단을 내리게 된다. 즉 연구자의 기록은 참여 관찰 과정에서 자신이 내린 판단을 자료로 창출한 것이라는 사실을 명심할 필요가 있으며, 연구자 자신의 판단에 대해 의문을 제기할 수 있어야 한다. 또한 자료에 대한 의문 제기는 연구 문제를 수정하게 하거나 다시 현장으로 돌아가 추가적인 자료를 수집하게 하는 계기로 작용할 수 있다. 즉 심층 인터뷰 등 다른 질적 연구 방법이 그러하듯이, 참여 관찰의 자료 수집과 분석 과정은 연구 문제를 수립하고, 참여 관찰을 수행하며, 글쓰기를 하는 전 과정을 통해 지속된다고 하겠다.

3. 심층 인터뷰

1) 심층 인터뷰란?

질적 수용자 연구에서 심층 인터뷰는 주요 연구 방법이 되는 경우가 많다. 앞서 살펴본 관찰은 상황에 대한 전반적인 분위기를 파악하고 사람들의 행동을 살펴보는 데 도움이 되지만, 그들이 어떤 동기 혹은 이유로 행동을 하는지 그리고 무슨 생각을 하며, 무엇을 아는지를 이해하는 데는 한계가 있다. 즉 인터뷰를 통해 연구자는 직접적으로 관찰하기 어려운 인터뷰 대상자[4]의 태도, 느낌, 행동, 감정을 알아낼 수 있다 (Haralambos & Holborn, 1995: 841). 그러나 심층 인터뷰만으로 수행한 질적

4 인터뷰 대상자interviewees는 응답자, 피면접자, 연구 참여자, 정보 제공자, 정보원, 제보자 등으로 다양하게 언급될 수 있다. 여기서는 어느 한 용어로 통일하지 않고, 상황에 따라 다양한 용어를 사용하고 있다.

연구는 '심층적'이기 힘든데, 그것은 성공적인 인터뷰를 수행하기 위해서는 정보 제공자의 삶의 맥락에 대한 이해와 정보 제공자와의 라포를 형성하는 것이 중요하다는 점에서 어느 정도의 참여 관찰이 전제되어야 하기 때문이다(윤택림, 2004: 65~66).

인터뷰를 간단히 정의한다면, "목적을 가진 대화"(Burgess, 1984: 102), 또는 "연구자 — 어떤 주제에 대한 정보를 얻기를 원하는 사람 — 와 정보원 — 그 주제와 관련된 정보를 가지고 있다고 인정되는 사람 — 간의 대화"(Asa Berger, 2000/2001: 175) 등으로 언급된다. 홀스타인과 거브리엄(Holstein & Gubrium, 1997)은 인터뷰를 하나의 의미 창출 작업으로 보고 있는데, 이것은 상호작용을 통해 지식이 구축되는 과정이라 할 수 있다. 여기서 의미는 질문에 의해 유도되는 것이 아니라 능동적이고 상호작용적으로 구축되며, 이렇게 볼 때 응답자는 단순히 지식 혹은 정보의 저장고repositories가 아니라 연구자와의 협력으로 의미를 생산하는 지식의 구성자constructors라고 할 수 있다(Holstein & Gubrium, 1997: 114).

이와 같이 능동적이고 상호작용적인 의미 창출 작업으로서의 특성과 더불어 인터뷰는 대체로 구조화되지 않는unstructured 특성을 지닌다. 즉 심층 인터뷰는 어느 정도 연구자가 다루고자 하는 주제 목록을 준비한다 하더라도 구체적인 질문들을 미리 결정하지 않으며, 무엇을 질문할 것인가에 관한 단서를 응답자로부터 끌어내고자 한다. 이러한 경우 인터뷰는 인터뷰 과정의 상호작용에 민감하고 상황에 따라 대처할 필요가 있으며, 최대한 유연하고 개방적인 방식으로 진행된다. 이러한 상황에서의 인터뷰는 정보 제공자가 자신의 경험을 이야기함으로써 그들 스스로의 이해를 탐구한다는 점에서 중요하다. 즉 이러한 개방적 접근의 장점은 "정보 제공자가 연구 주제 — 목적 — 에 중요하다고 느끼는 문제와 논제를 스스로 제기하도록 하고, 그러한 방식으로 연구에 참여하는 것”(Gray, 1992: 32)이라 할 수 있다. 또한 이러한 인터뷰에서 연구자는 정보 제공자의 삶에 대해 관심과 이해 그리고 공감을 나누는 막역한 친구가 되어야 한다(Burgess, 1984: 103). 따라서 이러한 유형의 인터뷰를 위해서는 세부적인 지식과 준비가 필요하며, 구체적인 대화를 시도하기 전에 사람들을 관찰하는 것이 필수적이라고 할 수 있다.

또한 인터뷰는 응답자 개인의 주관적 시각으로부터 현상에 대한 주관적 해석을 듣는 것이며, 연구자가 응답자와의 대화를 통해서 노출되는 해석과 이해에만 접근이 가능할 뿐이다. 그럼에도 불구하고, 인터뷰는 응답자의 일상생활 속에서 그들의 경험과 생각 그리고 그것의 배후에 있는 인식의 틀과 가치 체계, 구조를 끌어냄으로써 사회 현실을 기술하고 분석하는 데 도움을 줄 수 있다. 이러한 연구가 추구하는 것은 사람들의 삶 속에서 일어나는 구체적 경험에 대해 자세한 설명을 제공함으로써 특정 맥락으로부터 사회 현실을 이해하는 것이라고 할 수 있다.

2) 인터뷰 대상에 대한 접근과 표집 방법

연구자가 연구에 적절한 정보 제공자를 찾아내거나, 정보 제공자로서 선택한 사람들에게 인터뷰에 응해야 할 이유를 제시하고 설득하는 것은 쉽지 않다. 정보 제공자들과의 접촉과 협상 과정 그리고 이러한 과정에서 일어난 문제점이나 어려움은 모두 유용한 정보가 될 수 있으며, 연구자는 그때그때 이를 기록하는 연구 노트research note를 작성함으로써 이후의 연구 전략을 변경하거나 새롭게 수립하는 데 유용하게 활용할 수 있다.

한편 정보 제공자들과의 접촉을 위해 선택된 조사 현장에 접근하는 데 연구자는 허가를 받거나 도움이 필요한 경우가 있다. 참여 관찰 방법에서도 언급했듯이 연구자가 허가를 받아야 하는 게이트키퍼는 연구자가 조사 현장과 정보 제공자에 손쉽게 접근하도록 해 줌으로써 연구 진행에 도움을 줄 수도 있지만, 이들의 지나친 간섭이나 통제는 오히려 연구에 방해가 될 수도 있다(Hammersley & Atkinson, 1995: 63). 이러한 접근과 관련된 문제는 연구자가 상황에 따라 적절히 대응하고 전략을 수립할 필요가 있는데, 분명한 것은 정보 제공자에 대한 접근은 한 번에 이루어지는 것이 아니며 정보 제공자가 되더라도 가능한 모든 정보를 다 주는 것은 아니다. 따라서 반복적인 시도와 협상이 필요하며, 여기에는 연구자의 인내와 외교술diplomacy이 중요하다(Hammersley & Atkinson, 1995: 79).

한편 인터뷰를 위해서 연구자는 모든 사건이나 사람들을 모두 조사할 수 없기 때문에 표본sample을 선택하여 조사를 수행해야 한다. 연구자가 연구 대상 즉 표본을 선택하는 방법은 크게 확률 표집probability sampling과 비확률 표집non-probability sampling으로 구분된다.[5] 대부분 심층 인터뷰와 같은 질적 연구의 경우 비확률 표집이 자주 사용되는데, 여기에는 판단 표집judgement sampling과 편의적 표집opportunistic sampling 그리고 눈덩이 표집snowball sampling 등이 포함된다(Burgess, 1984: 55). 판단 표집은 연구자가 설정한 기준들, 예를 들어 특정한 경험이나 사회적 위치 — 성, 연령, 직업 등 — 에 따라서 표본을 선정하는 방법이라면, 편의적 표집은 주위에서 구하기 쉬운 대상자들을 표본으로 삼는 방법이다. 눈덩이 표집은 연구 주제와 관련된 특성을 가진 대상자로부터 다른

5 확률 표집은 경험적으로 대표성을 지니는 표본을 통계적으로 선택하는 방법인 반면, 비확률 표집은 추출 단위들이 표본에 포함될 확률을 객관적으로 나타낼 수 없는 방법으로, 연구자의 주관적 판단에 의존하는 경우가 많다.

대상의 명단을 구하여 점차 대상자 수를 늘려가는 방법이다. 이러한 표집 방법은 연구자의 주관에 의존하여 이루어지기 때문에 연구 대상에 대한 상세한 지식을 필요로 하며, 연구 문제나 이론적 시각에 따라 매우 다양한 양상으로 나타난다.

이러한 표집 방법들은 일반적으로 사회과학에서 사례 연구나 표본을 사용할 경우 가장 중요하게 인식하는 통계적 대표성보다는 정보 제공자의 '이론적 자격theoretical qualification'을 중요하게 고려한다. 이론적 자격은 정보 제공자의 사회적 위치와 역할이 연구자의 연구 주제에 타당한 정보와 자료를 줄 수 있는 것을 말한다(윤택림, 2004: 146). 이렇게 볼 때 연구자가 정보 제공자를 선정하는 데 가장 기본적인 요소는 연구 주제라 할 수 있으며, 연구자는 어떤 사람들이 연구 주제에 알맞은 정보와 자료를 줄 수 있는가를 결정해야 한다. 또한 연구자의 표집 전략은 자신의 이론이나 설명을 이끌어 내는데 도움이 되는 방법으로 표본을 선택해야 하지만, 연구자의 사고나 설명에 부합하지 않는 사례들이라고 해서 무시해서는 안 된다. 즉 연구자의 설명에 예외적이거나 부정적인 사례들이 발견되면 설명을 재구성함으로써 설명과 사실이 부합할 수 있도록 검토해 나가는 것이 중요하다.

3) 인터뷰의 유형과 전략

인터뷰 대상자가 정해지면 연구자는 인터뷰를 실시하는데, 인터뷰가 조사 현장에서 참여 관찰과 더불어 수행될 때는 연구자는 참여 관찰 중에 이들과 일상적으로 대화를 주고받을 수도 있고, 그렇지 않은 경우 연구자는 인터뷰 대상자와 시간과 장소를 약속하여 인터뷰를 수행하게 된다.

인터뷰는 크게 네 가지 유형으로 구분되는데, 비공식 인터뷰

informal interview, 비구조화된 인터뷰unstructured interview, 반구조화된 인터뷰semi-structured interview, 구조화된 인터뷰structured interview가 그것이다(Asa Berger, 2000/2001: 176~177).

첫째, 비공식 인터뷰는 통제되지 않은 인터뷰로, 연구자가 연구 목적을 소개하거나 정보원의 신뢰를 얻기 위한 목적으로 수행되는 인터뷰다.[6] 둘째, 비구조화된 인터뷰는 연구자가 상대적으로 정보원의 반응을 통제하지 않는 인터뷰다. 셋째, 반구조화된 인터뷰는 정보원에게 질문할 내용을 서면으로 작성하였다 하더라도 비구조화된 인터뷰와 같은 편안한 상황을 어느 정도 유지하는 인터뷰다. 넷째, 구조화된 인터뷰는 연구자가 정보원이 대답할 질문 내용을 사전에 준비하는 것으로, 스스로 작성하는 설문지 방식이 이에 해당한다. 이러한 인터뷰 구분 기준은 인터뷰가 얼마나 구조화되어 있는가[7] 하는 점이라 할 수 있는데, 질적 연구에서의 심층 인터뷰는 주로 비구조화되거나 혹은 반구조화된 경우가 많다.

한편, 인터뷰를 성공적으로 수행하기 위해서는 적절한 인터뷰 전략과 기술이 필요하다. 이와 관련, 몇몇 학자들은 인터뷰 시 주의 사항 혹은 인터뷰 전략으로서 고려해야 할 사항들을 제시하는데,[8] 이러한 사항들은 인터뷰 대상자의 특성이나 인터뷰 상황 등에 따라 적절히 그리고 유연하게 적용하는 것이 필요하다. 일반적으로 인터뷰에서 고려해야 할

6 이는 일상적 대화의 형태를 띠는 것으로, 본격적인 인터뷰에 들어가기에 앞서 면접자가 정보원과 나누는 간단한 대화 혹은 본격적인 인터뷰가 끝난 후 가볍게 나누는 대화 등이 그 예라 할 수 있다.

7 인터뷰의 구조화 정도는 사전에 질문이 준비되어 있는지 여부나 인터뷰 상황에 대한 통제 등으로 언급될 수 있다.

몇 가지 사항들을 살펴보면 다음과 같다.

- 자연스러운 태도를 갖는 것이다. 연구자는 응답자가 편안히 이야기할 수 있도록 자연스럽게 행동하는 것이 중요하다.
- 익명성의 보장이다. 익명성을 보장하여 정보 제공자를 밝히지 않을 것임을 약속함으로써 응답자가 부담 없이 이야기할 수 있도록 한다.
- 녹음이 필요하다. 인터뷰 자료의 정확성을 보장하기 위해 녹음을 해야 한다. 만약 녹음이 불가능하다면 지속적인 메모가 필요하다. 또한 인터뷰를 녹음한다고 해서 응답자의 몸짓이나 표정 등은 녹음될 수 없으므로, 이는 인터뷰를 하면서 필요할 때마다 기록할 필요가 있다.
- 인터뷰 전에 대략적인 질문 내용을 준비한다. 질문 내용을 구체적으로 작성하지 않더라도 다루려는 주제에 대해 생각하고 어떤 질문을 할 것인지를 미리 생각해 두어야 한다.
- 명확하게 질문한다. 질문을 명확히 하고 정확한 개념을 사용하여 모호하고 쓸데없는 답을 얻지 않도록 한다.
- 쉬운 용어를 사용한다. 질문 시 추상적, 전문적인 개념을 사용하기보다는 가능한 쉬운 용어를 사용하고, 구어적으로 질문함으로써 응답자가 쉽게 이해할 수 있도록 해야 한다.
- 유도 질문을 피한다. 유도 질문은 특정 답변을 이끌 수 있고 대답을 강요할 수 있기 때문에 피해야 한다.

8 Asa Berger, 2000/2001: 179~184; 윤택림, 2004: 68~79 등 참조.

- 부연 질문을 한다. 부연하거나 예를 들어 질문함으로써 가능한 상세한 정보를 얻도록 한다.
- 논의를 이끄는 질문을 한다. 너무 구체적인 질문보다는 논의를 끌어내는 질문을 함으로써 계속 이야기가 지속될 수 있도록 한다. 구체적인 질문으로 나쁜 질문의 예는 '예' 혹은 '아니요' 라는 대답이 나오게 하는 질문이다. 물론 이러한 질문이 필요한 경우도 있지만, 가능한 응답자가 스스로 계속 이야기할 수 있도록 돕는 질문을 하는 것이 좋다.
- 중립적인 태도를 갖는다. 연구자가 특정한 이야기에 관심을 표명하거나 흥미를 보이면 응답자는 연구자가 어떤 정보를 원하는지 알게 된다. 이는 응답자의 답변에 영향을 미치게 되므로, 연구자의 표정, 몸짓, 목소리 톤 등이 어떤 신호를 주지 않도록 한다.
- 의성어를 사용한다. 응답자의 답변 중간 중간에 '아하,' '그렇군요' 등의 표현을 사용함으로써, 연구자가 응답자의 이야기에 귀를 기울이고 있으며 수긍하고 있음을 표명하는 것은 응답자가 스스로 많은 이야기를 끌어낼 수 있도록 돕는다.
- 응답자의 태도를 살펴본다. 응답자가 '무엇'을 이야기하는지 뿐만 아니라, '어떻게' 이야기하는지에도 주의를 기울여야 한다. 즉 응답자의 표정, 몸짓 등의 비언어적인 표현이나 태도는 이야기되고 있는 내용에 대한 응답자의 생각과 느낌을 나타내는 중요한 정보가 될 수 있다.
- 잘 들어야 한다. 잘 듣는다는 것은 인터뷰를 비롯한 모든 대화의 기본이라고 할 수 있다. 가능한 응답자의 답변 중간에 말을 끊지 말고 경청한다. 연구자가 말을 많이 하는 것은 응답자의 이야기를 특정한 방향으로 유도하는 부정적인 효과를 가져올 수도 있다.

- 공식적인 인터뷰 외에 비공식적인 대화를 활용한다. 본격적으로 인터뷰를 시작하기 전에 혹은 공식적인 인터뷰가 끝난 후에 오고 가는 대화 속에서 때로는 주제에 대한 응답자의 태도나 행동을 설명할 수 있는 중요한 단서들을 발견할 수 있다. 이는 때때로 연구 주제와 동떨어진 것으로 간주되거나 실제로 전혀 무관한 얘기 — 예를 들어, 응답자가 연구자의 신상 정보를 묻는 경우 — 일 수도 있으나, 예기치 않은 정보로 활용되는 경우도 있으므로 주의 깊게 듣고 기록해 두는 것이 좋다.[9]
- 기타 응답자를 불안하게 하거나 주의가 산만해지지 않도록 주의한다.

이상 살펴본 사항들은 인터뷰할 때 연구자가 고려해야 할 점들이지만, 그 밖에 연구 주제나 인터뷰 대상자에 따라서 각기 적절한 인터뷰 전략이 필요하다. 면접자는 이야기가 너무 주제에서 벗어나지 않도록 어느 정도 통제도 해야겠지만, 특정한 방향으로 인터뷰를 유도하지 않도록 가능한 개방적이고 유연한 상황을 유지해야 한다. 또한 응답자가 이야기를 할 때 반드시 연대기 순으로 이야기하는 것은 아니며, 연구자가 이야기의 순서를 통제할 필요는 없다. 무엇을 먼저 이야기하는가 하는 것은 응답자에게 가장 중요한 이야기일 수 있고, 그 자체 중요한 정보가

9 예를 들어, 내가 가정의 컴퓨터 이용을 주제로 가족 구성원을 인터뷰했던 경우 많은 주부들이 '공식적인' 인터뷰가 끝난 후 연구자와 일상적인 대화를 나누었다. 이때 이들은 편안하고 자연스럽게 이야기를 건넸고, 인터뷰 때 미처 하지 못했던 이야기를 하기도 했다. 그것은 대체로 컴퓨터 이용과는 무관해 보이는 남편이나 자녀에 대한 이야기들, 그리고 자신의 일상에 대한 것들이 많았는데 이러한 정보는 차후에 여성 — 주부 — 의 가정에서의 컴퓨터 이용의 특성을 설명하는 데 매우 유용한 정보로 활용될 수 있었다(나미수, 2001).

될 수 있다. 예를 들어, 가정의 컴퓨터 이용을 주제로 가족 구성원을 인터뷰했던 연구(나미수, 2001)에서, 대부분의 여성들 — 이 연구의 경우에는 모두 자녀를 둔 어머니들이었음 — 은 가장 먼저 자녀의 컴퓨터 이용에 대해서 이야기하기 시작했다. 그것은 컴퓨터 이용과 관련하여 어머니들의 가장 큰 관심사는 자신의 컴퓨터 이용보다는 자녀의 컴퓨터 이용에 대한 교육이나 통제의 문제라는 중요한 정보를 제공해 준 것이라 할 수 있다.

그리고 질문해야 할 주제나 내용을 어느 정도 준비했다 하더라도 준비된 질문이 모두 유용한 것은 아니며, 준비된 내용에 너무 충실하려고 집착하기보다는 자연스럽게 응답자의 이야기 흐름을 따라가는 것이 가장 좋다. 이것은 인터뷰를 시작하기 전에는 연구자가 중요하지 않게 생각하거나 또는 전혀 생각하지 못했던 사항이 인터뷰를 통해 매우 중요하게 부각되는 경우가 많이 있기 때문이다. 따라서 가장 훌륭한 인터뷰는 응답자의 이야기를 잘 듣는 인터뷰라 할 수 있다.

또한 질적 연구에서 대부분의 심층 인터뷰는 참여 관찰 없이 혹은 제한된 참여 관찰을 하고 이루어지는 경우가 많으므로, 인터뷰를 한 번에 끝내기보다는 더 풍부한 자료를 얻고 자료의 신빙성을 높이기 위해서 추가적인 인터뷰를 하는 것이 좋다. 2차, 3차 인터뷰는 연구자와 응답자 간의 관계도 더욱 자연스럽고 친밀해진다는 점에서 더 유용하고 깊이 있는 자료를 얻을 수 있으며, 첫 번째 인터뷰에서 혼돈스럽거나 의심스러웠던 부분을 확인할 수 있다는 점에서도 장점이 있다.

그 밖에 인터뷰가 끝난 직후에 인터뷰 날짜, 장소, 대상 등 기본적인 사항과 인터뷰 과정에서 발견된 기타 특기 사항, 중요한 사항 등에 대한 인터뷰 저널interview journal의 작성은 필수적이라 할 수 있다. 이것은 응답자나 인터뷰 자체에 대한 인상, 느낌, 경험 등을 기록하여 다음 인터뷰에 활용하고, 차후에 인터뷰 세부 사항을 기억하는 데 도움을 줄 뿐만 아니라, 연구자가 자신의 인터뷰 방식에 대해 반성하고 성찰할 수 있는 계기가 될 수 있다. 즉 인터뷰 시에 발견된 새로운 주제나 질문 내용을 추가하거나, 인터뷰 진행상에 나타난 문제점을 반성하여 더 나은 인터뷰를 수행하고 더 풍부한 정보를 얻기 위한 귀중한 자료원이 될 수 있다.

4) 인터뷰 자료의 분석

자료의 분석은 가장 간단히 말한다면 자료를 분류해서 해석하는 작업이다. 사실 질적 연구에서 이러한 작업은 전체 연구 과정에서 명확히 구분되는 것은 아니며, 질적 연구를 수행한다는 것은 지속적인 해석의 과정이라 할 수 있다(Gray, 2003). 자료의 분석은 연구 문제를 수립하고, 자료를 수집하며, 글쓰기를 하는 전 과정을 통해 지속된다. 즉 초기의 연구 계획에 따라 자료를 수집하고 분석하지만, 자료 분석은 다시 연구 문제에 변화를 가져오거나 후속적인 자료 수집에 새로운 실마리를 제공하게 된다.

인터뷰 자료의 분석 절차를 간략히 요약한다면 인터뷰 내용을 녹취한 자료나 인터뷰 저널에 기록한 자료 등을 정리하고, 이를 범주화 categorizing하여 해석하고 설명하는 것이라 할 수 있다. 특히 자료 분석의 가장 핵심적인 부분은 개념을 창출하고 범주 혹은 유형을 만들어 내는 것이라 할 수 있는데, 실질적으로 자료 정리는 자료를 조각들로 분해해서 주제별로 재구성하는 것이라 할 수 있다(Hammersley & Atkinson, 1995). 이러한 작업은 실제로 많은 시간과 노력을 필요로 하는데, 그것은 분석 과정에서 연구 주제와 인터뷰 자료 그리고 자료 해석 사이의 부단한 상호작용을 필요로 하기 때문이다. 이러한 과정이 실제로 어떻게 이루어지는가에 대해서 구체적으로 제시된 지침이 정해져 있지는 않지만, 전형적인 질적 분석 절차를 6단계로 같이 정리해 볼 수 있다(Marshall & Rossman, 1999: 152~164). 첫째, 자료를 정리하고 자료에 익숙해진다. 둘째, 범주category, 주제theme, 유형pattern을 만든다. 셋째, 자료를 코딩한다. 넷째, 자료에 대한 초기의 이해와 해석을 점검한다. 다섯째, 대안적 해석과 설명을 찾는다. 여섯째, 보고서를 작성한다.

이러한 6단계의 절차는 일반적인 질적 자료의 분석에 적용해 볼 수 있는 절차라 할 수 있는데, 이는 자료 읽기 → 자료의 범주화 → 해석, 설명, 주장 구축이라는 3단계로 크게 구분해 볼 수 있다. 이러한 분석 절차를 인터뷰 자료와 관련지어 자세히 살펴보면 다음과 같다.

(1) 인터뷰 자료의 읽기

인터뷰 자료의 분석을 위한 첫 번째 단계는 자료를 주의 깊게 읽고 검토하는 것이다. 자료 읽기는 크게 세 가지 방법으로 이루어지는데, 직설적인 읽기literary reading, 해석적인 읽기interpretive reading, 성찰적인 읽기reflexive reading가 그것이다(Mason, 1996/1999: 174~175). 첫째, 직설적으로 읽는 것은 자료의 형태, 내용, 구조 등을 있는 그대로 읽는 것이다. 이는 인터뷰에서 사용된 단어나 어휘, 대화의 형식과 구조 그리고 서술된 내용을 검토하는 것을 말한다. 둘째, 해석적으로 읽는 것은 자료가 의미하거나 대변하는 것, 자료로부터 유추될 수 있다고 생각하는 것을 읽어내는 것으로, 행간을 읽는 것, 보이거나 있는 그대로를 넘어서 해석해 보는 것을 말한다. 이는 응답 내용이 응답자가 가지고 있는 규범이나 규칙들, 그것이 형성되는 과정 또는 사회적 행위의 인과 기제를 시사하는 실마리를 포함하고 있다고 보는 것이다. 마지막으로 성찰적으로 읽는 것은 연구자 자신이 자료의 창출과 해석 과정에 관련되어 있다고 판단하고, 이러한 관계를 파악하는 방향으로 자료를 읽고자 시도하는 것이다. 성찰적으로 읽는 예로서, 인터뷰 상황에 대한 연구자의 반응을 기록하거나, 인터뷰 시 발생한 상황에 대한 연구자의 해석 등을 담은 인터뷰 저널은 성찰적으로 읽은 자료로 간주될 수 있다.

연구자는 이러한 세 가지 방법의 자료 읽기를 통해서 자료를 창출해 내는데, 결국 자료를 읽는 방법은 연구자가 무엇을 자료로 간주하는가를 반영하는 것이라 할 수 있다. 자료를 읽는 것은 단순히 있는 자료를 재구성하는 것 이상을 말하는 것으로, 인터뷰 당시에는 미처 깨닫지 못했던 새로운 중요 사항들을 발견해 내는 과정이기도 하다.

(2) 인터뷰 자료의 범주화

인터뷰 자료 분석의 다음 단계는 자료를 정리하고 분류하는 작업으로, 자료를 범주화categorizing, 부호화coding하는 것이다. 이는 자료 분석의 가장 핵심적인 부분이라 할 수 있다(Asa Berger, 2000/2001: 190~191). 범주화 과정은 먼저 각각의 응답자들과 인터뷰한 자료들을 주의 깊게 검토하여 각 자료에서 다루어진 모든 주제들을 찾아 열거해 본다. 그리고 이들 주제들을 축약해 목록을 만들어, 이들 주제들에 대한 각각의 인터뷰 사례를 열거한다. 여기서 주제 목록이 모든 자료를 포함하지 못한다면 새로운 주제를 찾아볼 수 있다. 다음으로 공통적인 주제들이나 서로 관련되는 주제들을 묶어 범주화하는데, 이때 범주는 자료의 내용을 모두 커버하면서도 서로 중복되지 않아야 한다. 이상의 절차를 통해 최종 범주 목록을 결정하고 각 범주에 따라 자료를 모으고 그것을 분석한다.

이러한 과정에서 범주는 다시 하위 범주 등으로 더 세분화될 수도 있는데, 분석 목적에 적절한 충분한 수의 범주 수를 만들어 내야 한다. 범주 수가 너무 적으면 지나치게 포괄적이어서 자료를 심층적으로 다루지 못하거나 범주들이 누락되는 경우가 발생할 수 있고, 범주가 지나치게 세분화되어 너무 많다면 그 활용 가치는 떨어지게 된다(Mason, 1996/1999: 198). 이러한 범주화 작업을 실제로 수행하고자 할 때, 연구자마다 각자의 자료 분류와 정리 작업의 노하우가 필요하다. 예를 들어 각각의 인터뷰 녹취 자료transcripts들을 읽어 가면서 중요한 주제, 개념 등이 발견되면 목록을 작성하고, 주제 목록에 따라 인터뷰 자료들을 쪼개어 재배열하는 것이다. 다른 인터뷰 자료를 읽어 나감에 따라 새로운 주제가 추가되거나 혹은 주제를 변경하는 경우가 발생할 수 있으며, 이러한 과정을 반복적으로 거친 후에 최종적으로 주제들을 몇 개의 범주 — 유형 — 로 분류한다. 이와 같이 자료를 분류하고 정리하는 과정에서 연구자는 자신만의 자료 정리 시스템filing system을 만들어서, 각각의 주제들과 이와 관련된 인터뷰 자료들을 정리하고, 이에 대해 메모하고, 필요하다면 파일들을 상호 참조cross-reference할 수 있도록 해야 한다.

결과적으로 자료로부터 범주를 창출해 낸다는 것은 연구자가 인터뷰 자료와 친숙해진다는 것을 의미하는 것이며, 범주화 작업이란 연구자가 추구하는 지적 궁금증과 연구 문제를 해결할 수 있는 핵심적인 내용이 무엇인지를 찾아내는 것이라 하겠다. 따라서 이러한 작업의 진행은 해당 연구에서 궁극적으로 알고자 하는 연구 문제를 고려해야 하며, 최종적인 범주들이 구성되기까지 연구 문제와 자료 사이를 오고 가는 반복적인 작업이 이루어져야 한다.

(3) 인터뷰 자료의 해석 및 설명

자료의 분석은 자료를 깊이 탐구하여 연구 문제를 설명하는 데 유용하고 의미 있는 것으로 자료를 창출해 내는 작업이다. 앞서 언급한 범주화 과정을 통해 최종적으로 결정된 범주는 연구 문제에 대한 결과를 제시하는 데 주요 개념이 될 수 있는데, 자료 분석의 최종 단계는 결국 이러한 범주 혹은 주요 개념들에 대한 설명과 해석을 제공하면서 각 범주에 따라 정리, 분류해 놓은 인터뷰 자료를 근거로 제시하는 것이 된다.

인터뷰 자료의 읽기에서 범주화, 그리고 범주에 따른 인터뷰 자료의 제시와 이에 대한 해석에 이르기까지 자료의 전체적인 분석 과정은 각 단계가 명확히 구분되는 것은 아니며, 자료의 읽기에서 이미 해석이 시작되었다고 볼 수 있다. 따라서 자료의 분류와 해석은 분석의 모든 단계에서 이루어지는 지속적인 과정이다. 이러한 자료의 분석 과정을 거쳐 연구자가 자료를 어떻게 읽고 정리했는가, 어떤 범주들로 분류했는가 하는 것은 어떤 설명과 해석이 가능한지 혹은 배제되는지에 영향을 미친다는 점을 주지할 필요가 있다. 즉 자료의 정리와 분류는 중립적인 작업이 아니라 연구자의 특정 시각, 연구 방향이나 분석 전략에 따라 동일한 자료라도 서로 다른 방법으로 분류될 수 있기 때문이다. 분석 방법은 매우 다양할 수 있으며, 연구 문제에 대한 설득력 있고 의미 있는 설명을 위해서는 자료의 분류와 분석 결과가 적절하게 제시되어야 한다.

4. 수용자 연구의 질적인 접근의 함의

질적인 수용자 연구가 갖는 특성은 일반화되고 탈맥락화된 연구 결과를 생산하는 데 목적을 두는 것이 아니라, 특수한 사례와 맥락에 집중하면서 수용자들의 실제 삶속에서 현상을 이해하고자 한다는 점이다. 앞서 살펴본 참여 관찰이나 심층 인터뷰와 같은 연구 방법이 이러한 질적 접근의 장점을 살리기 위해서는 중립성이나 객관성의 신화 속에 연구자 혹은 연구 작업을 위치시키기보다는 연구자와 정보 제공자들 간의 상호교류를 중요시하는 것이 필요하다. 또한 연구 작업에 개입되는 연구자의 학문적인 권위나 사회적, 역사적 위치가 연구나 정보 제공자와 어떻게 관계를 맺는지에 대한 부단한 자기 반성적 사유가 무엇보다도 요청된다.

또한 질적인 수용자 연구는 체계적인 분석틀이나 방법론상으로 분명한 틀이 갖추어져 있지 않으며, 방법론상의 한계가 있음을 인식하는 것은 중요하다. 수용자 연구의 질적인 접근 방법에 대한 비판은 크게 두 가지 관점으로부터 제기되어 왔다. 하나는 전통적인 실증주의 관점으로부터 제기되는 문제이고, 다른 하나는 인류학적인 민속지학의 관점으로부터의 문제다. 첫째, 실증주의적 관점에서 질적인 자료의 상대적, 주관적 특성과 이로 인하여 과학적 분석에 부적합하다는 비판이 있다. 즉 과학적인 자료 수집과 분석 절차가 미비하다는 점이 지적될 수 있는데, 수용자 연구의 질적인 접근은 수용자의 특정한 경험과 해독의 맥락을 연구한다는 점에서 과학적 절차의 문제보다는 자료나 설명이 연구하고자 하는 현상을 얼마나 정확하게 드러내는가 하는 표상representation의 문제가 더 중요하다.

둘째, 인류학적인 민속지학의 관점에서의 비판은 대부분의 질적 수용자 연구가 현실적인 이유로 "사실상 참여 관찰은 립 서비스에 그치고 결국 질적 연구, 현장 연구를 단순한 심층 인터뷰로 환원하기 일쑤인"(김영찬, 2011: 15) 수용자 연구들이 많다는 점과 관련된다. 이러한 방식의 수용자 연구들이 인류학적인 민속지학의 관점으로부터 비판받아 왔음은 이미 언급한 바 있다. 그러나 앞서 지적하였듯이 질적인 미디어 수용자 연구는 연구자의 시각이 아닌 수용 집단의 시각에서 그들의 경험을 '두껍게 기술'하고 하나의 사회적 과정으로서 미디어 수용을 이해한다는 측면에서 민속지학적 통찰을 갖는 것이 중요하다. 즉 연구자는 정보 제공자를 자신의 연구의 틀 속에 불러들이기보다는 연구자가 정보 제공자의 세계로 들어가서 그들의 세계에 보다 민감하고 충실한 연구를 수행해야 한다.

다시 말해 질적인 수용자 연구는 엄격한 과학적 분석을 기초로 정확한 사실과 포괄적이고 완전한 '진실'을 추구한다기보다는 특정한 역사적, 문화적 입장으로부터 현실에 대한 이해를 추구하는 접근 방법이다. 질적인 수용자 연구가 다른 접근 방법들과 차별화되면서 그 가치가 발견되는 지점은 사람들의 미디어 수용 행위를 고립된 현상이 아닌 지속적인 문화적 실천과 관계의 맥락 속에서 구현되는 것으로 이해하면서, 수용자들의 특정하고 구체적인 미디어 수용 경험뿐만 아니라 그러한 수용 경험과 그 뒤에 놓여 있는 일상생활과의 상호작용 속에서 미디어 수용 행위를 논의한다는 데 있다.

참고 문헌

김영찬 (2011). "1970년대 텔레비전 외화 시리즈 수용 연구: 자기민속지학과 구술사 방법론을 중심으로," 〈한국언론학보〉, 55(6), pp.5~29.

나미수 (2001). "홈컴퓨터의 소비를 통해 본 젠더와 테크놀로지에 관한 연구," 〈한국언론학보〉, 46(1), pp.75~115.

연정모, 김영찬 (2008). "텔레비전 연예정보 프로그램의 생산자 문화에 대한 민속학적 연구," 〈한국방송학보〉, 22(2), pp.82~122.

윤택림 (2004). 《문화와 역사 연구를 위한 질적 연구 방법론》. 아르케.

Alasuutari, P. (ed.) (1999). *Rethinking the Media Audience*. London: Sage.

Asa Berger, A. (2000). *Media and Communication Research Methods*. [류춘렬 · 김대

호·김은미 옮김. 《커뮤니케이션 연구 어떻게 할 것인가》. 커뮤니케이션북스. 2001].

Burgess, R. G. (1984). *In the Field: An Introduction to Field Research*. Boston: George Allen & Unwin.

Fiske, J. (1996). "Down under Cultural Studies," *Cultural Studies*, 10(2), pp.369~374.

Gillespie, M. (1995). *Television, Ethnicity and Cultural Change*. London: Routledge.

Gray, A. (1992). *Video Playtime: The Gendering of a leisure Technology*. London and New York: Routledge.

Gray, A. (2003). *Research Practice for Cultural Studies: Ethnographic Methods and Lived Cultures*. London: Sage.

Hall, S. (1980). "Encoding/decoding," in Stuart Hall, Dorothy Hobson, Andrew Lowe, & Paul Willis (eds.), *Culture, Media and Language*. London: Hutchinson, pp.128~138.

Hammersley, M. & P. Atkinson (1995). *Ethonography: Principles in Practice* (2nd ed.). London & New York: Routledge.

Haralambos, M. & M. Holborn (1995). *Sociology: Themes and Perspectives*. London: Collins Educational.

Holstein J. A. & J. F. Gubrium (1997). "Active Interviewing," in David Silverman (ed.), *Qualitative Research Theory, Method, Practice*. London: Sage, pp.113~129.

Marshall, C. & G. B. Rossman (1999). *Designing Qualitative Research*. Thousand Oaks: Sage.

Mason, J. (1996). *Qualitative Researching*. [김두섭 옮김. 《질적 연구 방법론》. 나남. 1999].

Morley, D. (1980). *The 'Nationwide' Audience: Structure and Decoding*. London: British Film Institute.

Murphy, P. D. & M. M. Kraidy (2003). "Towards an Ethnographic Approach to Global Media Studies," in Patrick D. Murphy & Marwan M. Kraidy (eds.), *Global Media Studies: Ethnographic Perspectives*. London: Routledge, pp.3~19.

Nightingale, V. (1996). *Studying Audiences: The Shock of the Real*. London & New York: Routledge.

Radway, J. (1987). *Reading the Romance: Women, Patriarchy and Popular Literature*. London: Verso.

Schatzman, L. & A. Strauss (1973). *Field Research: Strategies for a Natural Sociology*. Englewood Cliffs, NJ: Prentice-Hall.

Spradley, J. (1979). *The Ethnographic Interview*. New York: Holt, Rinehart & Winston.

Spradley, J. (1980). *Participant Observation*. [이희봉 옮김. 《참여 관찰 방법》. 대한교과서. 1988].

Walford, G. (2001). *Doing Qualitative Educational Research: A Personal and Reflective Guide*. London: Continuum.

7장

미디어 생산자 연구 행하기

이오현

● 이오현은 고려대학교 신문방송학과를 졸업하고 동 대학원에서 언론학 석사, 미국 뉴욕주립대학교에서 언론학 석사, 미국 매사추세츠주립대학교에서 언론학 박사 학위를 받았다. 현재 전남대학교 신문방송학과 교수이며, 주요 논문으로는 "텔레비전 다큐멘터리 프로그램의 생산과정에 대한 민속지학적 연구," "텔레비전 코미디 프로그램의 생산 과정에 대한 민속지학적 연구," "지역 신문 장의 작동 원리에 대한 비판적 연구," "지역 방송 프로그램 생산의 제한 요인에 대한 질적 연구" 등이 있다.

1. 미디어 생산자 연구란 무엇인가

미디어 생산자 연구[1]를 정의하거나 그 범위를 명확히 경계 짓기는 쉽지 않다. 미디어 생산자 연구가 많이 이루어졌다고 할 수는 없지만, 연구의 대상, 단위, 주제 등에 있어서 다양하기에 특정한 틀을 통해 일괄적으로 규정하기 어렵기 때문이다(임영호, 2015). 그럼에도 미디어 생산자 연구의 주요한 목적과 내용을 이해하는 데 도움이 되는 몇몇 정의들을 찾아볼 수 있다. 이기형(2010)은 미디어 생산자 연구를 "특정한 (미디어) 생산물이 만들어지는 과정의 특징, 그러한 과정에 개입하는 복수의 제도적인 영향력들 그리고 전문가 문화나 생산자들이 노동 과정에서 적용하는 특정한 가치들에 대한 관심과 탐색"(p.111)이라고 설명한다. 크게 다르지 않게, 임영호(2015)는 "(미디어) 조직 내·외부의 구조적 맥락, 종사자의 직업

1 '미디어 생산 연구'라고도 불린다.

특성, 생산 과정의 특성이나 작업 관행, 종사자 집단의 직업 문화나 가치 등 다양한 세력과 요인들이 생산 현장에 작용해 어떻게 특정한 산물이 만들어지는지에 관한 탐구"(p.16)로 규정한다.

이 정의들을 자세히 살펴보면 미디어 생산자 연구가 주로 무엇을 탐구하고자 하는지 어느 정도 이해할 수 있을 것이다. 좀 더 거칠게 정의하자면, 미디어 생산자 연구란 '미디어 생산 과정을 둘러싸고 작동하는 문화와 권력의 문제를 생산 현장을 중심으로 탐구하는 연구 경향'이라고 할 수 있다. 협소하게는 미디어 문화연구 전통 내에서 이루진 연구만을, 광범위하게는 미디어 생산 과정을 둘러싸고 생산 현장에서 작동하는 문화와 권력의 문제에 대한 통찰을 제공하는 모든 연구를 미디어 생산자 연구의 범주 안에 포함시킬 수 있다. 이 장은 좀 더 많은 사례와 통찰들을 얻기 위해 후자의 입장을 택하였다. 미디어 생산자 연구에 대한 공부를 하고자 할 경우, 일단 미디어 문화연구 전통 내에서 이루진 기존 연구들을 집중적으로 탐색함으로써 미디어 생산자 연구의 정의, 가치, 목표 등에 대한 이해를 높이고 그 후에 좀 더 광범위한 범위에서의 기존 미디어 생산자 연구들을 접함으로써 시야를 넓히는 것이 좋지 않을까 한다.

2. 미디어 생산자 연구는 왜 필요한가

미디어 생산자 연구를 행하기 위해서는 무엇보다 먼저 미디어 생산자 연구가 왜 필요한 것인지 또는 어떤 가치가 있는지에 대한 충분한 이해와 믿음 그리고 이를 바탕으로 한 분명한 목표 의식이 요구된다. 물론 이러한 이해, 믿음, 목표 의식 없이도 연구를 시작할 수 있다. 그러나 그럴 경우 다른 연구들에 비해 더 많이 요구되는 시간, 수고, 비용, 성찰 등과 같은 연구의 특성상 연구 과정을 지속하거나 생산적인 결과를 얻기가 쉽지 않을 것이다.

미디어 생산자 연구의 필요성과 가치는 기존 연구들을 접하면서 스스로 느끼고 깨닫는 것이 바람직할 것이다. 하지만 일단 이를 경험한 기존 연구자들을 통해 간접적으로 느껴볼 수는 있을 것이다. 먼저 미디어 생산자 연구가 본격적으로 나타나게 된 배경을 통해 그 필요성과 가치를 생각해 볼 수 있다. 미디어 생산자 연구는 미디어 문화연구의 연구 전통에서 가장 활발하게 행해져왔다. 이는 미디어 문화연구의 기존 연구가 지닌 한계를 극복하기 위한 하나의 방향으로서 미디어 생산자 연구가 활성화 된 것과 연관이 있다고 할 수 있다.

미디어 문화연구의 기존 연구 경향에 대한 문제의식과 미디어 생산자 연구의 필요성은 여러 측면에서 제기되었다. 특히 연구의 관심이 미디어 생산물이나 미디어 수용자에 집중되고 미디어 생산 과정이나 미디어 생산자에 대해서는 소홀히 하는 경향이 지적되었다. 이러한 경향은 커뮤니케이션에 대한 총체적인 이해를 추구했던 미디어 문화연구의 원래 지향에서 벗어나게 하였으며(이오현, 2005), 비판적 패러다임이 가졌던 계급, 권력, 이데올로기를 거시적으로 조망하는 연구를 매우 축소시키는, 특히 연구의 무게 중심을 자본과 노동으로부터 완전히 벗어나게 만들었다(윤태진, 2005)는 비판이 제기되었다.

이에 따라 (미디어 문화연구 내에서) 미디어 생산자 연구는 다음과 같은 가치를 지닐 것으로 기대되었다. ① 그동안 소홀히 했던 생산 국면을 탐구함으로써 미디어 영역의 총체적인 이해에 기여하고 미디어 및 대중문화 현상에 대해 좀 더 정확히 인식하는 데 도움을 줄 수 있을 것이다(이오현, 2005). ② 미디어를 정치 경제의 수단과 도구로 한정짓는 우를 범하지 않으면서 생산 영역을 탐구함으로써 자본과 구조에 대한 성찰을 가능하게 할 것이다(윤태진, 2005). ③ 생산 영역을 의미에 관한 투쟁의 지점으로 접근함으로써 현실에 실천적으로 개입하는 미디어 문화연구의 기본 정신과 공명할 수 있게 될 것이다(연정모·김영찬, 2008).

물론 미디어 생산자 연구가 본격적으로 시작된 지 십여 년이 지난 지금 이러한 문제의식과 기대들이 모두 충분히 실현됐다고는 할 수 없다. 그러나 여러 부분에서 의미 있는 성과를 올렸다고 할 수 있다. 이기형(2009, 2010)의 글들을 중심으로 하여, 미디어 생산자 연구의 성과와 가치를 정리해 보면 다음과 같다. ① 미디어 산업 내의 조직 문화와 생산자들의 작업 환경 등 기존 연구들이 간과한 영역을 새롭게 개척하였다. ② 그동안 부분적으로만 채택되어 온 참여 관찰participant observation과 현장 연구fieldwork 등의 민속지학ethnography[2]적 관심사를 보다 심화시켜 연구에 적용함으로써 미디어 연구 분야에서 질적 연구 방법의 영역을 실질적으로 확장하였고 이를 통해 가치 있는 생생한 사료와 자료들을 발굴하였다. ③ 미디어 생산물이 만들어지는 맥락을 제고함과 동시에 생산자들의 활동에 관한 미시적 차원의 통찰력을 제공함으로써 텍스트 분석을 중심으로 하는 구조주의적 접근과 제도와 정책 분석을 중심으로 하는 정치경제학적 접근(또는 미디어산업론) 사이에 위치하는 대안적 접근 방식을 개척하였다. ④ 미디어 생산자들의 학계 연구자들에 대한 불신과 냉소를 완화시키고 미디어 생산자들과 미디어학계 사이의 소통과 협업의 가능성을 열어 주었다.

2 문화기술지, 민족지학 등으로도 불린다.

3. 미디어 생산자 연구는 무엇을 연구하는가: 연구 대상 및 연구 주제 찾기

다른 영역의 연구와 마찬가지로 미디어 생산자 연구를 실질적으로 행하기 위해서 가장 먼저 해야 할 것은 연구 대상이나 연구 주제를 정하는 일이다. 연구 대상이나 연구 주제를 찾는 과정이나 방식은 다양할 수 있다.

1) 일상에서 연구 대상 및 연구 주제 찾기

논문을 작성하기 위해 갑자기 인위적으로 생소한 대상이나 주제를 생각하기보다는 일상생활에서 접하면서 궁금증이나 의문이 들었던 미디어 현상을 연구 대상이나 연구 주제로 발전시키는 방식을 생각해 볼 수 있다. 개인적으로는 이것이 가장 바람직한 방식이라고 생각한다. '아는 만큼 보인다'는 격언이 시사하듯이, 미디어 생산자 연구를 잘 이해한 상태라면(미디어 생산자 연구의 시각에서 일상생활에서 접하는 미디어와 관련한 현상들을 바라보게 될 것이기 때문에), 일상생활에서 연구 대상과 연구 주제를 발전시키는 과정은 더 원활하게 일어날 수 있을 것이다. 이러한 맥락에서 기존 미디어 생산자 연구들을 접하게 될 경우, '이 연구는 어떻게 시작하였을까?' 하는 생각을 해 보는 습관을 갖는 것도 좋다. 많은 기존 연구들이 연구자의 일상 속에서 시작되었을 가능성이 높기에, 일상에서 연구 대상이나 연구 주제를 얻는 간접 경험 또는 연습이 되기 때문이다.

나의 연구도 일상 속에서의 궁금증과 의문에서 시작한 경우가 많았다. 예를 들면, KBS 〈인물현대사〉와 관련한 연구(이오현, 2005)는 노무현 정권이 들어선 후 새롭게 방송을 시작한 KBS의 이른바 개혁 프로그램들에 대한 보수 언론이나 보수 단체들의 공격 논리에 대한 의문에서 시작되었다. 그들의 공격 논리가 이전 군사주의 정권 시기의 비판 언론 진영의 논리와 동일했는데, 그렇다면 권위주의 정권이나 자유주의 정권이나 언론 통제의 방식과 강도가 동일하다는 것일까? 그렇지 않다면 동일하게 보이는 이유가 무엇일까? 그 차이는 어디에서 찾을 수 있을까? 〈광주드림〉에 대한 연구(허진아 · 이오현, 2009) 또한 연구 당시 광주 지역에서 가장 언론다운 역할을 하는 신문이 주요 지역 일간지들이 아니라 거리에서 무료로 배포되는 〈광주드림〉이라는 현상에 흥미를 느끼고 '어떻게 그것이 가능할까?'라는 의문에서 시작되었다. 광주 지역 일간 신문에 대한 연구(한선 · 이오현, 2011)의 경우도 '어떻게 부산이나 대구보다 경제적 토대가 열악한 광주에서 오히려 더 많은 일간지가 발행되고 존립할 수 있을까?'라는 궁금증에서 시작되었다.

일상 속에서 연구 대상과 연구 주제를 자연스럽게 찾는 것을 강조하는 이유는 그것이 의미 있고 가치 있는 연구가 되는 하나의 조건일 수 있기 때문이다. 학계의 많은 연구들이 연구자가 평소에 흥미나 문제의식을 갖지도 않는 대상이나 문제에 대해 너무 경직된 학술적 시각 속에서만 연구를 위한 연구로서 행해지고 있다. 연구자 스스로 흥미를 느끼지 못한 연구는 독자들도 흥미를 크게 느끼지 못하며, 진정성 없는 연구를 위한 연구는 형식적 완결성을 갖추었다 하더라도 내용적 완결성이나 학문적인 가치를 지닐 가능성이 매우 낮다. 좋은 연구란 무엇보다 먼저 연구자 자신에게 흥미롭고 의미 있는 것이어야 한다.

물론 모든 연구가 일상 속에서 자연스럽게 시작되는 것은 아니다. 연구 대상이나 연구 주제를 일상 속에서 찾지 못한다면 일단 현재 지배적 흐름을 형성하거나 새롭게 주목받고 있거나 사회적으로 논란이 되고 있는 미디어 현상 또는 분야 및 장르들을 찾아 이를 집중적으로 관찰하고 조사해 볼 필요가 있다. 이러한 과정 속에서 연구 대상이나 연구 주제들이 좀 더 선명하게 나타날 수 있다.

2) 기존 연구들의 비판적 독해를 통한 연구 대상 및 연구 주제 찾기

미디어 생산자 연구를 해 보고 싶은데 연구 대상이나 연구 주제가 막연할 때 생각할 수 있는 또 다른 방법은 기존 미디어 생산자 연구들을 면밀히 살펴보는 것이다. 이는 평소에 관심이 있었던 연구 대상은 있는데 그에 대한 문제의식이나 연구 주제가 명확하게 생각나지 않을 때에도 가장 좋은 해결 방법이다. 동일한 또는 유사한 연구 대상에 대한 기존 연구들을 세밀히 살펴보는 것이다. 또한 연구 대상과 연구 주제를 이미 선정했다고 하더라도 기존 연구들을 세밀히 살펴볼 필요가 있다. 연구자 자신에게는 새로운 아이디어라고 해도 '하늘 아래 새로운 것이 없다'는 경구처럼 대부분의 경우 이미 누군가가 동일한 연구 대상을 유사한 문제의식하에 연구를 했을 가능성이 높다. 물론 동일한 연구 대상에 대해 유사한 문제의식을 가지고 진행했더라도 동일한 연구가 될 가능성은 높지 않다. 다만 기존 연구들을 검토함으로써 자신의 아이디어가 지닌 독창성 또는 차이점과 가치를 점검하고 이를 높일 방안을 고민해 볼 필요가 있다는 것이다.

다시 돌아가서, 새로운 연구를 위한 대상과 주제를 얻기 위해서는 기존 미디어 생산자 연구들이 어떤 대상에 대해 어떤 문제의식을 가지고 어떤 방식으로 연구하여 어떤 결과들을 도출했는지에 초점을 맞추어 정리해 보는 것이 필요하다. 이러한 과정에서 기존 연구들이 소홀히 했거나 다루지 않았던 대상이나 분야를 발견하여 이를 연구 대상으로 삼을 수 있을 것이다. 또는 기존 연구들이 특정 연구 대상에 대해 다루지 못한 측면이나 주제, 그리고 연구 대상을 다룬 방식이나 분석에 있어서 아쉬운 점 등을 새로운 연구의 출발점으로 삼을 수 있다. 이러한 맥락에서 기존 연구들을 살펴볼 때 그것들이 제공하는 통찰을 파악하여 흡수하는 것도 중요하지만, 그것들이 지닌 한계나 문제들을 찾아내는 것이 더욱 중요해진다. 기존 연구를 활용하고 보완하고 넘어서려는 목적 하에 읽고 분석하는 이러한 비판적 독해는 새로운 연구를 시작하는 데 핵심적인 작업이라 할 수 있다.

3) 기존 연구들이 다룬 대상, 이슈 및 주제[3]

위에서 논의했듯이 기존 미디어 생산자 연구들이 어떤 대상을 어떤 이슈 또는 어떤 주제들로 다루었는지 점검해 보는 것은 새로운 연구를 위한 대상과 주제를 찾는데 많은 도움이 된다. 지금까지 행해진 미디어 생산자 연구들을 대상, 이슈, 주제별로 분류해 보면 다음과 같다. 먼저 기존 연구들을 다루었던 연구 대상을 미디어를 중심으로 분류해 보면, 텔레비전과 관련한 연구들이 압도적으로 많았다. ① 드라마, 리얼리티/예능, 시사 보도, 다큐멘터리, 교육 문화 예술, 뉴스, 코미디 등의 텔레비전 프로그램들, ② 프로듀서, 방송 기자, 방송 작가, 제작 스태프, 텔레비전 코미디언, 방송 편성 담당자, 방송 프리랜서 진행자 등의 텔레비전 생산 관련 특정 직종들, ③ KBS, 공영 방송 보도국, 연예매니지먼트사, 문화

3 지면 관계상 분류된 각 유형에 대한 기존 연구들을 사례로 제시하지 못했다. 대신 현재까지 이루어진 미디어 생산자 연구들을 수집하여 이 장의 마지막 '참고 문헌 및 미디어 생산자 연구 학술지 논문 목록' 부분에 정리하여 제시하였다. 이 장에서 분류한 유형들을 참고하여, 제시된 기존 연구들이 각각 어떤 대상을 어떤 이슈 또는 어떤 주제를 중심으로 다루었는지 그리고 이를 다루는데 어떤 이론적·분석적 틀과 어떤 연구 방법을 적용하였는지를 면밀히 살펴보기 바란다.

산업 전문 회사 등의 텔레비전 생산 관련 특정 조직들, ④ 외주 제작 등과 같은 텔레비전 생산 관련 특정 정책이나 제도. 텔레비전 이외에 신문, 케이블, 인터넷, 공동체 미디어, 시사 잡지, 연예·문화 산업 등도 연구 대상으로 다루어졌다.

다음으로 기존 연구들이 주요하게 다룬 이슈들을 보면 언론 통제, 노동·고용, 국가·인종, 젠더, 지역, 역사, 종교, 노인, 기술 변화 등이었다. 마지막으로 기존 연구들이 주로 탐구한 연구 주제(또는 연구 목적)는 크게 네 가지 유형으로 나누어 살펴볼 수 있다.[4] ① 미디어 생산물의 생산 과정에 영향을 끼치는 조직 내·외부의 요인, ② 미디어 생산에 참여하는 (주로 다양한 비정규직) 직종들과 관련한 고용·노동의 특성, 구조 및 문제, ③ 미디어 생산물의 생산 (조직) 구조나 생산 과정의 특징, ④ 미디어 생산 집단의 인식 패턴, 가치관, 직업 정체성, 직업 문화 등과 이들의 생산 과정에서의 역할.

위에 분류된 대상, 이슈, 주제들 중 자신이 흥미로운 것들을 각각 선택하여 조합함으로써 새로운 연구를 위한 시작점으로 삼을 수 있을 것이다. 또한 분류된 대상, 이슈, 주제 등을 참고하여 새로운 대상, 이슈, 주제 등을 생각해낼 수도 있을 것이다.

한편, 연구 대상이나 연구 주제가 일정 정도 정해졌다면 연구를 다음 단계로 진행하기 전에 점검할 몇 가지 사항이 있다. 무엇보다 계획한 연구가 현실적으로 실행 가능한 것인지 고민과 판단이 필요하다. 또한 계획한 연구가 현재 사회적 또는 문화정치적으로 연구할 가치와 의미를

4 연구 주제에 대한 분류는 임영호(2015)의 분류를 참고하였다. 기존 연구들이 탐구한 연구 주제나 연구 목적들을 좀 더 세부적으로 살펴보고자 하면 임영호(2015)의 글을 참고하라. 단 텔레비전에 대한 연구들만을 대상으로 하였다는 것에 유의할 것.

지니는지에 대해서도 점검해야 한다.

구체적인 연구 대상의 선정 그리고 체계적인 문제의식과 연구 목적의 설정은 연구 과정 중 가장 중요한 작업들 중 하나다. 이것들이 제대로 이루어졌다면 연구의 절반 이상을 이미 행한 것이라고도 할 수 있다. 이 부분을 좀 더 정교하게 하는 과정과 그것의 중요성은 다음 장에서 좀 더 상세히 논의하겠다.

4. 미디어 생산자 연구는 어떻게 연구하는가 I: 이해 및 분석 틀(지도) 만들기

1) 연구 대상의 이해와 분석을 위한 사전 틀(지도) 만들기의 필요성 및 목적

연구 대상, 연구 주제 및 연구 목적이 일단 정해졌으면 연구 조사를 시작하기 전에 연구 대상을 체계적이고 심층적으로 이해하기 위한 공부가 필요하다. 이 과정은 연구 주제 및 연구 목적을 중심으로 연구 대상에 대한 이해와 분석을 위한 사전 틀을 만드는 작업이라고 할 수 있다. 이러한 틀을 만드는 과정은 연구 대상에 대한 이해 이외에도 연구 주제나 연구 목적을 더욱 구체화·체계화시키는 과정이기도 하다.

질적 방법 특히 참여 관찰이나 현장 연구 등을 행할 때, 연구 대상에 대한 어떠한 판단도 중지한 채 일종의 정신적 진공 상태에서 연구 현장에 진입해야 한다고 생각할 수 있다. 이러한 현상학적인 접근은 관련된 기존 연구가 없을 경우(예를 들면, 김호영·윤태진, 2012) 또는 현장에서 상당히 장기적인 연구를 할 경우를 제외하고는 실질적인 유효성이 떨어진다고 할 수 있다. 대부분의 연구에 있어서 연구 대상에 대한 체계적인 사전 이해는 연구 수행을 위해 매우 중요한 부분으로 필수적이라고 할 수 있다. 연구 대상에 대한 체계적인 사전 이해 없이는 현장에서 얻을 수 있는 것이 많지 않을 가능성이 높기 때문이다. 때로는 현장에서 무엇을 관찰해야 하는지조차 쉽게 파악하지 못할 수도 있다. 사전 지도 없이 연구 현장에 들어간다면 길을 잃고 헤매게 될 가능성이 매우 높다는 것이다. 따라서 연구 초기에는 '아는 만큼 보인다'라는 격언을 명심할 필요가 있다.

예를 들면, 미디어 생산물의 생산 과정에 영향을 끼치는 조직 내·외부의 요인들을 밝혀내는 것이 연구 목적이라면 연구 현장에 들어가기 전에 연구 대상이 어떤 특징을 지니며 어떤 구조 속에 존재하는지, 그러한 특징과 구조가 형성되는 데 영향을 끼치는 주요 요인 또는 조건들은 무엇인지, 그러한 요인과 환경들은 어떤 방식으로 또는 어떤 연관 관계 속에서 작동하는지 등에 대한 일정 수준의 이해가 있어야 연구 현장에서 그것들이 보이고 제대로 관찰할 수 있다. 심층 인터뷰에서도 마찬가지이다. 몇몇 예외적인 인터뷰 대상자를 제외하고, 대부분의 경우 연구자가 질문하는 수준만큼 인터뷰 대상자들은 대답한다. 연구자가 연구 대상에 대한 깊은 이해를 바탕으로 체계적이고 심도 있는 질문을 할 때 인터뷰 대상자로부터 깊은 내용이 담긴 이야기를 확보할 수 있다. 연구 대상에 대한 사전 틀이 정교할수록 현장에서 구할 수 있는 자료들이 풍부해지고 깊어질 수 있다는 것이다.

여기서 다음과 같은 의문이 제기될 수 있다. '그렇다면 질적 방법을 사용한 연구가 미리 세운 가설을 검증할 목적으로 행해지는 양적 연구와 다른 것이 무엇인가?' 또는 '그렇다면 질적 연구가 추구하는 연구 대상에 대한 새로운 이해 또는 발견은 어떻게 가능한 것인가?' 당연히 질적 방법을 사용하는 미디어 생산자 연구는 기존 지식의 검증을 주요 목적으로 삼지 않는다. 사전에 만들어 가지고 간 틀이 현장 상황과 일치하는지 여부를 알아보는 것이 연구의 목적이 아니다. 이 틀은 연구 대상에 대한 새로운 이해와 발견을 위한 유용한 '도구'라고 생각하면 된다. 이 틀은 연구자가 연구 목적에 맞게 연구 대상에 효율적으로 다다르고 (연구 초기) 연구 대상을 체계적으로 살펴보는 데 도움을 주는 '안내자'의 역할을 하는 것이다. 연구에서 가장 중요한 것은 연구자가 대면하는 현장에서 얻은 앎이다. 현장에서 얻은 앎을 통해 사전에 만들어간 틀은 수정, 보완, 대체될 수 있다. 대부분의 경우, 연구를 위해 미리 만든 틀은 현장을 그렇게 정교하게 또는 정확하게 보여 주지 못한다. 현장에서 얻은 앎을 통해 사전 틀을 좀 더 정교하게 만들거나(틀을 지도에 비유하자면, 사전 지도에는 큰 길과 큰 건물만이 표시되어 있었다면 작은 길이나 작은 건물 등을 그려 넣거나), 때로는 틀을 수정 및 대체할 수 있다(즉 바뀌거나 새롭게 난 길이나 건물 등을 그려 넣는다).

(나를 포함한 연구자 대부분에게) 사전 틀 없이 새로운 틀 또는 새로운 앎을 만들어 내는 것은 거의 불가능한 일이다. 대부분의 새로운 앎이란 기존 앎과 현실에서 얻은 앎의 상호작용을 통해 기존 앎을 보완 또는 수정하여 새롭게 함으로써 만들어지는 것일 것이다. 특히 질적 방법을 통한 앎의 확장은 어느 한 탁월한 연구에 의해 '일시적'으로 이루어지기보다는 기존 연구 또는 기존 지식들의 통찰을 활용하면서 그 한계를 넘어서려는 많은 연구들에 의해 '누적적'으로 이루어진다. 여기서 물론 '누적'과 (단순한) '반복'은 필히 구분해야 할 것이다.

미디어 생산자 연구에 있어서 기존 틀과 현장에서 얻은 앎의 상호작용이 많을수록 연구 결과는 더욱 풍부해지고 정교해질 수 있다. 연구 대상에 대한 기존 틀이 현장 상황을 일부분만 설명한다면, 설명하지 못하는 현장 상황 부분들을 연구 결과에 포함시키지 않거나 단순히 표피적인 수준에서 연구 결과에 덧붙이는 것은 그다지 현명한 선택이 아니다. 이보다는 설명하지 못하는 부분을 좀 더 체계적이고 심도 있게 이해하고 분석하는 데 도움이 될 수 있는 다른 연구들 또는 다른 이론들을 탐구함으로써 자신이 원래 만들었던 틀을 보완, 수정하여 좀 더 정교하게 만들고, 이를 다시 현장의 이해와 분석에 활용하여 현장의 더 많은 부분을 설명할 수 있도록 하는 것이 바람직하다. 이렇게 기존 틀들과 현장에서의 앎들이 오가면서 서로를 정교화하는 과정에서 연구 대상에 대한 이해와 분석은 점점 더 풍부해지고 더 깊어질 수 있다.

2) 연구 대상의 이해와 분석을 위한 사전 틀(지도) 만드는 방법

연구 조사에 들어가기 전에 연구 대상을 체계적이고 심층적으로 이해하기 위한 공부를 하는 방법, 즉 연구 대상에 대한 일정 수준의 이해와 분석의 틀을 만드는 방법은 다양할 것이다. 가장 자주 사용하는 방법 중 하나는 자신의 연구와 대상, 이슈, 주제나 목적 등에서 유사한 기존 연구들을 살펴보는 것이다. 기존 논문들에서 이 작업 부분을 흔히 '기존 문헌 연구' 또는 '문헌 고찰'이라 칭한다. 이 단계에서 기존 연구들을 살펴보는 목적은 이들로부터 연구 목적에 맞게 연구 대상을 이해 또는 분석하기 위한 틀을 만드는 것이다. 따라서 기존 연구들을 단순히 정리하여 나열하는 것은 아무리 많고 체계적이라도 쓸모없는 것이다. 여기서도 위에서 이야기했던 비판적 독해가 중요하다. 기존 연구의 시각이나 내용들 중 중요한 것과 그렇지 않은 것, 필요한 것과 필요하지 않은 것, 타당성이 있는 것과 그렇지 않은 것 등을 해석·판단·선별해야 한다. 이를 통해 연구 대상을 이해하고 분석하기 위한 자신만의 틀(지도)을 만들어 내야 한다.

자주 사용하는 또 다른 방법은 연구 주제 또는 연구 목적과 관련한 다양한 이론들을 세밀하게 살펴보는 것이다. 기존 논문들에서 이 작업 부분을 흔히 '이론적 논의' 또는 '이론적 배경'이라 칭한다. 어떤 이론이 유용하느냐는 연구 목적에 맞게 연구 대상을 얼마나 심층적이고 체계적으로 이해할 수 있게 하느냐에 달려 있다. 따라서 이론의 범위나 영역은 따로 존재하지 않는다. 기존 미디어 생산자 연구들이 활용한 이론들은 연구 대상 또는 연구 주제나 연구 목적에 따라 매우 다양하다. 예를 들면, 미디어 생산과 관련한 젠더 문제에 초점을 맞추는 경우에는 페미니즘, 노동 관련 문제를 밝히는 데에는 노동과정론이나 문화산업론, 특정 미디어 조직의 특성이나 문화에 초점을 맞춘 경우 조직문화론, 직업 정체성의 문제에 초점을 맞춘 경우에는 전문직주의나 도덕 경제, 미디어 생산 집단들의 행위가 지니는 문화정치적 의미를 밝히는 데는 정치미학이나 다중 이론, 서바이벌 프로그램 생산 과정의 특징을 탐색하는 데는 신자유주의 등이 이론으로서 활용되어졌다.

여기서도 핵심적인 것은 비판적 독해다. 아무리 훌륭한 이론이라도 그 자체로는 아무런 의미가 없다. 이론이 연구 목적에 맞춰 연구 대상을 좀 더 깊고 넓게 이해하기 위한 일종의 도구로서 기능했을 때만 그 가치를 지닌다. 이론에 대한 개괄적인 정리는 아무리 많이 아무리 체계적이어도 쓸모없는 것이다. 연구자는 이론에 대한 세밀한 탐구와 해석을 통해 연구 대상을 심층적이고 체계적으로 이해하고 분석할 수 있는 자신만의 틀(지도)을 추출해내야 하는 것이다.

기존 논문들에서 흔히 '기존 문헌 연구'와 '이론적 논의'로 칭해지는 이 작업들은 때로는 한 가지만 때로는 두 가지 모두 행할 수 있다. 여기서 한 가지만 하느냐 두 가지 모두 하느냐 하는 것은 그렇게 중요하지 않다. 중요한 것은 그렇게 이루어진 작업이 연구 목적에 맞게 연구 대상을 이해하고 분석하는 데 얼마나 기여하느냐 하는 것이다. 기존 연구들을 읽다 보면 '기존 문헌 연구'나 '이론적 논의' 부분이 논문의 형식을 맞추기 위해서만 존재하고, 연구 대상의 이해와 분석의 틀로서 실질적으로 아무런 역할을 하지 않는 경우를 자주 발견할 수 있다. 이런 경우 '기존 문헌 연구'나 '이론적 논의'에 훌륭한 연구나 훌륭한 이론들이 아무리 체계적이고 세밀하게 정리되어 있어도 그 논문에서는 쓸모없는 것이 된다.

5. 미디어 생산자 연구는 어떻게 연구하는가 II: 연구 방법 선택하기

연구 대상과 연구 주제 및 연구 목적이 선명해지고 연구 대상을 이해하고 분석하기 위한 틀이 어느 정도 마련되었으면 연구 방법을 선택하고 이의 실행을 준비해야 한다. 미디어 문화연구의 미디어 생산자 연구들은 질적 방법들을 사용하지만 그 외의 연구들은 양적 방법도 활용한다. 가장 일반적으로는 심층 인터뷰나 참여 관찰이 사용되고 이외에 구술생애사, 포커스 그룹 인터뷰, 서면 인터뷰, 자기기술지, 설문 조사 등이 활용된다. 미디어 생산물이나 연구 주제 관련 문서 자료들에 대한 일반적인 자료 분석, 내용 분석, 텍스트 분석, 또는 담론분석 등도 사용된다.

또한 심층 인터뷰나 설문 조사 등은 단독으로 사용되기도 하지만, 많은 경우 연구 방법들의 장단점을 서로 보완하여 자료의 신뢰성을 높이고 좀 더 풍성한 자료를 확보할 수 있는 복수의 조사 방법을 조합하여 함께 사용한다. 빈번히 사용하는 조합은 생산물이나 관련 문서 자료 등에 대한 일반적 자료 분석, 내용 분석, 텍스트 분석, 또는 담론분석 등과 심층 인터뷰다. 전자들을 통해 생산 과정을 둘러싼 전체 환경이나 생산 과정에서 나타날 수 있는 특징들을 정리한 후 심층 인터뷰를 통해 이러한 발견을 확인하거나 새로운 양상을 파악하고 이들에 대한 이해의 심화를 추구한다. 참여 관찰과 심층 인터뷰도 자주 사용되는 조합이다. 참여 관찰을 통해 생산 과정이나 생산자 집단의 행위 등과 관련한 전반적인 상황을 이해하고 이 과정에서 중요한 요소나 문제들을 파악한다. 그리고 심층 인터뷰를 통해 참여 관찰에서 발견한 사항들을 확인하고 이들에 대해 좀 더 심층적인 이해를 추구한다. 또한 참여 관찰, 심층 인터뷰, 문서 자료에 대한 다양한 분석을 동시에 사용하여 연구를 진행하기도 한다.

다양한 연구 방법들 중 어떤 방법을 선택할 것인가는 하는 문제는 무엇보다 연구 목적이 무엇이냐에 따라 결정된다고 할 수 있다. 연구자의 성향이나 철학에 따라 선호하는 연구 방법이 있겠지만 다른 연구 방법들보다 항상 뛰어난 특정의 연구 방법이란 없다. 모든 연구 방법은 각각 장단점을 가지고 있다. 연구 방법 각각의 장단점을 잘 파악한 후 어떤 연구 방법(의 조합)이 자신의 연구 목적을 성취하는 데 가장 적합한지를 판단하여 선택해야 한다. 기존 미디어 생산자 연구들의 경우, 미디어 생산물의 생산 과정에 영향을 끼치는 조직 내·외부의 요인들을 밝혀내고자 할 때는 참여 관찰과 심층 인터뷰의 조합을, 미디어 생산에 참여하는 (주로 다양한 비정규직) 직종들의 고용과 노동의 문제를 탐구하고자 할 때는 관련 문서 자료에 대한 분석과 심층 인터뷰의 조합을, 미디어 생산자 집단의 인식, 가치 체계, 작업 문화 등을 탐구할 때는 심층 인터뷰나 설문 조사를, 직업 정체성의 역사적 형성 과정과 그 의의를 밝히고자 할 때는 구술생애사 등을 연구 방법으로 자주 사용하였다.

연구 목적을 가장 잘 실현할 수 있는 연구 방법을 선택하였다고 해도 연구 방법 선택의 문제가 완전히 끝난 것은 아니다. 이를 실행하기 위해 최대한 노력을 해야 하겠지만, 현실적으로 연구 방법의 실제적 실행이 불가능한 경우가 발생하기 때문이다. 따라서 이러한 시행착오의 가능성을 줄이기 위해 연구 방법을 선택할 때 시간적·재정적 상황, 연구 대상 섭외와 관련한 인적 네트워크 등 연구자가 연구 수행을 위해 지닌 자원들을 세밀히 살펴야 한다. 이러한 고려 없이 이상적인 연구 방법을 선택했을 경우, 연구 진행에 심각한 문제가 일어날 수 있다. 이 문제와 관련해서는 다음에서 좀 더 상세히 논의하겠다.

6. 미디어 생산자 연구는 어떻게 연구하는가 III: 섭외하기 및 현장 진입하기

1) 연구 대상 섭외 및 연구 현장 진입의 어려움

지난 십여 년 동안 미디어 생산자 연구가 꾸준히 증가해 오면서 그 한계와 문제점도 지적되었다. 예를 들면, 미디어 생산자 연구가 주로 인터뷰와 자기기술지에 의존하여 생산 과정이나 생산자 문화에 대한 제한된 분석과 소개가 대부분이고 본격적인 참여 관찰이나 생산자의 활동에 대한 민속지학적인 분석에 다다른 연구들은 여전히 매우 적다(이기형, 2010)는 것이다. 또한 참여 관찰이나 현장 연구를 행한 연구들의 경우 대부분 단기간 동안의 조사에 의존했기 때문에 관찰이 표피적이고 분석 결과가 평면적이고 심층적이지 못하며 과도한 확대 해석이 이루지는 경우가 많다(임영호, 2015)는 비판도 제기되었다.

이렇게 지적되는 미디어 생산자 연구의 한계 또는 문제들을 살펴보면 연구 방법이나 연구 수행에 있어서의 한계와 관계되는 것이 대부분이다. 먼저 미디어 생산자 연구는 연구자에게 상당한 시간과 지속적인 노력을 요구한다. 특히 참여 관찰이나 현장 연구 등을 수행해야 할 경우 더욱 그렇다. 모든 연구자가 충분한 기간 동안 다양한 연구 방법들을 활용하여 질적 완성도가 높은 연구를 행하고자 하는 열망이 있을 것이다. 그러나 이를 충족시킬 수 있는 조건이나 상황 속에 있는 연구자는 그다지 많지 않을 것이다.

이보다 연구 수행에 있어서 더 큰 장애도 있다. 이는 참여 관찰이나 현장 연구를 수행하기 위해 미디어 생산 현장에 접근하거나, 심층 인터뷰를 위해 미디어 생산자를 섭외하는 것이 매우 어렵다는 것이다. 미디어 조직이나 미디어 생산자 집단은 여전히 자신들의 영역을 외부로 드러내는 데 소극적이다. 더욱이 보수 정권하에서 미디어를 둘러싸고 있는 정치적·조직적 환경이 점점 더 권위적으로 변해가고 있다. 이에 따라 미디어 생산 현장의 진입이나 미디어 생산자의 섭외가 더 어려워지고 있는 상황이다. 따라서 한편으로는 연구의 실행 차원에서 상당한 어려움들이 존재한다는 현실을 냉정하게 인식하면서, 다른 한편으로는 이러한 어려움들을 극복할 수 있는 방안들에 대해 다방면으로 고민해야만 한다.

2) 연구 대상 섭외 및 생산 현장 진입의 일반적 과정

미디어 생산자 연구를 위한 생산 현장의 진입이나 심층 인터뷰 대상자의 섭외에는 정답이나 왕도가 따로 없다. 언론사에 공식적인 요청을 통한 생산 현장 진입이나 심층 인터뷰 대상자 섭외는 기대할 수 없다. 결국 연구자가 활용 가능한 모든 사회적 네트워크를 동원해 연구 대상 관련 미디어 생산자나 상위 직급의 관리자 등의 소개를 통해 생산 현장에 진입하고 이를 바탕으로 심층 인터뷰 대상자의 섭외를 점차 늘릴 수밖에 없다. 연정모·김영찬(2008)의 연구는 이러한 과정을 잘 보여 준다. "연구자는 해당 조직의 간부급 인사를 통해 〈연예가중계〉의 책임 프로듀서와 연락을 취했고 간단한 연구의 개요와 목적을 공개한 뒤 제작 현장으로의 진입을 허가받았다. 동시에 일종의 스노우볼링 샘플링 방식으로 현장 진입 전에 일선 생산자 중 한 명을 1차 인포먼트로 삼아, 현장 조사 중 내부 구성원과의 신속한 유대 형성을 노렸다"(p.92).

따라서 연구자는 일단 활용할 수 있는 사회적 네트워크 범위를 최대한 넓히는 노력을 해야 한다. 연구자가 대학원 학생이라면 연구하고자 하는 영역 또는 관계된 영역에 취업한 친구나 선후배, 또는 관련 직종에 종사하는 동료 대학원생이나 학교 선생님들의 사회적 네트워크 등을 활용한다. 때로는 불편한 상황도 감수할 수밖에 없다. 나의 경우, 대학 졸업 이후 25년 정도 서로 연락 하지 않았던 대학 동기를 연구를 위해 연락하기도 하였다.

연구 대상 생산자 집단의 일원과 연결이 이루어졌다고 곧바로 현장 진입을 보장받는 것은 아니다. 대화와 설득을 통해 충분한 공감을 불러일으켜야 한다. 위에서 이야기했듯이 미디어 생산자들은 자신들의 영역을 외부로 드러내는 데 소극적이다. 그러나 다른 한편으로 (나의 연구 경험상) 미디어 생산자들은 자신들의 작업 영역이나 이를 둘러싼 조직적, 정치적, 사회적 환경에 대해 문제의식을 강하게 가지고 있을 가능성이 높다. 따라서 이들을 설득할 수 있는 가장 좋은 방법은 이들이 공감할 수 있는 문제의식을 적절하고 진정성 있게 표현하는 것이다. 유사한 문제의식을 지니고 동시대를 살고 있는 연대감을 함께 느낄 수 있도록 하는 것이다. 이는 생산 현장 진입 또는 인터뷰 대상자 섭외를 위해서 뿐만 아니라 현장 진입 이후 조사와 심층 인터뷰의 질에도 상당한 영향을 끼치기 때문에 매우 중요한 일이다. 아울러 이는 미디어 생산자 연구의 목적 중 하나인 미디어 학계와 미디어 생산 현장의 소통과 연대를 형성하기 위한 기초 작업이기도 하다.

3) 연구 대상 섭외 및 연구 현장 진입의 어려움을 우회하는 방법

위의 연구 수행을 위한 과정과 노력들은 '일반적' 또는 '정상적'인 연구 상황에서 발생하고 통용될 수 있는 것이라고 할 수 있다. 이러한 연구 상황을 넘어서 연구 수행을 중단해야 할 상황까지도 생각해 봐야 한다. 따라서 연구 대상을 설정하거나 연구 방법을 선택할 때부터 자신의 능력과 주위의 상황을 살펴보고 연구 진행의 실현 가능성을 미리 점검할 필요가 있다. 상황이 그다지 여의치 않다면 좀 더 실현 가능한 연구 대상이나 연구 방법을 선택함으로써 연구가 중단되는 위험을 줄여야 한다. 이러한 선택은 때로는 기존 미디어 생산자 연구가 소홀히 했던 연구 대상 또는 연구 영역이나 연구 방법에 관심을 둠으로써 이들을 확장시키는 의미를 지니기도 한다.

(1) 미디어 생산자와의 공동 연구

위의 생산 현장 진입 또는 인터뷰 대상자 섭외와 관련한 수고는 미디어 관련 직종에 종사하는 생산자들과 공동 연구를 하는 경우 상당 부분 덜 수 있다. 기존 연구들의 경우, 방송 작가, 아나운서, 프로듀서, 방송 기자 등과 전문 연구자가 공동 연구를 행하기도 하였다. 이러한 형태의 공동 연구는 현장 진입과 연구 수행의 용이함뿐만 아니라 현장 상황에 대한 이해와 분석 및 해석의 정확성과 깊이를 높이는 데 있어서도 큰 도움이 된다. 따라서 이러한 공동 연구의 가능성을 계속해서 찾아볼 필요가 있다.

(2) 연구 대상 선정을 통한 우회하기

연구 대상 선정의 차원에서 연구 수행의 가능성을 높이기 위한 방법을 모색할 수 있다. 예를 들면, 서울에 있는 지상파 방송이나 신문사 같은 주류 미디어보다는 지역에 근거를 두고 있는 미디어, 주변부화되어 있는 미디어나 문화 산업, 또는 신생 미디어 등이 진입 가능성이 더 높을 것이다. 또한 기자, PD 같은 주류 (정규직) 직종보다는 주변부화되어 있는 (비정규직) 직종들이 연구를 수행하기 위한 접근성이 더 높을 것이다. 이는 단순히 연구 수행의 용이성 차원에서뿐만 아니라 기존 미디어 생산자 연구가 주류 미디어와 주류 직종에 관심을 집중한 문제적 경향을 완화하고 연구 대상을 다양화 또는 확장하는 방안이라는 의미도 크다.

질적 접근 특히 민속지학적 접근이 세계적으로 또는 사회적으로 주변부 사람들의 삶에 대해 주로 관심을 가지고 진행되었던 것을 생각하면 현재의 미디어 생산자 연구가 주류 미디어나 직종에 대해서 편향적 관심을 지니고 있는 것은 문제적인 것이다. 이러한 맥락에서 이상길·이정현·김지현(2013)의 지적을 아프게 받아들일 필요가 있다. “생산자 연구는 그나마 많지 않은 작업조차 사회적으로 권위를 부여받은 몇몇 제도와 직종에 집중되어 온 혐의가 짙다. 달리 말해 (지방 아닌) 서울의 신문사와 방송국 같은 주류 언론 기관 그리고 그 내부에서도 기자, PD, 작가 등 주요 생산자 집단만이 연구자들의 주목 대상이 되어 왔다는 것이다. 그리하여 ‘지역’ 미디어나 ‘주변부’ 문화 산업, ‘비인기’ 직종의 종사자, 계약직과 비정규직 종사자 그리고 광범위한 ‘산업 예비군’에 대해서는 최근 실태 조사가 조금씩 나오고 있을 뿐 심층적이고 질적인 연구를 찾아보기 쉽지 않은 실정이다. 이는 ‘권위 있는 사회적 대상’과 ‘정당하고 가치 있는 연구 대상’을 동일시하는 학계의 무의식 또한 일정하게 작용했을 것으로 여겨진다”(p.159).

(3) 연구 방법 선정을 통한 우회하기

연구 방법 선정의 차원에서도 연구 수행의 가능성을 좀 더 높일 수 있는 우회적 방법을 고민해 볼 수 있다. 예를 들면, 생산 현장에 대한 진입이 어려울 경우, 연구 대상으로 선택했던 미디어 생산 영역에 종사하는 특정 개인에 관한 사례 연구나 생애사 연구를 모색해 볼 수 있다. 이러한 연구 방법들은 연구 대상의 섭외가 상대적으로 용이하고 장기적인 심층 인터뷰로 심층적인 자료를 확보할 수 있는(임영호, 2015) 장점을 지닌다.

그러나 다른 연구 방법을 사용할 때도 마찬가지지만, 특히 개인에 관한 사례 연구나 생애사 연구 등을 통해 미디어 생산자 연구를 수행할 때 주의할 점이 있다. 이는 연구가 단순히 한 개인의 경험과 삶을 기술하고 분석하는 데 중점을 두어서는 안 된다는 것이다. 그보다는 개인의 경험과 사회 구조는 분리되어 존재하는 것이 아니라 상호 구성된다는 시각하에 개인의 경험, 인식, 가치, 생애를 통해 사회 구조를 읽어 내는 것에 초점이 맞추어져야 한다. 이러한 맥락에서 김예란(2003)은 자료의 분석 과정이 "개인들의 삶의 이야기라는 개별 역사의 흐름들을 해석해나가면서, 이러한 흐름들이 집단적이고 사회적인 현상과 교차하는 지점에 주목"(p.36)하는 것이어야 함을 강조한다. 다시 말하면 개인에 관한 사례 연구나 생애사 연구의 궁극적 목적은 특수성을 통한 일반성의 발견(조은, 2006; 임영호, 2009에서 재인용)임을 명심해야 한다.

연구의 용이성과 사례 연구나 생애사 연구의 유용성 차원에서 좀 더 관심을 가져야 하는 영역이 역사적 접근의 미디어 생산자 연구다. 김세은(2012), 백미숙(2012), 손병우(2006) 등 몇몇 역사적 미디어 생산자 연구가 이루어졌지만, 지금까지의 미디어 생산자 연구는 미디어의 현재를 탐구하는 데 집중되어 왔다. 그러나 미디어와 관련한 현재의 구조나 문제들을 심층적으로 이해하는 데 가장 좋은 방법 중 하나가 현재의 형태와 구조를 지니게 된 역사적 궤적을 면밀히 분석하는 것이다.[5] 미디어 생산과 관련한 현재의 형태, 특징, 구조 또는 문제들은 역사적 접근을 통해 더 깊고 더 정확하게 밝혀낼 수 있을 것이다.[6]

7. 미디어 생산자 연구는 어떻게 연구하는가 IV: 현장에서 조사하기

여기에서 참여 관찰이나 심층 인터뷰의 전 과정에 대해 단계별로 세세히 설명할 수는 없다. 다만 미디어 생산자 연구와 관련하여 주의를 기울였으면 하는 몇몇 사항들을 중심으로 논의하고자 한다.

1) 생산 현장에서 참여 관찰 행하기

(1) 미디어 생산자 연구에 있어서 참여 관찰의 필요성

위에서 연구 상황이 어려울 때 선택할 수 있는 우회적인 연구 방법들에 대해 논의하였다. 이는 미디어 생산 현장에서의 조사, 특히 참여 관찰을 쉽게 단념해도 된다는 것을 의미하는 것이 아니다. 위에서 논의한 방법

5 구술생애사 연구 방법에 대한 기본적인 내용은 이 책의 5장 '구술사 연구 방법: 개인의 삶과 경험을 주체화하기와 역사화하기'을 참고하라.

6 이외에 연구 수행의 가능성을 좀 더 높일 수 있는 방법은 현장 조사를 위해 좀 더 다양한 장소를 찾아 활용하는 것이다. 예를 들면, "문화 산업과 미디어 생산자들이 기획하고 참여하는 팬 미팅, 엑스포, 축제, 견본 시장, 세미나 등의 (반)공개적인 이벤트와 모임들"(이기형, 2010: 112)을 조사 장소로 이용할 수 있다.

들은 말 그대로 '우회적'인 것이다. 조금의 가능성이라도 있다면 참여 관찰에 도전하여 미디어 생산 현장과 맞닥뜨려 볼 것을 강력히 권한다. 물론 모든 연구 방법은 각각의 장단점을 갖고 있기에 참여 관찰이 연구 방법으로서 언제나 정답이나 왕도일 수는 없다. 그러나 미디어 생산 과정에서 작동하는 다양한 문화와 권력들을 살펴볼 수 있는 가장 유효한 방법이 참여 관찰이라는 것을 부인할 수는 없을 것이다.

또한 현재의 미디어 연구 경향들을 살펴보았을 때, 참여 관찰은 미디어 생산자 연구를 제외하고 실질적으로 경험해 보기 어려운 연구 방법이다. 사실상 참여 관찰은 미디어 생산자 연구를 다른 미디어 연구 경향들로부터 구별 짓는 핵심적 요소로서 미디어 생산자 연구가 전체 미디어 연구에 기여하는 주요한 조건 중 하나라고 할 수 있다. 미디어 생산자 연구가 '우회적'인 연구 방법들로만 이루어진다면 그 독자성과 정체성이 희석되고 전체 미디어 연구에 기여하는 바가 약화될 것이다.

다른 한편, 참여 관찰이 "숙련된 전문 연구자에게조차 다루기 쉽지 않은 도구로써, 이를 통해 의미 있는 발견을 이끌어 낼 수 있다는 보장은 없다"(임영호, 2015: 23)와 같은 우려들이 있다. 당연히 유의해야 한다. 그러나 이러한 우려는 참여 관찰에만 해당하는 것이 아니라 모든 연구 방법에 적용되는 것이다. 노력은 해야겠지만 참여 관찰이 과정과 결과에 있어서 완벽해야 한다는 부담감이나 강박관념에서 벗어날 필요가 있다. 그렇지 않으면 시도조차 못하고 포기한 채 '우회적' 방법만을 찾게 될 수 있다. 연구의 성과는 누적적인 것이다. 어느 한 연구가 어느 한 현상을 완벽하게 설명할 수는 없는 것이다. 또한 논문으로 보여 줄 수 있는 것만이 연구의 가치를 지니는 것은 아니다. 논문에 담을 수 없어도 현장에서 부딪치고 느끼고 고민하는 과정 속에서 현장 연구자만이 얻을 수 있는 깨달음과 보람이 존재한다. 때로는 완벽하지 못해도 시도와 노력

그 자체로 의미를 지니기도 한다. 참여 관찰의 어려움 또는 한계에 대한 지적이 경험적 차원이 배제된 채 논리적 차원에서만 이루어질 때, 특히 그 지적이 더 나은 참여 관찰을 촉진하기보다는 포기를 유도한다면 이는 결국 탁상공론일 가능성이 높다.

(2) 참여 관찰을 위한 준비

참여 관찰의 수행이 결정되었으면 이를 좀 더 생산적이고 효율적으로 행하기 위해 준비하면 좋은 것들이 있다. 먼저 위에서 논의한 것처럼 연구 대상의 이해와 분석을 위한 사전 틀이 만들어져 있다면 다시 한 번 세밀히 살펴보는 것이 좋다. 이는 현장에서 당황하지 않고 어떤 상황이 펼쳐질지 미리 예상하며 그림을 그려 보는 것이다. 그리고 참여 관찰의 대상이 특정 미디어 생산물의 생산 과정이라면 그 미디어 생산물을 세세하게 살펴볼 필요가 있다. "미디어 텍스트에는 생산 현장에 작용하는 다양하고 입체적인 힘의 역학과 과정이 그대로 투영된다. 따라서 축적된 미디어 텍스트를 시간 경과에 따라 세심하게 추적, 분석해 보면 생산 과정에 관한 많은 단서를 발견할 수 있다"는 임영호(2015: 24)의 지적은 유념할 필요가 있다. 물론 본격적인 텍스트 분석이나 내용 분석을 하면 가장 좋겠지만 그 정도가 아니더라도 세밀히 살펴보는 것은 참여 관찰을 위해 매우 유용하다.

또한 생산 현장에서 연구자가 어떤 입장에서 조사를 진행할 것인지 미리 생각해 두는 것도 필요하다. 입장의 선택은 연구 진행과 자료 수집을 원활하게 하기 위한 것으로 연구자 자신과 현장의 미디어 생산자들에게 연구자가 어떤 사람인지, 어떤 활동을 할 것인지, 어떻게 대해야 하는지, 또는 어떤 관계를 맺어야 하는지를 예측 가능하게 함으로써 연구 진행의 안정감과 일관성을 제공해 준다고 할 수 있다. 일반적으로 현장에서 연구자의 입장은 미디어 생산 과정에 실질적으로 참여하는 강도에 따라 완전 관찰자, 참여자로서의 관찰자, 관찰자로서의 참여자, 완전 참여자 등으로 나눌 수 있다. 입장의 선택은 연구 목적, 현장 상황, 또는 연구자의 특성을 고려하여 결정하게 된다. 기존 연구들을 살펴보면, 연구자가 대학원생일 경우 제작 스태프로서 가벼운 업무를 맡아 생산에 참여하는 관찰자로서의 참여자(육서영 · 윤석민, 2013), 미디어 생산 조직의 일원일 경우 참여자로서의 관찰자(지영서 · 김영찬, 2010), 전문 연구자일 경우 완전 관찰자(이오현, 2005) 등의 입장을 선택하는 경향을 보였다. 또한 현장 상황의 변화나 연구 진행에 따라 입장에 변화를 주기도 하였다(연정모 · 김영찬, 2008). 이 경우에도 입장의 변화는 현장 상황에 휘둘리기보다는 연구자의 통제 속에서 이루어져야 한다.

(3) 생산 현장에서 참여 관찰의 일반적 과정

미디어 생산 현장에 처음 진입했을 때 연구자는 새로운 세계에 홀로 떨어진 느낌을 받을 수 있다. 현장은 사전에 공부를 했더라도 연구자가 예상하던 그런 공간이 아니며 연구자를 위한 안내가 따로 준비되어 있지 않을 가능성이 매우 높다. 대부분의 경우 미디어 생산자들은 연구자의 진입에 관심을 두지 않으며 그저 자신들의 업무를 평상시처럼 행할 뿐이다. 따라서 연구자는 자칫 생산 현장에서 의미 없는 시간을 보낼 수가 있다. 이러한 시행착오를 겪지 않기 위해서는 미디어 생산 현장 전반을 잘 이해하고 있으며 상대적으로 접근 가능한 사람, 예를 들면 처음에 소개받은 사람, 이야기가 잘 통할 것 같은 사람, 또는 연구자와 일정이 맞는 사람 등을 주요 정보 제공자key informant로 삼아야 한다. 이 주요 정보 제공자를 통해 미디어 생산 현장 전반에 대한 설명과 안내 그리고 다른 생산자들과의 연결을 도모한다. 연구를 진행하면서 이 주요 정보 제공자에 대한 의존을 점차 줄이고 정보 제공자들을 다양화하는 것이 필요하다.

참여 관찰 초기에는 미디어 생산의 전반적인 과정과 이를 둘러싼 전체적인 상황을 파악하는 것에 집중할 필요가 있다. 따라서 미디어 생산 전 과정에 대해 참여 관찰이 가능하도록 일정을 확보하는 것이 중요하다. 전체적인 과정과 상황을 살펴볼 때, 기본적으로 사전 이해 및 분석 틀을 고려하지만 이것에 얽매이지 않아야 한다. 오히려 사전 틀에 있지만 새로운 양상을 보이거나 사전 틀에 없는 연구 목적과 관련한 새로운 상황들이 나타나면 당장은 사소하게 보이더라도 좀 더 주의를 기울여 세세히 기록하고 해석해 봐야 한다. 이 사소해 보이는 것들이 나중에 분석 과정을 거치면서 중요한 연구 결과로 나타날 수가 있다. 때로는 사전 틀에 의해 잘 설명되지 않는 현장 상황들에 대해 다른 기존 연구들이나 이론들을 통해 좀 더 심층적으로 그 의미를 파악해 보고 다시 그 현장 상황들을 좀 더 세밀히 관찰해야 한다.

참여 관찰이 진행되어 생산의 전체적인 과정과 상황이 어느 정도 파악되었다고 판단되면 현장 상황을 선택과 집중을 통해 관찰할 필요도 있다. 조사를 통해 파악된 생산 과정에서 중요한 영향을 끼치고 있는 요인들을 중심으로 살펴보면서 이들을 뒷받침하는 좀 더 미시적인 조건 그리고 역으로 이들을 둘러싸고 있는 좀 더 거시적인 조건, 또는 이들이 서로 상호작용하는 방식 등을 면밀히 관찰할 필요가 있다. 때로는 현장 상황, 기존 연구, 이론 등을 기반으로 이러한 요인들과 조건들의 상호 복합적 관계를 추론하고 이에 집중하여 조사를 진행할 수 있다. 이것들이 참여 관찰을 통해서 충분히 파악해내기 힘들다면 심층 인터뷰 등을 통해 다시 한 번 탐색할 필요가 있다.

(4) 참여 관찰 시 유의할 점

위와 같은 조사 활동들을 성공적으로 수행하기 위해서는 생산자들에게 친밀감과 아울러 신뢰감을 얻어야 한다. 연구 경험상 이를 위해 어떤 특별하고 인위적인 행위를 할 필요는 없다고 생각한다. 연구와 연구 현장에 대한 진정성과 연구자로서의 성실성을 견지한다면 조사 과정 속에서 친밀감과 신뢰감은 어렵지 않게 형성될 수 있다. 이를 위해 참여 관찰 기간 동안은 가능하면 연구 이외의 일정을 만들지 말고 매일 생산자들과 같은 시각에 출퇴근을 하면서 함께 움직이는 것이 좋다. 다른 한편, 생산자들과 친밀한 관계를 유지해야 하지만 동시에 일정한 비판적 거리를 항상 유지해야 한다. 생산자들과 공감과 교감을 나누면서도 이들과 동일화되지 않도록 연구자로서의 비판적인 관점을 지녀야 한다는 것이다. 연구자가 생산자와의 관계 맺음에 있어서 너무 소극적이어도 문제지만 너무 사교적인 것도 문제가 될 수 있다. 또한 연구자는 연구 현장에서 항상 '눈에 띄지 않는 능동성'을 발휘해야 한다. 이는 위의 모든 조사 활동과 그 진행이 결국 '주어지는' 것이 아니라 '얻어내는' 것이기에 연구자는 현장에서 항상 능동적이어야 하며 '얻어내는' 과정이 두드러지게 눈에 띄기보다는 일상의 흐름을 유지해야 한다는 것을 의미한다.

참여 관찰 과정에서 자료 수집을 위해 생산 과정의 상황이나 생산자들의 행동뿐만 아니라 '대화'에 주의를 기울여야 한다. 먼저 생산 현장의 생산자들 사이의 대화를 주의 깊게 듣고 기록해야 한다. 동료 간, 직종 간, 직위 간의 일상적 또는 업무 관련 대화 속에는 중요한 단서들이 포함되어 있을 가능성이 높기 때문이다. 또한 연구자는 참여 관찰 과정에서 생산자들과 비공식적인 대화를 잘 활용해야 한다. 참여 관찰 과정에서 궁금한 것들, 이해되지 않는 것들, 알지만 확인해 보고 싶은 것들에 대해 생산자들에게 묻는 것으로 시작하여 민감하거나 좀 더 심층적인 사안에 대한 대화로 연결해나가는 것이 중요하다. 때로는 공식적인 심층 인터뷰에서 얻지 못하는 답변들이 이러한 비공식적인 대화를 통해서 얻을 수 있다. 비공식적인 대화를 할 때 연구자는 주로 듣고 생산자들이 발언을 많이 할 수 있도록 유도한다. 생산자를 자극함으로써 좀 더 유용한 자료를 얻을 목적으로 의도된 경우[7]를 제외하고는 생산자들과 논쟁을 유발하는 대화는 하지 않는 것이 좋다.

참여 관찰 일지의 작성은 참여 관찰에 있어서 가장 중요한 작업 중 하나다. 중요한 발견을 했더라도 그때그때 기록해놓지 않으면 결국 남지 않게 된다. 참여 관찰에서 기억력에 의존할 생각은 하지 않는 것이 좋다. 이를 위해 먼저 휴대가 편리하고 언제나 꺼내서 기록하기에 알맞은 크기의 수첩, 공책 또는 전자기기를 준비한다. 참여 관찰 일지는 참여 관찰 중에 일어난 현상에 대해 가능한 세세하게 작성해야 한다. "가능한 제작과 관련한 모든 현상을 관찰, 기록하려는 목적하에 기획제작국 사무실, 야외 촬영 장소, 스튜디오, 편집실, 더빙실, 회의실, 회식 장소 등에서 제작진의 언행 및 상호작용, 연구자와의 공적, 사적인 대화 등을 관찰, 기록하였다. 기록은 조사 초기에는 공책에 필기를 통해서 그리고 제작진들과 익숙해진 조사 후기에는 회의 등은 필기와 더불어서 녹음기를 사용하여 행해졌다"(이오현, 2005: 125). 가능한 모든 현상을 기록하려고 최선의 노력을 기울여야 하지만 여러 현상이 동시에 일어나서 진행되는 생산 현장에서 모든 것을 기록하기란 불가능하다. 이에 대해 조바심을 낼 필요는 없다. 중요한 현상은 다시 나타나게 될 가능성이 높다. 당장 기록할 수 없는 상황일 경우에는 주요한 몇몇 상황들을 머릿속으로 정리 및

7 연정모·김영찬(2008: 93)의 사례를 참고하라.

복기하면서 가능한 빠른 시간 내에 기록하는 습관을 가져야 한다. 궁금하거나 의문이 드는 사항들도 그때그때 기록해놓았다가 참여 관찰 중 기회가 될 때 묻거나 심층 인터뷰에서 질문한다. 또한 기록을 하면서 여유가 있다면 기록한 상황에 대한 코멘트나 해석을 기록 옆에 달아 놓는 것이 좋다. '현장의 감 또는 맥락'이 생생할 때 떠오른 코멘트나 해석이 나중에 분석할 때 도움이 되는 경우가 많다. 날짜, 장소 그리고 가능하다면 시각까지 기록한다.

2) 참여 관찰과 연계된 심층 인터뷰 행하기

참여 관찰과 연계된 심층 인터뷰는 통상 참여 관찰 후반기에 또는 종료된 후에 진행한다. 심층 인터뷰는 참여 관찰을 통해 발견된 주요 사항들 또는 충분히 이해하지 못한 사항들에 대한 이해를 확장, 심화하고 참여 관찰에서 미처 발견하지 못한 것들을 파악하기 위한 목적하에 이루어진다. 심층 인터뷰 대상자는 참여 관찰 진행 중에 선정 및 섭외를 완료하는 것이 좋다. 연구 목적에 따라 직위, 직종 또는 조직 내의 주류와 비주류 등을 고려하면서 선정한다. 심층 인터뷰 문항은 연구 목적과 참여 관찰 전체 과정을 고려하고 참여 관찰 일지 등을 면밀하게 살펴보면서 작성한다. 직위나 직종에 따라 세부 인터뷰 문항은 다르게 준비할 필요가 있다. 상황에 따라서는 인터뷰 대상자 개인별로 세부 인터뷰 문항을 각각 준비해야 한다.

심층 인터뷰는 통상 일대일 면접으로 그리고 반구조화된 방식으로 진행된다. 이는 일단 연구자가 인터뷰에서 집중적으로 다룰 범주나 주제들을 개발하지만 인터뷰 과정에서 인터뷰 대상자들이 개진하는 주제들에 대해서도 열려있는 방식이다. 즉 연구자가 인터뷰 전에 각 주제에 관한 구체적 질문들을 준비하지만 완전하게 미리 틀지어 질문하기보다는 각 주제 내에서 각 참여자들의 대화 방향에 따라 질문의 순서를 바꾸거나 새로운 질문들을 추가할 수 있다. 또한 이미 설정된 주제만 다루는 것이 아니고 인터뷰 대상자가 제기하는 주제나 틀 짓는 대화의 흐름을 가능한 존중하며 진행한다(이오현, 2005). 따라서 심층 인터뷰를 행할 때 공식적인 질문이나 답변보다는 대화나 논의하는 형태를 취해야 하며 인터뷰 대상자의 이야기뿐만 아니라 비언어적 반응까지 관찰하고 기록하는 노력도 필요하다.

심층 인터뷰의 장소는 인터뷰 대상자에게 편한 곳을 일차적으로 고려하지만 대화나 녹음에 방해가 되는 요인이 있는 장소는 피해야만 한다. 비어 있는 회의실 같은 곳이 가장 좋으며 카페 같은 곳은 생각보다 인터뷰에 좋은 공간이 아닐 가능성 크다. 심층 인터뷰는 녹취할 수 있는 소형 전자기기들을 사용하며 개인별로 통상 1시간에서 3시간 정도 진행된다. 인터뷰 전에는 미리 녹음 장비의 작동 및 배터리의 상태 등을 필히 점검하고 인터뷰 중에도 제대로 녹음이 되고 있는지 몇 차례 확인해야 한다.

8. 미디어 생산자 연구는 어떻게 연구하는가 V: 자료 분석하기

1) 자료 정리하기

먼저 수집한 모든 자료를 분석하기 용이하도록 체계적으로 정리하는 작업을 한다. 가능한 모든 자료를 전자 문서화하는 것이 나중의 작업들을 위해서 편리하다. 예를 들면, 참여 관찰 일지의 경우 공책이나 수첩을 사용하였다면 한글 파일로 작성한다. 녹취한 심층 인터뷰 내용도 한글 파일로 작성한다. 그 외의 자료들 또한 가능하면 한글 파일로 정리한다. 이러한 옮겨 쓰기의 과정은 아래의 '자료와 친숙해지기'의 과정이기도 하다. 자료들을 전자 문서화한 후 모두 출력하여 문서화된 상태로 정리해 놓는다. 자료 정리에 있어서 연구자에 따라 선호하는 방식이 다르겠지만, 이러한 방식이 이후의 자료 분석이나 자료 관리를 위해 가장 편리하고 안정적인 것이라고 생각한다.

2) **자료와 친숙해지기**

자료들을 문서로 체계적으로 정리하였으면, 분석을 위해 모든 자료들을 처음부터 끝까지 읽는다. 생산 현장이나 심층 인터뷰에서 접했던 상황들과 문서화되어 접하는 상황들은 다른 느낌이나 생각을 불러일으킬 수 있다. 특히 현장에서 상황들을 분주하게 그리고 분절적으로 겪은 것과 수집되어 정리된 자료를 통해 모든 상황들을 연속적으로 접하는 것이 주는 느낌이나 생각은 다를 수 있다. 새롭게 든 느낌이나 생각들을 정리, 기록한다. 그리고 자료를 다시 처음부터 끝까지 읽는다. 이후에도 반복해서 몇 차례 더 읽는다. 자료를 첫 번째 읽었을 때, 두 번째 읽었을 때, 세 번째 읽었을 때 각각 느낌이나 생각이 다를 수 있다. 새로운 느낌이나 생각들을 정리, 기록한다. 새로운 느낌이나 생각들이 더 나타나지 않으면 마지막으로 한 번 더 처음부터 끝까지 읽으면서 이제까지의 생각들을 정리하고 자료에서 뚜렷하게 나타나는 패턴이나 주제 등을 마음속으로 정리해 본다. 해당 자료 부분의 옆에 이들을 임시적으로 기록할 수도 있다.

3) 패턴을 설정하고 이에 따라 자료 분류하기

자료를 처음부터 끝까지 다시 읽으면서 자료에서 나타나는 모든 패턴들을 찾아내 정리하여 목록을 만든다. 대부분의 경우 반복적으로 나타나는 유사한 사례들을 하나의 패턴으로 설정하게 된다. 그러나 설명하고자 하는 현상의 심층적이거나 구조적 측면과 관련한 것이라고 판단된 경우에는 단발적으로 나타난 사례도 패턴으로 설정할 수 있다. 1차적 패턴 정리가 끝나고 나면 자료 전체를 관련된 패턴에 따라 분류한다. 이때 분류되는 자료의 단위, 즉 사례의 길이는 일정하지 않다. 또한 하나의 사례가 하나 이상의 패턴들에 동시에 분류될 수도 있으며, 1차적으로 정리된 어떤 패턴에도 관련되지 않은 자료(사례)들이 있을 수 있다.

4) 핵심 범주 및 하위 범주 설정하기

패턴에 따른 1차적 자료 분류가 끝나면, 현재 설정된 패턴들과 그것에 해당하는 것으로 분류된 자료(사례)들을 다시 세밀히 점검한다. 이러한 과정에서 기존 패턴들을 확인, 수정, 분리, 통합, 생성, 삭제하는 작업을 지속한다. 패턴의 설정과 그에 따른 자료의 분류가 어느 정도 안정화되었다고 판단되면, 연구 주제나 연구 목적 또는 연구 문제를 바탕으로 설정된 패턴들 사이의 연관 관계를 탐구한다. 이러한 탐구를 통해 패턴들을 분류할 수 있는 좀 더 큰 단위의 패턴, 즉 연구 결과의 전체 틀을 구성할 핵심 범주(주제)들을 1차적으로 설정한다. 때로는 하나의 패턴이 하나의 범주가 될 수도 있으며, 어느 범주에도 속하지 않는 패턴들도 있을 수 있다. 결국 대부분의 패턴들은 핵심 범주의 하위 범주가 된다. 또한 분석이 세밀해지면 하위 범주들을 구성하는 하위-하위 범주들이 생성될 수도 있다.

위에서 3)과 4)의 단계가 언제나 순차적으로 이루어지는 것은 아니다. 때로는 동시에, 때로는 역 순으로 이루어지기도 하다. 예를 들면, 자료를 분석하는 과정에서 핵심 범주(주제)가 먼저 구상되고 그와 관련한 하위 범주(패턴)들이 추출되기도 한다.

5) 설정된 핵심 범주와 하위 범주 점검 및 재설정하기

설정된 핵심 범주와 하위 범주(그리고 하위-하위 범주)들이 현재 확보된 조사 자료들을 바탕으로 연구 목적의 측면에서 연구 대상을 설명하는데 최선의 선택인지 점검한다. 또 각각의 하위 범주는 타당하게 분류되어 소속된 상위 범주를 잘 뒷받침하는지 살펴본다. 이러한 과정 속에서 1차적으로 설정된 핵심 범주 및 하위 범주(그리고 하위-하위 범주)들에 대한 확인, 수정, 분리, 통합, 생성, 삭제 등의 과정이 지속된다. 이 과정에서의 기준은 결국 어떤 범주들로 구성하는 것이 연구 목적에 맞게 연구 대상을 더 체계적이고 심층적이고 입체적으로 설명할 수 있느냐 하는 것이다.

이는 주어진 물감(재료)들을 가지고 여러 그림들을 그려보면서 대상의 내·외부를 가장 섬세하고 깊이 있고 입체적으로 표현할 수 있는 그림을 찾아가는 과정이라고 할 수 있다. 대상을 눈앞에 보이는 그대로 그린다고 해서 좋은 그림이 되는 것은 아니다. 이는 대상과 대상을 둘러싼 환경 그리고 이들 간의 관계 등에 대한 이해를 바탕으로 작가의 상상, 추론, 성찰이 더해지고 이를 표현하기 위해 주어진 물감(재료)들을 있는 그대로가 아니라 다양한 방식으로 혼합하여 새로운 색들을 만들어 내는 노력을 통해 가능할 것이다.

마찬가지로 생산 현장에서 작동하는 다양한 미시적·거시적 힘과 요인들을 입체적으로 파악하기 위해서는 연구 자료의 분석 과정, 특히 범주들을 형성하고 조직하는 과정에서 자료가 당장 이야기하고 보여 주는 것을 기반으로는 하되 그것을 넘어서는 상상, 추론, 성찰이 요구된다. 이를 위해서 다양한 자료들, 기존 연구들, 그리고 이론들 등을 복합적으로 활용해야 한다.

9. 미디어 생산자 연구는 어떻게 연구하는가 VI: 논문 쓰기

1) 자료 덜어내기와 추가하기

논문을 작성하기 위해서는 먼저 위에서 설정한 모든 범주들을 논문에 포함시킬지 여부를 판단해야 한다. 학위 논문이라면 모든 범주를 다루는 것이 가능하겠지만, 하나의 메시지에 집중하여 이를 선명하게 전달하는 것이 중요하고 분량 제한이 있는 학술지 논문의 경우에는 어려울 것이다. 따라서 학술지 논문의 경우, 논문을 통해 가장 핵심적으로 전달하고자 하는 메시지가 무엇인지를 선택하고 상대적으로 그 핵심에서 벗어나 있는 범주들은 덜어 내야 한다. 전달하고자 하는 메시지가 하나 이상이 있고 이들이 가치가 있다고 판단되면 이를 분리하여 하나 이상의 논문으로 작성할 수도 있다.[8]

8 이러한 이유 때문에 나도 하나의 조사 연구를 통해 두 개의 학술지 논문을 작성한 경우들이 있었다. 예를 들면, 이오현(2005)과 이오현(2007a), 한선 · 이오현(2010)과 한선 · 이오현(2011), 한선 · 이오현(2012)과 한선 · 이오현(2013) 등이다.

한편, 최종적으로 설정된 중요한 범주인데, 이를 뒷받침하는 자료가 충분하지 못하다는 판단이 들면 이와 관련한 추가 문서 자료를 찾거나 추가 인터뷰 등을 행한다. 추가 인터뷰를 위해 직접 만나기 어려운 상황이면 이메일 혹은 전화를 사용하여 행한다. 이는 자료의 신뢰성과 진정성을 높이기 위해 꼭 필요한 과정이라고 할 수 있다. 이러한 맥락에서 (항상 지켜야만 하는 것은 아니지만) 질적 자료의 신뢰성과 진정성을 높이기 위해 세 가지 각기 다른 방법으로 얻는 자료들이 상호 지지하는 분석 결과를 추구하는 삼각측정법triangulation을 유념할 필요가 있다.

2) 연구 결과 작성하기

논문의 연구 결과 부분을 작성하는 작업은 정리되고 분석된 자료들을 해석 및 평가하면서 그 의미를 부여하는 과정이라고 할 수 있다. 그러나 자료의 분석 과정과 해석 및 평가 과정은 사실상 별도의 단계로 이루어지지 않는다. 그 강도는 다를 수 있지만 패턴을 설정하고 이에 따라 자료를 분류하는 과정에서부터 이미 해석 및 평가 작업은 시작된다. 즉 해석과 평가 작업은 사실상 자료 분석의 전 과정에서 동시에 이루어진다. 그런 의미에서 범주와 하위 범주(그리고 하위-하위 범주)들이 제대로 설정되었다면 연구 결과의 '틀'은 이미 완성된 것이다. 이 틀에 좀 더 체계적이고 심층적인 해석과 평가의 '살'을 붙이는 작업이 논문의 연구 결과 부분을 작성하는 과정이다. 최종적인 범주들을 설정하고 배치하고 구조화하면서 생각하고 판단한 것들, 특히 연구 주제와 관련해 범주들을 설정한 이유와 각 범주의 의미와 가치들에 대해 체계적이고 논리적으로 설명해야 한다. 또한 논문에 인용될 사례들의 의미 및 구체적 상황이나 맥락에 대한 설명도 필요할 수 있다.

이러한 과정에서 기존 연구나 이론들을 활용하며 때로는 이들에 대한 추가적인 탐색이 필요한 경우도 있다. 논문에서 '이론적 논의'나 '기존 문헌 연구'의 부분은 현장 조사를 시작하기 전에 한 번 정리해놓으면 끝나는 것이 아니라 현장 조사, 자료 분석, 자료 해석 및 평가 등의 전 과정에서 지속적으로 동원된다. 또한 이 과정들과 상호작용을 통해 지속적으로 수정, 보완되면서 이 과정들이 좀 더 심층적인 수준에서 진행되도록 뒷받침해 주어야 한다. 즉 연구에서 이론과 현장(상황)의 상호작용적 진화(또는 정교화)는 지속적으로 이루어져야 한다. 이를 통해 미디어 생산에 대한 "미시와 거시의 수준을 넘나드는 입체적 조명"(임영호, 2015: 18)에 더 가까워질 수 있다. 이러한 분석 결과에 대한 해석 및 평가의 과정은 설정된 핵심 범주 및 하위 범주(그리고 하위-하위 범주)들에 대한 마지막 점검 과정이기도 하며, 그 결과에 따라 범주들에 대한 수정, 분리, 통합, 생성, 삭제의 작업이 다시 이루어질 수도 있다.

3) 논문의 전체적 내용 점검하고 조율하기

연구의 분석 결과에 따라 논문의 가치가 좌우되기는 하지만, 좋은 논문이 되기 위해서는 논문의 각 부분이 제 역할을 다하고 각 부분들이 유기적 관계를 맺고 있어야 한다. 먼저 논문의 각 부분이 역할을 제대로 하는지 점검해야 한다. 예를 들면, 논문의 시작인 서론 또는 문제 제기 부분의 경우, 무엇에 대해 왜 문제의식을 갖게 되었는지 그래서 구체적으로 무엇에 대해 탐구하려고 하는지가 명확하게 전달되도록 간결하고 선명하게 작성한다. 때로는 독자들이 전체 논문을 읽고 싶은 흥미를 일으키도록 다소 도발적일 필요도 있다. 연구 대상을 둘러싼 일반적 상황이나 관련된 연구나 이론 등에 대한 긴 언급은 글을 장황하게 만들어 문제의식과 연구 목적을 전달하는 데 오히려 장애가 될 가능성이 높다.

다음으로 논문의 각 부분들이 유기적 관계를 맺고 있는지 점검해야 한다. 이론적 논의나 기존 문헌 연구 부분이 서론이나 문제 제기 부분의 핵심 내용을 체계적이고 심층적으로 이해하는 데 기여하는지, 연구 방법은 연구 목적이나 연구 문제를 실현하기 위해 적절하게 설정되어 충실히 실행되어졌는지, 이론적 논의나 기존 문헌 연구 부분과 연구 결과 부분은 서로를 뒷받침하며 긴밀한 상호 관계를 맺고 있는지, 결론 및 논의 부분은 연구 결과 부분의 내용으로부터 추출되어 타당한 추론을 바탕으로 이루어졌는지 등에 대해 면밀히 검토해야 한다. 또한 이러한 사항들이 글로서 적절하게 표현되었는지도 점검한다. 문제가 있다고 판단되면 가능한 수준에서 논문을 최대한 수정해야 한다.

10. 연구 실행에 대한 진정성과 도전 정신

이 장은 미디어 생산자 연구를 시작하고자 하는 사람들을 위한 기초적인 안내를 목적으로 작성되었다. 따라서 질적 방법을 수행하는 일반적 과정에 대한 본격적인 지침서로는 매우 부족하다. 특히 참여 관찰이나 심층 인터뷰의 과정에 대한 설명은 중요하다고 생각하는 몇몇 사안에 대해서만 논의하였다. 질적 방법의 일반적 수행과 관련한 구체적인 절차나 세부적인 문제들에 대해서는 이를 본격적으로 다룬 다른 질적 방법론 서적들을 참고하기 바란다. 또한 나의 연구 경험과 생각을 토대로 작성된 것이기에 다른 연구자들과 시각이나 연구 방식에 있어서 다를 수 있다. 미디어 생산자 연구와 관련한 다른 연구자들의 다양한 글들을 통해 이 장이 지닌 한계와 문제를 극복하고 좀 더 깊고 넓은 시야를 기르기를 바란다.

마지막으로 당부하고 싶은 것은 연구 실행에 대한 진정성과 도전 정신을 가졌으면 한다. 연구자 자신이 정말 궁금하거나 흥미로운 현상 또는 의미 있다고 생각하는 현상 그래서 정말 밝혀보고 싶은 현상을 연구의 시작점으로 삼기 바란다. 나의 경우에도, 정말 궁금해서 시작한 연구와 필요에 의해서 시작한 연구는 그 결과에 있어서 나 스스로에게나 그리고 외부의 평가에서나 차이가 있었다. 같은 노력을 기울이더라도 연구에 대한 진정성의 차이가 연구의 전 과정에서 영향을 끼치는 듯하다.

다른 한편, 하고 싶은 연구가 있으면 연구의 어려운 점들을 생각하며 고민과 갈등만 하지 말고, 어떤 방향에서든지 연구를 일단 시작해 보기 바란다. 낯가림이 심하고 소심하기에 나도 참여 관찰을 통한 연구를 처음으로 행하고자 했을 때, 두려움과 고민 속에 한동안 주저했다. 그러다가 한순간 일단 저지르고 시작하자 어떤 식으로든 연구가 진행이 되었다. 때로는 연구를 수행하기 위해서 '지름신의 강림' 또는 '진정성 있는 무모함'이 필요한 듯하다. 이러한 맥락에서 연구(과정)가 완벽해야만 한다는 부담감이나 강박관념에서 벗어날 필요가 있다. 위에서 논의한 미디어 생산자 연구의 실행 과정 또한 이상적인 것 또는 바람직한 것일 수 있다. 최대한 노력해야 하지만 때로는 이 과정을 충실히 지킬 수 없는 경우도 생긴다. 완벽한 준비를 바탕으로 완벽한 과정을 거치는 것이 바람직하지만 그렇게 했을 경우에만 가치 있는 결과가 생산되는 것은 아니다.

끝으로, 연구가 단지 필요와 의무감 속에서만이 아니라 긴장과 더불어 즐거움과 보람 속에서도 진행될 수 있음을 경험해 보기 바란다.

강진숙 · 이광우 (2012). “문화 예술 프로그램 생산자에 대한 문화기술지 연구: EBS 〈문화공감〉 제작진을 중심으로,” 〈한국언론학보〉, 56(4), pp.339~364.

강진숙 · 이은비 (2014). “‘서울마을미디어’의 다중 실천과 문화정치적 의미에 대한 연구: 네그리와 하트의 ‘다중’ 개념을 중심으로,” 〈방송과 커뮤니케이션〉, 15(3), pp.143~185.

고홍숙 (2013). “과학 방송 프로그램 제작의 한계 요인에 관한 연구: KBS 〈과학카페〉 사례를 중심으로,” 〈한국방송학보〉, 27(1), pp.7~50.

김경희 · 정희선 (2003). “인터넷과 TV 시사 다큐멘터리 프로그램 제작 과정의 변화,” 〈한국언론학보〉, 47(4), pp.106~135.

김광우 · 백선기 (2012). “제주도지사 선거 TV 뉴스의 의제 형성과 내부 의사 결정 구조: 제주 지역 방송 관계자에 대한 심층 인터뷰 분석을 중심으로,” 〈한국방송학보〉, 26(2), pp.7~45.

김미숙 · 이기형 (2013). “심층 인터뷰와 질적인 분석으로 조명한 텔레비전 드라마 작가들의 정체성과 노동의 단면들: 보람과 희열 그리고 불안감이 엮어내는 동학,” 〈언론과 사회〉, 21(3), pp.5~63.

김병선 · 김건용 (2011). “지상파 방송 프로그램 제작 스태프 고용 구조의 변화에 대한 연구,” 〈언론과학연구〉, 11(2), pp.28~68.

김상균 · 한희정 (2014). “천안함 침몰 사건과 미디어 통제: 탐사 보도 프로그램 생산자 연구,” 〈한국언론정보학보〉, 66, pp.242~272.

김세은 (2012). “해직 언론인에 대한 생애사적 접근 연구: 동아자유언론수호투쟁위원회를 중심으로,” 〈한국언론학보〉, 56(3), pp.293~319.

김순영 (2005). “노동 과정과 노동 조건을 통해 본 방송 작가의 노동자성: 지상파 방송국 구성 작가를 중심으로,” 〈페미니즘연구〉, 7(2), pp.175~212.

김연식 (2011). “방송 저널리스트의 PD 저널리즘 인식 연구,” 〈언론과학연구〉, 11(2), pp.69~96.

김연식 (2014). “방송 저널리스트의 방송 통제 요인 인식 변화 연구: 2008년과 2013년의 비교를 중심으로,” 〈한국언론학보〉, 58(1), pp.283~421.

김연식 · 박홍원 (2011). “방송 저널리즘 통제요인에 관한 연구 — 직능 및 방송사별 차이를 중심으로,” 〈언론학연구〉, 15(1), pp.5~30.

김연식 · 윤영철 · 오소현 (2005). "PD 저널리즘에 대한 인식과 제작 관행: MBC를 중심으로," 〈한국방송학보〉, 19(4), pp.79~124.

김영찬 (2007). "'미드'(미국 드라마)의 대중적 확산과 방송사 편성 담당자의 '문화 생산자' 그리고 '매개체'로서의 역할에 관한 연구," 〈방송문화연구〉, 19(2), pp.35~61.

김예란 (2003). "텔레비전 이야기하기 문화에 관한 연구," 〈한국언론학보〉, 47(6), pp.31~57.

김예란 (2007). "1990년대 이후 한국 사회의 문화 생산 공간과 실천에 관한 연구," 〈언론과 사회〉, 15(1), pp.2~40.

김예란 · 박주연 (2006). "TV 리얼리티 프로그램의 이론과 실제: 제작자 심층 인터뷰 분석을 중심으로," 〈한국방송학보〉, 20(3), pp.7~48.

김위근 (2012). "온라인 저널리즘에서 나타나는 왜곡된 노동: 우리나라 언론사닷컴 편집기자의 사례," 〈한국언론정보학보〉, 57, pp.7~31.

김혁조 (2008). "TV 드라마 제작 과정에서의 규율권력의 습관적 침윤 양식과 행사 양식," 〈한국방송학보〉, 22(4), pp.7~46.

김현미 (2005). "문화 산업과 성별화된 노동: TV 방송 프로그램 여성 작가들의 사례를 중심으로," 〈한국여성학〉, 21(2), pp.69~103.

김호영 · 윤태진 (2012). "한국 대중문화의 아이돌idol 시스템 작동 방식: 아이돌 문화 생산 · 소비의 이중적 구조에 대한 탐색적 연구," 〈방송과 커뮤니케이션〉, 13(4), pp.45~82.

나미수 (2011). "텔레비전 드라마의 생산자 연구: 생산 과정에 나타난 젠더의 문제를 중심으로," 〈사회과학연구〉, 50(1), pp.159~199.

노동렬 (2009a). "방송 콘텐츠의 창의성 증진을 위한 생산 시스템 연구: KBS 〈개그콘서트〉와 SBS 〈웃음을 찾는 사람들〉을 중심으로," 〈방송문화연구〉, 21(2). pp.9~48.

노동렬 (2009b). "창의적 생산 시스템 구축을 위한 드라마 생산 조직의 특성 연구," 〈방송과 커뮤니케이션〉, 10(2), pp.65~107.

류웅재 · 박진우 (2012). "서바이벌 포맷 프로그램에 침투한 신자유주의 경쟁 담론: 프로그램의 채택과 제작 과정에 대한 생산자 심층 인터뷰를 중심으로," 〈방송문화연구〉, 24(1), pp.139~165.

박은희 · 이정훈 (2007). "한국 연예매니지먼트사의 구조적 특성과 의사 결정 구조에 관한 연구: CEO 및 전문가 릴레이 인터뷰를 중심으로," 〈방송문화연구〉, 19(2), pp.63~90.

박인규 (2004). “공영 방송 KBS의 조직 문화와 가치 지향성,” 〈한국언론정보학보〉, 24, pp.93~117.

박인규(2010). “구조적 통제하의 저널리즘: KBS 시사 프로그램 변화를 중심으로,” 〈한국방송학보〉, 24(6), pp.209~245.

박지훈 (2013). “제3세계에 대한 한국 다큐멘터리의 시선: 제작자들의 인식을 중심으로,” 〈한국방송학보〉, 27(4), pp.45~84.

박지훈 · 류경화 (2010). “국제 시사 프로그램의 생산 과정에 미치는 영향력에 관한 연구: MBC 〈W〉의 서구와 제3세계 재현을 중심으로,” 〈언론과 사회〉, 18(2), pp.2~39.

박지훈 · 이진 (2012). “제3세계를 재현하는 다큐멘터리에 대한 제작자와 수용자의 시선: MBC 〈아프리카의 눈물〉을 중심으로,” 〈방송과 커뮤니케이션〉, 13(4), pp.83~122.

박진규 (2008a). “미디어 종교 담론 생산과 그 정당화: TV 다큐멘터리 〈신의 길, 인간의 길〉 사례를 중심으로,” 〈한국방송학보〉, 22(6), pp.110~146.

박진규 (2008b). “종교와 신비주의를 소재로 한 일일 드라마의 기획과 제작: 코드 파괴 시리즈의 사례 연구,” 〈한국언론학보〉, 52(4), pp.324~465.

박진우 · 송현주 (2012). “저널리스트 전문직에 대한 인식의 변화: 전문직 노동과 직업 전망에 대한 위기의식,” 〈한국언론정보학보〉, 57, pp.49~67.

배진아 (2006). “방송 드라마의 체계적 제작 시스템에 관한 연구,” 〈게임 & 엔터테인먼트 논문지〉, 2(2), pp.75~84.

백미숙 (2012). “1970년대 KBS 텔레비전 교양 피디의 직무와 직업 정체성: 방송 전문성 형성과 신기술, 그리고 ‘제작 정신’,” 〈한국언론정보학보〉, 60, pp.125~149.

손병우 (2006). “대중문화와 생애사 연구의 문제 설정,” 〈언론과 사회〉, 14(2), pp.41~71.

송병원 · 이명천 · 김요한 (2014). “지역 신문의 보도자료 이용과 기사 작성 과정에 영향을 미치는 요인: 광고의 영향을 중심으로,” 〈언론과학연구〉, 14(4), pp.146~188

심훙진 · 김세은 (2009). “PD는 무엇으로 사는가: 텔레비전 제작에 대한 예능 PD의 인식,” 〈한국방송학보〉, 23(6), pp.168~208.

양정혜 (2004). “뮤직 비디오 제작의 관행이 텍스트 구성에 미치는 영향: 제작진들의 인터뷰를 중심으로,” 〈한국방송학보〉, 18(2), pp.134~168.

연정모 · 김영찬 (2008). “텔레비전 연예정보 프로그램의 생산자 문화에 대한 민속학적 연구: KBS 2TV 〈연예가중계〉의 생산 현장을 중심으로,” 〈한국방송학보〉, 22(2), pp.82~122.

유건식 · 문상현 (2014). “방송 드라마 제작 방식으로서 문화산업전문회사에 대한 연

구: KGCS문화산업전문회사를 중심으로," 〈한국콘텐츠학회논문지〉, 14(2), pp.172~180.

육서영 · 윤석민 (2013). "탐사 보도 프로그램 제작에서 구성 작가의 역할," 〈방송통신연구〉, 81, pp.127~155.

윤익한 · 김균 (2011). "통합 뉴스룸 도입 이후 뉴스 생산 노동 과정의 변화: CBS 통합 뉴스룸 사례 연구," 〈한국언론정보학보〉, 55, pp.164~182.

윤주성 · 이오현 (2011). "지방 정부의 지역 언론 통제 방식에 관한 연구: 광주 · 전남 지역을 중심으로," 〈한국언론학보〉, 55(4), pp.358~381.

윤태진 (2005). "대중문화의 생산 구조: 한국 텔레비전 드라마의 제작 시스템과 생산 주체 간 권력 관계의 변화," 〈방송문화연구〉, 17(1), pp.9~44.

이기형 (2007). "사극의 변화하는 풍경과 역사를 재현하는 관점들을 맥락화하기: 〈별순검〉과 〈한성별곡〉을 중심으로," 〈방송문화연구〉, 19(2), pp.9~33.

이기형 (2009). "〈돌발영상〉의 풍자 정신 그리고 정치 현실에 대한 환기 효과를 맥락화하기," 〈방송문화연구〉, 21(2), pp.81~116.

이기형 (2010). "'현장' 혹은 '민속지학적 저널리즘'과 내러티브의 재발견 그리고 미디어 생산자 연구의 함의: 〈한겨레 21〉의 〈노동 OTL〉 연작을 중심으로," 〈언론과 사회〉, 18(4), pp.107~157.

이기형 · 임도형 (2007). "문화연구를 위한 제언: 현장 연구와 민속지학적 상상력을 재점화하기: 조은과 조옥라의 〈도시빈민의 삶과 공간: 사당동 재개발 지역 현장 연구〉의 사례를 중심으로," 〈언론과 사회〉, 15(4), pp.156~201.

이상길 · 이정현 · 김지현 (2013). "지상파 방송사 비정규직 노동자의 직무 인식과 노동 경험," 〈방송과 커뮤니케이션〉, 14(2), pp.159~208.

이영주 · 김진혁 (2009). "지식 저널리즘과 텔레비전 문화: 〈지식채널e〉를 중심으로," 〈방송문화연구〉, 21(2), pp.49~80.

이오현 (2005). "텔레비전 다큐멘터리 프로그램의 생산 과정에 대한 민속지학적 연구: KBS 〈인물현대사〉의 인물 선정 과정을 중심으로," 〈언론과 사회〉, 13(2), pp.117~156.

이오현 (2007a). "KBS 〈인물현대사〉의 출현 과정에 대한 연구: 제작진들과의 인터뷰를 중심으로," 〈한국언론학보〉, 51(2), pp.30~53.

이오현 (2007b). "텔레비전 코미디 프로그램의 생산 과정에 대한 민속지학적 연구," 〈언론과 사회〉, 15(2), pp.131~174.

이오현 (2012). “미디어 생산자 연구와 한국 언론장의 동학,” 미디어공공성포럼 엮음, 《한국 사회와 미디어 공공성: 쟁점과 전망》. 한울.

이종구 (2009). “방송 산업 비정규직 노동자의 실태: 노동 시장의 구조와 고용 관행,” 〈민주사회와 정책연구〉, 15, pp.273~310.

이희승 (2012). “지역 방송 리얼리티 프로그램 제작자 연구: 부산 지역 지상파 3사를 중심으로,” 〈언론학연구〉, 16(1), pp.223~253.

임영호 (2008). “방송 프로듀서와 기자의 커리어 경로 패턴과 규정 요인,” 〈방송연구〉, 66, pp.325~351.

임영호 (2015). “한국 텔레비전 생산 연구의 실태 진단: 성과, 한계와 가능성,” 〈언론정보연구〉, 52(1), pp.5~32.

임영호 · 김은진 · 홍찬이 (2008). “도덕 경제와 에로 장르 종사자의 직업 정체성 구성,” 〈언론과 사회〉, 16(2), pp.107~147.

임영호 · 김정아 (2011). “프리랜서 방송 진행자의 직업 현실 인식과 대응 전략: 근거 이론에 의한 분석,” 〈언론과 사회〉, 19(2), pp.49~109.

임영호 · 홍찬이 · 김은진 (2009). “문화 산업 주변부 종사자의 삶과 커리어: 한국 에로 감독의 생애사,” 〈언론과 사회〉, 17(3), pp.2~50.

장용호 · 노동렬 (2010). “리얼리티 예능 프로그램의 자기조직화에 관한 연구: 〈1박2일〉과 〈무한도전〉의 창의적 생산 방식을 중심으로,” 〈방송과 커뮤니케이션〉, 11(2), pp.39~90.

정재철 (2009). “남한 방송의 북한 보도 생산자 연구: KBS와 MBC 북한 문제 담당 기자와의 심층 인터뷰를 중심으로,” 〈한국언론정보학보〉, 48, pp.135~151.

조욱희 · 권상희 (2012). “저널리즘의 특성에 관한 연구: PD, 기자, 수용자의 상호 지향성 인식 측정 중심으로,” 〈한국방송학보〉, 26(3), pp.650~695.

조의진 (2005). “방송제작진의 시청자 의견 수행 행태에 대한 연구,” 〈한국언론학보〉, 49(1), pp.57~80.

지영서 · 김영찬 (2010). “노인 대상 프로그램 제작진의 인식과 제작 환경에 관한 현장 연구: 공영 방송 KBS를 중심으로,” 〈미디어, 젠더 & 문화〉, 15, pp.239~277.

최문경 · 박지훈 · 박진선 (2013). “경쟁보다 성장을 강조하는 한국 리얼리티 오디션 프로그램: SBS 〈키스 & 크라이〉의 제작 환경을 중심으로,” 〈언론과학연구〉, 13(4), pp.590~618.

최영재 (2014). “공영 방송 보도국의 정파적 분열: 민주화의 역설, 정치적 종속의 결과,”

〈커뮤니케이션이론〉, 10(4), pp.476~508.
최현주 · 이강형 (2011). "방송 작가 고용 안정화를 위한 정책 방안에 대한 연구: 방송 작가의 고용 및 계약 형태에 대한 실태 조사를 중심으로," 〈언론과학연구〉, 11(2), pp.469~500.
한선 · 이오현 (2008a). "공동체 라디오와 자기 효능감: 미국 공동체 라디오 KOPN에 대한 민속지학적 연구," 〈한국언론학보〉, 52(5), pp.275~294.
한선 · 이오현 (2008b). "한미 공동체 라디오 비교 연구: 하위 공론장 역할을 중심으로 한 질적 연구," 〈언론과 사회〉, 16(4), pp.79~114.
한선 · 이오현 (2010). "지역 신문 기자의 작업 문화와 정체성 형성에 대한 연구: 광주 지역을 중심으로 한 질적 연구," 〈언론과 사회〉, 18(4), pp.2~36.
한선 · 이오현 (2011). "지역 신문 장의 작동 원리에 대한 비판적 연구: 광주 지역 일간 신문을 중심으로," 〈한국언론학보〉, 55(6), pp.410~435.
한선 · 이오현 (2012). "지역 방송의 지역성 개념과 지역성 구현의 문제: 광주 지역 방송 생산을 중심으로 한 질적 연구," 〈한국방송학보〉, 26(5), pp.271~306.
한선 · 이오현 (2013). "지역 방송 프로그램 생산의 제한 요인에 대한 질적 연구: 광주 지역 생산(자) 문화를 중심으로," 〈한국언론학보〉, 57(4), pp.243~268.
허진아 · 이오현 (2009). "지역 신문 기사 생산에 영향을 끼치는 요인에 대한 질적 연구: 〈광주드림〉 기사 생산을 중심으로," 〈한국언론정보학보〉, 46, pp.449~484.
허철 · 김정선 (2010). "다큐멘터리가 들리나요? 실종된 다큐멘터리 사운드 미학: 방송 다큐멘터리 사운드의 관습화된 스타일에 대한 비판," 〈언론과 사회〉, 18(2), pp.82~127.
홍명신 (2010). "지상파 텔레비전 노인 대상 프로그램의 새로운 변화: 제작자 심층 인터뷰를 중심으로," 〈문화경제연구〉, 13(2), pp.47~68.

8장

인터넷 민속지학 설계하기

가능성과 한계

조영한

● 조영한은 서울대학교 언론정보학과에서 석사와 미국 노스캐롤라이나주립대학에서 커뮤니케이션 박사 학위를 받았다. 현재 한국외국어대학교 국제지역대학원 한국학과 부교수이며, 주요 연구 분야는 동아시아 대중문화, 글로벌 스포츠, 한국 민족주의, 그리고 아시아의 근대성 형성 등이다. 편저로 *Football in Asia: History, Culture and Business*와 *Modern Sports in Asia: Cultural Perspectives*가 있으며, *Cultural Studies*, *Inter-Asia Cultural Studies*, *Media, Culture & Society*, *Sociology of Sport* 등의 학술지에 논문이 게재되었다.

1. 왜 인터넷 연구에서 민속지학이 필요한가

이 장은 인터넷 공간에서 발생하는 다양한 문화 현상, 담론의 생성 및 문화 실천을 분석하기 위한 하나의 방법론적 틀로서 인터넷 민속지학 ethnography을 이해하고 구체적인 연구 설계를 시도해 본다. 방법론으로서 인터넷 민속지학의 이론적인 논의보다 방법론을 설계하는 단계에서 필수적으로 점검해야 할 사안들과 가능한 문제점들을 고민하는 데 연구의 초점을 둔다. 궁극적으로 후속 연구자들과 함께 인터넷 공간 그리고 그곳의 문화 양식 및 실천 양태를 탐색하기 위한 유효한 전략으로 인터넷 민속지학의 가능성과 한계를 구체적으로 상상해 보고자 한다.

구체적인 연구 설계에 앞서 다음과 같은 질문에서 시작해 보자. 왜 커뮤니케이션 연구자가 인터넷 공간과 그곳의 문화를 연구할 때 민속지학을 적용해야 하는가? 민속지학을 적용하게 하는 인터넷 공간과 참여자들의 실천 양식은 무엇인가? 인터넷 민속지학은 다른 연구 방법, 특히 담론분석과 내용 분석과 다른 접근 및 주장을 가능하게 하는가?

우리의 일상뿐 아니라 커뮤니케이션학의 기존 연구 대상 중 많은 영역이 이제는 인터넷에서 그리고 인터넷을 매개로 존재하고 있다. 특정한 드라마, 영화, 오락 프로그램을 소비하고 특정 가수, 배우, 셀러브리티를 중심으로 팬덤을 구성하는 공간이 인터넷을 통하여 발현된다. 특정한 스포츠, 음악 장르, 전자 장비, 온라인 게임 등 공통되는 취향 및 관심사에 따라 정보 및 의견을 나누는 온라인 공간이 존재하고, 그 가운데는 공통의 관심사를 바탕으로 온라인 공동체를 구성하기도 한다. 이와 같은 온라인 공동체는 참여자들의 개인적이고 때로는 집단적인 정체성 형성에 영향을 준다. 또한 수많은 온라인 게시판과 소셜 네트워크는 특정한 담론이 형성 및 발현하는 데 중요한 역할을 담당하기도 하고, 온라인에서 생성된 담론은 현실 세계의 여론과 상호 관계를 맺으면서 일종의 공공 영역의 기능을 한다. 이와 같은 변화에도 불구하고 국내 커뮤니케이션학에서 인터넷 공간에 대한 연구들 가운데 질적 연구 방법을 적용한 것은 상대적으로 최근이며 아직 소수에 불과하다(최이숙 · 김수아, 2013). 또한 인터넷 공간에 대한 질적 연구 방법을 적용한 연구들 역시 기존의 수용자 분석, 텍스트 분석, 그리고 담론분석과의 연장성 및 차이점을 논의하기보다는 다양한 방법론들을 혼용하여 사용하곤 한다.[1]

이와 같이 다양하게 발현되는 인터넷 문화 및 참여 양상을 연구하는데 있어 다양한 접근 및 방법론이 시도되고 있음에도 불구하고, 인터넷 공간에 대한 질적 접근에 대한 방법론적 고찰을 본격적으로 논의하거나, 인터넷 민속지학을 방법론으로 구체적으로 채택하고 서술한 연구

1 국내 수용자 연구에서 방법론 논의에 대해서는 정재철(1997)과 나미수(2005)를 참조하라. 인터넷 공간을 중심으로 한 수용자 연구 사례는 조영한(2012)에도 부분 정리되어 있다.

는 많지 않다.[2] 아직 고정화된 방법론이 아니라는 점에서 인터넷 민속지학은 후속 연구자들에게 모호하게 다가오지만, 동시에 새로운 가능성 및 유연한 접근이 가능하게 한다는 장점 역시 존재한다. 이 장은 방법론으로서의 인터넷 민속지학의 정의, 질문들, 그리고 연구 설계를 차례로 논의하면서 후속 연구자들에게 참조할 만한 가이드라인을 제공하고자 한다.

2. 인터넷 민속지학이란 무엇인가

인터넷 민속지학의 지향점과 연구 설계의 준거점을 마련하기 위하여, 이 장에서는 인터넷 민속지학을 다양한 질적 연구 방법을 활용하여 인터넷 공간 속의 문화 실천 양식에 대한 두꺼운 묘사, 상호 주관적 이해, 그리고 상황적 지식을 획득하는 방법이라고 정의한다. 구체적으로 기술하면 방법론은 참여 관찰을 중심으로 인터뷰, 담론분석, 아카이브 분석 및 현장 답사 등 다양한 질적 방법론을 연구자의 선택에 따라 병행하여 설계한다(Baym, 2000; Bird, 2003; Miller & Slater, 2000). 주요 연구 대상은 광의의 인터넷 공간으로 온라인 커뮤니티, 게시판, 블로그, 페이스북과 트위터 같은 소셜 네트워크(SNS) 등을 포함한다. 특히 인터넷 공간에서 발생하는 문화 양식, 행위자의 참여 방식, 소통되는 의제 및 담론의 형성, 하위문화 실천, 그리고 개인적이고 집합적인 정체성 형성과 같은 문화 실천 양식이 주요 탐색의 대상이다. 이를 통하여 연구자는 대상에 대한

2 국내 연구 가운데 인터넷에 대한 민속지학적 방법론에 관한 설명은 김예란(2012)과 조영한(2012)을 참조하라.

단편적이고 정량적인 기술이 아닌 심층적인 이해와 사회적 함의를 파악하고, 연구자와 연구 대상이라는 두 개의 문화권을 동시에 인지하고 이해를 추구한다. 이를 통하여 연구자는 특정한 상황, 시기, 그리고 사회의 맥락 속에서 연구 대상에 대한 지식을 생산하고 보편성보다 특수성에 기초한 지식을 추구하고자 한다.

이와 같은 정의 속에서 인터넷 민속지학은 연구자의 연구 대상에 대한 장기간 참여, 언어와 문화의 습득, 참여자와의 관계 형성, 통과의례 및 역치liminal의 경험을 필요로 하게 한다. 여기서 역치란 중간 단계의 정체성으로 연구자와 참여자라는 두 정체성의 분리separation와 재결합reincorporation의 중간 상태를 의미한다(윤택림, 2004). 인터넷 민속지학은 온라인 공간을 다양한 담론이 경쟁하면서 생성되는 공간이자 다양한 형태의 문화적 실천 및 개입이 일어나며, 그 결과 하위문화의 특성이 발견되는 장field으로 인식한다. 즉 인터넷을 참여자들의 개인적이고 집단적인 정체성 형성 및 분화의 과정을 간취 혹은 탐색하는 문화 실천의 공간으로 인식하는 것이다. 인터넷 민속지학 역시 전통적 의미의 민속지학적 접근을 추구하게 되는데, 중요한 것은 단순히 전통적 민속지학을 모방하거나 동일한 모델을 추구하는 것은 아니라는 점이다(나미수, 2005). 따라서 전통적 민속지학의 의의 및 지향점을 충분히 고려하면서 동시에 새로운 공간 그리고 그 속에서 새로운 문화 양식을 효과적이고 실질적으로 탐색할 수 있는 방법론의 모색이 필요하다. 온라인 문화를 효과적으로 연구하기 위해서는 전통적 민속지학과 단순한 이분법적 비교 혹은 우위를 논하기보다 성찰적, 대화적인 연구, 그리고 부분적이며 상호 연관성을 적극적으로 추구해야 한다. 특히 인터넷 공간을 현실 혹은 오프라인과 구별되는 공간이나 단순히 반영으로 바라보는 이분법적 시각을 넘어서서 인터넷 및 참여자 그리고 그들의 실천 행위를 탐색할 뿐 아니라 이해하고 이론화하는 논의가 궁극적으로 요청된다. 즉 인터넷 공간을 단순한 현실의 반영이 아닌 담론, 취향의 실천 그리고 정체성이 형성되는 공간으로 현실과 상호작용하는 공간으로 인식해야 한다.

질적 연구 방법이 인터넷 공간에 다양하게 접근되는 것과 마찬가지로 인터넷 공간에 대한 민속지학적 접근을 활용한 방법론 역시 하나의 단어로 통일되어 사용되기보다, 연구자의 선택에 따라 다양한 단어들로 표현된다. 대표적으로 디지털 민속지학(김예란, 2012), 버추얼 민속지학virtual ethnography 혹은 가상 민속지학(김수아, 2014), 네트노그라피netnography(심두보·노광우, 2012; 최아영·나종영, 2010) 등의 용어가 혼용되었다. 여기서 인터넷 민속지학이라는 단어를 선택한 것은 인터넷이라는 단어의 의미가 상대적으로 비어 있어서 연구 문제 및 맥락에 따라 다양하게 확장 및 적용이 가능한 측면이 있다고 판단했기 때문이다. 상대적으로 온라인은 오프라인과 대비되는 이분법적 함의가 강하고, 버추얼은 가상이라는 의미가 지배적이며, 네트노그라피는 소비자 심리 행동 분석을 기초로 하고 있기 때문에 선택하지 않았다. 후속 연구자들 역시 인터넷 공간에 대한 민속지학적 방법론에 대한 다양한 정의 및 구체적인 활용 방식을 검토한 후, 자신의 연구에 가장 적절한 정의 및 접근법을 선택하길 바란다.

3. 인터넷 민속지학 선택하기

단계별 연구 설계에 대한 설명에 앞서서 본 단락은 인터넷 민속지학을 방법론으로 선택할 때 고민해 보아야 할 이슈들을 점검하고자 한다. 여기에서 다룰 이슈들은 명확한 설명 혹은 정답이 있기보다는 인터넷 민속지학을 방법론으로 선택하고자 하는 연구자들이 함께 고민해 보고, 연구를 설계하고 진행하는 가운데 각자의 해석 및 대답을 모색해야 할 것들이다.

1) 방법론으로서 인터넷 민속지학의 의의

아직 명문화, 정전화되지 않은 방법론으로서 인터넷 민속지학을 선택하게 될 때 연구자는 다음과 같은 두 가지 질문에 봉착하게 된다. 첫 번째는 인터넷 민속지학이 전통적 민속지학의 아류인지에 대한 질문이고, 두 번째는 인터넷 민속지학은 상대적으로 손쉬운 연구 방법인가에 대한 질문이다.

우선 인터넷 민속지학이 전통적 민속지학과의 비교를 받게 되는 것은 인류학에서 시작된 민속지학의 학문적 전통 및 역사의 차이에서 비롯되는 동시에, 그동안 인터넷 민속지학을 선택한 연구들이 방법론적 엄격성에 대한 비판을 받아 온 경험에 근거한다. 예를 들어 인터넷 민속지학은 종종 유사 민속지학quasi-ethnography 혹은 속성식 관찰법hit-and-run version of particular observation이라는 평가를 받았다(Murphy & Kraidy, 2002). 그 결과 전통적 민속지학은 전형 혹은 모범이고, 인터넷 민속지학은 차선책이거나 편법인 것이 아닐까라는 질문이 생긴다. 앞에서 논의한 바와 같이 방법론을 고려하면서 전통적 민속지학의 문제의식과 지향점을 충분히 숙지하는 것은 바람직할 뿐 아니라 필수적이다. 동시에 단순한 비교 혹은 전통적 민속지학을 모방하려는 전략은 인터넷 공간의 문화 및 실천 양상을 관찰하고 이해하는 데 도움이 되지 않을 수 있다. 양자 간 비교와 비교를 통한 우열을 논의하기보다 연구 대상 및 참여자들과 효과적으로 관계를 맺을 수 있고 그래서 새로운 문제의식과 문화 현상을 이해할 수 있는 구체적인 접근 방법과 전략을 생각해 보아야 한다.

유사 민속지학이라는 비판과 함께 연구자들이 고민해야 할 이슈는 인터넷 민속지학이 쉬운 연구 방법이라는 오해에 관한 것이다. 인터넷 민속지학이 손쉬운 연구 방법이라는 편견은 연구자가 이주 혹은 이동의 과정 없이 자신의 일상의 공간에서 연구를 진행할 수 있기 때문일 것이다. 동시에 쉽게 연구를 하려고 인터넷 민속지학을 방법론으로 선택하려는 연구자가 있을 수 있다. 그러나 제대로 방법론을 적용하는 것은 결코 간단하거나 쉽지 않음을 명심해야 한다. 아래 논의하겠지만 연구자가 공간 및 집단의 행위 양식, 의사소통 방식, 언어 및 문화를 이해하기 위해서는 많은 시간의 선행 경험이 필요하다. 또한 연구자는 인터넷을 매개로 현장에 거주하고 참여자들과 관계를 맺기 때문에 대면을 통한 연구 방법을 병행하기도 한다. 육체적이고 물리적인 이동이 없기에 연구자가 갖추어야 할 연구 대상에 대한 전문성 및 권위를 갖기 위해서는 많은 시간의 투자와 노력이 필요하다. 이와 관련하여 하인(Hine, 2000)은 인터넷 민속지학의 권위 및 전문성의 근원은 이동 혹은 이주가 아닌 연구 대상에 대한 깊이 있는 이해와 많은 경험이라고 강조하였다.

2) 인터넷 민속지학의 연구 대상 및 시점

연구자가 관심 있어 하는 대상 혹은 현상에 대한 방법론으로 인터넷 민속지학을 고려할 때 점검해 보아야 할 것은 연구자와 연구 대상과의 관계이며 연구가 진행될 시점에 대한 부분이다. 다시 말해 연구 대상이 연구자에게 익숙한 공간이어야만 하는 것인지, 또한 연구는 현재의 시점으로만 하여야 하는 것인지를 생각해 보면서, 각자의 연구 대상 및 연구 시점에 따라 인터넷 민속지학의 적용 여부를 고려해 보자.

우선 인터넷 민속지학을 방법론으로 선택한 많은 선행 연구들은 평소에 개인적인 이유로 혹은 취미 활동으로 방문하고 활동하던 온라인 공간이 어느 계기를 통하여 주요한 연구 대상으로 부상하는 경험을 통하여 연구를 진행하였다. 친숙한 공간이 연구 대상이 되면서 연구자는 참여자에서 연구자로 변하는 경험을, 그리고 논문 작성 중에는 참여자와 연구자 사이에 이중적인 역할을 오가는 경험을 하게 된다. 통과 의례를 포함한 정체성의 변화 경험과 이중적 정체성 간의 긴장은 연구자의 성찰성 및 연구 대상에 대한 두터운 묘사를 위한 좋은 밑거름이다. 그렇다면 연구자에게 낯설거나 좋아하지 않는 공간에 대한 연구가 가능한지에 대한 의문이 든다. 예를 들어 K-pop에 관심이 없는 연구자가 특정 아이돌의 팬 페이지 분석을 할 수 있을까? 페미니스트가 일베와 같은 여성 혐오 집단의 온라인 공동체 연구가 가능할까? 원칙적으로 가능하다고 판단되지만, 연구자가 대상에 대한 선이해가 없거나 오히려 거부감을 가질 경우 발생할 수 있는 한계에 대해 명확한 규정을 할 필요가 있다. 방법론에서 한계 설정은 연구의 가능성을 좁히기보다는 연구의 의의 및 적용 가능성을 분명하게 해 줄 수 있다.

연구자와 연구 대상의 관계와 함께 고민해 보아야 할 것은 연구 시점에 대한 부분이다. 전통적 민속지학과 유사하게 인터넷 민속지학의 연구 기간도 꼭 현재형이어야 하는지, 아니면 과거의 문화 그리고 현상에 대한 연구도 가능한 것인지 생각해 보자. 저널리즘 연구와 담론분석 연구는 접근 가능한 연구 대상이 있으면 과거 시점의 현상 및 주제에 대한 연구가 가능하다. 현장에 대한 참여 및 대상에 대한 관계 형성을 중요시하는 민속지학의 경우도 유사하게 과거의 시점에서 민속지학적 연구가 가능한지에 대한 질문이 생길 수 있다. 과거 시제의 연구가 원칙적으로는 불가능한 전통적 민속지학과 달리 인터넷 민속지학은 온라인 공간 속의 활동이 유지되는 한 현재의 문화 현상뿐 아니라 과거에 발생하였던 문화와 이슈에 대한 연구도 가능하기 때문이다. 조영한(2014)의 연구는 과거 시제의 현상을 탐색하면서 방법론으로 인터넷 민속지학을 활용하는데, 비록 게시판의 글쓰기를 동태적으로 파악하였으나 부분적으로는 담론분석의 방법론에 머물렀다. 조영한(2014)의 연구는 2015년에 시작하였는데, 연구자가 2012년 5월부터 12일 간의 특정 인터넷 공간 속의 담론의 양상과 문화 양식을 시계열로 관찰 및 추적하였다. 중요한 것은 과거에 진행된 온라인 활동 및 담론의 경우에도 (저널리즘 및 담론분석처럼) 대상을 정태적인 것으로 여기지 않고 다양한 활동 및 참여자가 상호 영향을 주고받는 가운데 동태적으로 형성되는 문화와 담론 양상으로 파악하고 분석해야 하는 것이다. 그럼에도 불구하고 현재형으로 진행하는 연구에 비해 일정 부분의 한계 및 발생 가능한 문제점을 충분히 생각해 보는 단계가 필요하다.

3) 인터넷 민속지학과 질적 연구 방법

앞에서 정의내린 바와 같이 인터넷 민속지학은 다양한 질적 연구 방법을 활용하게 되는 경우가 많은데, 연구자는 연구 설계에 앞서 다른 질적 연구 방법들과 인터넷 민속지학의 연계 및 차별성에 대하여 고민할 필요가 있다. 구체적으로 텍스트 분석에서 활용하는 표집과 코딩의 과정이 필요한지 그리고 직접 만나 진행하는 인터뷰가 필수적인지를 생각해 보아야 한다.

초기 인터넷 게시판에 대한 수용자 연구들은 인터넷 공간의 글쓰기를 대상으로 텍스트 분석 혹은 담론분석을 하였다(이오현, 2002; 주창윤, 2002; 한희정, 2002; 노수연, 2006). 이러한 연구 흐름과 유사하게 인터넷 민속지학을 선택한 연구들 중에서는 온라인 게시판의 글들을 검색어를 활용하여 표집하거나, 양적 수치를 측정하기 위하여 코딩을 하는 경우가 있다. 이 때문에 후속 연구자들 가운데 온라인 게시판을 연구 대상으로 할 경우 유사하게 표집이나 코딩을 실시해야 하는 필요성을 느낄 수도 있다. 하지만 두꺼운 묘사, 상호 주관적인 이해, 그리고 상황적인 지식을 추구하는 인터넷 민속지학의 경우 표집과 코딩은 결코 필수적이지 않으며 꼭 도움이 된다고 볼 수 없다. 다시 말해 인터넷 공간에 대한 연구에서 표집과 코딩을 실시할 수 있으나, 그러한 접근을 한 연구를 민속지학적 접근, 즉 민속지학이라 평가하기는 어렵다. 오히려, 특히 표집을 하는 연구의 경우 민속지학보다는 내용 분석에 더 적합할 것이다. 이슈와 담론을 중심으로 인터넷 게시판 분석을 한 연구는 민속지학 방법론이 아닌 기존의 텍스트 분석이나 담론분석으로도 충분히 의미 있는 연구가 가능하다(홍주현 · 이창현, 2011; 허진 · 원충인 · 류사오화, 2013). 표집과 코딩에 대한 의무감은 저널리즘 및 내용 분석과 담론분석에 익숙한 학계의 관습이 만들어 놓은 불필요한 요소라고 생각한다.

표집 혹은 코딩과 함께 가장 많이 병행되는 질적 연구 방법은 인터뷰이며 특히 연구자가 참여자와 직접 만나 진행하는 대면 인터뷰의 필요성을 강조하기도 한다(박지영, 2007; 정수영, 2009). 인터넷 공간에서는 참여자들이 정체성을 새롭게 만들기도 하고 위장masquerading을 하기 손쉬운 까닭에 참여자들을 직접 만나 대화를 나누기를 시도하는 것이다. 인터뷰는 다양한 의미에서 연구 대상에 대한 폭넓은 이해를 더해 준다는 면에서 큰 의의가 있다. 그러나 대면 인터뷰는 진실한 정보로, 그리고 온라인 글쓰기를 통한 정체성의 표현은 가상적인 것으로 바라보는 이분법적 접근은 지양할 필요가 있다. 동시에 인터뷰는 시간적으로나 재정적으로 연구자에게 상당한 부담 및 노력이 요구되는 방법론이다. 그렇기에 자동적으로 인터뷰를 병행하기보다, 연구 문제와 대상의 특성에 따라 어떠한 공헌을 할 수 있을지 고민을 한 후에 선택하는 것이 바람직하다. 한편, 논문 작성 시 인터넷 공간에 대한 참여 관찰을 통하여 얻은 자료가 인터뷰 내용과 모순되거나 다른 정보를 포함할 수 있다(Hine, 2000). 연구자는 둘의 관계를 상호 연관적으로 파악할 필요가 있고, 인터넷 공간에서 논의되지 않는 내부자의 의견을 통하여 연구 대상에 대한 이해를 확장시킬 수 있다. 경우에 따라 인터뷰를 보조 자료로 삼고 연구를 진행할 수 있다.

이상의 논의는 인터넷 민속지학을 주요 방법론으로 선택하고 구체적으로 연구를 설계하기에 앞서 연구자들이 실질적으로 그리고 이론적으로 고민해 볼 이슈들을 다루어 보았다. 인터넷 민속지학에 대한 매뉴얼적인 실행 방식만을 배우는 것이 아니라 방법론을 이론적으로 모색해 보고 동시에 다양한 응용 및 상상을 적극적으로 권장하기 위해서이다. 지금까지 논의한 이슈들에 대한 열린 해답을 염두에 두고 구체적인 인터넷 민속지학을 설계할 때 연구 문제에 대한 가장 적절한 방법론이 마련될 것이다.

4. 인터넷 민속지학 설계하기

여기서는 인터넷 민속지학을 크게 네 가지 단계, 즉 들어가기–참여하기–기록하기–나가기로 나누어 설계하고자 한다. 첫 단계는 연구 문제의 구체화 및 연구 대상 설정 등이 이루어지는 현장에 들어가는 단계로, 두 번째는 연구 대상에 참여하며 현장 및 구성원들과 관계 맺는 단계로 설정한다. 세 번째 단계는 관찰하고 기록하는 과정을 다루고, 현장을 떠나는 마지막 단계에서는 연구자의 위치와 글쓰기에 대한 논의를 한다. 이와 같은 네 단계는 인터넷 민속지학을 적용하는 여러 가능성 중 하나에 대한 매뉴얼을 제공하는 것이다. 또한 이 장에서 제시하는 인터넷 민속지학 역시 "연구자가 현장과 연구 대상의 특징, 그리고 그들과 맺는 관계의 진행에 따라 연구 방법을 유동적으로 적용하는" 상황적 situated 접근이 필수적이다(조영한, 2012: 128). 이러한 점을 염두에 두고, 기존 연구 및 내 경험을 자원으로 활용하여 각 단계에서 고민해야 할 부분들을 점검하고 방법론의 목표를 잘 구현하기 위한 방안을 고민해 보고자 한다.

1) 현장에 들어가기

인터넷 민속지학에서 현장에 들어간다는 것은 크게 세 부분으로 나누어 생각해 볼 수 있다. 첫 번째는 연구 대상의 선정이며, 두 번째는 선정한 인터넷 공간에 대한 선행 경험 쌓기이며, 마지막으로는 연구를 시작하기 위한 서류 및 자료 준비를 하는 것이다. 들어가는 단계에서 성공적인 연구를 위한 조건은 방법론이나 이론이 아닌 연구 문제가 이끌어가는 연구를 하는 것이다. 다시 말해 특정 인터넷 공간을 선택하여 인터넷 민속지학이라는 방법론을 적용하는 방식이 아니라, 먼저 연구 문제를 설정하고 그것을 해결하기 위한 연구 대상 및 적합한 방법론을 모색하는 방식을 가리킨다.

그렇다면 내 연구 문제의 해답을 탐색하기 위한 연구 대상, 즉 인터넷 민속지학의 경우 인터넷 공간 및 참여자는 어떻게 찾을 수 있을까? 제안하고 싶은 방안은 "질문 - 관찰 - 읽기"의 세 과정을 반복하는 가운데 연구 문제를 설정하고 구체화하는 것이다. 즉 연구자가 정말 궁금한 것은 무엇인가, 혹은 어떠한 문제 혹은 이슈에 관하여 논의하고 싶은지에 대한 학문적이고 현실적인 질문들을 던지는 가운데(질문 과정), 연구자의 질문에 대한 실마리를 발견할 수 있는 현상 및 대상들을 살펴본다(관찰 과정). 여기서 연구자의 질문에 대한 실마리 혹은 단서들을 발견할 수 있는 대화, 실천, 그리고 현상이 나타나는 공간이 인터넷이라면 인터넷 민속지학을 가능한 방법론 중 하나로 생각해 볼 수 있다. 또한 질문과 관찰을 반복적 혹은 상호 교차적으로 하는 가운데, 연구자는 관련된 선행 연구의 검토를 통하여 기존 연구의 연구 대상, 방법론, 이론 등을 확인한다(읽기 과정). 읽기 과정에서 자신의 연구와 비교될 수 있는 예들을 찾아보면서 필요한 부분을 차용하고, 또 한편으로는 선행 연구를 비판적으로 읽으며 개선된 방법론 및 연구 진행을 모색해 보는 것이다.

"질문 – 관찰 – 읽기"의 과정을 통해 연구 문제가 구체화되는 가운데 가능성 있는 연구 대상들이 떠오르게 되면 최종적으로 결정을 내린다. 윤택림(2004)은 질적 연구 방법의 설계에서 연구 대상을 선정하는 방법을 출현하는 분석틀과 선험적 분석틀로 나누어 설명한다. 간단히 서술하면 전자는 자료 중심적이고 탐사적인 방식이고, 후자는 이론에 의해 유도되는 방식인데, 인터넷 민속지학에서도 유사한 분류를 생각해 볼 수 있다. 즉 연구자가 이미 익숙한 온라인 공간을 연구 대상으로 삼는 방식이 출현하는 분석틀이라면, 연구자가 연구 문제를 고민하면서 처음 방문하기 시작한 공간을 선택하는 경우가 선험적 분석틀이라 할 수 있다.

원칙적으로 두 가지 접근법이 모두 가능하지만 출현하는 분석틀을 활용하는 방안을 우선적으로 제안하고자 한다. 즉 연구자가 개인적 취향, 기호, 혹은 재미를 위하여 방문하던 인터넷 공간이 연구 문제를 고민하고 구체화하는 가운데 주요 연구 대상으로 재발견되는 방식이다. 조영한(Cho, 2007)의 경우 대중문화로서 스포츠 연구를 하겠다는 막연한 고민을 하던 중 물리적 이동 없이 문화적이고 경제적인 세계화를 경험한 사람들의 정체성 변화 탐색이라는 연구 문제가 구체화되면서 2001년부터 방문하던 온라인 공간(www.mlbpark.com)을 연구 대상으로 삼게 되었다. 유사하게 바임(Baym, 2000)의 연구도 대중 드라마의 팬으로 온라인 공간에 1~2년 이상 참여하다 온라인 공동체를 연구 대상으로 재발견한 사례다. 이 경우는 이미 연구 대상의 문화, 언어, 행위자, 그리고 주요 의사소통 방식에 익숙하고, 연구자와 참여자라는 두 가지 정체성을 오가는 통과 의례의 경험을 적극적으로 전유할 수 있다. 반면에 선험적 분석틀을 적용할 경우 연구자의 평소 경험 및 가치관과 상관없이 연구 대상을 선택할 수 있어서 선택지가 늘어난다. 따라서 연구자의 신념, 가치관, 성별 그리고 외모적인 특성과 상관없이 연구 문제에 가장 적합한 연구 대상을 선정할 수 있다. 선험적인 틀의 경우 다양한 연구 대상 및 이슈들에 관한 연구의 가능성이 열린다는 장점이 있지만, 동시에 현장 혹은 연구 대상을 단지 관찰 및 비판의 대상으로 여기게 되는 경향을 보인다. 나는 앞서 언급한 바와 같이 출현하는 분석틀을 선호하는데, 이는 연구 대상에 대한 정서적 관여, 그들의 입장에서 생각해 보기 등의 단계를 통한 역치의 과정을 경험하는 것은 글쓰기 과정에 상호 주관적인 이해뿐 아니라 연구자의 성찰성을 풍성하게 해 주기 때문이다. 반면 선험적인 틀에서는 참여자의 시각을 충분히 체험하기에 한계가 있고 그 결과 내용 분석이나 담론분석과 유사한 방식으로 연구 대상에 접근하는 데 머무르게 된다.

연구 대상을 선정한 후 본격적인 연구를 시작하기 전에 선행 경험 혹은 예비 현지 조사pilot study가 필요하다. 선행 경험을 갖는 이유는 선험적인 분석틀의 경우 연구 대상에 대한 선이해를 높이기 위해, 출현하는 분석틀의 경우는 연구 대상으로서의 가능성과 한계를 추측 및 점검해 보기 위해서다. 선행 경험을 통하여 연구 대상에 대한 이해 및 공감도를 축적하는 과정은 연구자가 온라인의 게시판 글쓰기, 트윗 등의 행위를 단순히 문자나 정태적인 표현이 아닌 참여자의 구체적인 행위 혹은 문화 실천으로 여길 수 있는 자원이 되기도 한다.

선행 연구의 기간은 접근 방법에 따라 상당히 다르다. 출현하는 분석틀의 경우 이미 연구자가 대상에 대하여 충분한 경험 및 참여자와의 교감이 있기에 별도의 선행 경험이 꼭 필요하지 않다. 다만 어느 기간 동안 참여자가 아닌 연구자의 시선에서 연구 대상을 참여 관찰하고 연구 가능성을 타진해 보는 것이 좋다. 반면에 선험적 분석틀을 이용한 경우 연구자는 일정 이상의 시간을 연구 대상에 머무르면서 참여자의 의사소통 양식, 문화, 언어 등을 관찰하고 습득할 필요가 있다. 기존 연구에서는 선행 경험이나 사전 연구에 대한 논의를 한 경우를 찾기 어려운데, 후속 연구자들은 본격적인 연구 기간 이전에 연구 대상에 대한 이해를 높이기 위하여 어떠한 노력을 하였는지 간단하게 명시할 필요가 있다.

마지막으로 점검해야 할 것은 연구윤리위원회(IRB: Institutional Review Board)의 승인을 받는 것과 연구 문제의 학문적 검토와 연구 대상을 둘러싼 맥락context에 대한 검토다. 인간 연구 참가자의 보호를 위하여 마련된 연구윤리위원회 심의 대상에 온라인 민속지학에도 해당되는지는 논쟁의 여지가 있다(Boellstorff, Nardi, Pearce, & Taylor, 2012). 그럼에도 불구하고 최근 강화되는 연구 윤리의 추세 그리고 연구자로서 연구 절차 및 연구의 영향을 받을 잠재적 대상에 대한 존중 및 고려의 차원에서 연구윤리위원회의 승인을 받기를 조언한다. 일반적으로 게시판의 글은 개인적이면서 동시에 공공적인 성격이 있기에 글쓴이나 게시판 관리자의 인용 허락을 받는 사례는 찾아보기 어려웠다. 하지만 게시글의 사진이나 글쓴이가 저작권이 있는 작품이나 대상을 올린 것을 다시 인용하게 될 경우 발생할 수 있는 문제를 사전에 예방하기 위해서는 연구윤리위원회의 조언이나 제안을 받는 것이 바람직하겠다. 또한 많은 선행 연구자들이 인터넷 공간에 대한 참여 관찰뿐 아니라 참여자와의 인터뷰를 병행하였기에, 연구 초기에 인터뷰를 병행할 계획이 없더라도 미리 연구윤리위원회의 승인을 준비하는 것이 좋다. 국내 대학의 심사 일정은 제한적(한 학기에 2~3회 이내)이고, 방학 중에는 열리지 않으므로 학기 중에 꼭 확인해서 미리 준비하도록 한다.

"질문-관찰-읽기"의 과정을 통해 연구자는 선행 연구 검토를 정리하고 자신의 연구의 사회 맥락적 의의 그리고 해당 학문 분야의 자리매김에 대한 나름의 이해를 마련해 본다. 첫 번째 단계가 성공적으로 진행되고 형식에 맞춘 글쓰기로 정리되면 학위 논문을 작성하는 학생들에게는 중간 발표 혹은 프로포절의 준비가 되었다고 본다. 인터넷 민속지학을 포함한 질적 연구 방법의 경우 연구 대상을 선정하는 절대적인 기준이 없으며 "질문-관찰-읽기"의 과정 및 선행 연구의 기간에 대한 정해진 기간도 존재하지 않는다. 다시 말해 적절한 연구 대상이 단시간에 발견되는 마법 같은 일은 발생하지 않는다. 윤택림은 좋은 제보자를 선정하는 것을 "우연을 통한 필연의" 관계(2004: 74)라고 묘사하는데, 좋은 연구 대상을 만나기 위하여 연구자가 선행 연구 검토 등을 통하여 문제의식을 높이는 가운데 주변자의 입장에서 다양한 인터넷 공간을 배회하고 참여하는 것이 인터넷 민속지학 방법론에서도 적절한 연구 대상을 만나는 방법일 것이다. 구체적인 연구를 시작하기 이전에 주변에서 발생하고 인터넷 등 미디어를 통하여 목도되는 현상에 대하여 관심을 갖고 한 번 더 생각하고 필요한 자료를 찾아보는 일상의 습관이 선택 가능한 연구 대상의 폭과 경우를 넓혀줄 것이다.

2) 현장에 참여하기 그리고 관계 맺기

준비 단계 이후 연구자는 연구 대상에 참여하면서 인터넷 공간의 구성원들과 관계를 맺으며 본격적인 연구를 시작하게 된다. 현장에 참여하게 되는 단계는 연구 기간 및 구체적인 연구틀 설정, 그리고 관계 맺기의 세 가지로 나누어 생각해 볼 것이다.

언제 그리고 어디서나 접속 가능하고, 그렇기에 언제나 연구가 가능한 인터넷 민속지학임에도 불구하고 적당한 연구 기간을 설정하는 것은 중요하다. 아직 특정된 연구 기간이 합의되지는 않았지만, 개인적으로 공동체의 특정한 문화 및 행위 양식을 연구하기 위해서는 6개월에서 1년간의 연구 기간을 제안한다. 물론 연구 대상의 특성(행위자, 게시되는 글, 그리고 방문자 수)에 따라 유연하게 기간을 조절해야겠지만, 연구자가 연구 대상에 장기간 체류하고 교류하는 것은 에스노그라퍼로서 최소한의 의무이자 전문성을 확보하는 방법이다. 과거 시점의 문화 현상 및 활동을 연구하는 경우에서는 연구에 의미 있는 특정한 기간을 설정하여 유사 체험을 시도할 필요가 있다. 예를 들어 2015년에 시작하는 김연아 팬 그룹에 대한 연구의 경우 시작하면서 2010년 그리고 2014년 동계 올림픽 기간을 중심으로 각각 3개월씩 온라인 공간과 참여 양식을 탐색하는 방식이 될 수 있다. 반복하자면 해당 기간 동안 키워드 검색으로 필요한 게시글 만을 추출하여 표집이나 코딩을 하는 방식은 지양한다.

언급한 바와 같이 조영한(Cho, 2007)의 연구는 출현하는 틀을 활용하여 온라인 커뮤니티(www.mlbpark.com)에 대한 온라인 민속지학을 적용하여 박사 학위 논문을 작성하였다. 연구 초기에는 1년을 계획했지만 후기에 커뮤니티에 중요한 이벤트(2006 World Baseball Classic)가 개최되어 1개월을 연장하여 총 13개월의 연구 기간을 설정하였다. 조영한은 연구 기간 동안 매일 평균 3~4시간을 온라인 커뮤니티에서 머물면서 게시글을 읽으면서 댓글을 달고 종종 글을 작성하였는데, 실시간으로 발생하는 논쟁 및 이슈들의 전개, 그리고 멤버들의 댓글 및 게시글을 통하여 상호작용을 관찰하는 데 충분한 시간이었다고 생각한다. 반면에 조영한(2014)의 연구는 2012년 런던 올림픽 기간 동안 박태환과 쑨양에 대한 온라인 커뮤니티의 민족주의 담론을 탐색하였는데, 연구 시점에서 과거에 발생한 3개월 동안의 온라인 담론을 압축적인 방식으로 짧은 시간 동안 연구를 진행할 수 있었다. 연구자가 연구 대상에 충분히 익숙한 상태였기에 가능한 연구였지만, 그럼에도 불구하고 연구 기간 동안 현장에서 발생하는 상황에 즉각적으로 반응할 수 없는 등의 한계점들을 경험할 수 있었다.

다양한 질적 연구 방법을 병행하더라도 연구틀 구상의 중심 영역은 연구 대상인 온라인 공간에 대한 참여 관찰에 관한 것이다. 연구자는 크게 두 가지 질문에 대하여 고민하면서 나름의 대답을 마련하게 된다. 첫 번째로 연구자가 관찰만을 할지 아니면 참여를 함께 할 것인가의 여부이다. 나는 대상과의 적극적인 관계 형성을 위해서 그리고 연구 윤리의 차원에서 참여 관찰을 기본틀로 제안하고자 한다. 선행 연구들 가운데는 눈팅족lurker처럼 관찰만을 통해 연구 자료를 모으는 경우도 있다. 상황적이고 개인적인 이유로 현재 시점의 연구에서도 관찰을 선택하거나, 과거 시점에 대한 연구인 경우다. 관찰만을 할 수 있는 것이 인터넷 연구의 특징이자 장점으로도 여길 수 있지만, 동시에 가능한 문제점 및 한계, 그리고 보완책에 대하여 함께 고민해 보아야 한다. 또한 논문에 관찰만을 하였는지 아니면 참여 관찰을 하였는지 명시하고 그 이유를 간략히 밝히는 것이 필요하다.

두 번째는 연구자가 연구 대상에 자신의 신분 및 연구 목적을 언제 그리고 어떻게 밝힐지에 대한 것이다. 인터넷 공간이라도 연구자가 자신의 신분 및 연구 목적을 알리는 것은 연구 윤리 차원에서 필요하다. 또한 윤리적 차원에서 관찰만 하는 것보다 참여 관찰을 추천한다. 생각해 보아야 하는 것은 '언제, 얼마나 그리고 어떻게'라는 구체적인 실행 방식이다. 인터넷 공간에 따라 연구자의 신분 및 목적을 알리는 참여(게시글)가 별다른 주목을 받지 못할 가능성이 많다. 특히 연구자가 충분한 참여와 관계 형성을 맺기 전이라면 아무도 연구자의 게시글을 클릭하지 않거나 댓글을 달지 않을 수 있다. 조영한(Cho, 2007)의 경험도 유사한데, 2004년 잠재적으로 연구 대상을 살피는 일종의 선행 연구 기간 동안 인터뷰 대상자를 모집하였지만 아무도 참여해 주지 않았다. 반면에 2005년부터 게시판 참여를 꾸준히 하면서 아이디에 대한 인지도가 올라가면서 공동체 구성원의 관심을 얻을 수 있었고, 관리자의 도움을 받아 연구 목적 및 인터뷰 대상자 안내문을 공지란에 올릴 수 있었다. 이와 같이 온라인 공간은 연구자가 본인의 정체성을 밝히는 것이 쉽지 않은 상황에 놓을 수 있으므로 효과적인 접근을 위해서는 부지런한 참여 및 공간에 대한 관찰이 우선되면 좋다.

또한 연구자는 필요에 따라 다른 질적 연구 방법, 즉 인터뷰, 서면 질의, 혹은 대중 매체의 재현 양식 등을 병행하여 각자의 연구틀을 구성할 수 있다. 인터뷰를 온라인에 대비되는 오프라인 자료로 생각하기보다 연구 대상에 대한 이해의 폭을 넓혀 주는 자료로 이해하면 좋다. 또한 정모와 같은 오프라인 모임에 참여하거나, 인터뷰나 서면 질의를 통하여 주요 제보자와의 관계를 형성할 수 있다면 연구 대상에 대한 다양한 자료를 얻는 데 도움이 된다. 동시에 인터뷰를 온라인 공간의 참여 관찰과 동일한 연구 대상으로 간주할 것인지 아니면 인터뷰를 보조 자료로 사용할지를 상황에 따라 판단하면 된다.

성공적인 연구를 위해서 연구자는 온라인 공간의 방식으로 연구 대상 및 참여자들과 다양하고 적극적인 관계 맺기를 할 필요가 있다. 즉 다른 참여자들과 라포rapport를 형성하고 인터넷 공간을 통하여 대화 및 상호 교류를 하며, 때로는 인터뷰 및 정모를 통하여 직접 만나는 과정을 통하여 연구 대상에 대한 다양한 정보 및 이해를 추구하는 것이다. 전통적 민속지학에서 라포는 매우 중요한 요소인데, 윤택림은 라포를 쉽게 정의내릴 수 없는 것으로 전제하며, 감정이입, 상호 신뢰, 이해, 공감대, 우정 등으로 해석한다(2004: 69). 인터넷 공간에서 라포는 주로 글쓰기, 댓글 달기, 쪽지 보내기, 대화방 참여하기 등으로 구체화될 수 있는데 연구자의 참여 혹은 첫인사는 별다른 주목을 받지 못할 가능성이 많다. 특히 인터넷 공동체가 자유로운 참여가 가능하고 규모가 큰 경우에 그러하다. 조영한(Cho, 2007)의 경우 초기에 유사한 실패를 경험한 후 연구자의 아이디 및 게시글이 주목받을 수 있는 전략을 구상하였다. 일주일에 한 번씩 파크에 시카고 컵스Chicago Cubs 선수들의 사진과 현지 신문사(《시카고 트리뷴*The Chicago Tribune*》)의 기사를 반복적으로 게시하였다. 사진과 현지 기사를 포함하여 특정 팀을 반복적으로 올리는 전략은 성공을 하여 높은 클릭 수 혹은 추천을 받을 수 있었다.

직접 게시글을 올리는 것과 함께 꾸준히 댓글을 달거나, 실시간 채팅방에 참여하여 대화를 나누는 것도 관계 형성에 효과적이다. 댓글을 단 후에도 원 게시자나 다른 참여자가 댓글을 추가하는지 확인하고 또 다시 의견을 추가한다면 게시글 안에서 작은 대화를 시작하는 효과가 있다. 실제로 게시글 만큼이나 댓글을 통하여 참여자들의 의견 교환 및 대화가 빈번하게 발생하는 경우가 많은데, 그러한 댓글을 통한 대화는 연구자가 관계를 맺는 좋은 방법일 뿐 아니라 중요한 관찰 대상이기도 하다. 게시글을 직접 쓰지 않더라도 참여자들 간에 댓글을 다는 방식이나 특정한 패턴 및 관계 형성의 방식이 있는지를 확인하는 것은 온라인 공간의 관계망을 파악하는 데 도움이 된다.

3) 기록하기 혹은 연구 자료 모으기

인터넷 공간을 연구할 때 중요하면서도 손에 쉽게 잡히지 않는 부분은 구체적으로 무엇을 관찰하고, 어떻게 연구 자료를 모으는가이다. 이와 관련하여 여기서는 관찰의 대상, 기록하기, 그리고 연구 자료의 성격이라는 세 부분으로 논의한다. 기록하기 단계는 앞에서 다룬 참여하기 단계와 동시적으로 시작되어 연구 기간 동안 진행된다.

정의에서 논의했듯이 관찰 대상은 광의의 인터넷 공간을 매개로 발생하는 문화 양식 및 구체적인 행위자의 참여를 포괄한다. 연구 대상에 따라 구체적인 참여 방식이 다를 수 있지만, 인터넷 커뮤니티 같은 경우 게시판 글쓰기, 댓글 달기 등이 대표적인 행위이고, 많은 연구들이 게시판과 댓글을 주요 연구 대상으로 삼았다. 인터넷 공간의 특성에 따라 실시간 채팅의 내용 그리고 쪽지나 이메일 등으로 연구자가 참여자와 주고받은 기록들도 관찰 대상에 포함된다.

중요한 점은 글쓰기, 댓글, 채팅창, 쪽지 등을 고정화된 문자 혹은 텍스트로 취급하지 않고, 참여자의 구체적인 실천 행위이자 문화 양식으로 이해할 필요가 있다는 것이다.[3] 이러한 접근 속에서 글쓰기는 참여자가 인터넷 공간에서 다른 참여자와 관계를 맺는 방식과 표현으로 이

3 실천 및 관계 맺기의 측면을 강조하기 위하여 인터넷 공간의 글쓰기 행위를 포스팅posting으로 개념화한 논의는 조영한(2012), 민속지학적 접근으로서 인터넷 공간 및 참여 행위에 대한 이론적 논의는 Hine(2000, 2015)을 참조하라.

해되고, 동시에 그들의 개인적이고 집단적인 정체성을 구성하는 매개체로 접근이 가능하다. 이런 관점에서 글쓰기뿐 아니라 댓글 및 채팅창의 메시지는 개인적이면서 공식적인 대화이며, 다양하고 집합적인 담론들의 경쟁 및 형성 그리고 변화의 양상을 추적하는 좋은 실마리다. 또한 다양한 형태의 글쓰기는 인터넷 공간 속의 문화 및 상호작용 양식 및 정체성 형성을 이해하고 설명하는 주요한 재료가 된다. 관찰 대상에 대한 이와 같은 접근 방식은 게시글의 조회 수와 댓글의 수를 참조할 수 있지만, 해석에 있어 주요한 지표로 여기지는 않는다.

이와 같이 관찰 대상에 대한 총체적이고 흐름적인 이해를 추구함과 동시에 연구자는 참여자들의 개별적인 활동 및 참여를 기록할 필요가 있다. 자료를 기록하는 방식은 크게 게시판의 내용을 직접 저장하거나, 연구자의 경험 및 생각을 적는 필드 노트를 기록하는 방식으로 나누어 생각해 볼 수 있다. 연구자는 의미 있고 흥미로운 게시글이나 참여자들의 상호 작용을 관찰할 때마다 '복사' 기능을 활용하여 문서 파일로 저장한다. 문서 파일에 저장할 때는 게시글의 인터넷 주소(URL)와 연구자가 게시글을 확인한 날을 함께 저장해 두면 편리하다. 사진이나 문서 파일로 저장하기 어려운 활동 및 상호작용인 경우 다운을 받아놓거나 화면 캡처 기능을 이용할 수 있다. 쪽지나 채팅창의 경우 인터넷 공간에서 보관하지 않거나 보관 기간이 짧을 수 있으므로 따로 문서 파일로 저장하는 것이 안전하다. 연구 대상에 대한 기록은 매일 할 것을 권장한다. 매일 중요하다고 생각되는 게시글 및 관련 정보를 문서 파일로 저장할 뿐 아니라 중요한 관찰 지점이나 떠오른 생각들을 함께 정리해 놓으면 편리하다. 일종의 필드 노트를 작성한다는 생각으로 주요 논쟁 지점이나 새로운 현상 등을 메모하는 습관은 연구자의 기억을 도울 뿐 아니라 논문 작성의 중요한 자료가 된다. 공간의 정체성과 담론의 전개 양식을 파악하려면 전체적인 접근이나 연구자의 직관이 필요한 경우가 있기 때문에, 참여자들의 글 정리에 그치지 않고 전체적인 관찰을 통한 느낌까지 정리해놓는 것은 연구에 매우 중요하다.

게시글을 문서 파일로 저장할 때는 전문을 저장하는 방법도 있으나 글이 너무 길 경우 제목과 중요한 부분만 직접 복사하고 나머지는 필드 노트를 활용하면 문서 파일이 너무 많아지는 것을 피할 수 있다. 게시글의 인터넷 주소(URL)를 함께 기록해 두어야 다시 확인하거나 인용할 때 다시 방문할 수 있다. 필요한 자료는 미루지 말고 바로 정리하고 보관하는 것이 연구 자료를 충분히 수집하기 위한 중요한 원칙이다. 특히 게시자가 자신의 글을 삭제하거나 인터넷 커뮤니티 자체가 사라질 수 있다는 것을 기억하면서 매일의 기록을 남기면 좋겠다.

다른 방법론을 병행한 경우 인터뷰와 오프라인 모임에 참여한 자료들도 연구 자료의 하나가 될 수 있다. 인터뷰에 대한 구체적인 논의는 이 책의 다른 장에서 구체적으로 설명하고 있으므로 여기서는 추가 설명을 하지 않도록 한다. 개인적으로 한정된 시간과 재원이라면 인터뷰보다 인터넷 공간의 오프라인 모임 혹은 정모에 참여할 것을 권하고 싶다. 다양한 참여자들이 모이게 되는 정모에서는 커뮤니티의 집단적인 문화 및 특성을 발견할 가능성이 있으며 커뮤니티의 중요한 인물이나 관계들을 파악할 수 있기 때문이다. 동시에 연구자가 인터뷰 대상이나 주요 제보자를 우연히 만나는 기회를 얻을 수 있다.

마지막으로 관찰 및 기록을 통하여 수집한 연구 자료의 성격 혹은 대표성에 대하여 고민할 필요가 있다. 즉 글쓰기, 인터뷰, 정모에서 수집한 자료가 얼마나 인터넷 공간을 대표하거나 상징할 수 있는가에 대한 질문이다. 주지하다시피 인터넷 공간에서 대부분의 참여자들은 관찰만 하는 눈팅족들이고, 게시글을 올리는 사람의 분포는 일반적으로 낮은 편이다. 눈팅족들의 규모와 생각을 추적하는 것이 실질적으로 불가능하다면 연구자는 관찰 및 수집 가능한 정보를 통하여 연구 대상에 대한 분석 및 해석을 추구하는 것이 적절한 선택이라 할 수 있다. 그럼에도 불구하고 이와 같은 선택을 당연시하기보다는 수집 가능한 자료를 통하여 커뮤니티를 해석하고 평가할 때의 문제점을 의심해 보는 것이 연구자의 좋은 덕목이다.

연구 자료의 성격에 대하여 한 가지 첨언하면 다양한 방법을 병행할 경우 각 기록이 다른 의견이나 견해를 보일 수 있다. 방법론의 차이에 기인한 경우도 있지만 커뮤니티에서 활발히 글을 올리는 사람들, 정모의 참여자들, 그리고 인터뷰 대상자들이 각각 다를 경우가 제법 발생한다. 공동체에서 발화하는 수단과 통로가 다르기 때문에 그들이 생각하고 이야기하는 커뮤니티에 대한 의견 역시 다를 수 있다. 이러한 의견의 차이를 통하여 연구 대상에 대한 다양한 이해를 추구할 필요가 있다. 조영한(Cho, 2007)의 경우 20명 가까이 인터뷰를 하였는데, 그중 한 명만 게시판 글쓰기에 활발했으며 다른 참여자들은 눈팅족에 가까웠다. 그들은 온라인 공간보다 직접 만나서 자신이 좋아하는 영역, 즉 미국 프로야구에 대한 의견을 나누고 싶어서 인터뷰에 참여했다는 의사를 표현하였다. 연구 대상 및 기록의 부분성 그리고 의견의 차이를 종합하는 것은 연구자의 역할이고, 특히 글쓰기 단계에 고민해야 할 부분이다.

4) 현장에서 나가기 그리고 글쓰기

자료의 수집만큼 중요한 것은 모아 놓은 자료를 바탕으로 어떻게 논문을 작성하는가의 문제다. 인터넷 에스노그라피 역시 연구 기간이 끝나면 현장에서 나가 연구자의 자리에서 글쓰기를 시작해야 한다. 여기에서는 연구 논문 작성의 일반론을 다루는 것은 불가능하고, 다만 인터넷 민속지학을 활용한 연구에서 생각해 볼 이슈들과 연구 기간을 마친 후 연구자가 고려할 것을 함께 논의해 볼 것이다.[4]

물리적 이동 없이 인터넷 접속으로 연구를 진행하였기에 연구자는 연구 종료 후에도 언제나 연구 대상에 다시 접속할 수 있는 장점 및 단점이 있다. 장점은 연구자가 필요할 때마다 현지를 다시 방문하여 체크할 수 있다거나, 연구 종료 후에도 지속적인 관찰을 할 수 있다는 것이다. 단점은 연구 기간 동안 만들어진 관성으로 인해 불필요하게 연구 대상에 접속을 하며 시간을 보낼 수 있다는 점이다. 특히 글쓰기 시작 단계에서는 논문 작성의 두려움으로 인해 그럴 가능성이 농후하다. 연구 기간 동안 대상에 대한 참여자의 정체성을 키워나갔다면, 연구 기간이 종료된 시점에는 인위적으로 대상과 분리하는 과정을 경험하면서 연구자의 시점을 회복하는 것이 좋다. 이는 글쓰기 과정 가운데 참여자와 연구자의 두 정체성 사이에서 계속된 질문과 관점을 던지기 위한 과정 중 하나다.

논문 작성 시 인터넷 민속지학의 연구에서 생길 수 있는 어려움 중 하나는 연구 자료가 너무 많을 수 있다는 것이다. 조영한(Cho, 2007)의 학위 논문의 경우에도 약 13개월의 게시판 참여 관찰, 20여 명의 인터뷰(1인당 2~3번, 각 1시간 30분씩), 그리고 IMF 경제 위기 당시 박찬호 선수를 보도한 신문 및 텔레비전 보도를 사용하였다. 특히 참여 관찰과 인터뷰 자료는 양도 무척 많았을 뿐 아니라 비구조화된 자료여서 그것을 통하여 구체적인 주장과 분류를 하는 것은 쉬운 일이 아니었다. 인터넷 공간의

4 글쓰기에 대한 일반론은 S. B. Howard(1986/1999)의 책을 추천한다.

크기 및 참여 정도와 연구 기간에 따라 자료의 양은 차이가 많이 나겠지만, 충분한 자료를 얻는 것만큼이나 다양하고 많은 자료를 소화하고 해석에 응용하는 것도 큰 과제임을 유념해야 한다.

연구의 주요 대상이 되는 게시판 글과 댓글과 같은 인터넷 공간의 포스팅을 분석하는 방식은 다른 질적 연구 방법과 크게 다르지 않다. 연구 대상에 대한 관찰 및 기록, 그리고 탐색을 통하여 연구 문제를 구체화하는 가운데 연구 문제에 대한 최적의 설명, 해답, 혹은 두꺼운 묘사를 할 수 있는 방식으로 본문을 구성한다. 선행 연구의 기간 동안 관찰한 것을 바탕으로 인터뷰 질문을 준비하고, 또 인터뷰를 거듭하면서 구체적인 질문들과 문제의식을 반영한 비구조화된 질문지는 본문을 구성하는 중요한 자원이 된다. 또한 연구 기간 동안 게시판 글을 파일로 모아 놓은 연구 자료와 매일매일 작성한 필드 노트를 다시 검토하면서 연구 대상 및 연구 문제에 대한 중요한 지점들을 키워드로 작성하고, 키워드들 간에 논리적 연결 및 구성을 해 보는 과정은 글쓰기 과정에 큰 도움이 된다. 이와 같은 과정들은 연구자가 연구 대상에 대한 총체적이고 흐름적인 이해를 반영한 글쓰기 및 논문 작성을 가능케 하고, 연구 대상에 대한 두꺼운 묘사, 상호 주관적 이해, 그리고 상황적 지식을 생산하게 한다. 기존의 텍스트 분석이나 담론분석과는 차별된 분석이 가능하여야 하고, 그 과정에서 연구자가 현지 참여 관찰을 통하여 획득한 전문성, 통찰력, 그리고 주관적 이해가 중요한 역할을 한다.

또한 참여 관찰 외에 다른 질적 연구 방법을 병행함에 따라 자료에 따라 차이가 두드러지게 나올 수 있다. 특히 앞 절에서 언급했듯 참여 관찰과 인터뷰를 통하여 얻은 자료들이 서로 다르거나 때로는 모순된 내용을 증언할 수 있다(Hine, 2000). 연구자는 다양한 경로를 통해 얻은 자료와 자료 간의 차이점을 충분히 숙지하고 연결시키는 과정을 통하여 연구 대상에 대한 다양한 이해를 추구할 필요가 있다. 동시에 연구 문제 및 상황에 따라 두 개의 연구 자료를 동등한 위치에 두지 않고, 참여관찰을 주요 자료로 그리고 인터뷰를 보조 자료로 사용할 수 있다. 다시 말해 꼭 습득한 자료를 모두 활용할 필요는 없는 것이고, 대신 그러한 연구자의 생각과 판단을 논문 속에서 정확히 서술하면 된다. 이와 유사하게, 민속지학이기 때문에 연구 대상의 글쓰기 혹은 발언을 직접 인용해야 한다는 의무감에 대해서도 다시 한 번 생각해 보면 좋다. 과도한 의무감은 때로는 연구자의 주장을 뒷받침하기 위한 인용문을 인위적으로 찾는 결과를 가져오기 때문이다. 인용에 과도한 부담감보다는 연구 대상에 대한 총체적인 이해 및 연구자의 이해와 통찰을 잘 기술하고 설명하는 노력이 더 유효한 글쓰기 전략일 수 있다.

한편, 방법론을 기술할 때 단순히 인터넷 민속지학을 활용하였다고 하지 말고, 정확하고 구체적인 기술을 할 필요가 있다. 다시 말해 관찰, 혹은 참여 관찰만을 하였는지, 그리고 참여와 관찰의 구체적인 의미(예를 들어 모든 제목 혹은 내용을 확인, 하루에 몇 시간에 참여 등)를 서술하는 것이다. 인터뷰를 병행할 경우에는 어떻게 그리고 어떤 기준으로 참가자를 모았으며 각 참여자에게 몇 번의 인터뷰를 그리고 각 인터뷰의 평균 시간은 얼마인지 논문에 기술해야 한다. 이와 같이 구체적인 기술을 요구하는 까닭은 독자에게 연구자가 어떻게 연구를 진행하고 자료를 모았는지를 설명하고 이해시키기 위한 것이다. 구체적인 서술은 인터넷 민속지학이 속성 혹은 유사 민속지학이라는 의혹을 벗어나기 위한 가장 기본적인 노력이다.

마지막으로 인터넷 민속지학의 글쓰기는 해석의 힘에서 나올 수 있음을 강조한다. 반복하여 언급하지만 연구자가 하고자 하는 것은 인터넷 공간에서 다양한 참여자들이 어떠한 참여 및 실천 행위를 하고, 특정 주제에 대한 다양한 담론들을 생성해내고, 그리고 그 과정 속에서 어떻게 개인적이면서 집단적인 정체성을 형성하느냐를 파악하는 것이다. 연구 대상에 대한 이러한 이해는 단순히 특정 단어를 제목으로 한 게시글 수, 주제에 대한 찬반의 빈도를 통하여 파악되는 것이 아니다. 연구자의 통찰력은 현장에서 보낸 시간과 경험, 고민과 질문을 바탕으로 한 전문성에서 얻어지는 것이다. 연구 대상의 신뢰도와 타당도 역시 양적 방법론과는 달리 이론적 대표성에서 기인하는 것이고, 연구자는 자신의 전문성과 통찰력을 바탕으로 연구 대상 및 구체적인 분석 대상이 상징하는 이론적인 대표성을 정확히 서술하고 설명해야 한다.

좋은 연구 대상을 찾은 것만큼이나 글쓰기를 잘 하는 것에도 역시 지름길이나 특별한 비법이란 존재하지 않는다. 연구자의 성찰성, 대상에 대한 충분한 이해, 그리고 두터운 묘사라는 기본적인 목표를 달성하기 위해서 연구자는 쓰고 고치는 작업을 되풀이해야 한다. 가능한 한 번에 많은 양의 본문을 쓰기보다 일정 분량을 쓴 뒤에는 종이로 출력하여 다른 이의 과제물을 평가하는 마음으로 읽어보는 방법은 이러한 목표를 추구하는 데 도움이 될 것이다.

5. 방법론의 가능성과 한계

지금까지 인터넷 민속지학이라는 단어의 선택 및 개념화, 그리고 연구 설계를 단계별로 논의하였다. 언급한 바와 같이 이 장의 설명은 인터넷 공간을 민속지학적으로 연구하기 위한 여러 가능성 가운데 하나의 모델을 제안한 것이므로, 각 연구 문제 및 대상에 따라 상황적인 대처와 변형은 필연적이다. 그런 의미에서 이 책의 다른 질적 연구 방법을 함께 읽고 이해를 높이는 것은 인터넷 민속지학을 효과적으로 수행하기 위한 좋은 접근이 될 것이다.

인터넷 민속지학은 연구 자료 수집이라는 좁은 의미의 방법론과 새로운 질적 연구의 가능성을 모색하는 넓은 의미의 방법론을 함께 논의해야 한다. 지금까지 커뮤니케이션학 논문에서 요구되는 방법론은 연구 대상의 선정 및 자료 수집에 대한 것, 즉 좁은 의미의 방법론이었다(Cho, 2008: 112~113). 연구자들은 좁은 의미의 방법론을 넘어서서 넓은 의미의 방법론으로 인터넷 민속지학의 가능성과 한계를 함께 고민하길 바란다. 커뮤니케이션학에서 넓은 의미의 방법론에 대하여 이희은은 가추법을 제안하면서, 넓은 의미의 연구 방법이란 "도구적 관점이 아니라 연구 주제와 방향에 관한 인식론적 관점을 의미"한다고 주장한다(2011, 76). 이는 단순히 인터넷 공간에 대한 연구 자료를 얻기 위한 수단으로서가 아니라, 인터넷 민속지학이 연구자가 찾고 있는 연구 문제에 대한 가장 적합한 접근법을 제공해 주는지를 질문해 보는 것이다. 즉 자료 습득의 과정뿐 아니라 연구 대상에 대한 두꺼운 묘사, 상호 주관적인 이해, 그리고 상황적 지식을 추구하는 방법론이 되도록 고민하는 것이다. 연구자는 인터넷 민속지학이라는 방법론의 선택과 구체적인 연구 설계를 통하여 커뮤니케이션학에, 인터넷 공간 연구에, 그리고 그 속의 문화의 특질을 탐색하기 위한 방법론으로 인터넷 민속지학이 필요한가에 대한 대답을 찾아가는 것이다. 다수의 연구자가 다수의 연구를 통하여 넓은 의미의 방법론을 고민하고 구체적인 연구 결과를 축적해 나갈 때 인터넷 민속지학 방법론의 학문적 정당성legitimacy을 높이고 넓은 의미의 방법론에 대한 대답도 찾아갈 것이라고 기대한다.

넓은 의미의 방법론에 대한 고민과 성찰은 단순히 연구 설계를 전문화하고 효율적으로 만드는 것을 넘어서서 연구 문제를 확장시키고,

새로운 연구 대상을 모색하게 만든다. 현재의 좁은 의미의 방법론은 연구 대상과 과정을 도식화시켜서 오히려 연구자의 연구 역량 및 상상력을 제한하고, 유사한 연구 결과들을 반복적으로 생산하고, 그 결과 지적 흥미를 떨어뜨리는 데 부분적으로나마 영향을 미쳤다. 아직 정확한 개념이 규정되지 않은, 그리고 새로운 형태의 문화 양식과 실천이 발현하는 공간에 대한 연구인 인터넷 민속지학은 연구자에게 새로운 성찰성 및 상상력을 포함한 연구를 가능하게 할 것이라고 기대한다. 특히 후속 세대 연구자들, 즉 청소년기부터 인터넷을 통하여 세상을 경험하고, 인지하고 또 구성해 가는 경험이 축적되고 내재화된 연구자들이 새로운 방법론을 통하여 논의할 의미 있는 연구의 가능성을 기대해 본다.

참고 문헌

김수아 (2014). "소셜 웹 시대 팬덤 문화의 변화," 〈사이버커뮤니케이션학보〉, 31권 1호, pp.45~94.

김예란 (2012). "디지털 민속지학," 한국언론학회 엮음, 《융합과 통섭: 대중 매체 환경에서의 언론학 연구 방법》, pp.463~480, 나남.

나미수 (2005). "민속지학적 수용자 연구에 대한 비판적 성찰: 국내 연구 사례에 대한 분석과 평가," 〈커뮤니케이션이론〉, 1권 2호, pp.68~105.

노수연 (2006). "문화적 실천으로서 팬덤, 스타 중심에서 쓰기 텍스트writerly로: 〈형사 *duelist*〉와 펜클럽 '형사중독'을 중심으로," 〈영화연구〉, 29호, pp.95~129.

박지영 (2007). "초국가적 미디어 생산물 소비의 즐거움과 전 지구화 시대의 젠더 정치학: 〈위기의 주부들〉 수용자들을 중심으로," 〈미디어, 젠더 & 문화〉, 7호, pp.79~127.

심두보·노광우 (2012). "유투브와 소녀시대 팬덤," 〈한국콘텐츠학회논문지〉, 12권 1호, pp.126~137.

윤택림 (2004). 《문화와 역사 연구를 위한 질적 연구 방법론》. 아르케.
이오현 (2002). "텔레비전 드라마 수용자 연구: 다의성polysemy의 문제를 중심으로," 〈한국언론학보〉, 46권 6호, pp.96~126.
이희은 (2011). "문화연구의 방법론으로서 가추법이 갖는 유용성," 〈한국언론정보학보〉, 54호, pp.76~97.
정수영 (2009). "열성 한류 팬을 통해 본 한류의 의미 및 한일관계 전망: 일본 여성을 중심으로," 〈미디어, 젠더 & 문화〉, 11호, pp.75~122.
정재철 (1997). "민속지학적 수용자 연구의 방법론적 과제와 전망: 문화연구에서의 연구 전통을 중심으로," 〈한국방송학보〉, 9호, pp.103~144.
조영한 (2012). "인터넷과 민속지학적 수용자 연구: 인터넷 에스노그라피의 가능성과 과제," 〈미디어, 젠더 & 문화〉, 21권, pp.103~136.
조영한(2014). "미디어, 셀러브리티 그리고 온라인 민족주의: 2012년 런던 올림픽 중 박태환-쑨양 담론을 중심으로," 〈커뮤니케이션이론〉, 10권 2호, pp.197~241.
주창윤 (2002). "인터넷 수용자의 참여 방식과 문화적 생산: 〈여인천하〉 게시판 분석," 〈한국언론정보학보〉, 19호, pp.265~292.
최아영 · 나종연 (2010). "네트노그라피를 활용한 소비자의 온라인 소비자 커뮤니티 참여 행동 분석," 〈소비자학연구〉, 21권 1호, pp.1~31.
최이숙 · 김수아 (2013). "국내 인터넷 연구는 젠더를 어떻게 다루어왔는가," 〈한국언론정보학보〉, 57권 3호, pp.249~271.
한희정 (2002). "인터넷 게시판 수용자의 드라마 해독 연구: 멜로드라마 〈피아노〉의 사례 분석," 〈한국방송학보〉, 16권 2호, pp.368~398.
허진 · 원충잉 · 류샤오화 (2013). "중국 네티즌들의 반한 정서와 인터넷 민족주의 — 텐야 논단을 중심으로," 〈언론학연구〉, 17권 4호, pp.227~256.
홍주현 · 이창현 (2011). "중국의 인터넷 포털 게시판 댓글의 파동 분석," 〈사이버 커뮤니케이션〉, 28권 2호, pp.99~147.

Baym, N. K. (2000). *Tune in, Log on: Soaps, Fandom, and Online Community.* Thousand Oaks, London, New Delhi: Sage Publications.
Bird, S. E. (2003). *The Audience in Everyday Life: Living in a Media World.* New York: Routledge.
Boellstorff, T., B. Nardi, C. Pearce, & T. L. Taylor (2012). *Ethnography and Virtual*

Worlds: A Handbook of Method. Princeton & Oxford: Princeton University Press.

Cho, Y. (2007). *The Emergence of Individuated Nationalism Among Major League Baseball Fans in South Korea*. Unpublished doctoral dissertation, University of North Carolina, Chapel Hill, NC.

Cho, Y. (2008). "We know where we're going, but we don't know where we are: An Interview with Lawrence Grossberg," *Journal of Communication Inquiry*, 32(2), pp.102~122.

Hine, C. (2000). *Virtual Ethnography*. London, Thousand Oaks, New Delhi: Sage Publications.

Hine, C. (2015). *Ethnography for the Internet: Embedded, Embodied and Everyday*. London: Bloomsbury.

Howard, S. B. (1986). *Writing for Social Scientists: How to Start and Finish Your Thesis, Book, or Article*. [이성용 · 이철우 옮김. 《사회과학자의 글쓰기: 책이나 논문을 쓸 때 어떻게 시작하고 어떻게 끝낼 것인가?》. 일신사. 1999].

Miller, D. & D. Slater (2000). *The Internet: An Ethnographic Approach*. New York: Berg.

Murphy, P. D. & M. M. Kraidy (2002). "Towards an ethnographic approach to global media studies," in P. D. Murphy & M. M. Kraidy (eds.), *Global Media Studies: Ethnographic Perspectives*. London & New York: Routledge. pp.3~20

9장

질적 연구 방법을 활용한 저널리즘 연구

원용진

● 원용진은 서강대학교 신문방송학과를 졸업하고 미국 위스콘신대학교에서 박사 학위를 받았다. 현재 서강대학교 신문방송학과 교수이며, 한국언론정보학회장과 한국영상문화학회장을 지냈다. 책으로는 《새로 쓴 대중문화의 패러다임》, 《텔레비전 비평론》, 《광고 문화 비평》, 《PD 저널리즘》(공저), 《현대 대중문화의 형성》(공저), 《동아시아의 종전기념일》(공저) 등이 있다.

1. 왜 저널리즘 연구인가

이 장은 이질적이다. 다른 장에서 벌인 방법 논의 방식과는 차이가 있다. 특정 방법을 친절하게 설명하는 다른 장과는 달리 이 장은 특정 연구 분야(저널리즘)를 택해 그 안에서 이뤄진 질적 연구 방법을 소개한다.[1] 책 전체를 통해 드라마 연구, 오락 장르 연구를 특화시키지 않으면서도 저널리즘 연구의 연구 방법을 별도로 소개하는 데는 몇 가지 이유가 있다. 첫째, 저널리즘 연구가 다양한 얼굴을 가지고 있어 다양한 방법으로 분석되고 있음을 전달할 수 있다는 점이다. 독립된 장으로 만들 경우 다양한 연구 방법을 일목요연하게 볼 수 있는 장점이 있다는 기대에서 비롯되었다. 둘째, 저널리즘이 갖는 즉시적 사회적 효력 때문이다. 저널리즘은 그가 기반을 둔 정치, 경제적 제도들과 즉각적 연관을 갖고 그 과정

1 특별한 언급이 없는 한 이 장에서 논의하는 '방법'은 질적 방법을 의미한다.

에서 중요 역할을 수행한다. 다른 연구 분야가 지닐 수 없는 현장성, 정치성을 지니므로 그에 맞는 독특한 방법도 강구할 필요가 생긴다. 그런 점에서 보자면 새로운 방법의 생성을 자극하는 분야일 수도 있다.[2]

저널리즘 연구를 특화시켜 독립적 논의를 하고 있지만 정작 연구 현장은 초라한 모습을 연출하고 있다. 예전에 비해서도 그렇고, 타 연구 영역과 비교해도 그렇다. 종이 신문과 텔레비전 뉴스의 사회적 지위가 추락하듯 연구도 민망한 모습을 하고 있다. 새로운 저널리즘이라며 새로운 뉴스 제공 플랫폼이 등장하고 있지만 그 또한 저널리즘 연구라 말하기조차 민망한 '허술한' 정보 더미를 내놓는 데 그친다. 모바일 환경에서 더 쉽게 접할 수 있는 정보를 제공하겠다고 저널리즘 제도들이 나서고 있는 판이니 그러한 경향은 당분간 지속될 것 같다. 저널리즘의 위기는 저널리즘 연구의 위기로까지 이어지고 있는 셈이다. 일각에선 저널리즘이 매체 기술 혁신에 부응해야 하고, 저널리즘 학문 분야도 위기에서 탈출해 혁신할 가능성을 전해 주어야 한다고 주장한다. 하지만 주장이 활발한 연구 분위기로 이어지기까지는 조금 더 기다려야 할 것 같다. 이 장에서 논의하는 다양한 질적 연구 방법이 저널리즘 연구에 긍정적인 영향을 주길 기대한다.

이 장도 다른 장과 마찬가지로 언론학, 커뮤니케이션학, 정보학 전공의 연구자가 종종 마주하게 되는 방법론상의 어려움을 해소해 줄 목적을 갖는다. 특히 저널리즘 연구의 부진이 방법론과 관련된 것일 수도 있다는 가능성을 배제하지 않으려 한다. 물론 더 한 이유가 있긴 하겠지만 적절한 방법을 찾지 못해 저널리즘 연구를 수행치 못했다는 언설을 차

2 이 장에서는 새로운 방법으로 국면분석conjunctual analysis을 간단하게 소개하는 것으로 마무리될 것이다.

단할 목적을 갖고 쓸 예정이다. 저널리즘에 관심을 가지지 않았던 연구자도 다양하게 동원 활용된 방법을 대하고 새롭게 연구에 착수할 의도까지 갖게 된다면 독립된 장을 만든 의도는 제대로 지켜지는 셈이다. 그럴 목적을 지닌 이 장은 크게 세 부분으로 나뉜다. 우선 저널리즘 연구의 외연을 이야기하고자 한다. 외연을 보여 줄 요량으로 저널리즘 연구의 지형, 연구의 하위 분야를 정리하려 한다. 둘째, 저널리즘 연구가 연구 자료(데이터)를 모우고, 분석하는 방법을 정리할 것이다. 자료 수집과 분석에 어떤 방법이 주로 활용되고 있는지, 질적 연구 방법의 사용 정도는 어느 정도인지를 알게 될 것이다. 셋째, 질적 연구 방법을 활용한 저널리즘 연구를 예시하고, 그 구체적 방법을 논의하려 한다. 국내에서 실시된 연구 중 모범이 될 만한 사례를 소개하고, 연구 디자인과 사용된 연구 방법을 정리할 것이다.

2. 저널리즘 연구의 설계

저널리즘 연구 분야는 저널리즘 조직을 연구 가운데 두고 저널리즘의 조건에 대한 연구, 조직, 생산자, 내용 그리고 수용에 관한 연구를 그 주변에 배치하고 있다. 저널리즘을 "특정 사회가 처해 있는 사회 조건(주변 환경)을 정보로 가공해 다양한 매체를 통해 주고 받는 과정에서 벌어지는 각종 실천들의 합"으로 규정할 수 있다. 전통적으로 저널리즘 연구에서는 정보를 가공하는 조직에 대한 관심이 넘쳤다. 조직 내의 노동 과정, 조직 내 언론 노동자의 규범, 조직에 가해지는 각종 (정치적, 경제적) 권력 등이 주요 연구 토픽이었다. 비슷한 비중은 아니었지만 조직이 생산해놓은 저널리즘 내용을 분석하고자 하는 노력도 많았다. 이를 저널리즘 텍스트 분석이라고 부른다. 조직의 성격을 텍스트 분석을 통해서 알아내려는 노력도 있었기 때문에 저널리즘 조직에 대한 분석과 텍스트 분석이 반드시 상호 배타적mutually exclusive이라고만 말하기는 어렵다. 예를 들어, 기사 적기의 변화를 살펴봄으로써 조직 내 '객관성,' '중립성'의 규범이 어떻게 바뀌어 갔는지를 살펴보기도 한다. 저널리즘을 수용하는 대중에 대한 관심도 저널리즘 연구에서는 큰 비중을 차지한다. 저널리즘 내용을 수용자가 어떻게 정보 처리하는지, 어떤 맥락에서 수용하는지, 텍스트의 의미를 어떻게 해석하는지, 수용자의 사회 경제적 배경에 따라 내용은 달리 해석되는지, 내용을 해석하는 과정에서 타인으로부터 어떤 영향을 받는지 등등을 연구한다.

크게 저널리즘 조직 혹은 생산자 연구, 텍스트 연구, 그리고 수용자 연구로 저널리즘 연구 분야를 대별할 수 있겠다. 앞서 언급했지만 이 분야들은 상호 배타적이진 않다. 마찬가지로 이 연구들의 합이 저널리즘 연구의 전부는 아니다. 위에 소개한 분야 외에도 저널리즘의 정치경제학 연구, 국면분석 등이 있다. 정치경제학은 저널리즘 생산 행위나 텍스트를 좌우하는 가장 큰 변인으로 정치경제학적 조건으로 설정한다. 즉 누가 저널리즘이 작동하는 데 가장 큰돈을 대고 있으며, 그 돈을 대는 손은 (국가 권력이나 정부와 같은) 정치와는 어떤 관계를 맺고 있는지, 그리고 그것들이 자아내는 사회적 효력은 무엇인지를 점검하는 일이다. 이른바 저널리즘 생산의 조건에 대한 연구다. 이 또한 조직에 관한 연구라고 볼 수도 있으나 그보다는 더 거시적인 형태의 연구 분야로 파악할 수 있다. 국면분석은 연구 대상인 특정 사회가 맞이한 특정 시기(예를 들면, 2004년 대통령 탄핵 국면, 2008년 광우병 반대 시위 국면)에 저널리즘이 시민 사회, 국가, 경제계 등과 관련해서 도대체 어떤 역할을 했고, 어떤 방식으로 여론을 만들어 갔는지를 살펴보는 작업이다. 이 작업은 저널리즘 연구이긴 하지만 정치 분석, 사회 분석으로도 간주될 수 있다.

저널리즘에 관심이 있는 연구자는 이상의 지형도를 염두에 두고 보다 심층적으로 자신의 연구 문제(영역)를 정한다. 예를 들어 저널리즘의 노동 과정에 관심을 둔 연구자가 있다고 하자. 연구자는 자신의 연구를 더 구체화(혹은 심화)시켜 '디지털 취재 기기의 도입 이후 기자의 노동이 어떻게 바뀌었는지' 질문을 할 수 있다. 이제 저널리스트 자신이 사진을 찍거나 구하고, 편집도 해야 할 정도로 기기 사용 난이도가 떨어졌다. 저널리스트의 노동 강도는 더 높아졌을 수도 있고, 과거 사진 기자(혹은 카메라 기자), 편집 기자라는 직책이 사라졌을 수도 있다. 과연 디지털 기기가 저널리즘 작업 과정에 들어오면서 조직에 어떤 변화가 생겼는지 살펴보자며 연구 문제를 던질 수 있다. 그 경우 "디지털 기기의 저널리즘 조직 내 도입은 노동 과정에 어떤 변화를 초래하는가"라는 추상적인 연구 문제를 도출한다. 이후 "디지털 기기의 도입과 편집 기자의 노동 변화," "디지털 기기의 도입과 취재 기자와 편집 기자의 역할 분담 재조정" 등과 같은 구체적 질문을 제기할 수 있다.

사실 연구 주제와 연구 방법은 한데 얽힌 사건이다. 만약 연구 방법에 대해 해박한 지식을 지니고 있지 않다면 연구 주제, 그리고 그에 맞춘 연구 문제는 제한된다. 어떻게 연구 문제를 해결해 답을 낼지에 대한 그림을 미리 지니고 있어야 좋은 연구 문제를 제안할 수 있다는 말이다. 그런 면에서 연구 방법 논의는 연구 주제나 연구 문제 다음에 오는 것이긴 하지만 앞뒤를 말할 수 없을 만큼 서로를 구속한다. 다시 말해 좋은 연구 문제나 연구 주제는 방법에 대해 깊은 이해가 있을 때 도출될 수 있다는 말이다. 앞서 예로 들었던 저널리스트의 노동 과정에 관한 연구는 기본적으로 저널리스트의 노동 과정 근처에 접근해야 답이 가능해진다. 과연 접근해서 어떻게 데이터를 모을 것인지, 그리고 데이터를 모으기 위해 저널리스트를 찾아가는 일이 어떻게 가능할 것인지에 대한 사전 지식이 충분해야 답을 구할 수 있다. 연구 방법에 대한 지식에 한계가 있으면 연구가 위축될 수밖에 없다. 마치 체스의 고수가 여러 다른 상황에서 다양한 수를 발휘해 공격을 하거나 수비를 하듯 다양하게 수(즉 방법)를 쓸 수 있도록 준비를 해 두어야 한다.

연구 문제가 정해지고 나면 연구 대상에 접근하여 그로부터 데이터를 수집할 준비를 해야 한다. 그리고 수집된 데이터를 분석하면 어느 정도 질문한 연구 문제에 대한 답을 얻게 된다. 적절한 데이터를 수집해야 하고, 수집된 데이터를 분석하기 위해서는 그에 맞는 방법을 동원해야 한다. 대체로 연구 방법이라 함은 수집과 분석을 위한 방법을 의미한다. 전통적으로 저널리즘 연구를 위한 데이터(분석 자료)는 ① 저널리즘 기사, ② 연구 대상과 함께한 인터뷰(개별 인터뷰, 집단 인터뷰), ③ 저널리즘 노동 과정(혹은 수용자의 수용 과정)의 관찰을 기반으로 한 기록, ④ 역사적 기록, ⑤ 영상 자료(사진, 필름, 비디오), ⑥ 저널리스트의 전기 혹은 수기 등이 된다. 이 데이터를 모우기 위해서 연구자는 자료가 있는 아카이브를 이용하거나 자료를 만들 수 있는 저널리즘 생산 현장, 수용 현장 그리고 증언을 할 수 있는 인물을 방문하게 된다(이상의 데이터 수집 방법은 앞선 장에서 자세히 설명하고 있으므로 참고하기 바란다).

수집 방법에 의해 데이터가 수집되면 그를 분석하는 방법을 동원해야 한다. 데이터 수집 방법이 활용된 이후 데이터 분석 방법이 뒤따라야 하는 법이다. 데이터 분석을 위한 방법에는 ① 역사 분석, ② 담론분석, ③ 기호학적 분석, ④ 서사(이데올로기) 분석, ⑤ 근거 이론 분석, ⑥ 민속지학적 분석, ⑦ 국면분석 등이 있다. 물론 이 같은 분석 방법들도 상호 배타적이진 않다. 그리고 한 연구에 한 분석 방법만을 동원하지도 않는다. 또한 자료 수집 방법과 분석 방법 간 유효한 짝이 존재하지도 않는다. 예를 들어 저널리즘 수용과 관련해서는 참여 관찰, 역사적 증언, 개인 일기, 심층 인터뷰 등으로 자료 수집이 가능하고, 그에 기반을 둔 담론분석, 민속지학적 분석, 역사 분석, 근거 이론 분석도 가능해진다. 다양한 분석 방법이 동시에 활용되기도 한다. 그런 점에서 분석 방법 간 경계는 느슨할 수밖에 없다.

위에서 언급한 자료 수집 과정에서 지켜야 할 사항이 있고, 분석 과정에서도 유의해야 할 일들이 있다. 그리고 특별히 연구에서 언급한 이론과의 연관성에서 반드시 챙겨야 할 이론도 등장하기도 한다. 그처럼 연구 방법의 종류를 논의하고, 수집이나 분석 과정에서 지켜야 할 유의점을 정리하고, 분석 후 해석하는 과정에서 이론과 어떤 연관성을 가져야 하는지 등을 논의하는 일을 두고 방법론이라고 할 수 있다. 방법론은 연구 방법에 대한 언급들의 집합체entity라고 할 수 있다. 저널리즘 연구 방법론은 저널리즘 연구 설계 과정에 포함되는 수집, 분석 방법 그리고 그 결과물의 해석에 이르기까지의 과정에 대한 언급이라 규정할 수 있다. 앞서 말한 바와 같이 연구 문제가 연구 방법과 관련되어 있는 것이라면 연구 방법론 (수업) 혹은 논의는 연구 설계 전체를 포함해야 한다(대학원에서 연구 방법론이 필수 과목이어야 하는 이유는 충분한 셈이다).

저널리즘 연구에서 질적 연구 방법을 적극 활용해야 할 특별한 이유가 있는가. 나중 언급하겠지만 저널리즘 전체 연구에서 질적 연구 방법을 사용한 연구의 비율은 초라할 정도로 낮다. 그럼에도 불구하고 질적 연구 방법이 언급될 뿐 아니라 적극 활용되어야 할 분명한 이유가 있는가. 먼저 양적 방법과 질적 연구를 단순히 연구 방법의 차이로만 사고해서는 안 된다. 양적 방법으로는 구해지지 않는 가치들이 분명 존재한다. 연구자가 연구 대상과의 간극을 좁히고자 할 때(탈가치 중립), 연구 대상들에 힘을 보태어 그들의 목소리를 더 드러나도록 해야 할 때(권능화

표 1 저널리즘 연구의 대상과 질적 연구 방법 일괄표

연구 대상	자료 수집 방법	수집 자료 분석 방법
저널리즘 규범, 저널리즘 조직, 조직 내부의 노동 과정, 조직에 대한 정치권력-자본의 개입, 기사(서사, 프레임, 이데올로기), 수용자의 정보 추구 행위, 해독 과정, 정치경제학적 조건, 특정 국면	문헌 수집, 개별 인터뷰, 집단 인터뷰, 참여 관찰, 역사적 사료 수집, 저널리즘 기사 수집	역사 분석, 담론분석, 기호학적 분석, 서사 분석, 근거 이론 분석, 민속지학적 분석, 국면 분석

empowering), 숫자로는 결코 드러날 수 없는 목소리나 현상들(친소수화)을 드러내고자 할 때, 인간의 목소리나 행위가 (숫자로) 계량화되는 것에 대한 저항(탈계량화), 그 현상이 벌어지는 맥락을 제거하지 말아야 한다는 생각을 굳건히 할 때(맥락화) 질적 연구 방법은 필수적 방법이 된다. 그런 점에서 질적 연구를 한다는 것은 하나의 방법을 택한 사건이라기보다는 다른 가치를 찾고자 하는 사건이 된다. (계량적 방법이 동원된) 타 연구 결과에 도전하는 정치적 사건이 될 수도 있다. 방법의 선택은 방법들 가운데서 선택해내는 일이라기보다는 세상을 바라보는 시각의 선택이기도 한 셈이다. 지식을 대하고, 그를 구하며, 그에 가치를 부여하는 언급을 인식론epistemology이라고 부른다. 방법론은 인식론과 분리된 것이 아니라 묶여 있는 것이다. 특정 시각, 패러다임, 이론과 배짱이 맞는 방법은 따로 있는 법이다(예를 들어 문화연구가 주로 채택하는 방법이 일관되게 기호학적 분석, 담론 분석, 민속지학적 분석인 것은 '인식론 – 방법론' 연관성과 무관하지 않다).

3. 한국의 저널리즘 연구 경향

저널리즘 연구 지형에 맞춰 한국에서 벌어지고 있는 저널리즘 연구 경향을 점검해 보자. 경향 점검을 통해 소홀했던 부분을 찾아봄으로써 균형성을 맞추고 새로운 영역을 개척해 볼 수도 있다. 경향성을 보기 위해 지난 2010년 5월 이후부터 2015년 5월 현재까지 5년간 〈한국언론학보〉, 〈한국언론정보학보〉, 〈한국방송학보〉, 〈언론과 사회〉, 〈언론과학연구〉 등 5개 주요 학술지에 게재된 저널리즘 관련 논문 298편을 분석해 보았다.[3]

과거 높은 비율을 차지하던 저널리즘 규범에 대한 논의는 점차 줄고 있었다. 객관성, 공정성, 진실성 등에 대한 논의는 현대 인식론이 형이상학을 부정하고 나선 탓에 예전 같은 인기를 구가하지 못하였다. 저널리즘이 실제를 드러낼 수 있다는 믿음인 사실주의realism 기반의 논의는 적었다. 대신 저널리즘이 현실을 구성해 전달한다는 현실 구성construction of reality 논의로 쏠리고 있었다. 현실 구성 논의는 저널리즘 담론이 실제와 동등하기란 불가능하고, 대신 사회적 현실을 구성해서 사회 내 순환시킨다는 주장을 편다. 저널리즘 연구는 저널리즘이 어떻게 현실을 구성하는지, 구성된 현실이 어떻게 순환되는지, 수용자들은 구성된 현실을 어떻게 받아들이는지, 그 현실 구성 과정에 어떤 요소들이 영향을 미치게 되는지를 살펴보는 데 수력한다. 연구 방법과 상관없이 연구자들은 저널리즘이 현실을 구성한다는 인식에는 대체로 동의하고 있는 셈이다.

이들 가운데 203편이 양적 연구, 즉 실증주의 방법을 채택한 논문

3 본격적인 메타 분석 연구가 아니어서 경향성을 파악하는 데 그쳤다. 필자의 소속학과에서 저널리즘 연구 박사 과정을 밟고 있는 박영흠이 이 부분에 큰 도움을 주었다.

이었다. 반면 95편이 넓은 의미에서 질적 연구 방법을 택하고 있었다.[4] 양적 연구의 대다수는 내용 분석, 설문 조사, 실험 연구 세 가지 방법 가운데 하나를 택하고 있었다. 물론 분석을 위한 데이터 수집은 저널리즘 내용, 인터뷰, 행위 등을 숫자로 계량화하여 모우는 방법을 택하였다. 저널리즘 자체가 감각적으로 경험 가능한 결과물(뉴스)을 전제로 한 행위라는 점을 감안하고 보더라도, 실증주의적 접근의 연구와 질적 방식의 연구 간 격차는 그 규모 면에서 놀라울 정도였다.

95편의 질적 연구 면면을 더 자세히 들여다보았다. 양적 연구로의 편식이 두드러진 가운데 상대적으로 소수인 질적 연구도 몇 개의 연구 방법 쏠림 현상을 보이고 있었다. 질적 연구 가운데 가장 많이 활용된 연구 방법은 심층 인터뷰였다. 대부분 저널리즘 생산·노동 과정이나 생산자 집단 내부의 인식 및 문화에 대한 연구의 방법으로 활용되고 있었다. 심층 인터뷰 외에 포커스 그룹 토론, 참여 관찰 등이 생산 과정과 조직을 탐구하는 데 활용되었다.[5] 이 밖에도 수용자에 대한 심층 인터뷰도 있어 심층 인터뷰가 질적 연구의 3분의 1을 차지하는 주요 자료 수집 방법으로 선택되고 있었다. 질적 연구 가운데 상당한 비중을 차지하는 또 하나의 축은 과거의 사실을 발굴 또는 정리하거나 현재의 문제를 통시적 관점에서 분석하는 역사적 연구 방법을 채택한 논문들이다. 이 밖에

4 여기서는 최근 저널리즘 개념의 외연이 유동하거나 크게 확장되고 있음을 고려하였다. 저널리즘 연구의 경계를 신문과 방송 뉴스 등 전통적 의미의 저널리즘에 대한 연구로 한정짓지 않았다. 팟캐스트, 인터넷 포털 뉴스, PD 저널리즘에 의한 시사 프로그램, 소셜 미디어를 통한 저널리즘적 실천 등 광범위한 형태의 시사 프로그램과 서비스 및 그와 관련된 실천에 대한 연구를 모두 포괄하였다.

5 설문 조사나 내용 분석 등 양적 방법과 심층 인터뷰 등 질적 방법을 결합한 연구도 적지 않았다.

담론분석도 몇 차례 시도된 바 있다(담론분석 방법의 활용이 의외로 적었다).

물론 분석 대상 시기 이전인 2000년대 초반에는 기호학적 분석을 통해 뉴스의 이데올로기성을 점검하는 논문도 많았다. 텔레비전 뉴스 서사를 분석해 저널리즘 내용이 보수성을 띠거나 체제 안정을 꾀한다는 결론을 내린 연구들도 있었다. (비판적) 담론분석을 통해 뉴스의 프레임을 찾아내고, 프레임에 기반을 둔 프레이밍이 저널리즘 조직의 이념 방향에 맞춰 특정 해석을 끌어낸다는 연구도 행해졌다. 민속지학적 방법으로 수용자가 특정 뉴스를 해석하는 방식을 드러내는 작업도 있었다. 전체적으로 다양성을 띤 것으로 보였으나 그 양에 있어서는 특정 방법에 경도되어 있었다. 그리고 질적 연구 방법이 채택된 특별한 이유를 밝히지 않아 앞서 지적한 바와 같은 인식론과의 연관 속에서 질적 연구 방법이 갖는 의미를 전하지는 않았다. 그런 점에서 아직은 관찰 대상과 경험적 근거의 확보를 위한 방법으로 질적 연구 방법을 이해하는 것처럼 보여서 실증주의적 연구 방법을 택한 연구와 크게 다를 바가 없다. 양적인 데이터이든 질적인 데이터이든 감각적으로 경험 가능한 데이터가 없으면 과학성을 결여한 것으로 간주하는 인식론은 여전하지 않나 하는 의구심을 보낼 수밖에 없었다. 질적인 저널리즘 연구 역시 '눈으로 볼 수 있는 것'만을 연구의 대상과 근거로 삼는 '경험주의적 패러다임'에 경도되어 있다는 혐의였다. 학술 커뮤니티 내에서 지속적으로 평가를 받고 '비과학적'이라는 의혹의 시선으로부터 스스로를 정당화하는 과정에서 학계 내부의 지배적 지위를 점하는 양적 연구의 경험주의를 자연스럽게 내면화한 것은 아니었을까.

4. 질적 연구 방법을 사용한 구체적 연구 사례

국내 언론 관련 학술지에 실린 저널리즘 논문 중 질적 연구 방법을 채택한 논문을 선정하여 각 연구 방법을 선택한 논문을 다시 추려 보았다. 각 연구 방법을 설명하는 데 도움이 될 논문으로 보이는 것을 뽑았다.

1) 역사 분석

유선영 (1995), "객관주의 100년의 형식화 과정," 〈언론과 사회〉, 제10호, pp.86~128.

언론학에서는 언론의 역사를 연구하는 분야를 '언론사言論史'라 불러왔다. 이 분야에서는 주로 근대의 신문이나 잡지, 조선 시대의 상소, 사간헌, 소통에 주목하였다. 연구 대상과 관련된 역사적 사실을 밝히는 데 주력했고, 알려지지 않은 언론 사건을 찾아내는 데 관심을 기울였다. 이후 '미디어 사회문화사'라는 이름하에 새롭게 미디어 역사를 연구하려는 실천이 등장하게 된다. '미디어 사회문화사'는 언론 현상을 더 넓게 규정하려 했다. 1차 사료 등 역사적 팩트를 찾아내는 것에 주력하기보다는 그것이 갖는 의미, 그런 사실이 발생하게 된 권력 관계를 찾아내는 데 더 힘을 썼다. 미디어 사회문화사 연구자임을 자처하는 유선영은 이 논문에서 서양에서 개발한 객관주의라는 저널리즘 실천을 한국 언론이 어떻게 받아들였고, 시간의 흐름에 따라 그것을 어떤 식으로 변형시켜갔는지를 살피고 있다. 저널리즘 영역에서 당연한 규범으로 받아들인 객관주의가 외래종이면서도 이후 변형 구성되어 한국화되는 과정을 지닌 개념임을 밝히고 있다.

객관주의는 언론이 현실 세계를 정확히 반영할 수 있다고 믿는다. 객관주의는 반드시 언론이 달성해야 할 목표로 설정되기도 한다. 물론 저널리즘 조직은 그 목표를 달성하기 위한 객관주의 실행 준칙을 제공한다. 주체와 대상을 분리해 세계를 객관적으로 볼 수 있다는 전제를 긍정한다. 시각적 관찰에 의해 객관주의는 달성될 수 있을 거라 믿으며 잘 관찰하라는 지침도 내린다. 재현 체계(글쓰기, 말하기, 영상 제작)를 적절히 사용함으로써 현실을 반영할 수 있다고 믿는다. 가치를 배제한 저널리즘 실천이 가능하다고 믿는다. 중립성 균형성, 공정성 등 합리적 형식성을 통해 객관주의는 달성될 수 있다고 확신한다. 이 같은 믿음과 전제를 기반으로 한 객관주의는 저널리즘 조직의 편의, 즉 전문화, 조직의 효율성, 분업, 통제의 용이성을 반영한 것이다.

연구자는 한국 저널리즘에 객관주의가 도입되어 한국식으로 파생되는 과정을 살피기 위해 한국 언론사 논의, 당시 저널리즘을 둘러싸고 벌어졌던 객관주의 규범, 관행 논의를 기반으로 해 100년사를 재구성한다. 최초의 근대 신문인 〈한성순보〉 이후 구한말 개화파와 신문은 사실 지향성을 통해 해외 문물을 알리고 그를 통해 구국강병으로 이끌고자 했다. 일제하에서는 가치의 배제를 보도 관행으로 확립시키려했다. 해방 이후 가치의 배제가 어렵게 되고 1960년대 이후 가치의 배제를 불편부당성을 표방하면서 공식화시켰다. 중립적 언어의 사용이나 보도의 형식주의, 즉 객관주의의 기술적 요소들을 채택 발전시켰다. 역사로 살펴보면 객관주의는 특정 시점의 지배적 계층 혹은 관련 당사자들의 위기의식과 결부되어 있었다. 객관주의는 지배층의 현실 타개 전략이었다는 것이다. 신문 기업의 이윤 추구 동기, 기자들의 직업주의 대두와 사사화, 독자들이 상업적 욕구와 이데올로기적 보수성, 정치 세력의 신문에 대한 기대가 객관주의를 구성해간 주요 요인이었다.

2) 민속지학적 방법 1

이오현 (2005), "텔레비전 다큐멘터리 프로그램의 생산 과정에 대한 민속지학적 연구: KBS 〈인물현대사〉의 인물 선정 과정을 중심으로," 〈언론과 사회〉, 13권 2호, pp.117~156.

매체 생산 과정에 개입하는 권력과 그 권력들 사이의 상호작용을 살펴보는 논문이다. 먼저 매체 생산과 관계된 연구를 크게 세 가지 전통을 지닌다고 파악한다. 미디어 정치경제학, 문화 생산 이론, 그리고 관행이론이 그것이다. 첫째 전통은 매체 생산의 객관적 조건을 분석하며 매체 생산을 설명해낸다. 두 번째 전통은 사회 구조적 맥락과 조직적 맥락을 동시에 고려하며 생산 과정에 작동하는 실천이나 전략을 밝히려 한다. 세 번째 전통에서는 매체 생산 과정상의 조직적, 직업적 관행들이 어떻게 매체 생산자의 생산 활동을 제한하는지를 밝히고 있다. 최근의 연구 경향은 이 세 전통을 모두 감안하고 있다고 한다. 즉 매체 생산을 사회 구조적 조건, 조직적 조건과 다양한 생산 참여자들 사이의 복합적 갈등과 타협을 통해 이뤄지는 역동적 과정이라 규정한다.

이 생산 과정의 복합성이 다큐멘터리 제작에서 어떻게 드러나는지 보기 위해 민속지학적 방법을 택한다. 우선 KBS의 〈인물현대사〉 제작팀(부장, 차장, PD, 구성 작가, 영상 자료 전문가, FD, 자료 조사자)을 관찰 대상으로 삼았고, 배우는 학생의 자세로 완전 관찰자의 입장을 견지하며 그들 간의 상호 관계를 파악하고자 했다. 그들 간 상호 관계는 대부분 관찰 기록되었고, 이후 PD 8명을 개별 인터뷰하였다. 인터뷰를 통해 개인사, 참여 과정, 제작 과정, 제작진이 느끼는 문제점, 조직 문화, 공영 방송으로서의 위상과 문제점 등을 질문하였다. 관찰하고 인터뷰한 내용은 자료 정리, 범주/유형 만들기, 코딩하기, 해석 점검하기, 대안적 해석 찾기, 보고서 작성의 순을 거쳤다.

연구자는 다큐멘터리 주인공을 정하는 데 개입할 수 있는 요인을 먼저 유형화하였다. 원래의 기획 의도, 제작자 개인의 성향, 부장과 차장의 개입, 구성 작가의 의견, 방송사 내외부로부터의 비판적 시선, 프로그램의 장르적 특성, 제작상(근거 화면 유무 등)의 어려움을 유형으로 정했다. 그리고 구체적으로 그에 대해 PD들이 어떻게 느끼고 있는지를 분석해냈다. 결국 이론에 정한 바와 같이 방송사 내외 부에서 작동할 변인을 찾아내고 그 변인들이 어떻게 교차 작동하는지를 점검한 것이다. 민속지학적 연구는 이처럼 자료를 모으는 과정, 그리고 분석하는 과정 모두를 포함하는 개념으로 이해해야 한다. 연구자는 〈인물현대사〉의 인물 선정은 프로그램 기획 의도의 느슨한 한계하에 PD가 자신의 성향 체계를 바탕으로 부장, 차장, 구성 작가, 자문위원 등과의 상호작용과 프로그램에 비판적인 내외부 시선, 시청자의 흥미 및 이해, 영상 자료의 확보 가능성, 제작 기간, 방영 시기 등의 고려를 통한 결정으로 이뤄진다는 결론을 내렸다. 그러나 구체적으로 어떤 강도로 이 같은 변인들이 상호작용하는지에 대한 언급은 없었다.

이 같은 결론은 매체 생산 과정에서 지배 집단이나 정치권력 이해가 단순하게 다 반영되는 것은 아니라는 함의로 이어졌다. 매체 생산자들은 주어진 구조에 순응하여 수동적으로 프로그램을 생산해내는 존재는 아니었다. 제작은 사회적, 조직적 한계에 의해 제한되면서도 자신들의 성향 체계를 기반으로 한 의미를 프로그램에 담고 이를 공중에게 전달하고자 노력을 기울인다고 결론 내린다. 이러한 제작자의 행위는 그들에게 자율성을 부여하려는 조직적 환경에서 기인한 바가 크지만 이를 적극적으로 활용하려는 제작진의 능동적 실천으로 일어난 일이란 점도 주목해야 한다고 연구자는 주장한다.

3) 민속지학적 방법 2

연정모, 김영찬 (2008), "텔레비전 연예정보 프로그램의 생산자 문화에 대한 민속학적 연구," 〈한국방송학보〉, 22권 2호, pp.82~122.

미디어 생산 과정에서 생산자들은 사회적 관계를 맺는데, 이는 현장 내 관료적 위계, 테크놀로지, 제작 관행 (전통), 외부의 조건 등으로 인해 발생하는 관계다. 이 같은 생산 과정 내에서의 사회적 관계는 생산 과정에 군림하는 자본, 정치권력의 입장을 담을 개연성이 크다. 그러므로 이 지점에 주목하는 일은 그 권력의 지속성을 살펴보는 일일뿐 아니라 그를 깰 전략을 모색하는 일일 수도 있다. 연구를 위해 먼저 KBS의 〈연예가중계〉 프로그램에 참여하는 직업군별로 자신들의 작업에 부여하는 의미를 민속지학적 방법을 통해 수집, 분석하였다.

직업군으로 정규직 PD, 작가, FD 및 VJ으로 나누어 관찰하고 인터뷰하였다. 관찰 수집된 자료를 분석하여 직업군별로 프로그램에 부여하는 의미가 서로 다름을 찾아냈다. 이들은 능동적으로 자신들이 처해 있는 환경에 응전하는 방식을 지니고 있었다. 그런 점에서 방어적이면서 능동적이라 할 수 있다. 그러나 각자가 처한 환경에서 직업군별로 보이는 능동성은 서로 협업적이거나 조직화되지 않아 권력이 지속적으로 작동할 수밖에 없는 환경을 재생산해낸다. 결국 이 세 직군의 생산자들은 그 경험적인 관계 속에서 대응하는 동시에 자신으로 하여금 대응을 할 수밖에 없게끔 만드는 조건을 스스로 은폐하게 된다. 마치 술래잡기에 참여한 술래가 술래잡기가 시작되는 순간, 술래잡기를 하는 이유와 규칙에 대해 의문을 제기하지 않는 것처럼 그들의 합리적인 대응 자체가 대응을 상대적으로 만드는 조건을 은폐한다. 그로써 그들이 겪는 불합리한 처우를 자본주의적 착취와 무관한 것으로 받아들인다. 대신 그들에겐 자신을 닦달하는, 인성적으로 문제가 있는 관리적 PD나, 일선 PD, 선배 작가 등 개인이 존재할 뿐이다.

민속지학 연구는 문화(혹은 작업) 공유 집단culture sharing groups을 대상으로 한 연구에 활용될 수 있다고 전제한다. 이질적인 집단에 적용하는 것이 아니라 서로 공유하는 바가 많은 구성원들을 관찰하는 일에 적합하다고 본다. 그 집단이 지닌 가치, 행동, 신념, 언어의 공유 현상 그리고 패턴을 기술하고 해석하는 일이 곧 민속지학적 연구다. 집단에 대한 장기간 관찰을 할 때는 몰입된 형태로 하고(emic), 분석 과정에서는 외부자적(etic) 시선을 갖는 일이 필요하다. 관찰하고 수집하는 과정과 해석하는 과정에서 이론이 중요한 길잡이 역할을 한다. 이론에 기반을 둔 문화 공유 집단의 패턴을 찾는 과정인 셈이다. 과연 그러한 패턴을 어떻게 해서 습득하게 되는지, 단 이해하는 과정으로 이끌어지는지에 대한 이해로 이어져야 한다. 관찰되기 어려운 집단을 찾고, 그들의 목소리를 사회에 드러내고 실제로 그들이 불평등이나 지배 구조에 어떻게 저항하는지를 찾아내는데 민속지학 연구는 적절한 방법이다.

4) 서사 분석법

홍경수 (2009), “뉴스의 탈현실의 수사학 연구: KBS 9시 뉴스 헬기 보도의 서사 및 이데올로기 분석을 중심으로,” 〈방송학보〉, 23권 5호, pp.418～457.

연구자는 뉴스가 전형성을 띤다는 언급으로부터 연구를 시작한다. 전형성의 대표적 예인 헬기 보도를 연구 대상으로 택한다. 헬기 보도를 일종의 돌연변이로 파악하고 그 서사를 분석하고 그로부터 두드러지는 이데올로기를 찾고자 했다. 헬기 보도가 어떤 서사를 가지고 있으며 어떤 이데올로기적 작용을 하는지 그리고 시청자에게 무엇을 의미하는지를 분석하였다.

논문은 우선 헬기 보도의 서사를 분석하였다. 2008년 1년 동안 KBS 〈9시 뉴스〉에 방송된 스케치성 헬기 보도 전체를 연구 대상으로 삼았다. KBS 방송 콘텐츠 통합 시스템 홈페이지에서 검색하여 총 12편을 골라냈다. 구체적으로는 뉴스의 큐시트, 리포트 기사 원문, VOD 영상을 분석 자료로 활용했다. 서사를 이야기story와 담화discourse로 나누고 이야기 분석을 위해 구조주의에서의 신화 분석 틀을 활용했고 통합체, 계열체 분석을 먼저 행했다.

통합체 분석 헬기 보도는 날씨와 절기 그리고 기념일을 주 소재로 삼고 있었다. 그런 관계로 사건을 다루는 대신 스케치하는 보도가 대부분이었다. 풍경 자체를 뉴스로 삼고 있었다. 뉴스의 전형인 6하 원칙도 여기선 지켜지지 않고 있었다. 기사의 이야기 전개는 기승전결의 구조를 띠고 있었다. 앵커의 리드 멘트 → VCR 영상의 초반부 → 장소의 스케치, 감정이입 대상을 설명 → 클로징 멘트로 이어졌다. 이를 방송 현장을 중심으로 엮어 보면 현실(스튜디오) → 탈현실(헬기로 보는 자연, 인파) → 근접 현실(서울로 돌아오는 길)의 이야기 구조를 지녔다. 이 같은 통합체적 구조는 토도로프가 제안한 대중문화물의 서사 구조인 '안정-불안정-안정'의 단계와 흡사하다. 헬기에서 보여 주는 탈현실은 주관적 표현으로 넘쳐나 탈저널리즘적으로 보인다. 피사체의 심정을 헬기에서 추측하여 전달하는 일까지 마다하지 않고 있다(예: 아무리 길이 막혀 고생스러워도 귀성객들은 고향 가는 기쁨으로 감내하고 있습니다).

계열체 분석 에피소드의 등장인물이 누구이며 인물들 간의 관계는 어떻게 되는지를 정리하는 분석이다. 먼저 이야기를 구성하는 주요 요소를 찾고 그들의 관계를 밝혔다. 연구자는 뉴스 속에 나타나는 구체적 이항 대립binary opposition을 찾고 그 이항 대립이 추상적 수준에서 어떤 이항 대립으로 바뀌는지 살펴보았다. 귀성객 : 고향 사람, 어린이 : 어른, 농민 : 성묘객 등의 이항 대립을 보도문이 담고 있었는데, 이를 다시 추상화시키면 '일상 : 여가'로 요약될 수 있었다. 고향에 남은 자, 농민, 자연의 고향에 거주하는 자들은 노동(일상)하고, 도시민들은 여가를 맞거나 즐기는 존재로 뉴스는 정리하고 있었다. 또 하나의 이항 대립은 일상(노동) : 의례였다. 명절 때는 일상과 노동보다는 의례가 더 소중한 것으로 여겨진다. 이 같은 이항 대립으로 일상이나 노동은 의례보다 낮은 차원이며 여가와는 다른 차원으로 읽힌다. 노동과 일상은 헬기 보도를 통한 스케치로 그 가치를 빼앗기고 있었다.

담화discourse 분석 이는 스토리를 이어가는 형식을 분석하는 일이다. 먼저 연구자는 헬기 보도가 전지적 시점으로 이야기를 이끈다고 말한다. 전지적 시점은 활유법과 의인법과 같은 수사학으로 이끌고 감성 저널리즘의 형태를 띠게 한다. 헬기 보도의 부감 기법으로 인해 전지적 시점은 자연스레 형성되고 이에 편승하여 저널리스트는 감성적 멘트를 쏟아낸다. 내려다보이는 대상(군중, 사물)은 유아화(왜소화)된다. 헬기 보도에 어린이가 자주 등장하고 내용엔 동화적이고 어린이 수준에 맞는 단어들이 사용되는 데는 이런 유아화 기능이 작동하는 탓이다. 대상이 유아화되면서 대상에 가해지는 언어에도 유아어 사용이 빈번해져 뉴스가 미담화된다. 그로써 뉴스는 탈현실화된다. 이야기가 전개되는 방식에 끼어드는 이상과 같은 담화 외에도 영상 테크닉도 담화로 작용한다. 그러나 몇 가지 이유에서 이 논문에서는 영상 담화 분석을 행하진 않았다. 헬기 보도에서 영상은 늘 멀리서 잡는 그림이 대부분이고, 그럼

표 2 헬기 보도의 서사와 이데올로기

추상	이데올로기: 안정화, 탈맥락화, 서울 중심, 전원주의			
↑	이야기		담화	
	통합체	계열체	언술	영상
구체	스케치, 현실-탈현실- 근접 현실	일상(노동) : 여가 일상(노동) : 의례	전지적 시점 대상의 유아화	분석 생략 (스케치)

으로써 영상은 서사적 연결성보다는 그냥 보여 주는 삽화와 같은 역할을 하고 있었기 때문이다. 예를 들면 농부의 얼굴 운운하지만 헬기에서 그 얼굴을 포착하는 일은 불가능하다.

이데올로기 분석 통합체, 계열체, 그리고 담화 분석을 통해 얻은 결과를 이데올로기적 내용으로 구성해낸다. 헬기 보도는 이야기(통합체 + 계열체)와 담화(언술 + 영상)를 통해 안정화, 탈맥락화, 서울 중심, 전원주의 이데올로기를 생산해낸다. 궁극적으로 보도를 통해 이데올로기를 담는 주체를 생산할 가능성을 지닌다.

5) 기호학적 분석법

김남일, 백선기, "언론 매체의 '강남권역' 신화 형성과 이데올로기: KBS-TV의 보도 텍스트 분석을 중심으로," 〈언론과 사회〉, 2008, 16권 2호, pp.2~36.[6]

2000년 이후 강남에 대한 언론 매체의 보도가 쏟아진다. IMF 체제 극복을 위한 부동산 중심의 경기 부양 정책과 과외 금지 위헌 판결에 따른 사교육 활성화가 중요한 계기가 된다. 강남에 대한 보도는 팩트를 기반으로 하고 있지만 특정 틀frame을 지니고 있었고, 자연스레 그 지역에 대한 믿음(혹은 신화)을 생산하는 결과를 낳는다. 이에 연구자들은 언론이 강남을 어떻게 재현하는지를 살펴보고 그로부터 형성되는 신화(지배적 이데올로기)는 무엇인지를 밝히고자 했다. 기호학적 신화 분석, 이데올로기 분석에 의존하여 그를 드러내고자 했다. 연구 목적과 방법을 적은 부분에서 "이 논문이 미디어 연구를 위해 기호학적 방법론을 도입한 것은, 특정 도시 공간에 대해 미디어의 반복적이고 순환적인 보도에 의해 신화가 형성되고 재생산됨으로써, 그 신화는 현실 사회에서 이데올로기적 역할을 하게 된다는 이유 때문이다"라고 밝히고 있다.

두 개의 연구 문제를 제기했다. ① KBS 뉴스에서는 어떤 방식으로 강남의 의미를 다루고 있는가, ② 뉴스에 드러난 신화와 이데올로기적 함의는 무엇인가? 한국언론재단의 KINDS와 KBS 홈페이지를 통해 2000년에서 2007년 사이에 방송된 강남(강남구, 서초구, 송파구) 관련 KBS 뉴스 보도 1120건을 연구 대상으로 선택했다. 사전 비교를 통해 타 매체와 비교했을 때 큰 차이가 없었다는 점, 영향력을 가진 매체라는 점을 고려해 KBS 보도를 연구 대상으로 택했고 영상은 배제하고 보도 기사만을 분석 대상으로 삼았다.

분석 방법으로 기호학적 방법을 택했지만 좀 더 세분화된 방법을

6 두 연구자는 2008년 "TV 뉴스의 특정 지역 담론화와 사회 문화적 함의 — KBS-TV 서울 '강남권역' 보도의 담론 형성을 중심으로," 〈한국언론학보〉, 제52권 2호, pp.125~150을 발표한 바 있다. 이들은 같은 주제를 놓고 앞의 논문에서는 신화분석법으로 뒤의 논문은 담론분석법으로 분석한다고 방법을 명명한다. 두 논문은 유사한 결론을 내리고 있다.

차용하였다. 총 네 단계의 분석 방법을 동원하였다. 범주화 분석, 과어휘화 분석, 전제 분석, 신화 분석. 첫째, 범주화 분석을 통해 보도문에 등장한 어휘들을 모아 소범주를 만들고, 소범주를 모아 다시 대범주를 만들어 뉴스가 주로 어디에 주목하는지를 찾고자 한다. 둘째, 과어휘화 분석은 강남이 과장되어 부정적으로 혹은 긍정적으로 기호화되는 것을 분석하는 방법이다. 이 분석 방법을 통해 강남이 비강남 지역과 어떻게 비교되어 의미화 되는지를 살펴보았다. 셋째, 전제 분석인데 이는 뉴스를 해독하거나 생산하는 데 개입한 전제를 찾아내기 위한 방법이다. 보도문을 분석한 결과 물질적 측면과 행위 이론적 측면이 뉴스 해독에 개입할 수 있도록 보도문이 구성되어 있었다. 이들 전제는 부정적인 뉴스조차 긍정적으로 받아들이도록 하는 역할을 했다. 뉴스 생산자들이 공유하는 전제를 찾기 위해 분석한 결과 강남은 사회적 책무 부족, 성공 이데올로기 위반, 부에 대한 이중적 정서, 병리적 현상, 자연 현상과 같은 전제로 보도를 하고 있었다. 이 같은 전제는 강남을 둘러싼 지역 격차, 불평등의 구조적 문제를 일반인들이 초연하거나 체념적으로 받아들이게 하는 이데올로기 효과를 내고 있었다.

표 3 '강남' 보도의 소범주와 대범주

소범주 → 중범주	대범주
장소, 대립/갈등, 정도, 결과 → 경쟁의 양상 소득/부의 축적, 소비 → 경제 활동 계층, 직업 → 사회적 지위 비도덕성, 범법 행위, 쾌락 → 사회적 일탈	무한 경쟁 지대
원인, 과정/장소, 결과/영향 → 자연 현상 신체적/물리적, 정신적/심리적 → 병리 현상	현상의 진행 및 결과

표 4 ‘강남’ 보도의 구체와 추상

<table>
<tr><td>추상</td><td>최종 산출
이데올로기</td><td colspan="2">강남불패</td></tr>
<tr><td rowspan="2"></td><td rowspan="2">서사 및 함의</td><td>표층
(기호 묶음 및 생산 해독의 보조)</td><td>심층
(신화, 이데올로기)</td></tr>
<tr><td>범주, 과어휘화 및
전제를 활용</td><td>성공 신화, 금권 신화, 특권 신화, 성공제일주의, 배금주의, 배타주의 등등</td></tr>
<tr><td>구체</td><td>방법</td><td colspan="2">범주화 분석, 과어휘화 분석, 전제분석법</td></tr>
<tr><td></td><td>데이터</td><td colspan="2">KBS 뉴스 강남 관련 뉴스 보도문(영상 제외)</td></tr>
</table>

연구자들은 이 세 분석 간 관계를 표 4와 같이 정리한다. 즉 구체적 분석을 통해 신화, 이데올로기라는 추상적 수준의 심층까지 도달했다. 분석 결과, 강남은 뉴스를 통해 자연스럽게 범주, 어휘, 전제를 통해 신화를 형성하고, 궁극적으로는 강남불패라는 최종 이데올로기를 산출하고 있었다.

6) 비판적 담론분석 방법

서덕희 (2003), “교실 붕괴 기사에 대한 비판적 담론분석: 조선일보를 중심으로,” 〈교육인류학연구〉, 2003, 6권 2호, pp.55～89.

담론discourse분석법에서는 언어를 자명한 것으로 보지 않는다. 언어를 지식, 행위, 권력과의 관계 안에서 이해하려 한다. ‘차 안이 어둡네요’라는 말은 어둠을 강조하는 말이라기보다는 불을 켜달라는 요청이다. 그 요청의 말은 불을 켜게 하거나 아니면 거부하는 행위를 재촉한다. 그런

데 그 말을 하는 자가 듣는 자보다 상관이거나 연장자라면 그 말은 곧 행위를 유발시키는 권력이 된다. 이처럼 언어는 지식, 행위, 권력과 연관되는 바 그 점에 주목하며 분석을 행하는 방법을 두고 담론분석법이라고 한다. 특정 담론이 특정 시기에 어떻게 지식으로 행세하고, 그를 받아들이는 사람들로 하여금 움직이게 하고, 궁극적으로 그를 말한 쪽의 의도대로 이뤄지는가를 살펴보는 일이다.

담론분석법은 담론의 다음과 같은 세 가지 성격에 주목한다. 담론은 마치 생명체처럼 시시각각 변한다. 그 변화는 자생적이 아니라 사회적인 면모 때문에 발생한다. 담론을 생산해내는 다양한 사회적 제도가 있고, 그 제도가 생산해낸 담론은 다양한 국면에서 서로 합쳐지기도 하고, 충돌하기도 한다. 그게 담론으로 하여금 생명력을 갖게 한다. 그렇게 사회에 던져지는 담론은 실정성, 즉 그것을 받아들이게 하는 힘을 갖는다. 누구도 그 담론을 쉽게 무시할 수 없다. 그를 의식하게 될 뿐 아니라 그 담론이 마치 자신의 것인 양 받아들이게 된다. 담론의 성격이 그러하다면 담론을 분석하는 일은 ① 담론이 어떻게 시작해서 어떻게 그 생명을 유지하는지, ② 특정 담론이 타 담론 및 사회적 제도와 어떻게 관계를 맺는지, ③ 담론이 사회 내 대중에게 권력으로 작동하는 방식은 무엇인지를 찾아내는 일이 된다. 담론분석은 때로 ① 혹은 ①과 ②에 머물기도 하고, ①, ②, ③을 모두 포괄해 분석하기도 한다. 그 어느 쪽이든 담론분석이라고 부르는데, 그러고 보면 담론분석 내부에도 다양한 변종들이 있다고 할 수 있다.

서덕희의 연구는 교실 붕괴라는 전에 없던 담론이 사회에 등장해 힘을 쓰게 되는 과정을 추적한다. 이 연구는 담론분석에 기반을 두기도 하지만 그중에서도 비판적 담론분석법(CDA : Critical Discourse Analysis)에 더 가깝다. 비판적 담론분석은 담론을 사회적 맥락에까지 연결 짓고, 특정 사회적 맥락에서 특정 제도가 왜 그런 일을 했는지를 정리해내는 정치적 분석에까지 이른다. 몇몇 연구자들은 그런 맥락적 정치 분석에까지 이어지는 연구를 두고 국면분석으로 부르기도 한다. 즉 담론분석을 바탕으로 담론을 넘어 담론 형성이 정치적 과정이 되고, 궁극적으로 특정 국면에서 권력이 되는 과정을 추적하는 작업, 즉 국면을 분석하는 일이라고 보는 것이다. 이 연구는 비판적 담론분석의 전형을 보여 주면서도 특정 국면을 포획했다는 점에서 국면분석이라 부를 여지도 남겨두고 있다.

연구자에 따르면 교실 붕괴 담론의 진원지는 〈조선일보〉였다. 신문사는 다른 매체보다 먼저 교실 붕괴라는 말로 한국의 교육 현실을 재현하고자 했다. 그리고 그 제목하에 많은 기사를 펴냈고 여론을 주도하였다. 이후 그 개념은 일종의 상식이 되었다. 그렇게 만들어진 상식을 기반으로 학교 교육과 교육 개혁에 대한 토론이 이뤄졌다. 이 연구자는 담론분석에서 미시적 담론분석과 거시적 담론분석이 잘 연결되지 않는다는 사실을 애석하게 여겼다. 그래서 둘을 연결시킬 요량으로 노먼 페어클러프의 비판적 담론분석(CDA)에 주목했다. 페어클러프는 주로 미디어 담론과 사회적 맥락에 초점을 맞추며 담론적 변화와 사회적 변화와의 관계를 분석하고자 했다. 그는 분석에서 텍스트적 실천, 담론적 실천, 사회적 실천 세 차원을 나누고 연결시킴으로써, 미시적 분석과 거시적 분석 각각이 지닌 단점을 적극적으로 보완하고자 했다.

텍스트적 실천에 대한 분석은 미시적 것으로, 어휘 문법, 결합, 텍스트 구조 분석이라는 범주로 나뉜다. 어떤 어휘를 사용했는지 그 어휘들이 어떻게 결합되는지, 문장은 어떻게 구조화되는지, 다른 텍스트와 어떻게 결합하는가를 논의한다. 두 번째, 담론적 실천 분석은 텍스트의 상호작용적 측면, 상호텍스트성에 주목한다. 처음 시작된 담론이 사회적 제도들과 어떻게 관계를 맺는지를 살펴본다. 〈조선일보〉가 내놓은 담론은 이후 교육 정책, 정부의 담론과 관계를 가진다. 즉 〈조선일보〉의 붕괴 담론이 정부를 움직이고, 정부는 제도에 맞는 담론을 내놓는다. 셋째, 사회적 실천 분석은 교실 붕괴 담론이 1990년대 이후에 등장했던 교육 시장 담론을 재편하고 그것이 대중화되는 데 일조하는 과정에 대한 관심이다. 이전까지 교육 시장 담론은 전문 담론에 그치고 있었다. 일부 전문가들에 의해 사용되던 담론이었다. 그러던 것이 교실 붕괴 담론이 등장하게 되면서 누구나 입에 올리며 그를 붕괴 이후의 대비책인 것처럼 말하는 단계로 전이된다. 교육 시장 담론이 일상화되고 헤게모니를 취하게 된 것이다.

연구는 이 세 가지 분석틀을 이용하여 〈조선일보〉의 기사를 분석하고 있다. 신문 기사의 텍스트를 분석 대상으로 삼으면서도 동시에 그것이 어떤 방식으로 현존하는 담론적 헤게모니를 재구조화하고 재구성하는지를 보여 준다.

텍스트적 실천

〈조선일보〉는 기사를 통해 교실 붕괴를 기정사실화한다. 붕괴라는 은유, 그리고 붕괴를 현재진행형으로 묘사하는 화법을 동원했다. 그로써 학교 교육이 무너지고 있다는 프레이밍을 해냈다. 무너지고 있으므로 막아야 하고 탈출해야 함을 강조하면서 사고와 행동 체계를 구조화시킨다. 특히 헤드라인에서 은유와 진행형이 주로 사용된다. 그러나 이후의 기사는 그를 제대로 뒷받침하지 못하고 있다. 기사 내용이 헤드라인을 뒷받침하지도 못하고, 적절한 증거가 되지도 못하고 있다. 하지만 에피소딕한 이야기들로 헤드라인을 뒷받침하려 하고, 그의 강조를 통해 무너지는 것의 원인, 즉 파괴하는 것을 찾고 그를 지목하려 한다.

담론적 실천 신문사는 스트레이트 보도를 피처 기사, 오피니언 등과 연계시키면서 담론을 변형하거나 증폭시키기도 한다. 〈조선일보〉는 — 연구에 따르면 — 다양한 장르를 활용하여 교실 붕괴라는 사건의 사실성을 재차 확인한다. 이를 확인 사살이라고 연구자는 부른다. 여론 조사 통계를 인용하는 데 객관성을 내세워 확인 사살하는 방식이다. 은유와 진행형 등으로 정서적인 면을 건들인 다음, 통계라는 과학적 방식을 동원한 재현으로 이어간다. 전교조의 여론 조사, 한교총의 여론 조사, 한국교육개발원의 조사 보고서까지 기사화한다. 이로써 앞의 허술했던 교실 붕괴 담론은 이젠 빼도 박도 못하는 사실의 표현이 되고 만다. 이 같이 확인된 사실을 두고 과연 누구에게 그 책임이 있는지를 몰아간다. 정부의 평준화와 아동 중심 교육 정책이 그 원인으로 지목된다.

사회적 실천 연구자는 왜 그 정책이 지목되었는지, 그 지목을 통해 무엇을 얻고자 하는지에 초점을 맞춘다. 〈조선일보〉는 교육 관련 담론에서 전문인들에 의해서만 언급되던 '시장화'를 대안적 정책으로 제시한다. 즉 교육을 신자유주의적 이념으로 접합시키고자 교실 붕괴와 같은 상식적 담론을 동원했고, 사실상 성공을 거둔다. 열린 마음으로 경쟁, 교육의 시장화 등을 받아들이고 수월성 있는 교육을 하자는 결론을 이끌어낸 것이다. 수월성 있는 교육에 더 관심이 많은 사람과 그들을 배 아파하며 배척하려는 사람들로 이분화하면서 사실상 독자를 경쟁 중심, 시장 중심, 수월성 중심의 편에 서게 만든다. 그렇게 주체 형성을 해내는 것이다.

7) 근거 이론 분석법

임영호 · 김정아 (2011), "프리랜서 방송 진행자의 직업 현실 인식과 대응 전략: 근거 이론에 의한 분석," 〈언론과 사회〉, 19권 2호, pp.49~109.

이 연구는 비정규직 방송 진행자가 직업 현실에 어떻게 대응하고, 직업 정체성과 커리어 전략을 어떻게 형성하는지를 알아보는 목적을 지녔다. 부산 지역 프리랜서들을 심층 인터뷰하고, 근거 이론으로 그 인터뷰 내용을 분석한다. 근거 이론의 절차에 따라 개방 코딩을 먼저 실시한다. 개방 코딩을 통해 개념과 하위 범주와 상위 범주를 도출한다. 즉 인터뷰 내용을 유목화한 것이다.

연구자들은 근거 이론을 방법으로 택한 이유로 참고할 만한 문헌이 존재하지 않거나, 연구를 위한 적절한 이론이 존재하지 않을 때 적절한 방법이라고 생각했기 때문이라고 밝혔다. 근거 이론은 수집된 (인터뷰 등의) 자료로부터 개념을 추출하는 것으로부터 시작한다. 추출된 개념을 범주화한 후 개념화된 자료에서 연구 주제와 관련하여 중심 현상을 발견한다. 그 중심 현상에 선행하는 조건은 무엇인지, 중심 현상에 따르는 사용 작용 전략은 어떻게 나타나는지, 전략에 따라 결과는 어떻게 드러나는지 등 일련의 과정을 제시하는 패러다임을 구성한다. 그리고 구성된 패러다임을 근거로 가설을 설정하고, 설정된 가설에 따라 이야기를 만들고 그에 따른 유형 분석 과정을 통해 새로운 이론을 도출한다.

부산 지역 소재 방송사에 근무하는 MC와 리포터 20명을 심층 인터뷰하였다. 인터뷰 개방 코딩은 심층 면담을 통해 얻은 자료로 직업 인식과 관련된 103개의 개념, 그리고 그에 기반을 둔 44개 하위 범주, 또 그를 기반을 둔 18개의 상위 범주를 차례로 도출한다. 개방 코딩 과정에서 분해되었던 자료를 재조합하는 과정을 축 코딩이라 부른다. 축 코딩은 중심 현상을 가운데 축으로 놓고 인과적 조건, 맥락적 조건, 중재적 조건, 작용/상호작용 전략, 결과를 배치한다. 18개의 상위 범주들은 그 패러다임 모형 안으로 배치된다.

선택 코딩에서는 패러다임 모형 내 여러 요소들 간 관계 조합에 따른 다양한 유형을 도출하고자 했다. 그리하여 프리랜서 종사자들 중 미래 대비 노력형, 대안 모색 이상주의형, 행복한 이상주의형, 냉소적 햄릿형, 회의적인 제2의 인생 준비형을 도출했다. 직업 현실 인식과 대응 전략은 행위자가 처한 여러 조건들이 상호작용하는 과정을 거쳐 다양한 유형으로 나타나고 있음을 밝혀냈다. 직업적 불안정성의 특성 탓에 행위자들은 자신이 처한 경제적 여건, 젠더관, 전문성과 나르시시즘 성향, 직업 정체성, 미래 경력의 가능성 등 다양한 상황적 특성에 따라 타협을 통해 대응 전략을 폭넓게 나타냈다.

표 5 프리랜서 사회자 연구의 근거 이론 분석 절차

자료 수집/ 분석 방법(순서)	결과
① 심층 인터뷰	총 20명의 프리랜서 인터뷰
② 개방 코딩	인터뷰 내용에 기반을 둔 '강한 동기의 준비 과정 거쳐 입문,' '고용 여건의 열악함' 등 18개 범주의 직업 인식을 도출.
③ 축 코딩	도출된 범주를 패러다임 모형에 배속. 패러다임 모형에는 '중심 현상'을 앞뒤로 '인과적 조건,' '맥락적 조건,' '중재적 조건,' '작용/상호작용 전략,' '결과' 배치됨.
④ 선택 코딩	축 코딩 결과를 기반으로 직업관의 유형을 도출. 미래 대비 노력형, 대안 모색 이상주의형 등 총 6개의 유형을 도출.
⑤ 해석	자신이 처한 상황, 그리고 전문성, 젠더관 등에 따라 현재의 조건에 대한 대응 전략이 다양하게 드러났다.

5. 더 많은 연구 방법들

저널리즘 연구에 활용되는 연구 방법을 추려내긴 했지만 총망라한 것은 아니다. 사례 연구Case Study, 생애사 연구, 구술사, 가추법 등 활용할 연구 방법은 얼마든지 더 있다. 기존 규범 이론을 모아 저널리즘 철학이나 윤리를 말하는 문헌 활용 연구도 가능하다. 이 장을 적기 위해 참고로 했던 《질적 연구 방법 백과사전》은 90여 개의 질적 연구 방법을 소개하고 있다(2008). 그런 면에서 보자면 한국의 저널리즘 연구는 상당히 제한적으로 질적 연구 방법을 활용하고 있었다. 신화 분석, 이데올로기 분석, (비판적) 담론분석, 내러티브 분석, 역사 분석이 가장 빈번히 사용된 질적 연구 방법이었다.

대체로 많이 활용되고 있는 분석법은 뉴스가 현실을 구성하고 있다는 점에 주목하는 인식론과 연관을 맺고 있다. 뉴스는 자신이 세상을 바라보는 프레임을 지니고 있으며 그 프레임을 통해 특정 의미를 강조해 수용자에게 전달한다는 것에 동의하고 있다. 이는 뉴스를 '구성론적 관점'에서 파악하는 입장이다. 뉴스가 현실을 있는 그대로 보여 주는 것이 아니라 현실을 자신의 방식으로 구성해서 보여 준다는 것이다. 그런 시각에서 보자면 뉴스가 보여 주는 사회적 현실은 구성된 현실이다. 뉴스, 보도 또한 사회 내 여러 제도의 힘 작용을 결texture로 지니고 있는 존재다. 저널리스트의 손에 의해 창조된 개인의 순수한 창작물이 아니라는 말이다. 그런 점에서 저널리즘 연구에서는 그를 꼼꼼히 따져보는 질적 연구 방법이 훨씬 더 생산적인 결과를 낳을 수 있다. 거기까지 믿음이 간다면 이젠 남은 일은 더 나은 질적 연구 방법을 시도하고, 또한 방법들을 겹쳐 사용하며 연습해 두는 것이다.

참고 문헌

김남일·백선기 (2008). "언론 매체의 '강남권역' 신화 형성과 이데올로기: KBS-TV의 보도 텍스트 분석을 중심으로," 〈언론과 사회〉, 16권 2호, pp.2~36.

서덕희 (2003). "교실 붕괴 기사에 대한 비판적 담론분석: 조선일보를 중심으로," 〈교육인류학연구〉, 6권 2호, pp.55~89.

연정모·김영찬 (2008). "텔레비전 연예정보 프로그램의 생산자 문화에 대한 민속학적 연구," 〈한국방송학보〉, 22권 2호, pp.82~122.

유선영 (1995). "객관주의 100년의 형식화 과정," 〈언론과 사회〉, 제10호, pp.86~128.

이오현 (2005). "텔레비전 다큐멘터리 프로그램의 생산 과정에 대한 민속지학적 연구: KBS 〈인물현대사〉의 인물 선정 과정을 중심으로," 〈언론과 사회〉, 13권 2호, pp.117~156.

임영호·김정아 (2011). "프리랜서 방송 진행자의 직업 현실 인식과 대응 전략: 근거 이론에 의한 분석," 〈언론과 사회〉, 19권, 2호, pp.49~109.

홍경수 (2009). "뉴스의 탈현실의 수사학 연구: KBS 9시 뉴스 헬기 보도의 서사 및 이데올로기 분석을 중심으로," 〈방송학보〉, 23권 5호, pp.418~457.

Given, L. (ed.) (2008). *The SAGE Encyclopedia of Qualitative Research Methods, vol. 1, 2*. Los Angeles: Sage.

10장

집합적 기억 연구

주제와 방법론에 대한 고찰

박진우

● 박진우는 서울대학교 언론정보학과(학사, 석사)를 졸업하고, 프랑스 파리5대학 Université Paris Descartes에서 “미디어에 사로잡힌 기억: 집합적 연구를 둘러싼 역사적 쟁점”이라는 주제로 박사 학위를 받았다. 현재 건국대학교 신문방송학과 조교수이며, 연세대학교 국학연구원 인문한국(HK) 사업단 연구교수 및 한국언론진흥재단 선임 연구위원을 역임하였다. 저널리즘, 미디어 문화연구와 기억 연구에 관심을 기울이고 있으며, “증언과 미디어: 집합적 기억의 언술 형식에 대한 고찰” 등의 연구 논문을 발표하였다.

1. 우리 시대의 기억, 이를 어떻게 다룰 것인가

집합적 기억에 대한 연구는 역사학과 사회학을 필두로 오늘날 전 세계적으로 대단히 큰 주목을 받고 있는 영역이다. 그리고 국내의 미디어 문화연구 분야에서도 이에 대한 관심은 점차 높아지고 있다. "역사란 늘 현재적이다, 즉 정치적이다"라는 안토니오 그람시Antonio Gramsci의 말을 떠올려 본다면, 이것이 미디어 문화연구에서 왜 중요한 주제인지를 짐작하기는 어렵지 않다. 이 장의 주제는 미디어 문화연구가 집합적 기억에 관한 연구를 어떻게 의미 있게 진행할 수 있을지에 대한 간략한 방법론적 고찰이다.

사실 1960~1970년대만 하더라도 대중들은 물론 학계에서조차 '기억'이라는 용어를 거의 사용하지 않았다. 이 용어가 우리에게 친숙해진 것은 1990년대 이후의 일이다. 그 과정에서 과거사와 기억, 그리고 '과거사 해결'을 위한 도덕적·법적·정치적 논의가 대중들의 주목을 끌었고, 나아가 우리 시대의 새로운 역사적 경향이 되었다. 이제 기억이라는 용어는 역사 영역 — 특히 고통스러운 과거사의 발굴과 복원 — 을 넘어서, 그것의 극복을 위한 정치적·사회적 노력과 결부된 대단히 '무거운' 말이 되고 말았다. 1990년대 유럽의 역사수정주의 논쟁에서 프랑스의 역사학자 피에르 비달 나케Pierre Vidal-Naquet가 말한 '역사학의 법정'이라는 언급처럼, 이제 우리 시대의 역사와 기억은 그 자체로 '법정'으로서의 실제 역할을 수행하기까지 한다(Vidal-Naquet, 1987). 그리고 기억이라는 말 자체가 이제 역사의 대체물로 인식되기도 한다(Hutton, 1993).

다른 한편, 오늘날 기억과 망각을 둘러싼 사회적 논쟁(혹은 담론)들은 그 자체가 대단히 중요한 (국제) 정치적인 쟁점이기도 하다(Laïdi, 2000). 독일인들이 나치 시대에 저지른 반유태주의 학살의 경험을 당사자들은 물론 유럽 전체가 어떻게 받아들이고 이를 치유해 나갈 것인지에 대한 논쟁은 1970년대 이후 오늘날까지도 유럽 지성계의 매우 중요한 화두다. 식민지 과거사를 둘러싼 한·일 간의 쟁점은 지난 30년 동안 양국 관계에서는 물론, 자국 정치권력의 정당성을 둘러싼 거대한 논쟁의 축으로 기능하고 있다. 2015년 현재, 일본의 과거사에 대한 인식 문제는 한·일 관계를 넘어서 주변국(특히 중국과 미국)의 새로운 국제 정치적 이니셔티브와 맞물린 복잡한 방정식을 요구하는 쟁점으로 변모하였다. 그 속에서 식민지 경험, 종군위안부, 그리고 친일파 문제를 둘러싼 국내에서의 학술적·법적·정치적 논쟁은 날이 갈수록 증폭되고 있다.

이러한 경험들을 염두에 두면 미디어 문화연구 역시 '집합적 기억'이라는 키워드를 보다 심층적으로 이해하고, 또 이를 둘러싼 실천적인 방안들을 함께 고민해 볼 필요가 있다. 만약 미디어가 이러한 국내적·국제적 논쟁 속에서 결코 무시하지 못할 중요한 역할을 행한다는 점에 동의한다면, 우리가 이 주제에 관심을 기울여야 할 당위성은 한층 커진다 하겠다. 이 장이 이 모든 문제들에 대한 새로운 관심의 출발점이자 유용한 도구가 될 수 있기를 희망하는 것도 바로 그러한 이유에서다.

2. 집합적 기억이라는 '이름'

'집합적 기억'이란 말은 무언가 학술적인 개념으로는 부족해 보이는 것도 사실이다. 만약 우리가 '엄밀한' 사회과학 방법론 — 이른바 양적 방법론 — 을 지향하는 연구자들이라면, 과연 이 개념이 구체적인 연구(리서치)의 대상으로 설정될 수 있을지에 대해 확신하지 못할 것이다. 이것은 우선 조작적 정의의 대상이기가 매우 어렵다. 기억에 대한 연구가 확산되었던 1980년대 이후 미국의 사회학계나 심리학계에서 논의가 없었던 것은 아니지만,[1] 그 방법에 대한 일치된 의견도 없었을 뿐더러, 궁극적으로 그것이 가능한지 또 바람직한지에 대한 의견도 설득력 있게 제시되지 못하였다. 즉 자신들의 연구 대상으로 삼기에는 너무 막연하고 모호한 개념이었던 셈이다. 결국 기억에 대한 연구는 역사학자들에게 내맡기든지, 아니면 보다 질적인 연구 방법을 동원하는 것 외에는 달리 뚜렷한 방법을 찾기는 어렵다.

이는 우리 시대에 기억이라는 용어가 역사 그 자체는 물론, 역사를 둘러싼 사회 구성원들의 다양한 정치적·문화적 상호작용의 양상들 전부를 포괄하는 거대한 은유처럼 사용되고 있기 때문이다(Hartog, 2002). 역사가 오랜 세월 속에서 하나의 학제로 규정되고 제도화되면서 일반 대중들의 개입 여지가 점차 줄어드는 것에 비례하여, 과거사를 둘러싼

1 '포퓰러 메모리popular memory'에 대한 미국 사회학의 논의가 대표적이다(Rosenzweig & Thelen, 1998).

현재의 상호작용의 실체적인 양상을 포착하는 '기억' 개념의 범위는 날로 커진다. 개념의 모호함은 오히려 무언가 개인이나 집단의 집합적인 상상력을 자극하게 되고, 그래서 이제는 '역사'나 '과거'라는 용어보다 더 친숙하고 '인간적'인 용어로까지 느껴진다.

그런 점들을 염두에 두고 이 장에서는 집합적 기억을 주요한 연구 분야로 설정하고 발전시켜 온 다양한 지적 흐름들을 우선 개괄해 보고자 한다. 여기서는 20세기의 철학과 사회학, 그리고 역사학에서 이루어졌던 집합적 기억에 관한 개념적·방법론적 논의들이 간략히 다루어진다. 물론 그 속에서 '집합적 기억'이 어떻게 학술적으로 엄밀하게 어떻게 개념화될 수 있는지에 대한 논의에 초점을 맞출 생각은 없다. 대신 이 용어를 과거의 역사, 특히 과거의 수치스럽거나 고통스러웠던 역사를 이해하고 극복하려는 우리 시대의 지적·도덕적·정치적 요구에서 출발한 수많은 사람들을 노력을 포괄적으로 지칭하는 하나의 '이름'으로 '집합적 기억'의 개념을 살펴보고자 한다.

1) 역사와 기억에 대한 관심: 19세기적 충동

자신이 겪은 개인적이고 사회적인 경험의 층위들과는 다른 차원에서, 신뢰성 있는 기록을 통한 공(식)적 역사official history의 구성이 가능하다는 '실증적'이고 '근대적'인 역사 인식이 시작되었던 것은 19세기였다. 이 시기를 거쳐 엄격한 사료 비판을 방법론적 원칙으로 삼는 분과 학문으로서의 역사학이 제도화되었고, 그 속에서 학문적인 '역사'를 구성하는 사료와 그렇지 않은 사료에 대한 질적인 구분이 이루어졌다. '공식적/비공식적 사료'의 구분이 존재하지 않던 시대에 '기억'이란 문헌 혹은 집단 전승의 형태와 같은 옛날 '이야기'의 일종이자, 그 자체로 '연대기chronology

로서의 역사'와 구분되지 않는 것이었다. 하지만 이제 역사학의 대상과 방법이 정해진 다음, 기억은 공식 역사학의 보조 재료로서 공식 문헌이 다루지 못하는 이야기를 전해 주는 보조적 수단으로 격하되었다.

역설적이지만 기억은 학문적 판도의 변화 속에서의 지위가 부차적이었기에, 오히려 더욱 많은 대중적 관심을 끌게 되었다. 놀랍게도 19세기는 공식적 역사학의 제도화의 시대이면서, 동시에 비공식적인 기억의 시대이기도 했다. 그것도 정치권력의 주도하에 때로는 대중들에게 공식 역사학의 연구 성과물을 훨씬 강력하게 전승하는 수단이었다. 19세기는 인류의 역사에서 유달리 역사와 기억의 문제에 관심이 많았던 시기였다. 완전한 고대성古代性의 회복을 주창한 로마주의Romanticism(낭만주의)의 물결 속에서 권력에 의한 역사적 기념물 건립, 그리고 역사에 대한 대중적 지식의 확산이 광범위하게 이루어졌다. 역사적 지식은 공식 역사학의 도움으로 만들어진 교과서의 형태로도 이루어졌지만, 그보다는 각종 기념물이나 기념관, 박물관과 같은 2차적인 매개물을 통한 것이 대부분이었다. 그 2차적 매개물의 효과는 매우 컸다.

어떤 연구자들은 이 같은 역사적 자의식을 근대라는 시대 자체가 처한 숙명으로 바라본다. 철학자 라인하르트 코젤렉Reinhart Koselleck은 '근대Neuzeit'를 끊임없이 현재 시간의 정당성과 그 속에서의 자신의 위치를 확인해야 하는 숙명이 인류에게 주어진 시기라고 규정한다. 그는 중세 이래 서양 사회가 누렸던 오랜 '경험 공간space of experience과 기대 지평horizon of expectation의 균형'이 붕괴하면서 동시대의 비동시대성에 대한 자각이 높아지고, 역사의 개별성 및 이에 따른 미래 의식이 성장하였다고 말한다(Koselleck, 1998). 사회학자 노베르트 엘리아스Norbert Elias의 표현처럼, 여하튼 근대인들은 시간 경험의 중대한 변화를 겪은 것이다(Elias, 1991). 근대인들은 '과거와의 대화'를 그저 단순히 삶의 지혜를 얻기 위한 일이 아니라 존재론적으로 자신의 정당성을 끊임없이 확인하기 위한 필수적인 방법적 절차로 격상시켰다는 것이다.

내셔널리즘 역시 중요한 변수였다. 19세기는 알려진 대로 서구 사회가 본격적인 내셔널리즘의 길을 걸었던 시대였고, 이 과정에서 새롭게 민족(국민)적 정체성이나 전통을 '발명'하기 위해 여러 형태로 전승된 과거의 기억들을 집단적으로 재생시켰던 시대였다. 내셔널리즘의 개념을 대중적으로 각인시켰던 저자인 에른스트 르낭Ernst Renan은 민족이란 "기억을 공유한 공동체"라고 단언하였고(Renan, 2002), 오늘날 우리가 알고 있는 영국의 다양한 전통들이 사실상 19세기의 발명품이라는 — 당시로서는 충격적인 — 주장을 펼쳤던 에릭 홉스봄Eric Hobsbawm과 테렌스 레인저Terrence Ranger 역시 '전통 발명'의 핵심적인 기제는 전승된 기억을 되살리는 각종 기념물 혹은 기념 행사였다고 말하였다(Hobsbawm & Ranger, 2004). 이제 역사와 기억은 자신의 정치적 정당성을 확보하기 위한 가장 중요한 원천으로 격상되었다. 홉스봄이 이 문제를 고민했던 1970년대 후반의 영국 사회가 19세기 못지않게 역사가 정치적 이슈에 대하여 보다 은밀하고 효과적으로 작동하였던 '앵글로색슨 신자유주의·신보수주의'의 한복판에 위치해 있었음을 고려한다면, 그에게 19세기의 '만들어진 전통'의 허구성을 폭로하는 일은 결코 한가한 취미 활동이 아니었음은 명백하다(Lowenthal, 2006).

하지만 20세기의 초반부, 특히 1차 세계 대전을 전후한 시기에는 이 전과는 전적으로 상반되는 새로운 지적 흐름이 전개되었다. 베르그송, 프루스트, 프로이트가 대변하는 이 시대는 개인적 차원에서 작동하는 기억에 대하여 두드러지게 관심을 기울였다. 이를 보통 1차 세계 대전 전후 서구 문명의 정신적 공황 상태의 산물이라고 바라보는데, 사실 이는 이전 시대의 '기념비적 역사'에 대한 반발로 개인적 기억의 가치를 새롭게 평가하려는 움직임과 관련이 있다(Ricoeur, 2000). 베르그송은 《물질과 기억》(1896)에서 외부 세계의 영향과는 독립적인 '비의지적 기억mémoire involontaire'의 이론을 처음으로 전개하였고, 프루스트는 《잃어버린 시간을 찾아서: 스완네 집 쪽으로》(1913)에서 이 장면을 보다 구체적으로 그려냈다. 개인의 무의식 속에 저장되어 있던 기억의 표출 양상을 새롭게 등장한 정신분석학의 용어로 설명하던 프로이트는 1910년대에 접어들면서 점차 개인의 무의식 속에 집합적인 기억의 형태로 출현하는 역사에 대한 관심을 더욱 확대시켜 나갔다. 그는 〈문명과 그 불만〉(1930)에서 정신분석학이 인류가 오랫동안 무의식의 형태로 집단적으로 보존해 왔던 기억을 발굴하는 고고학의 작업과 다르지 않다는 대범한 논의를 전개하기에 이른다(Freud, 1997b).

2) '집합적 기억'의 개념적 설정: 뒤르켐과 알박스, 그리고 '기억의 장소들'

기억을 둘러싼 사회적 심성 체계의 변화가 가시적으로 관찰되던 이 시대에, 기억을 '집합적collective'인 차원에서 파악하려는 사회학적인 시도도 함께 이루어졌다. 논의의 단초를 제공한 것은 에밀 뒤르켐Émile Durkheim이었다. 그가 연구 대상으로 설정한 '사회Société'란 곧 인간의 모든 주관적 가치와 객관적 행동을 총체적인 '사회적 사실faits sociaux; social facts'들로 파악하는 새로운 인식체계인 '사회학sociologie'이라는 학문의 대상을 지칭한다. 뒤르켐은 이러한 관점에서 가장 주관적인 내면의 세계인 자살 충동 역시 객관화된 사회적 사실로 파악될 수 있다는 놀라운 시론試論을 펼쳐 보였으며, 또한 현대 사회를 구성하는 새로운 유기적 질서의 개념 — 연대solidarité — 을 제시하였다. 그에게는 베르그송과 프루스트가 주창한 개인적 기억 역시 일종의 사회적 사실로서 객관적이고 총체적인 범주화가 가능한 것이었다. 다만 그는 이 문제를 더 이상 구체적으로 파고들지는 않은 채, 지극히 19세기적인 전통에 따라 초점을 대중들이 공유하는 의미와 상징 체계로서의 기억, 즉 집합 의식 conscience collective의 일종이자 사실상 종교 그 자체와 거의 구분되지 않는 기억의 차원으로 끌고 나갔다. 1912년에 발표된《종교 생활의 원초적 형태》는 그러한 집합적 의식의 한 형태로 종교를 바라보며, 그 속에서 개인들이 가지는 기억의 체계도 구성될 수 있다는 기본적인 발상을 전개시켰다(Durkheim, 1992).

이러한 논의를 이어받아 집합적 기억 개념을 본격적으로 구상한 사람은 모리스 알박스Maurice Halbwachs다. 그는 1925년에 처음 발표한《기억의 사회적 틀*le cadre social de la mémoire*》에서 뒤르켐주의적 전제를 계승한다. 즉 기억 자체는 개인들의 것이지만 그 기억의 구체적인 형성 과정에 개입하는 것은 결국 개인들이 소속된 집단 내부의 상호작용인 만큼 개인의 기억 역시 사회적인 틀 속에서 형성되는 것이라고 주장하였다. 다만 알박스는 뒤르켐처럼 종교적 실천이 세속화된 민족 국가 차원의 축제나 기념식 같은 집합적 기억 혹은 집합 의식의 형태에만 관심을 두지는 않았다. 오히려 복수의 집단들groups을 주체로 한 기억의 형태에 더 관심이 많았다(Halbwachs, 1952). 더불어 알박스는 (아우슈비츠 수용소로 압송되기 전에 간행한) 마지막 저작인《성지 복음의 전설적 지형》(1941)을 통해 뒤르켐의 명제에 대한 실증적 분석에 착수한다. 여기서 그는 대중적으로 통용되는 종교적 기념물, 상징, 의례들이 자신이 언급했던 집합적 기억의 대표적인 매개물이라는 점을 강조하였다(Halbwachs, 2008).[2]

2 알박스 저술의 영어판(Halbwachs, 1992)에는 여기서 언급된 두 저술(Halbwachs, 1952; 2008)의 핵심 논문들이 발췌·수록되어 있다.

오늘날 집합적 기억에 관한 대부분의 연구에서 뒤르켐과 알박스의 주장은 논의의 서론 부분에서 간단히 언급되는 것 외에는 실제로 거의 분석에 사용되지 않는다. 이유는 간단하다. 분석에 이러한 이론을 어떻게 적용해야 할지 확실히 알 수가 없기 때문이다. 이들의 논의는 '사회적 사실'이라는 개념적 추상에 의존하는 집합적 기억의 개념 규정을 제공하지만, 그것을 분석적 단위로 전환시키기는 매우 어렵다. 하지만 다른 한편으로, 이러한 추상성은 역설적으로 뒤르켐이나 알박스와는 다른 형태의 다양한 집합적 기억 연구의 창조적 발상을 가능케 하는 모태가 되었다. 그러니까 이들처럼 선험적인 형태가 아닌, 보다 구체적인 집합적 기억의 연구가 어떻게 가능할지에 대한 다수의 논의들을 촉발하는 계기가 되었다. 그런 면에서 집합 의식에 대한 관심, 그리고 그것을 매개하는 매개물(여기에는 건축물이나 기념관 혹은 특정 시대를 대표하는 시대적 상징물들과 같은 가시적인 공간이나 대상은 물론, (애)국가나 풍속 혹은 특정한 담론과 같은 비가시적 대상 모두가 포함된다)을 집합적 기억의 주된 연구 대상으로 설정하는 모든 연구들은 사실상 뒤르켐과 알박스의 기본 가정을 공유하는 것이다.

가장 대표적인 연구 사례가 바로 '기억의 터[장소들]lieux de la mémoire,' 즉 집합적 기억을 스스로 '체현'하거나 아니면 '매개'하는 다양한 사물, 공간, 상징, 담론들에 대한 연구다. 이 연구들은 일단 알박스의 성지聖地에 관한 연구를 발판으로 삼아서, 과거의 기념물이나 유적, 나아가 우리 삶의 전반적인 배경 모두에 특정 공동체나 집난, 혹은 국민국가의 집합적 기억과 정체성이 깃들어 있다는 발상에서 출발한다. 프랑스의 역사학자 피에르 노라Pierre Nora가 주도한 거대한 연구 프로젝트 《기억의 장소들》은 바로 그러한 발상에서 탄생하였다(Nora, 2010).[3] 여기에는 프랑스를 상징하는 거의 모든 역사적 유산들이 — 다소 과도할 정도로 — '기억의 장소들'로 간주되고 있음을 볼 수 있다. 비록 이러한 연구 방식은 논의의 과도한 확장이라는 측면에서 비판받고는 있지만, 그럼에도 여전히 가장 구체적인 대상을 통해 그 속에 매개되어 있는 기억의 형태를 역사적으로 추적할 수 있게 해 준다는 방법적인 명료함을 가진다. 그렇기에 연구 프레임에 대한 찬반 여부와는 관계없이, 이러한 방식의 연구는 오늘날 특히 역사학을 중심으로 한 집합적 기억 연구의 상당 부분을 차지하고 있다(김응종, 2011). 더불어 기억을 둘러싼 산업화가 한창 진행되고 있는 21세기의 현실 속에서는 개별 기억·기념시설물(기념관, 박물관, 전시회 등) 그 자체에 대한 비판과 비평의 필요성이 한층 커짐에 따라, 이와 같은 개별적인 연구 방법이 더욱 활발히 사용되는 편이다.

또 한 가지 중요한 경향은 '집합'들에 대한 보다 상세한 — 때로는 극단적인 — 세분화가 이루어졌다는 사실이다. 이제 우리가 연구하는 집합적 기억의 모습은 그것이 어떤 '집합'이냐, 그리고 그 기억이 어떤 '영역'에 관한 것인지에 따라 서로 다른 형태로 나타난다. 20세기 중반 이후 미국의 역사학계를 중심으로 집합적 기억이란 집합을 구성하는 '개인들의 총합'이라는 경험주의적 인식론이 대두하면서, 집단 구성원 개개인의 기억을 수집함으로써 '개인들의 총합'으로서의 '집합 기억collected memory'을 구성할 수 있다는 주장이 제기되기도 하였다. 연구는 구체적으로 심리학적 조사 연구 방법론에 따른 서베이 기법을 따르기도 했지만, 점차 구술사oral history 연구의 형태로 전환되었다(윤택림, 1994;

3 피에르 노라가 기획한 저술 《기억의 장소들》은 원래 1984년부터 1992년까지 총 3부(6권)로 간행되었다. 번역 출간 이전에는 국내 학계에서 흔히 '기억의 터'라고 불리는 경우가 많았다. 2010년에 출간된 국내 번역본(총 5권)은 그중 핵심적인 논문들을 선별한 것으로, 대략 전체 분량의 1/3 정도에 해당한다. 영어판으로는 1999년부터 2010년까지 "*Rethinking France: Les Lieux de mémoire*"(시카고대학 출판부)라는 제목으로 완역되었다.

2010). 다른 한편, 독일의 역사학자 알레이다 아스만Aleida Assmann은 기억 유형의 다양성에 주목하면서, 그것이 서로 다른 장에서 서로 다른 주체들 간의 서로 다른 경쟁 관계에서 창출된 다양성이라고 강조하였다. 따라서 그는 기억을 '물질적 기억,' '사회적 기억,' 그리고 '문화적 기억'으로 구분한다(Assmann, 2011). 그 외에도 집합적 기억의 유형은 논의의 복잡성이 더해짐에 따라 공식 기억official memory/민간 기억vernacular memory, 공적 기억public memory/사적 기억private memory, 역사적 기억historical memory/민속 기억folk memory 등으로 범주들이 세분화되어 나갔다. 이러한 경향은 근본적으로 뒤르켐과 알박스가 전개한 '사회적 사실'로서의 '집합'의 기억이라는 이론적 전제에 대한 중요한 수정이다. 즉 이들이 설정한 선험적 틀로서 개인과 집단의 관계를 일단 받아들이는 대신, 양자 관계를 매개하는 다양한 상황 변수들이 기억의 구체적인 형태를 보다 다양하게 결정할 수 있다는 전제를 새로 도입함으로써 연구의 독자성을 모색하려고 한다.

3) '**집합적 기억**'**의 확장**: **기억과 망각, 책임과 후회, 그리고 '기억의 정치'**

그런데 오늘날 우리가 주변에서 흔히 접할 수 있는 집합적 기억 논의들은 단지 특정한 기념물이나 특정 집단에 대한 개별적인 연구에 그치지 않는다. 몇 가지 주요한 지적 변화가 있었는데, 이는 대체로 1970년대 이후 서구 사회가 직면한 과거사 해석 논쟁과 직접 관련되어 있다. 그것은 핵심적으로 기억과 망각, 책임과 후회, 그리고 기억의 정치라는 몇 가지 키워드로 요약될 수 있다.

여기서 가장 중요한 것은 기억의 내용이다. 1980년대 이후 집합적 기억에 대한 역사학의 연구는 여느 집단의 그다지 특별할 것 없는 기억을 문제 삼는 것이 결코 아니었다. '극단의 시대Age of Extreme'라는 역사학자 홉스봄의 명명처럼 20세기는 그야말로 참혹한 시대였다(Hobsbawm, 1997). 근대성의 테크놀로지가 전체주의와 총력전을 낳았고, 두 번의 세계 대전이 벌어졌으며, 그 속에서 반유태주의와 같은 '포함과 배제'의 민족주의·인종주의적 정치가 확산되었고, 수용소 건설과 소수자 학살이 벌어졌다(Bauman, 2013). 그 속에서 희생된 자들, 잊혀진 자들, 그리고 고통 받은 자들의 기억이 가장 중요한 연구의 대상으로 떠오르는 것은 필연적이었다. 라틴 아메리카의 원주민들이 스페인 정복 전쟁 중에 겪은 고통의 체험과 전승된 기억을 처음으로 역사학의 대상으로 삼은 나탕 와슈텔Nathan Wachtel의 선구적인 연구가 있었고(Wachtel, 1971), 식민지 시기의 인도, 라틴 아메리카 및 아프리카인들의 '말하지 못한 기억들'을 문제 삼은 서발턴Subaltern 연구의 초기 흐름도 이 시기에 시작되었다(Bhabha, 2011). 서구 사회의 해결되지 못한 뜨거운 주제인 인종주의 문제가 수면 위로 부상한 것도 이 시기였다. 이는 전후의 물질적 번영 속에서도 결코 극복되지 못한 채 잔존해 있으면서 누구도 회피하기 어려운 책임의식에 직접 대면하는 과정이기도 하였다.

프로이트가 1915년에 처음 제시한 '애도와 우울증,' '트라우마'라는 개념틀은 이러한 시대적 정황을 포착하는 매우 중요한 개념적 도구였다(Freud, 1997a). 프로이트의 메타심리학 도식은 그의 제자들 — 산도르 페렌치Sandor Ferenczi가 대표적이다 — 에 의해 1차 세계 대전 참전 용사가 겪은 고통의 체험을 귀환 이후에 어떻게 해소하는가에 대한 문제로 확장되었다. 즉 이들에게는 자신이 겪은 충격이나 슬픔에 대한 충실한 '애도'의 과정이 필요한데, 프로이트처럼 설명하자면 그 애도가 충분히 이루어지지 않은 경우에는 일종의 신경증 증상으로서 우울증과 트라우마 증상이 나타난다. 독일 사회에서 '포스트 68' 청년 세대가 처음으로 아버지

세대의 전쟁 책임을 거론하면서, 독일 사회의 우울증에 대한 진단도 시작되었다. 심리학자 미체를리히 부부(Mitzscherlich & Mitzscherlich, 2005)는 《불가능한 애도》(1967)에서 독일인들의 신경증의 이면에는 프러시아 제국 이래 이어진 권위주의적 가족 구조와 사회 구조가 잔존한다고 지적하면서, 그것이 '지도자'의 죽음을 애도할 수 없는 심성을 창출하였다고 지적한다. 따라서 그와 같은 애도의 불가능 속에서 과거 나치에 복무했던 부모 세대가 자신들의 과거의 유산에 정직하게 대면하지 못하는 집단적 우울증을 겪고 있다고 진단했다.

애도와 우울증에 대한 해석의 시도가 이루어지던 반대편에서는 아우슈비츠 수용소 경험을 오랫동안 침묵 속에서 간직하다가 마침내 적극적으로 증언하고 나선 수용소 증언 1세대 — 여기에는 작가 프리모 레비Primo Levi, 엘리 비젤Elie Wisel, 테렌스 데 프레Terrence Des Pres 등이 포함된다 — 가 등장하였다. 전후 레지스탕스의 신화 속에서 나치에 적극 '저항하지 못한 유태인'이 가졌던 자괴감과 열등의식으로 점철된 애도의 시대가 지나고, 이제 본격적으로 자신들의 고통과 희생, 트라우마를 증언할 수 있는 시대가 도래한 것이었다. 물론 여기에는 전후 미국 사회에서 유태인들이 본격적으로 사회적 지위를 획득한 것, 그리고 1967년 중동의 6일전쟁의 결과 이스라엘과 아랍 국가들 간의 새로운 지정학이 펼쳐진 것, 그리고 '점령군으로서의 이스라엘'을 어떻게 바라볼 것인지에 대한 유럽 좌파 지식인들의 고뇌와 같은 복잡한 상황적 요인들이 개입해 있다.

프리모 레비의 표현대로 이제 기억은 '살아남은 자의 증언'이라는 형태를 취하기 시작했다(Levi, 2014). 그는 수용소 경험의 참상을 기록하거나 기억하는 것은 수용소에 들어간 모든 사람들이 첫날부터 준비하였던 것이었으며, 그 경험을 외부에 증언하는 것만이 오로지 자신들이 지금껏 살아 있는 유일한 이유라고 말한다(Levi, 2007). 물론 그것은 희생자들의 증언으로 구성되는 억압된 기억을 복원시킨 중요한 사건이었다. 하지만 이들의 증언은 단지 기존의 역사학이 미처 다루지 못했던 공백지대를 메꾸어 주는 역할에 그치는 것이 아니었다. 다른 한편으로 그것은 결코 망각되어서는 안 되는 기억, 인류의 미래에 절대적인 흔적을 남겨야만 하는 중요한 시대적 증언으로서의 기억이라는 새로운 정치적·윤리적 차원을 부과하는 것이었다. 이제 수많은 기억들은 그 자체로 '기억의 의무'의 대상이 되었다. 히브리어 '자코르Zakhor(기억하라)'라는 정언명령, 즉 희생된 자들의 목소리에 귀 기울이는 것, 그들의 고통을 잊지 않겠다고 약속하는 것이 바로 현대인들에게 부과된 '기억의 의무'다(Yerushalmi, 1982). 그것이 또한 이 시대 이후 집합적 기억의 존재 양태를 규정하는 가장 중요한 심성이었다. 그리고 그 의무는 이제 그것을 위배하는 자에 대한 윤리적인, 나아가 법적인 단죄를 동반하게 된다.

서구 사회에서 특히 반유태주의와 관련된 사건의 가해자들에 대한 징벌과 이들의 사죄 행위는 오랫동안 풀리지 않고 남아 있는 숙제였다. 이제 이 문제에 대한 논쟁의 지형이 새롭게 규정되면서, 그것은 한층 정치적이고 법적인 형태를 취하기 시작했다. 1980년대 독일의 지식인들이 먼저 이 문제를 둘러싼 격심한 내홍을 겪었다. 오늘날 흔히 '역사가 논쟁Historikerstreit'[4]이라고 불리는 이 논쟁의 시초는 보수적 역사학자인 에른스트 놀테Ernst Nolte가 1986년 6월 6일자 〈프랑크푸르터 알게마이네 차이퉁〉에 실은 "지나가지 않는 과거Vergangenheit, die nicht vergehen will"라는 기고문이었다. 이 글은 우선 나치의 유태인 학살과 볼셰비키

4 '역사가 논쟁'의 주요 문헌들은 구승회(1993)에 번역·수록되어 있다.

정권의 계급적 학살 중 무엇이 더 큰 죄인지를 묻는다. 그리고 역사적으로 이런 '아시아적 현상'은 항상 있었고 앞으로도 있을 것이라고 주장한다. 여기에는 독일이 저지른 유태인 학살이 역사 속에서 '유일한' 전대미문의 사건은 아니며, 따라서 독일인들이 이 문제에 대해 너무 과도한 부채의식을 느낄 필요는 없다는 함의가 담겨 있다. 이를 비판하면서, 철학자 위르겐 하버마스Jürgen Habermas는 독일의 역사 및 정치적 서사에서 나치 범죄에 대한 자각이야말로 건강한 국가 공동체 형성의 '필수조건'이지 결코 '걸림돌'이 될 수 없으며, 이러한 역사 수정주의 시도는 1982년 콜 수상 취임 이래 서독의 전반적인 신보수주의의 필연적인 파생물이라고 맞받아쳤다. 논쟁은 1988년 '독일은 역사적 책임을 회피하지 말아야 한다'라는 서독 대통령 리하르트 폰 바이츠제커Richard von Weizsäcker의 담화문으로 사실상 결말지어졌다. 올릭(Olick, 2011: 95)의 표현처럼 그것은 한편으로는 서독(독일) 정부가 전후에 간헐적으로 보여 주었던 과거사 인정, 사죄와 보상 및 처벌의 제스처를 넘어서, 근본적으로 국가적 차원에서의 입장을 표명하는 정치적 계기였다. 하지만 다른 한편으로 그것은 독일 사회가 전후 40주년을 넘기면서 이제 '과거 극복Vergangenheitsbewältigung'의 과제를 보다 '정상화' 혹은 '일상화'해 나가는 출발점이기도 하였다.

1980년대를 통틀어 프랑스에서도 비슷한 일이 연이어 벌어졌다. 나치 점령 당시에 프랑스 내의 유태인들을 아우슈비츠로 압송하는 데 '협력'하였던 프랑스인에 대한 처벌 문제, 뒤 이어 아우슈비츠 수용소와 유태인 학살의 존재를 부정하는 이른바 역사의 '수정주의négationisme' 문제로 프랑스 사회 전체가 들끓었다. 당시 역사 수정주의를 전면적으로 주장하였던 로베르 포리송Robert Faurisson에 대한 재판에서는 역사학자들이 직접 법정 증인으로 출두하는 일이 벌어졌다. 이 문제에 대해 매우 비판적이던 역사학자 피에르 비달 나케는 "역사는 그저 역사학자들에게만 맡기기에는 너무 중요한 문제"라는 유명한 발언을 남겼다(Vidal-Naquet, 1987). 그것은 이제 기억의 문제가 단순히 역사학의 문제, 그리고 — 야스퍼스(Jaspers, 2014)의 표현처럼 — 개인의 '책임[죄]의 문제 Schuldfrage'를 넘어서고 있음을 상징적으로 보여 준다. 희생자의 기억은 필연적으로 기억의 의무라는 정언명령으로 이어졌고, 그것은 이제 사건의 가해자들에게 대한 (여전히 남아 있는) 법적 징벌과 (영원히 지속될) '책임과 사죄'(다카하시, 2000)라는 법적이면서도 정치적인 영역으로 확장되었다.

국제적으로 동구권의 붕괴와 냉전의 종말이 겹쳐진 이 시기는 공교롭게도 한국 사회에서도 군사 독재의 종말과 민주화의 진전, 그 속에서 '억압된 기억'들의 최초의 복원 성과가 있었던 시기이기도 하였다. 1989년 MBC와 KBS는 나란히 1980년 광주에서의 비극을 조명한 다큐멘터리를 방영하여 큰 사회적 관심을 끌었다. 1991년에는 김학순 할머니의 최초의 공개 증언이 있었다. 이후 주일 대사관 앞에서 매주 수요일마다 열리는 집회, 아직도 계속되고 있는 그 집회가 시작되었고, 한국정신대문제협의회 등을 통해 시민 사회의 노력이 결집되어 이들의 증언을 채집하는 활동이 본격적으로 이루어졌다(심영희, 2000). 다음으로 식민지와 해방, 분단과 전쟁, 군사 독재와 인권 탄압으로 점철되었던 20세기의 한국사 속에서 억압된 다양한 기억들을 발굴하고 되찾으려는 노력이 지식인과 시민 사회, 그리고 일부 저널리스트들에 의해 본격적으로 시작되었다(권기숙, 2006). 시기적으로 그때에는 남아공화국의 악명 높은 '아파르트헤이트'가 폐기되고 '진실과화해위원회'의 — '자신의 과거 행적의 고백과 뒤이은 사면'이라는 — 파격적인 행보에 대한 뉴스가 이어졌고, 라틴 아메리카의 군사 독재 치하의 만행을 증언하는 희생자들의 조직된 목소리에 대한 사회적 관심도 드높았다.

결국 국내외를 막론하고 그 시점을 계기로 우리가 알고 있는 '기억의 의무'에 대한 전 세계적인 프로토콜이 본격적으로 작동하기 시작하였던 셈이다. 희생자들의 억눌린 목소리를 귀 기울여 주는 것, 그들의 고통을 잊지 않겠다고 약속하는 것이 집합적 기억을 연구하는 자에게 부여된 시대적 요청이자 사명이었다. 이 시대를 통과하면서 '트라우마'를 집합적 기억을 말하는 핵심 키워드로 부각시키는 연구 경향 — 이른바 '정신분석학적 역사학' — 이 한때 대세를 이루기도 하였다(LaCapra, 1998; 2008). 나아가 사건의 가해자들에 대한 징벌 및 이들의 사죄 행위, 더불어 희생자들에 대한 물질적·상징적 보상 및 배상의 과제 — 이른바 '후회의 정치politics of regret' — 역시 집합적 기억 연구의 중요한 연구 영역이자 실천적 과제로 제기되었다(Olick, 2011). 국내에서는 아직은 위안부 할머니들의 사례가 가장 대표적이지만, 그것 외에도 식민지와 전쟁(제주 4·3항쟁, 한국전쟁, 베트남전쟁 참전 용사들을 포함한 전쟁의 경험), 군사 독재와 억압의 희생자들을 둘러싼 '기억의 정치학'은 여전히 계속되고 있다. 2000년대 중반 정부 차원에서 공식적으로 활동한 '과거사진상규명위원회'의 경험 역시 넓은 의미의 집합적 기억의 연구 영역이자 중요한 실천 영역이었으며, 근본적으로는 역사와 기억을 둘러싼 새로운 정치적 투쟁의 장을 마련한 것이었다(김동춘, 2013).

3. 미디어 문화연구와 '집합적 기억'

지금까지의 논의들은 20세기 인류의 역사에서 '기억'이라는 문화적 심성 체계가 처음 확립되었던 과정, 이후 그것이 현실 정치적 맥락 속에서 작동하면서 자신의 영역을 확장해 나간 과정에 관한 것이었다. 그 속에서 기억이라는 현상이 대중적으로 어떤 특수한 심성 체계를 확산시켰으며, 그 과정에서 어떤 특수한 사회 문화적·도덕적 가치를 창출해 나갔는지에 대한 논의를 함께 다루었다. 이제 우리의 구체적인 연구 과제, 즉 미디어 문화연구와의 관련성이라는 측면에 대한 논의를 시작해 보자.

우선 다시금 강조하고 싶은 것은 무엇보다 기억이란 과거와 관련된 것이면서, 동시에 그 과거가 현재와 어떤 직·간접적 관계를 맺고 있는지의 문제가 더욱 중요하다는 점이다. 기억은 근본적으로 기억을 둘러싼 여러 집단들 간의 사회적이고 정치적인 이슈를 다룬다. 과거와 과거에 대한 기억은 지금껏 고정되었던 적은 없으며, 앞으로도 그러할 것이다. 따라서 과거가 현재라는 특정 시점에서 어떤 의미를 가지는지에 대한 보다 역사적이고 구조적인 변화를 추적하는 작업은 여전히 필요하며, 많은 경우 그것은 정치의 영역에 속한다. 그것을 추적하기 위해서는 구체적인 언어나 재현물, 혹은 담론이나 상징들에 대한 일차적인 해석의 과제가 연구자에게 주어진다. 동시에 그러한 언어나 담론들이 사회적으로 유통되는 과정에서 새롭게 창출하는 의미와 가치의 역동성에 대한 보다 섬세한 관찰이 요구된다.

이러한 사고방식은 현대 인문사회과학의 수많은 연구 영역들 가운데 문화연구Cultural Studies에 가장 친숙한 것임은 말할 나위도 없다. 물론 그것이 여타의 이름 — 사회학(문화사회학), 정치적 상징에 관한 연구, 기억의 역사학 등등 — 으로 불릴 수도 있다. 하지만 문화연구가 원래 특정한 대상의 의미와 그 역사성을 파악함과 동시에, 그 의미를 생산하는 사회 문화적 맥락과 과정에 대하여 보다 심층적으로 접근하는 학문이라면, 또한 현대 저널리즘과 미디어가 수행하는 다양한 의미 생산 과정에 대한 사회적인 해석이자 비판의 작업이라고 한다면, 기억을 둘러싼 의미 체계들에 대한 해석과 비판 작업의 상당 부분은 미디어 문화연구의 고유한 영역이라고 말해도 과언이 아닐 것이다. 물론 기억에 관한 연구는 앞서 언급한 수많은 학문 분과들 — 역사학, 사회학, 정치학, 미디어 문화연구 등 — 의 문제의식과 연구 성과들이 서로 만나는 교차로임을 잊지 않도록 하자. 더불어 문화연구가 자신만의 관점으로 지금보다 더 큰 성과물을 낼 수 있는 매우 생산적인 분야임을 역시 잊지 말도록 하자.

1) 미디어와 집합적 기억 연구의 상호 관여

집합적 기억의 사회적 형성 과정에서 미디어는 어떤 역할을 하는가? 이 질문에 대한 답변은 쉽지 않다. 그럼에도 불구하고 이에 관심을 둔 몇몇 연구들의 제안을 종합해 보면 한 가지의 공통적인 패턴을 발견할 수 있다. 그러니까 미디어가 집합적 기억의 형성에 관여하는 방식은 크게 3단계를 설정해 볼 수 있다는 것이다(Peters, 2001; 박진우, 2010).

첫째는 증언testimony의 도구로서의 미디어다. 이는 집합적 기억이 사회적으로 널리 확산되지 못한 초기의 단계로서, 미디어는 여기서 숨겨지고 억압되어 있거나 혹은 잊혀진 기억과 증언을 발굴하여 대중들 앞에 공개하는 역할을 수행한다. 둘째는 기억 변형modification의 매개물로서의 미디어다. 이는 미디어가 주도하는 매개mediation의 과정을 통해 특정한 기억이 대중들에게 일정한 틀 속에서 변형되고, 그 과정에서 특정 사회에 공식화된 형태의 기억이 형성되어 나가는 과정을 지칭한다. 마지막 셋째는 기억의 사회적 정립establishment 및 위계화hierarchisation의 주도자로서의 미디어다. 21세기에 접어든 현재 미디어를 통해 확산되는 여러 기억들은 사실상 포화 상태로까지 치닫고 있으며, 수많은 희생자들의 기억들 가운데 무엇이 '더 중요하고' 또 '덜 중요한지'를 대중들이 판단해야 하는 시점에 이르렀다. 이 과정에서 미디어가 수행하는 매개의 역할은 특정한 기억이 사회적으로 확고히 정착된 형태임을 대중적으로 확인시키는 한편, 특정 시기마다 무엇이 더 '중요한' 기억이고 무엇이 '부차적'인 기억인지를 스스로 위계화 시키는 것이라고 말할 수 있다.

이러한 논의들의 전제는 비교적 명확하다. 즉 모든 시대나 모든 사회마다 저마다 중요한 '근원적'인 기억이 존재하지만 그것의 형태는 시대와 장소에 따라 매우 다양할 수 있다는 것이다. 이러한 기억의 '변형'은 사회적·정치적 상황에 따른 기억의 조직화 및 재조직화 방식의 차이에서 기인한다. 예컨대 전쟁의 기억은 그들이 전쟁의 패전국인가(독일, 이탈리아, 일본), 승전국인가(영국, 프랑스, 미국), 혹은 식민지 경험에 따른 승리와 패전 모두의 희생자인가(한국, 중국, 베트남)에 따라 다르기 마련이다. 이러한 기억은 또한 해당 사회의 내부에서 1950년대의 냉전, 1960~1970년대의 학생운동과 민권운동의 시대, 그리고 1990년대 이후의 '후회의 정치'의 시대를 어떻게 겪어 왔는지에 따라 서로 급격히 달라진다. 아우슈비츠 희생자들, 위안부 희생 할머니들의 기억은 어느 시기까지는 개인적으로 수치스러우며 결코 외부에 발설하기 힘든 기억이었지만, 점차 그들이 가진 역사적 정당성이 부각되었고, 지금은 그것 자체로 해당 사회 — 독일, 한국, 일본 등 — 의 역사적·정치적 정당성 그 자체를 문제시할 수 있는 역사 법정의 기소자 역할을 떠맡기에 이르렀다. 히로시마 원자폭탄의 기억은 일본인들에게 '침략'과 '전쟁 책임,' '반전'과 '평화,' 그리고 '전쟁 피해자'이자 '핵무기 희생자'로서의 일본이라는 이미지가 서로 경합하던 치열한 투쟁의 장이었지만, 2015년의 역사적 상황에서 무게추는 급격히 후자로 기울어 있다. 이처럼 기억의 형성과 변형, 정착의 과정이 보여 주는 역동성은 기억이 결코 초역사적인 실체가 아니라는 점을 생생히 증언한다.

2) 세 가지 장르: 저널리즘, 다큐멘터리, 픽션

미디어에 의해 재현된 집합적 기억의 사례들은 금방 언급한 지리적·시대적·역사적인 다양성 속에서 기억의 현재의 모습을 역동적으로 파악할 수 있게 해 주는 중요한 도구라고 할 수 있다. 그런데 수많은 매체나 표현의 장르 가운데 우리가 그동안 가장 많은 관심 혹은 당위적인 관심을 기울여 온 것은 아무래도 저널리즘, 다큐멘터리, 그리고 픽션물일 것이다.

우선 저널리즘의 문제부터 이야기를 시작해 보자. 미디어가 스스로 일차적인 커뮤니케이션의 도구로 기능하면서, '증언'이라는 특징적인 커뮤니케이션 방식을 전면화시키는 가장 일반적인 방식은 역시 저널리즘을 통해 가능하다. 그렇지만 국내외를 막론하고 저널리즘을 집합적 기억 연구의 중요한 연구 대상으로 설정한 사례는 손에 꼽을 정도이다. 일단 저널리즘은 — 특히 서구의 탐사 보도·내러티브 저널리즘의 전통하에서 — 그 자신이 새로운 억압된 기억의 발굴자 역할을 하는 경우가 많다. 이러한 가정하에서는 저널리즘이 스스로에게 집합적 기억의 전달자로서의 위상을 부여하게 된다. 하지만 저널리즘은 대중들이 특정한 인물이나 사건에 대하여 대중들이 지식, 정서적 반응 및 수용 태도를 사실상 공유하게 만드는 중요한 매개의 장이기도 하다. 그렇기에 (일단 폭로·탐사 보도의 영역을 제외한다면) 저널리즘은 대중들이 공유하는 일종의 '공공의 기억public memory'으로서의 집합적 기억의 형성에 결정적이다.

워터게이트 사건을 대중들이 기억하는 방식에 관한 마이클 셔드슨Michael Schudson의 연구는 바로 이런 측면에서, 언론이 특정한 사건에 대한 대중적 기억의 재조직화에 얼마나 핵심적인 역할을 수행하였는지를 보여 주는 대표적인 사례다(Schudson, 1992). 하지만 외견상 이 연구 또한 '워터게이트'라는 중요한 사건에 대하여 언론이 그동안 보도한 방식들이 시기별로 어떤 형태로 구조화되어 나갔는지를 '집합적 기억'이라는 개념에 기대어 서술한 것으로 보아도 무방하다. 그런 면에서 저널리즘을 통한 집합적 기억 연구라는 방법론적 기준에는 다소 어긋난 것이 사실이다. 반면 특정한 역사적 국면 속에서 대중들이 일반적으로 동의하는 과거의 강력한 상징을 동원하여 현실을 설명하는 보도 관행을 창출함으로써, 집합적 기억의 자장을 직접적으로 대중들의 정치적 실천과 결부시키는 사례들에 대한 연구들이 더욱 눈에 띈다. 배리 슈워츠Barry Schwartz는 2차 세계 대전을 맞이한 미국 언론이 남북전쟁에 임하는 링컨 대통령의 수사법을 광범위하게 활용함으로써, 링컨에 대한 미국 대중들의 기억을 현재의 정치적 장에 접합시키는 과정에 대한 연구를 진행하였다(Schwartz, 1996). 바비 젤리저Barbie Zelizer는 케네디 대통령의 장례식에서 미국 언론이 과거 링컨 대통령의 장례식을 환기시키는 상징적 기호들을 동원하는 다양한 저널리즘 관행과 테크닉을 어떻게 사용하였는지, 이를 통해 케네디에 대한 미국인들의 집합적 기억의 재조직화에 어떻게 기여하였는지를 추적한 연구 성과를 발표하였다(Zelizer, 1992). 이러한 사례들을 보노라면 저널리즘과 집합적 기억의 연구에서는 연구자의 강력한 이론적 프레임이 전체 연구의 성과를 얼마나 결정적으로 규정하는지를 새삼 깨달을 수 있다. 국내에서는 아직 이러한 연구가 활발히 진행되지는 않지만, (부분적으로 자료의 한계 혹은 자료 수집 및 분석의 현실적 어려움 등에 기인함에도 불구하고) 연구자가 마음껏 상상력을 발휘할 수 있는 영역은 여전히 폭넓게 주어져 있다 하겠다. 예컨대 누군가 한국 현대사 속의 특정 기념일에 대한 언론 보도의 유형이 시기별로 재조직화되는 과정에 대한 1차적인 정리 작업을 수행하였다고 하자. 다음은 그 속에서 한국인들의 집합적 기억의 재구조화에 결정적으로 기여하는 다양한 저널리즘 관행과 새로운 기억의 형태들에 대한 연구로 충분히 나아갈 수 있을 것이다.

역사 다큐멘터리 장르에 대한 관심은 저널리즘 분야에 비해서는 비교적 활발한 편이다. 이는 다큐멘터리라는 장르 자체가 국내외를 막론하고 기억과 증언의 미디어 매개 과정을 직접적으로 수행하는 대단히 중요한 매체로 인정받고 있기 때문이다. 더불어 다큐멘터리는 표현 양식 자체가 '기억과 증언의 진정성'에 대한 폭넓은 사회적 합의를 끌어낼 수 있는 역량을 내재하는 장르이기도 하다(Nichols, 2005). 서구의 경우 유태인 학살에 대한 사회적 관심과 논쟁을 이끌어 내는 데 있어 1950년대 이후부터 계속된 다큐멘터리 작가들의 기여가 매우 컸다. 예컨대 알랭 레네Alain Rainais 감독의 〈밤과 안개*Nuit et Brouillard*〉(1959), 마르셀 오퓔스Marcel Ophuls의 〈고통과 동정*Le chagrin et la pitié*〉(1973)이 있었고, 클로드 란츠만Claude Lanzmann의 〈쇼아*Shoah*〉(1985)는 당시 서구 사회의 유태인 학살에 대한 관심의 결정적인 전환점으로 기능하였다. 남수영(2009)의 연구는 다큐멘터리 영역에서 나타난 재현의 양상들을 기억이라는 틀 속에서 설명하려는 최근 영화 연구의 주요한 흐름을 잘 보여 준다.

방송 분야에서는 김균·전규찬(2003)이 한국의 TV 역사 다큐멘터리 자체의 역사와 전체적인 판도를 개괄하면서, 이 분야에 대한 후속 연구의 가능성을 제시한다. 다큐멘터리 가운데에서도 특히 역사 그 자체를 다루는 다큐멘터리는 대중들의 역사적 의식과 해당 사회의 집합적 기억의 조직화 과정에 결정적인 역할을 수행하는 경우가 많다는 점을 감안한다면, 이러한 성과가 가지는 의미는 결코 작지 않다(김훈순, 2000). 예컨대 이기형(2010)의 연구는 2009년 안중근 의사의 의거 100주년을 맞이하여 국내 방송사들이 경쟁적으로 제작한 다큐멘터리들을 검토하면서, 텍스트 내부에서 나타나는 기억과 망각의 다양한 의미 위계화의 양상을 공시적인 차원에서 분석하는 장점을 가지고 있다. 이 연구 역시 명시적으로 기억의 문제틀 속에서 작업하지는 않지만, '문화정치적 관점'이라는 관점은 안중근 의사에 대한 대중들의 기억을 해당 시점의 정치적 맥락에서 재조직화하겠다는 측면에서 기억 연구의 본래의 과제와 결코 멀리 떨어져 있지는 않다.

그런데 한 가지 지적할 사항은 상당수의 연구들이 개별 작품들에 대한 성실한 텍스트 분석을 행하는 경우가 많다는 것이다. 그러면서도 작품에 내재된 텍스트의 의미망이 곧장 특정 인물이나 사건에 대한 한국 사회의 집합적 기억이라는 다소 과감한 주장을 펼친다. 대부분 1~2개의 다큐멘터리 작품을 분석 대상으로 삼고 있음에도, 해당 작품이 특정 시기의 맥락에서 어떻게 집합적 기억의 현재적 형태를 재구조화하는지에 대한 보다 종합적인 검토의 과정은 사실상 생략되어 있다(해외의 연구들도 상당수는 그러하다). 이러한 '과감함'은 보다 통시적인 이론적·역사적 관점에서의 종합을 통해 보완될 필요가 있다. 그럴 경우 우리 사회의 집합적 기억이 구조화되는 방식에 대하여 저자 스스로가 생각한 것보다 훨씬 많은 의미를 전해 줄 수 있다. 예컨대 윤태진(2000)은 해당 시점에 방송에서 광주 민주항쟁을 다룬 다큐멘터리를 분석하였는데, 여기에는 당시의 광주 다큐멘터리가 민주항쟁의 특정한 '주체'를 상정하지 않는 대신 평범한 시민들의 목소리를 전하는 것에 집중한다는 것을 텍스트의 화자 분석을 통해 설명한 바 있다. 그런데 이러한 변화는 단지 국내 방송사의 다큐멘터리 제작 '스타일'의 변화에서 기인하는 것이 결코 아니다. 그러한 변화는 앞서 언급한 기억과 망각, 그리고 사죄와 책임을 둘러싼 전 세계적인 인식의 변화가 한국 사회의 TV 재현 양식과 결합되는 구체적인 증거일 수 있다. 수많은 광주항쟁 다큐멘터리 분석들의 함의에 대한 통시적 분석 및 체계화, 이를 통한 광주에 대한 집합적 기억의 조직화의 역동성에 대한 논의는 그런 점에서 여전히 과제로 남겨져 있다.

픽션의 경우도 주목할 필요가 있다. 예컨대 유태인 학살을 다룬 드라마 한 편이 수많은 학술 저서나 언론 보도, 혹은 다큐멘터리가 가지는 힘을 훨씬 뛰어넘는 영향력을 행사한 사례는 결코 적지 않다. 미국 NBC 방송에서 제작하여 1979년에 방송된 드라마 〈홀로코스트 *Holocaust*〉가 대표적이다. 할리우드 멜로드라마의 관습에 의해, 시청자들이 희생자들과 감정적으로 동일시할 수 있는 수많은 테크닉으로 무장한 이 드라마는 한편으로 '진중한' 역사학자들에 의해 진정성을 의심받았지만, 다른 한편으로 이에 감정이입한 수많은 시청자들의 열광적인 지지를 받았다. 〈홀로코스트〉가 끼친 영향력에 주목한 연구자들은 그 속에서 고통스러운 역사적 기억이 대중들에게 새로운 형식으로 다가가는 가능성을 보았고, 그것을 고통의 기억에 대하여 해당 사회와 대중들이 '애도'하고 '극복'하는 중요한 계기로서 긍정적으로 평가하였다. 스티븐 스필버그Steven Spielberg가 연출한 〈쉰들러 리스트*Schindler's List*〉(1994) 역시 동일한 문제를 안고 있었지만, 대중들이 보여 준 지대한 관심은 단순히 픽션물의 '진정성' 문제만으로 텍스트(픽션물)과 집합적 기억의 재구조화 문제에 접근하는 것을 재고하게 만들었다. 이처럼 픽션물들은 이제 대중들의 집합적 기억의 형성에 결코 무시하지 못할 영향을 끼치고 있다. 전후 독일에서 나치 시대를 다루었던 역사 드라마들에 대한 시대적 분석, 그리고 오늘날까지도 매년 제작되는 수많은 '증언'의 드라마들에 대한 분석의 사례는 무수히 많다(Elsaesser, 1996). 영화학자 폴 그레인지Paul Grainge가 주장하듯이, 오히려 이 같은 픽션물 — 특히 대중적인 상업 영화 — 에서 오히려 집합적 기억을 구성하는 대중들의 무의식을 보다 예리하게 포착할 수 있는 가능성을 더 확실하게 획득할 수도 있다는 관점이 나날이 설득력을 얻고 있다(Grainge, 2003).

그런데 이 문제와 관련해서는, 국내에서의 연구들이 약간의 편차를 보여 준다. 주창윤(2006)과 김수정(2010)의 연구가 보여 주듯이, 한편으로 픽션물 — 특히 역사 영화나 드라마 — 을 대상으로 한 문화연구의 성과들은 대부분 해당 픽션물의 역사적 상상력에 내재되어 있는 '현재'의 문화정치를 주제로 삼는 편이다. 그러니까 앞서 언급한 이기형(2010)의 사례처럼 해당 작품의 의미망 속에서 부각되거나 망각되는 형태로 위계화되는 기억의 요소들을 '문화정치'라는 개념 틀을 통해 해석하는 방식이 조금 더 보편적이다. 픽션물 속에서 해석 가능한 의미들을 한국 사회의 집합적 기억과 명시적으로 결부시키려는 연구들은 문화연구에서는 사실 찾아보기 어렵다. 대신 이러한 접근 태도는 역사학이나 사회학, 최근에는 영화 연구에서 보다 활발히 이루어지고 있다. 그러한 접근법들도 우리가 말하는 집합적 연구의 역동성에 대한 검토라는 관점과 멀리 떨어져 있지 않은 만큼, 양자 모두에 대한 종합적인 고려가 여전히 필요하다.

4) 새로운 과제: 새로운 매체들과 디지털화, 기억의 포화와 상업화

집합적 기억에 관한 '고전적'인 접근 방식과는 별개로, 오늘날에는 이 문제를 다루는 새로운 현실적 쟁점들이 부상하고 있다. 제목에서 거론한 것들이 아마도 대표적일 테지만, 그것 외에도 우리가 새롭게 발굴할 수 있는 연구 영역과 소재들은 무궁무진하다. 이 장에서 모든 테마들을 체계적으로 다루기는 어렵지만, 간략한 평가와 의견을 통해 향후 연구의 가능성을 점검해 볼 수는 있을 것이다.

먼저 '미디어'라는 통칭과는 반대로, 실상 신문이나 방송(TV, 라디오), 그리고 영화나 인터넷은 각자의 특성에 따라 기억을 재현하고 전승하며 이를 사회적 쟁점으로 조직화하는 방식에서 근본적인 차이가 있다. 이는 근대적인 전자 미디어 이전의 매체들(구전, 교과서, 역사 소설 등)에서도 마찬가지다(Morris-Suzuki, 2006). 예컨대 신문과 라디오, TV에서 오랫동안 저널리즘이라는 장르적 규칙이 지배적이었다면, 최근에는 다큐멘터리 영화나 픽션물, 그리고 TV 드라마와 같은 장르에 대한 대중들의 관심이 훨씬 큰 편이다. 앞서 언급한 연구들의 대다수는 신문, 방송, 영화 매체에 집중되고 있으며, 여기에 사진에 관한 일부 연구들이 추가될 수 있다. 그런데 오늘날과 같은 디지털 매체의 출현은 우리가 기억을 파악하는 개념 틀에 근본적인 수정을 가할 수 있다. 인터넷 공간을 통한 기억의 집적은 초기에는 다양한 사회운동의 영역에서 주도한 일이었지만, 오늘날에는 국가나 공공 기관, 각종 학술 네트워크에서도 본격적인 기록의 아카이브를 구축하고 있다. 그 속에서 '망각'이란 이제 새로운 형태를 취하게 된다. 디지털 공간에서의 망각이란 최근 구글Google을 둘러싼 논쟁이 보여 주는 것과 같은 원천적인 '삭제'를 통해서만 이루어지는 것은 아니다. 오히려 디지털 공간이라는 무한정한 '기억(메모리)' 공간에서 길을 잃고 누구의 주목도 받지 못하는 수많은 기록들의 운명과 관련된 문제다. 철학자 자크 데리다Jacques Derrida는 이미 '기억의 포화'가 전자 미디어 공간에서 문제시되고 이것의 올바른 조직화 방식의 결여가 야기하는 신경증적 증상들을 새로운 '아카이브의 질병'이라고 언급한 바 있다(Derrida, 1995). 집합적 기억의 사회적 역동성에 대한 탐구가 지금부터 새롭게 관심을 기울여 볼 수 있는 중요한 주제가 아닐 수 없다.

'기억의 상업화'는 기억의 포화 현상과 더불어 현 시기 집합적 기억의 의미를 구성하는 데 매우 중요한 영향을 끼치는 요인으로 자리 잡고 있다. 앞서 언급한 뒤르켐과 알박스의 전통을 따르는 다수의 연구들은 말 그대로 '외재화'된 대상에 대한 연구로 진행되는 경우가 많다. 1990

년대 이후 다수의 연구자들은 '기억의 의무'에 대한 사회적 관심이 야기한 각종 기념물이나 기념관, 기념 공간이 특정 도시의 재구조화와 맞물리면서 어떻게 자본의 논리에 침윤되는지에 관심을 기울이기 시작했다. 나아가 이들은 개별 기념 공간들의 궁극적인 조직 원리는 바로 '상업화'라는 비판적인 명제를 제출하고 나섰다. 미국의 베트남전쟁 참전 용사 기념관의 공간 질서에 대한 연구는 한편으로 미국인들이 받아들일 수 있는 '합의된 기억'에 대한 과도한 (문화정치적인) 집착이 두드러지는, 따라서 제대로 된 추모가 사실상 불가능한 공간임을 설득력 있게 보여 주고 있다(Wagner-Pacifici & Schwartz, 1991). 이러한 경향은 사실 1990년대 이후 전 세계적으로 설립되고 있는 각종 기념 시설의 두드러진 특징인데, 대중들의 합의를 손쉽게 얻을 수 있는 특정한 형태의 의미의 고정화에 대한 비판 속에서 새로운 연구의 가능성을 확인해 볼 수 있다.

4. 집합적 기억의 새로운 문화연구를 기대하며

이상에서 살펴본 내용들은 집합적 기억이라는 개념을 둘러싼 여러 주제 영역들과 방법론에 대한 간략한 고찰이었다. 집합적 기억이란 그 자체로 특정한 방법론을 지칭하는 것이기보다는 오히려 우리에게 주어진 연구의 영역이자 연구의 관점이라고 말하는 편이 더욱 적절하다. 따라서 연구자들은 문화연구가 사용할 수 있는 다양한 질적 연구 방법론을 통해 주어진 텍스트(미디어 재현물, 기념물, 공간, 상징, 담론 등)를 1차적으로 해석하는 작업을 먼저 시작한다. 하지만 기억에 대한 연구는 거기에서 결코 그치지 않는다. 기억의 수많은 연구 대상들을 기억의 '매개물midium'이라고 간주할 수 있다면, 이러한 매개물들을 통해 사회적으로 어떤 일이 벌어지고 그 과정에서 매개물이 담은 의미가 사회적으로 어떻게 확산되거나 혹은 수정되어 가는지를 둘러싼 일체의 사회적 실천 행위가 더 중요하다. 그것이 이 장에서 여러 차례 언급된 기억의 사회적 구성, 나아가 '기억의 정치학'의 근본적인 차원에 해당한다. 달리 말해 '기억 행위remembering,' '사회적 기억 행위social remembering,' 혹은 '기억의 기억memory of memory,' '기억의 실천practices of memory' 영역에 대한 보다 적극적인 관심이 필요한 것은 바로 이 때문이다(Olick, 2011). 현재 집합적 기억에 관한 국내의 역사학, 사회학은 물론 다수의 미디어 문화연구 성과들은 대부분 1차적인 해석에 머물러 있는 경우가 많다. 여러 현실적인 어려움과 한계들이 있지만, 그럼에도 연구의 폭을 보다 확장시켜 나가려는 야심찬 계획과 시도가 여전히 필요한 시점이다. 이 장이 그 과정에서 조금이나마 도움이 될 수 있기를 소망한다.

참고 문헌

김동춘 (2013). 《이것은 기억과의 전쟁이다: 한국전쟁과 학살, 그 진실을 찾아서》. 사계절.

김성욱 (2008). "영상, 역사, 기억: 표상의 아포리아," 〈영상예술연구〉, 12호, pp.57~75.

김수정 (2010). "개인주의에서 민족주의까지: TV 사극 〈선덕여왕〉의 사회 문화적 의미를 중심으로," 〈한국방송학보〉, 24권 2호, pp.70~109.

김응종 (2011). "피에르 노라의 〈기억의 장소〉에 나타난 '기억'의 개념," 〈프랑스사 연구〉, 제24호, pp.113~128.

구승회 편역 (1993). 《논쟁 — 나치즘의 역사화?: 독일 현대사 논쟁의 중간 결산과 비판》. 온누리.

남수영 (2009). 《이미지 시대의 역사 기억: 다큐멘터리, 전복을 위한 반복》. 새물결.

다카하시 데쓰야高橋哲哉 (2000). 《일본의 전후 책임을 묻는다: 기억의 정치, 망각의 윤리》(orig. 1999). 이규수 옮김. 역사비평사.

박진우 (2010). "증언과 미디어: 집합적 기억의 언술 형식에 대한 고찰," 〈언론과 사회〉, 18권 1호(2010년 봄), pp.47~90.

박진우 (2014). "역사적 사실과 영상 재현의 관계: 집합적 기억의 사회적 구성 과정에 대한 재검토," 〈애니메이션 연구〉, 10권 4호(통권 31호), pp.113~132.

심영희 (2000). "침묵에서 증언으로: '군위안부 피해자'들의 귀국 이후의 삶을 중심으로," 〈정신문화연구〉 23권 2호(통권 79호), pp.115~146.

윤택림 (1994). "기억에서 역사로: 구술사의 이론적, 방법론적 쟁점들에 대한 고찰," 〈한국문화인류학〉, 25호, pp.273~294.

윤택림 (2010). 《구술사, 기억으로 쓰는 역사》. 아르케.

이기형 (2010). "영상 미디어와 역사의 재현 그리고 '기억의 정치학': 안중근 의사의 순국 100주년 기념 텔레비전 다큐멘터리들을 중심으로," 〈방송문화연구〉, 22권 1호, pp.57~90.

주창윤 (2006). "역사 드라마의 '역사' 기억하기 혹은 망각하기," 〈프로그램/텍스트〉, 15호, pp.13~28.

Assmann, A. (1999). *Erinnerungsräume*. [변학수 · 채연숙 옮김. 《기억의 공간 : 문화적 기억의 형식과 변천》. 그린비. 2011].

Bauman, Z. (1988). *Modernity and Holocaust*. [정일준 옮김. 《현대성과 홀로코스트》. 새물결. 2013].

Bhabha, H. (1990). *Nation and Narration*. [류승구 옮김. 《국민과 서사》. 후마니타스. 2011].

Derrida, J. (1995). *Mal d'archive: Une impression freudienne*. Paris: Galilée; (trans.) Eric Prenowitz. (1996). *Archive Fever: A Freudian Impression*. Chicago: University of Chicago Press.

Durkheim, E. (1912). *Les formes élémentaires de la vie religieuse*. [노치준 · 민혜숙 옮김. 《종교 생활의 원초적 형태》. 민영사. 1992].

Elias, N. (1991). *Time: An Essay*. Oxford: Blackwell.

Elsaesser, T. (1996). "Subject Positions, Speaking Positions: From Holocaust, Our Hitler, and Heimat to Shoah and Schindler's List," in Vivian Sobchak (ed.), *The Persistence of History: Cinema, Television and the Modern Event*. New

York: Routledge.

Freud, S. (1997a). 《프로이트 전집 14권: 무의식에 관하여》. 김석희 옮김. 열린책들. 1997.

Freud, S. (1997b). 《프로이트 전집 15권: 문명 속의 불만》. 김석희 옮김. 열린책들. 1997.

Grainge, P. (ed.) (2003). *Memory and Popular Film*. Manchester: Manchester University Press.

Halbwachs, M. (1952). *Les cadres sociaux de la mémoire*(orig. 1925). Paris: PUF.

Halbwachs, M. (1992). *On Collective Memory*. Chicago: University of Chicago Press.

Halbwachs, M. (2008). *La Topographie légendaire des évangiles en terre sainte: Étude de mémoire collective*(orig. 1941). Paris : PUF.

Hartog, F. (2002). *Régimes d'historicité: Présentisme et expériences du temps*. Paris: Seuil; (trans.) Saskia Brown. (2015). *Regimes of Historicity: Presentism and Experiences of Time*. New York: Columbia University Press.

Hobsbawm, E. (1994). *The Age of Extremes: A History of the World, 1914－1991*. [이용우 옮김. 《극단의 시대: 20세기 역사》. 까치. 1997].

Hobsbawm, E. & T. Ranger (1983). *The Invention of Tradition*. [박지향 · 장문석 옮김. 《만들어진 전통》. 휴머니스트. 2004].

Hutton, P. H. (1993). *History as an Art of Memory*. Lebanon, NH: University Press of New England.

Jaspers, K. (1946). *Die Schuldfrage-Von der politischen Haftung Deutschlands*. [이재승 옮김. 《죄의 문제: 시민의 정치적 책임》. 앨피. 2014].

Koselleck, R. (1979). *Vergangene Zukunft: Zur Semantik*. [한철 옮김. 《지나간 미래》. 문학동네. 1998].

LaCapra, D. (1998). *History and Memory after Auschwitz*. Ithaca, NY: Cornell University Press.

LaCapra, D. (2008). 《치유의 역사학으로: 라카프라의 정신분석학적 역사학》. 육영수 편역. 푸른역사. 2008.

Laïdi, Z. (2000). *Le sacré du présent*. Paris: Flammarion.

Levi, P. (1947/1958). *Se Questo è un Uomo*. [이현경 옮김. 《이것이 인간인가》. 돌베개. 2007].

Levi, P. (1986). *Sommersi e i Salvati*. [이소영 옮김. 《가라앉은 자와 구조된 자: 아우슈

비츠 생존 작가 프리모 레비가 인생 최후에 남긴 유서》. 돌베개. 2014].

Lowenthal, D. (1985). *The Past is a Foreign Country*. [김종원·한명숙 옮김. 《과거는 낯선 나라다》. 개마고원. 2006].

Mitscherlich, A. & M. Mitscherlich (2005). *Le deuil impossible: Les fondements du comportement collectif*(orig. 1967). Paris: Payot.

Morris-Suzuki, T. (2005). *The Past within Us: Media, Memory, History*. [김경원 옮김. 《우리 안의 과거: 미디어, 메모리, 히스토리》. 휴머니스트. 2006].

Nichols, B. (2002). *Introduction to Documentary*. [이선화 옮김. 《다큐멘터리 입문》. 한울. 2005].

Nora, P. (ed.). (1984~1992). *Les Lieux de Memoire*. [김인중·유희수 옮김. 《기억의 장소》(전5권). 나남. 2010].

Olick, J. (2007). *The Politics of Regret*. [강경이 옮김. 《기억의 지도: 집단 기억은 인류의 역사와 사회, 그리고 정치를 어떻게 뒤바꿔놓았나?》. 옥당. 2011].

Peters, J. D. (2001). "Witnessing," *Media, Culture & Society*, 23(6), pp.707~723.

Renan, E. (1882). *Qu'est-ce qu'une nation?* [신행선 옮김. 《민족이란 무엇인가》. 책세상. 2002].

Ricoeur, P. (2000). *La mémoire, l'histoire, l'oubli*. Paris: Seuil; (trans.) K. Blamey and D. Pellauer. (2004). *Memory, History, Forgetting*. Chicago: University of Chicago Press.

Rosenzweig, R. & D. Thelen (1998). *The Presence of the Past: Popular Uses of History in American Life*. New York: Columbia University Press.

Schudson, M. (1992). *Watergate in American Memory: How We Remember, Forget, and Reconstruct the Past*. New York: Basic Books.

Schwartz. B. (1996). "Memory as Cultural System: Abraham Lincoln in World War II," *American Sociological Review*, 61(5), pp.908~927.

Traverso, E. (2005). *Le passé, modes d'emploi: Histoire, mémoire, politique*. Paris: La Fabrique.

Vidal-Naquet, P. (1987). *Les Assassins de la mémoire*. Paris: La Découverte; (1995). *The Assassins of Memory and Other Essays: Articles on Robert Faurisson, Noam Chomsky and Revisionism*. New York: Columbia University Press.

Wachtel, N. (1971). *La vision des vaincus: Les Indiens du Pérou devant la*

Conquête espagnole(1530～1570). Paris: Gallimard; (1990). *The Vision of the Vanquished: The Spanish Conquest of Peru Through Indian Eyes, 1530～1570*. New York: Harwood Academic Publishers.

Wagner-Pacifici, R. & B. Schwartz (1991). "The Vietnam Veterans Memorial: Commemorating a Difficult Past," *American Journal of Sociology*, 97(2), pp.376～420.

Yerushalmi, J. H. (1982). *Zakhor: Jewish History and Jewish Memory*. Seattle: University of Washington Press.

Zelizer, B. (1992). *Covering the Body: The Kennedy Assassination, the Media, and the Shaping of Collective Memory*. Chicago: University of Chicago Press.

Zelizer, B. (1998). *Remembering the Forget: Holocaust Memory through the Camera's Eye*. Chicago: University of Chicago Press.

11장

공간이란 무엇인가

'공간적 전회'와 국내 도시 공간 연구

김수철

● 김수철은 미국 일리노이주립대에서 "공간, 역사, 이동성: 1970년에서 2000년까지 도시 서울의 이동성 역사 연구"라는 논문으로 커뮤니케이션학 박사 학위를 받았다. 2008년 캐나다 사이먼 프레이저대학교 커뮤니케이션학부에서 박사후 과정 연구원으로 재직했다. 현재 한양대학교 평화연구소 연구교수이며, 공간, 디지털 미디어, 영상 커뮤니케이션 분야의 강의와 연구를 하고 있다. 주요 논문으로는 "한국 문화 산업에서 '창조성으로서의 전회'에 관한 고찰: 대중 음악 산업을 중심으로," "케이팝에서의 트랜스미디어 전략에 대한 고찰(공저)," "과학적 증거물로서 디지털 이미지: 위험의 시각화에서 디지털 영상 기술의 역할과 위치," "Seoul Searching: How do mobile communication technologies alter urban mobilities?"가 있고, 번역서로는 《마르크스 TV를 켜다: 마르크스주의 미디어 연구의 쟁점과 전망》(공역)이 있다.

1. 공간은 비어 있지 않다

이 장은 미디어 커뮤니케이션학의 질적 연구의 한 분야로서 도시 공간 연구에 대한 전반적 이해를 돕기 위하여 1980년대 후반 이후 본격적으로 등장했던 도시 공간 이론과 국내 도시 공간 연구의 경향을 살펴보고자 한다. 이를 위해서 인문사회과학에서의 공간에 관한 관심, 즉 '공간적 전회spatial turn'의 담론을 공간 권력적 접근과 미디어-공간적 접근으로 나누어 이론적으로 살펴본 후 1980년대 후반 이후 국내에서 본격적으로 등장했던 도시 공간에 대한 이론적 관심 및 구체적인 연구의 흐름과 경향을 살펴보고자 한다.

공간이란 무엇인가? 공간에 대한 일반적으로 널리 알려진 통념 중 하나는 공간은 비어 있는 어떤 것, 즉 뭔가로 채워져야 할 빈 그릇이라는 것이다. 이러한 통념은 인문사회과학 분야에서도 크게 다르지 않았다. 도시, 공간을 주제로 한 많은 연구에도 불구하고 기존의 연구들은 단지 공간에 대한 단순한 기술에 그치는 혹은 공간이란 단지 사회적 관계, 사건, 내러티브들이 발생하는 수동적인 장소로서 나타나는 경향이 많았다. 하지만 1980년대 후반부터 후기 근대, 후기 자본주의, 혹은 포스트모더니즘에 대한 논의들이 활발해지면서 공간이 단순히 수동적인 배경이나 그릇이 아니라 사회적 관계를 구조화하거나 영향을 주기도 하며 또한 우리의 사회적 실천과 행위가 공간을 생산하기도 한다는 점을 고려할 수 있는 학문적 패러다임의 변화, 즉 공간적 전회의 필요성에 공감하는 연구와 이론들이 주목받기 시작했다. 다시 말해서, 인문사회과학에서의 공간적 전회는 기존의 모더니티에 대한 접근 방식이 시간적 연속성을 바탕으로 한 인과관계와 역사의 선형적 흐름에 초점을 두면서 사회적 존재의 시간적 변천에 주목하는 반면, 공간은 부수적 사회 현상으로 여기는 경향이 강했다는 비판적 성찰과 연관된다. 공간적 전회의 담론들은 공간은 “죽은 것, 반동적인 것, 비변증법적인 것, 자본주의적인 것”이지만 “시간과 역사는 풍요로운 것, 혁명적인 것, 생생한 것, 변증법적인 것”(Foucault, 1984; 하비, 1989/1994: 354에서 재인용)이라는 주장을 거부하면서 공간의 능동적, 생산적 측면에 주목하면서 공간적 상상력을 통한 접근을 강조하는 이론적 입장들에 기반을 두고 있다. 국내에서도 1990년대 초반 이후 한국 사회에서 정치적 민주화와 소비자본주의의 확산이 본격화되면서 도시 공간에 주목하는 연구들이 다양한 관련 학문 분과에 등장하기 시작했다. 도시 공간에 관한 다양한 이론서들이 번역되어 소개되고 또한 국내 연구자들의 도시 공간에 대한 다양한 사례 연구와 이론적 논의들이 축적되면서 도시 공간에 주목하는 연구들을 인문사회과학 분야에서 적지 않게 찾아볼 수 있게 되었다.

공간적 전회 이후에 인문사회과학에서의 도시 공간 이론들은 매우 방대하며 그 이론적 갈래 역시 매우 복잡하여 그 내용을 이와 같은 짧은 지면에서 조망하기란 쉽지 않다. 도시 공간 이론을 다루는 이 장의 전반부에서는 개별 도시 공간 연구에서의 구체적 사례보다는 공간적 전회라는 인문사회과학 분야에서의 패러다임 변화의 핵심적 논의를 제공했던 도시 공간 이론들을 살펴볼 것이다. 특히 공간적 전회를 계기로 인문사회과학 이론에 등장했던 도시 공간 이론들을 공간 권력적 접근과 미디어–공간적 접근으로 나누어 살펴봄으로써 도시 공간에 대한 이론적 논의의 특징과 경향에 대한 이해를 돕고자 한다.

이 장의 후반부에서는 1990년대 초반 이후 한국 사회에서 문화연구를 포함한 다양한 인문사회과학 학문 분과에서 '공간적 전회'가 어떠한 방식으로 나타났는지 알아본다. 특히 1980년대 후반 공간적 전회 이후 국내에 등장했던 도시 공간 연구들의 경향과 한계를 비판적으로 살펴보고자 한다. 주목할 만한 구체적 사례 연구들을 세 가지 주제 — '자본의 공간, 소비의 공간,' '서울 아케이드 프로젝트,' '글로벌 도시 '세울' 그리고 신자유주의' — 로 각각 분류하여 그 논의의 특징적 경향에 대하여 살펴볼 것이다. 이러한 사례 연구들을 주제별로 나누어 살펴보는 것은 1990년대 이후 한국 사회의 변화에 따른 서울 도시 공간의 변화라는 연구 대상이 공간적 상상력을 적극적으로 동원한 국내의 다양한 도시 공간 연구에서 어떠한 방식으로 다루어져 왔으며 분석되고 있는지에 초점을 맞춘 것이라고 볼 수 있다. 마지막으로 최근 도시 공간 연구에서의 경향과 향후 국내 도시 공간 연구의 방향에 대하여 논의해 보고자 한다.

2. 도시 공간 이론

인문사회과학에서의 공간적 전회 이후에 나타난 도시 공간 이론은 크게 공간 권력적 접근, 미디어-공간적 접근으로 나누어 살펴볼 수 있다.[1] 먼저, 공간 권력적 접근은 인문사회과학 분야에서 공간적 전회를 본격적으로 가져온 미셸 푸코와 앙리 르페브르Henri Lefebvre의 이론적 논의를 통해서 살펴볼 수 있다. 푸코는 그의 계보학적 방법을 통한 근대 권력에 대한 논의에서 공간을 통해서 전개되는 근대 권력의 배치와 작동 방식을 보여 주고자 했다. 르페브르는 《공간의 생산*The production of space*》이라는 저작에서 기존의 시간 중심적 사고를 벗어나서 사회적 관계의 공간적 배치에 주목함으로써 사회적 갈등과 주체들의 저항이 어떻게 공간을 통해서 가시화되는지에 주목했다(르페브르, 1974/2011). 뿐만 아니라 공간의 재현, 인식, 실천과 관련된 이론적 논의를 제공하고 공간의 능동성, 생산성에 대한 강조를 통해서 기존의 협소하고 정태적인 공간 개념에 기반을 두거나 시간 중심적 사고에 기반을 둔 연구에서 벗어나 공간적 상상력을 이용한 다양한 도시 공간에 대한 연구의 등장에 중요한 기여를 하게 된다.[2]

1 이외에도 도시 공간 이론에는 후기 자본주의 정치경제적 변화에 주목하는 정치경제적 접근이 있을 수 있다. 정치경제적 접근은 자본주의 사회의 변화를 포드주의에서 포스트포드주의로의 정치경제적 체제의 변화로 바라본다. 근대 도시가 확장하면서 자본의 지배력이 모든 도시 환경 및 도시 인프라에 침투하면서 도시 공간에 대한 자본의 지배력이 본격적으로 가시화됨에 따라 나타나는 도시 공간의 정치경제적 변화에 주목하는 것이다. 도시 공간에 대한 정치경제적 접근에는 잉여의 축적과 지대, 그리고 자본의 순환이라는 측면에서 도시 공간을 분석한 데이비드 하비David Harvey, 정보화 기술 네트워크 및 인프라의 집중으로 파편화, 양극화되는 현대 글로벌 도시 공간의 변화를 분석한 마누엘 카스텔Manuel Castells 등이 대표적이다. 도시 공간 이론의 정치경제적 접근에 대해서는 조명래(2002), Amin & Thrift(2002)를 참조하라.

2 이러한 측면에서 르페브르의 공간 이론은 미디어-공간적 접근에서 보다 자세하게 논의된다.

미디어–공간적 접근은 미디어와 공간이 매우 긴밀하게 연관되어 있다는 인식에 기반을 두고 있는 도시 공간 이론들과 연관된다. 미디어와 공간이 연관되어 있다는 말은 미디어와 공간을 인식하고 사용하는 방식을 틀 짓고 규정하는 사회적 과정은 마치 동전의 양면과 같이 긴밀하게 연관되어 있다는 인식이다. 미디어–공간적 접근은 미디어와 공간에 대한 인식과 사용 방식을 긴밀하게 연관되어 있는 것으로 파악하고 둘 사이의 다양한 관련성을 그 주요 논제로 삼고 있는 연구를 말한다. 이러한 접근은 마셜 맥루언Marshall McLuhan, 해럴드 이니스Harold Innis와 같은 미디어 이론가들의 논의에서 이미 다양하게 주장되었고 보다 최근에는 텔레비전이나 인터넷과 같이 기존의 시간과 공간의 한계를 새롭게 뛰어 넘는 전자 미디어의 사용이 우리의 일상 공간 인식, 그리고 그곳에 거주하며 그 공간을 사용하는 방식에 미치게 되는 영향에 주목하는 미디어 분야 연구들과도 연관된다. 이 장에서는 미디어–공간에 대한 발터 벤야민Walter Benjamin의 도시 공간 이론을 중심으로 미디어–공간적 접근에 대하여 살펴볼 것이다.

1) 공간 권력적 접근

공간 권력적 접근을 가장 잘 보여 주는 연구는 미셸 푸코의 이론, 특히 그의 계보학적 방법론이다. 푸코는 정신병이나 범죄와 같은 문제를 바라봄에 있어서 주체를 역사화시키거나 역사의 흐름에 따라 전개되는 주체를 설정하는 것이 아니라 역사 속에서 어떤 주체가 어떻게 형성되는가를 설명하고자 한다. 푸코의 이러한 독자적인 방법론에 기반을 둔 접근에서는 권력이 행사되는 방식, 즉 권력에 의한 공간의 배치가 핵심적 분석 대상이 된다.

예를 들어, 17세기 이후 유럽의 자유주의 통치성governmentality에 대한 논의에서 푸코는 도시 문제를 17~18세기 자유주의 통치성에 입각한 경제 사회의 작동이라는 맥락에서 파악한다. 즉 도시는 사물과 사람이 순환하며 개인의 경제 행위가 집약되는 곳이고 이를 방해하는 기존의 물리적 공간들을 파괴하거나 대체하고 새로운 치안 장치를 발명한 곳으로 이해된다(Foucault, 1977). 도시 공간을 다양한 종류의 통치 행위에 따른 공간의 배치의 결과로서 파악하는 푸코의 이해에는 도시 공간을 각 시대가 요구하는 상이한 통치성에 따라 사람들의 삶의 방식을 관리, 인도하는 과정에서 나타나는 공간으로 바라보는 시각이 관통하고 있다. 즉 도시 공간을 통치성의 장치apparatus로서 바라보는 것이다. 따라서 푸코에게 있어서 자본과 시장의 성격에 대한 분석에서 자본과 시장 외부에서 바라보는 것이 중요한 것처럼 도시 공간의 성격을 파악하는 데 있어서도 도시 공간 외부에서 바라봄으로써 그것을 가능하게 했던 요인과 맥락에 대한 분석이 가능하게 된다. 이러한 도시 공간의 외부성에 대한 강조야말로 미셸 푸코의 공간 이론의 가장 핵심이라고 할 수 있는데, 이러한 푸코의 공간에 대한 시각을 가장 잘 보여 주는 개념이 헤테로토피아heterotopia다.

푸코는 "타자의 공간of other spaces"이라는 에세이에서 다음과 같이 말했다.

> "우리가 알고 있듯이 19세기의 가장 큰 강박관념은 역사였다…… 어쩌면 현 시기는 다른 무엇보다도 공간의 시대가 될 것이다. 우리는 동시성simultaneity의 시대에 살고 있다. 즉 우리는 병치juxtaposition, 근거리와 원거리, 병렬, 확산의 시대에 살고 있다. 나는 우리가 세계에 대한 우리 자신의 경험이 시간을 통해서 발전하는 기나긴 생명의 시대라기보다는 생명의 포인트

와 타래들이 서로 연결되고 상호 교차하는 네트워크의 시대에 살고 있다고 믿는다"(Foucault, 1984/1967: 1).

인문사회과학 이론에서의 공간적 전회를 기표하는 문구로서 자주 인용되기도 하는 위 인용문에서 찾아볼 수 있는 푸코의 공간 이론은 고정되고 수동적인 공간 개념을 넘어설 것을 요구함과 동시에 공간에 대한 우리의 시각이 변화될 것임을 예견하고 있다.

또한 헤테로토피아에 관한 같은 글에서 푸코는 아직 충분하게 달성되지 못한 공간의 탈신성화 과정에 대하여 이야기하고 있다. 공간의 탈신성화가 의미하는 바는 시간의 탈신성화를 통해서 논의해 볼 수 있다. 시간의 탈신성화란 과거와 달리 우리가 시간 자체에 어떤 신성한 의미를 부여하고 그 신성한 시간의 흐름과 결부된 활동과 행사가 있는, 즉 시간의 흐름에 불가분하게 엮여 있는 삶을 영위하는 것이 아니라 시간은 우리의 삶에 있어서 단지 하나의 지표가 되고 서로의 약속, 일정에 따라 정해진 규칙에 따라서 활동하게 되는 것을 의미한다(임성훈, 2014: 185). 신성한 시간의 명령이 아니라 시간에 의해 표기된 사람들 사이의 약속과 (근대적이고 합리적인) 규칙에 의해서 우리의 삶이 영위되기에 시간의 탈신성화는 사람들, 규칙들이 과거 신성한 시간의 명령을 대체하게 됨을 의미한다. 따라서 누가 시간에 명령을 부여하는가와 같은 명령을 결정하는 사람과 그 결정에서 소외되는 사람들과 같은 권력 문제, 불평등, 소외의 문제가 등장하게 된다.

비슷한 맥락에서 공간의 탈신성화는 천당과 지옥, 천상과 지상과 같은 신성한 공간 구분에 의한 위계적 질서가 아닌 과학적이고 합리적인 세계관에 따른 공간의 재편을 의미한다. 더 나아가 이미 공간에 부여된 장소의 (신성한) 의미와는 관계없이 또 다른 장소성이 부여될 수 있음을 의미한다. 여기서 장소성이란 가스통 바슐라르Gaston Bachelard에 의해서 논의된 풍부한 감각과 이미지를 가진 내적 공간이라기보다는 외부의 사회적 활동 및 관계의 배치의 결과로 나타나는 외적 공간을 의미한다. 푸코는 다음과 같이 말한다.

> "바슐라르의 기념비적 작업과 현상학들의 기술은 우리가 동질적이고 비어 있는 공간에 살고 있지 않다는 점을 가르쳐주었다…… 이러한 분석들은 우리 시대의 성찰에 있어서 근본적이긴 하지만 그 주요 관심은 내적 공간을 향하고 있다. 나는 외적 공간에 대하여 말하고 싶다…… 우리가 살고 있으며, 우리 스스로를 밖으로 이끌어 내도록 하고, 우리의 삶이 침식되며, 우리의 시간과 역사가 발생하는 공간, 즉 우리를 긁어 상처내고 할퀴고 갉아먹는 공간은 그 자체로 이질적인heterogeneous 공간이다. 다시 말해서, 우리는 빈 공간, 그리고 그 안에 우리가 개인들과 사물들을 놓아둘place 수 있는 그런 공간에 살지 않는다. 우리는 다채로운 빛과 음영으로 물들 수 있는 빈 공간 안에 살지 않는다. 우리는 서로 환원 불가능하며 대체 불가능한 장소들을 상세하게 묘사하는 일련의 관계들 속에서 살고 있다"(Foucault, 1984/1967: 2~3).

푸코의 헤테로토피아 개념을 통해서 나타나고 있는 공간의 외적인 측면에 대한 강조는 공간 및 도시의 탄생을 외부로부터 바라볼 것을 강조하는 17~18세기 자유주의 통치성 논의에서의 도시의 탄생에 대한 논의와 일맥상통한다. 또한 우리가 비어 있는 공간에 사는 것이 아니라 이미 환원 불가능하며 대체 불가능한 일련의 관계들 속에 있음을 강조하는 푸코의 이러한 논의는 공간의 내적 특성이 아닌 권력의 배치의 결과로서 나타나는 공간 개념을 강조하고자 하는 그의 공간 이론의 핵심 내용을 잘 보여 준다. 요약하자면, 푸코의 헤테로토피아 개념에 대한 논의에서 나타나고 있는 푸코의 공간 이론은 공간에 권력을 행사하는 것들이 무엇이며 그것에 의해서 공간이 어떻게 변화되며 그 변화의 결과가 다시 공간 속에서 권력을 행사하게 되는 과정에 주목하고자 하는 공간 권력적 접근의 핵심을 담고 있다고 볼 수 있다.

2) 미디어-공간적 접근

여기서 사용하는 미디어-공간적 접근이란 미디어와 공간의 연관성을 그 주요 논제로 삼고 있는 연구를 말한다. 즉 미디어에 의해서 어떠한 종류의 공간이 만들어지며 또한 기존의 공간, 좀 더 구체적으로 공간에 대한 지각, 사용, 해석 방식이 미디어에 어떠한 영향을 주고 있는지에 대한 연구를 말한다. 푸코가 이야기했듯이 우리는 공간의 시대에 살고 있다. 서로 다른 공간이 병치, 병렬되며 가까운 곳과 먼 곳의 이미지가 동시적으로 작용하는 그런 시대에 살고 있다. 실제로 정보 통신 기술의 발전과 이에 따른 사람과 사물의 이동성mobilities이 다양한 방식과 이유로 증가하게 된 것이 사실이다. 이에 따라 우리의 일상 공간은 전보다 훨씬 더 다른 장소들에 대한 이미지로 채워지게 되는 일이 많아졌고 또한 과거에 분리된 채 별 다른 관련이 없던 것으로 존재하던 다른 공간의 질서가 이제는 우리의 일상 공간의 질서에도 직, 간접적으로 영향을 미치게 되는 일이 더욱 흔하게 벌어지게 된 것이다.

여기에서 미디어는 이러한 공간적 동시성과 병렬의 시대에 다른 공간의 이미지를 그 어느 시기보다도 흔하게 담아내고 있으며 우리의 공간에 대한 지각, 재현은 다른 어떤 시기보다도 미디어를 통해서 이루어지고 있다는 인식이 가능하다. 그러나 미디어와 공간의 이러한 긴밀한 연관성에도 불구하고 이 둘 사이의 관계를 구체적으로 밝혀내기란 결코 간단한 일이 아니다. 미디어 시스템이 만들어 내고 때로는 강제했던 공간 질서들이란 매우 복잡하고 불균등하며 그 스케일도 매우 복합적이다. 오히려 미디어 커뮤니케이션 기술은 동질적인 공간을 만들어 내기보다는 다양한 방식의 미디어에 대한 규제와 통제를 통해서, 그리고 미디어의 역사적, 지각적 위치에 따라서 이질적이고 유연하며 파편화된 공간 질서들을 만들어 낸다. 또한 이러한 과정을 통해서 미디어 커뮤니케이션 기술은 미디어가 공간 현실을 재현하고 지각하는 방식에 영향을 미치게 된다.

다시 말해서 미디어의 공간성spatiality은 결코 미디어에 의한 레토릭이나 특정 미디어가 수행할 것이라는 기대와는 일치하지 않는 경우가 흔하다는 말이다. 시간과 공간의 한계를 뛰어 넘어 현장성을 담고 있다는 전자 미디어가 매개하고 재현하고 있다는 공간적 현실과 실제의 공간적 현실은 결코 일치하지 않는 경우가 많다. 즉 미디어의 공간적 기원과 실제 미디어의 주장들 사이에는 적지 않은 모순들이 존재한다. 미디어 레토릭을 통해서 미디어가 매개하고 있다는 공간적 현실과 실제로 벌어지고 있는 미디어의 공간적 조직화 사이에 존재하는 간극들은 다양한 지식과 실천들을 통해서 다양한 형태의 불평등, 모순, 지배를 낳는다. 그리고 이러한 불평등, 모순, 지배를 다른 어떤 접근보다도 잘 보여 줄 수 있는 위치에 미디어–공간적 접근이 있다(Couldry & McCarthy, 2004).

그렇다면 미디어와 공간이 맺고 있는 복합적이고 모순적인 관계는 어떻게 이해될 수 있을까? 앙리 르페브르는 공간이 어떻게 생산되는지에 관한 저서 《공간의 생산》에서 공간을 구성하는 세 가지 층위를 제시하고 있다. 공간의 재현representation of space, 재현 공간representational space, 그리고 공간적 실천spatial practices이 그것들이다. 르페브르에 따르면, 먼저 공간의 재현은 우리가 어떤 공간에 대해서 알고 있는 지식과 우리가 그 공간을 인식perceive하는 방식을 규정하는 담론들을 의미한다. 공간의 재현이라는 측면에서 공간은 "개념화된 공간," 즉 "과학자들, 도시계획가들, 도시론자들urbanists, 다양한 테크노크라트들과 토건기술자들social engineers의 공간"이다(르페브르, 1974/2011: 38~39). 이들은 흔히 그 공간에 무엇이 있어야하고 혹은 누가 살아야 하는지, 그리고 그 공간에 대한 인식이나 인식하는 방식을 규정한다. 따라서 공간의 재현은 어떤 장소에 대하여 알려져 있는 것들, 그 공간이 말 되어지는 방식들, 그리고 그 공간에 내재해 있는 이데올로기들과 관련된다. 이러한 측면에서 보면, '공간의 재현'이라는 측면에서 공간은 "모든 사회(혹은 모든 생산 양식)에서 지배하는dominant 공간"이다(르페브르, 1974/2011: 38~39).

둘째, '재현 공간representational space'이란 삶의lived 공간을 의미한다. 따라서 이 공간은 거주자들, 사용자들의 공간이다. 이 공간은 "지배되는 — 따라서 수동적으로 경험되는 — 공간"으로 우리의 "상상력이 변화시키고자 하며 전유하고자 하는 공간"이다(르페브르, 1974/2011: 39). 재현 공간으로서 공간은 그 공간의 거주자들, 사용자들의 공간뿐만 아니라 우리의 상상력에서 비롯되는 다양한 문학, 음악, 미술 등과 같은 문화에 의해서 재현되고, 상상되고, 말 그대로 살아지는lived 공간들을 의미한다.

마지막으로 '공간적 실천spatial practice'으로서의 공간이 존재한다. 이는 우리가 일상생활에서 그 공간을 사용하는 방식, 즉 공간의 소비, 생산 방식과 관련된다. 이동성mobility 패러다임에 대한 어리(Urry, 2000)의 연구가 주목하고 있듯이 '공간적 실천'으로서의 공간은 사람들이 공간에서 이동하는 방식과 관련된다. 서울 시민들은 어떠한 방식으로 집에서 직장까지 이동하는가? 서울을 찾는 관광객들은 어떠한 이동 수단을 통해서 도시 서울의 경관을 소비하는가? 강남과 강북의 도시 계획, 거리의 간판들, 편의 시설의 위치, 도시 경관들은 자동차에 우호적인가?

아니면 보행자들에 우호적인가? 이러한 문제들 모두 '공간적 실천'으로서 공간의 층위를 구성하는 것들이다.

여기서 르페브르의 공간의 세 가지 층위, 혹은 개념에 대한 논의와 관련되어 유념해야 할 것이 있다. 1974년 《공간의 생산》의 프랑스어판이 최초로 나온 이래로 영어 번역본이 나오기까지는 16년의 세월이 걸렸다. 한국에도 수년 전부터 《공간의 생산》 한국어 번역본 외에도 르페브르의 공간 이론에 대한 몇몇 저작들이 번역되었다. 이에 따라 르페브르의 공간 이론, 특히 공간의 세 가지 층위에 대한 개념들이 적지 않은 도시 공간 사례 연구들에서 사용되고 있는 것을 발견할 수 있다. 그러나 이러한 르페브르의 세 가지 공간 개념을 기계적으로 적용하여 모든 공간 분석에 적용하는 도시 공간 연구는 바람직하지 않을 뿐더러 르페브르가 늘 경계하고자 했던 공간을 추상화하는 것으로 귀결될 위험이 있다. 르페브르가 공간의 세 가지 층위를 논의하면서 이 세 가지 층위가 조화롭게 작동하는 것이 바람직한 것으로 보긴 했지만 그렇다고 그것이 공간의 재현, 재현된 공간, 공간적 실천이라는 세 가지 층위가 모든 공간에 균등하게 보편적으로 작동하고 있다는 것을 의미하진 않는다. 즉 특정한 맥락에 따라 어떤 공간이냐에 따라서 공간의 세 가지 층위는 매우 불균등하게 작동하고 있을 가능성이 높다고 가정하는 것이 더 적절할 것이다. 어떤 사회에서는 혹은 동일 사회에서도 어떤 공간이냐에 따라서 도시계획가, 행정가들의 공간 재현이 압도적인 사회가 있을 수 있으며 어떤 경우에는 예술가들의 재현 공간이 더욱 더 강력하게 작동하는 공간이 있을 수 있다는 점에 유의할 필요가 있다. 세 가지 공간의 층위가 서구 유럽이나 미국 사회, 그리고 중국이나 한국 사회에서 역사적 시간을 초월하여 모두 균등하고 동일하게 작동하고 있다고 가정할 근거는 아무데에도 없다. 결국 르페브르의 공간의 세 가지 층위 개념은 모든 도시 공간 연구에서 균등하게 사용할 수 있는 보편적이고 고정적인 카테고리나 분석 단위로 받아 들여져서는 곤란하다.[3] 따라서 르페브르의 공간의 세 가지 층위 개념을 가지고 특정 도시 공간에 대한 연구에 착수하기 전에 고민해 보아야 할 점은 모든 공간에 대한 연구는 보편적 개념이나 범주로 추상화된 공간에서 시작되는 게 아니라 그러한 범주나 분석 개념들이 모두 소용없거나 부적절할 수도 있는 언제나 매우 특정한 맥락과 관계 속에 놓여 있는 공간에서부터 시작될 수밖에 없다는 것이다. 이것은 또한 르페브르와 푸코와 같은 공간 이론가들의 핵심 주장이기도 하다.

그럼에도 불구하고 르페브르의 공간의 세 가지 층위에 대한 논의는 미디어와 공간이 맺고 있는 관계의 복합성을 잘 드러내준다. 물론 르페브르는 이 공간의 세 가지 층위에 대해서 설명할 때 오늘날 우리가 사용하는 미디어라는 개념을 사용하지 않는다. 그러나 재현, 담론, 실천, 인지, 인식, 이데올로기 등과 같은 단어들을 통해서 이루어지고 있는 르페브르의 공간의 세 가지 층위에 대한 설명은 오늘날 우리가 매개mediation라고 이해하는 다양한 사회적 과정들을 고려하지 않고서는 온전히 이해될 수 없다. 또한 르페브르의 공간 개념에 대한 논의에서 발터 벤야민의 도시 공간 논의에서처럼 오늘날 우리가 이해하는 특정 미디어, 예를 들면, 소설, 신문, 영화, 사진, 혹은 (르페브르의 시대를 고려한다면) 텔레비전,

3 르페브르의 개념만 그럴까? 푸코의 헤테로토피아, 벤야민의 산책자와 같은 수많은 공간 이론의 개념들도 마찬가지가 아닐까? '공간이란 무엇인가'라는 질문은 따라서 '공간 이론이란 무엇인가'라는 질문과 함께 사고될 필요가 있다. 공간 이론 그리고 그 이론 안에 있는 공간에 관한 개념들이 가지고 있는 비고정성, 환원 불가능성, 그리고 개념의 보편적 적용에 반하는 맥락적 성격, 바로 여기에 공간 연구의 어려움이 있다. 모든 공간 연구가 기꺼이 짊어져야 할 짐이자 축복이다.

라디오, 전화 등에 대한 언급을 찾기는 쉽지 않다. 하지만 르페브르의 공간에 대한 설명에서 작동하는 수많은 사회적 과정 — 재현, 지배, 인식, 갈등 등 — 들이 모두 미디어를 통한 매개 과정들을 포함하고 있다는 점은 명백하다. 이러한 측면에서 보았을 때, 르페브르의 세 가지 층위의 공간 개념에 대한 논의는 '미디어-공간' 사이에 존재하는 모순적이고 복합적인 사회적 연관 관계 및 과정에 대한 뛰어난 설명이라고 볼 수 있다. 또한 르페브르가 공간 개념을 이야기할 때 다른 무엇보다도 세 가지의 공간적 층위에 대하여 먼저 말하고 있다는 점은 공간을 사고할 때 단순히 공간이 아니라 공간을 구성하는 복합적인 매개 과정, 즉 미디어-공간으로서의 공간에 먼저 주목하는 것의 중요성(당위성)을 간접적으로 드러내주고 있다.

르페브르의 공간 이론 외에도 공간의 구성이 미디어와 맺고 있는 복잡한 관계에 주목했던 수많은 연구자들 중에서 빼놓을 수 없는 이론가가 발터 벤야민이다. 벤야민에 대한 연구는 벤야민의 저작과 그의 논의만큼이나 매우 다채롭다. 하지만 인문사회과학에서 공간에 관한 높은 관심과 함께 그의 후기 저작에 해당하는 《파사젠베르크》(영문 번역판 제목은 《아케이드 프로젝트》)가 번역, 소개되면서 도시 공간 이론가로서의 벤야민에 대한 연구가 만개하고 있다. 도시 연구자로서 벤야민은 도시 공간에 대한 연구를 통해서 모더니티를 규명하고자 했다(질로크, 1996/2005; 홍준기 엮음, 2010).

이러한 벤야민 연구의 경향은 미디어 이론가로서 벤야민에 대한 재조명 작업을 조금 낯설게 할 수도 있지만 사실 벤야민의 도시 공간 연구는 당대의 미디어와 분리되어 고려되기 힘들다. 우선 벤야민은 당대의 대중 미디어(신문, 잡지, 그리고 라디오) 산업 분야에서 이른바 다양한 실무 경력을 가지고 있었던 이론가였다.[4] 또한 벤야민은 미디어 기술의 역사적 변화에 대해 당대의 어떤 인문사회과학 이론가들보다도 민감했던 도시 공간 연구자였다. 일례로, 〈기술 복제 시대의 예술 작품〉에서는 사진, 영화 등과 같은 시각 미디어에 대한 논의를 통해서 아우라가 사라진 시대에 현대 도시인들의 지각 구조의 변화, 즉 "지각의 주체와 지각 대상 사이에서 발생하는 관계 경험"이 어떻게 변화하는지에 대하여 주목하고 있다(노명우, 2010: 42). 이외의 다른 저작들에서 나타나는 벤야민은 스토리(구술 커뮤니케이션), 소설, 신문과 같은 미디어들의 위치와 이들이 매개하는 커뮤니케이션의 성격, 그리고 미디어 산업의 변화에 대한 뛰어난 성찰을 보여 준다. 예를 들어, 벤야민은 당대의 미디어/엔터테인먼트 산업인 신문 산업의 상업화와 전문화 경향에 주목하여 자본주의 상품 시장 내에서 하나의 상품으로서 자신이 스스로 도시 스펙터클의 일부가 되는 저널리스트의 위상 변화에 대한 분석을 보여 주고 있다(강재호, 2010: 161~162).

미디어 이론가로서 벤야민은 미디어-공간적 접근에서의 중요한 이슈들을 선취하면서 미디어와 공간의 복잡한 관계에 대한 그의 뛰어난 성찰을 보여 준다. 그의 미디어-공간에 대한 논의가 현 디지털 미디어

4 한편으로는 그의 궁핍한 생활을 해결을 위해서였지만 벤야민은 당시 신문, 매거진, 라디오 방송에 저널리스트로서 활발하게 활동한 경력을 가지고 있다. 강재호(Kang, 2014)에 따르면, 벤야민은 저널리스트로서 당시의 대중 미디어인 라디오에서 다양한 프로그램을 제작하기도 하고 방송 작가로서 그리고 진행자로서 활동했다. 그가 제작, 참여했던 라디오 토크쇼는 예상과는 달리 문학 등을 다루는 수준 높은 교양 프로그램이라기보다는 당시의 지식 엘리트로부터 외면 받던 대중문화에 더 가까운 어린이 교육 프로그램이 주를 이루었다. 벤야민은 파리로 망명하기 전까지 베를린에서 기행문, 북 리뷰, 장난감 문화사, 편지 등 매우 다양한 라디오 방송 콘텐츠의 형식, 스타일, 포맷들을 실험했다(Kang, 2014: 13~14).

시대에 도시 공간에 대한 연구에 주는 함의도 바로 이러한 부분에서 도출될 필요가 있다. 이러한 측면에서 벤야민의 미디어-공간 이론은 도시 공간에서 인간이 사물과 맺는 관계 경험의 변화에 따라서 나타나는 올드 미디어의 쇠락과 뉴 미디어의 새로운 등장에 대한 독특한 이론으로 받아들여질 수 있다. 글쓰기, 스토리(구술 커뮤니케이션)가 어떻게 소설, 그리고 나중에는 신문과 같은 정보 전달을 위주로 하는 뉴 미디어에 의해서 그 위치가 변화되는지, 특히 이러한 미디어의 변화가 새롭게 형성시키는 커뮤니케이션의 조건들은 무엇이고 이 조건들이 어떻게 새로운 경험의 지평을 확장하는가에 주목했다는 점에서 그러하다. 여기서 벤야민은 아우라의 상실이나 뉴 미디어에 의한 올드 미디어의 쇠퇴를 회고적으로 혹은 유감으로 받아들이는 이론적 태도와는 구분된다. 즉 그의 미디어-공간 이론은 뉴 미디어에 의한 올드 미디어의 대체와 같은 나이브한 미디어 담론들의 비역사성과 현재주의presentism적 편향성을 바로 드러낸다. 뿐만 아니라 미디어를 하나의 제도나 구조적 시스템으로 바라보는 시각과도 분명히 구분된다. 미디어-공간에 대한 벤야민의 이론은 단순히 미디어의 기능이나 효과에 주목하기보다는 오히려 "다양한 형태의 커뮤니케이션 기술과 다양한 인간 경험" 사이의 상호 관계를 인간의 지각과 능력faculties의 재구성이라는 자신만의 독특한 관점으로 분석하고 있다(Kang, 2014: 21). 이러한 과정에서 벤야민은 자본주의 상품 관계와 모더니티로 규정되는 정치 경제적 맥락에서 미디어-공간 분석의 필요성을 깊이 이해하고 있었으며 또한 실천하고자 했다.

르페브르와 벤야민의 도시 공간 이론에서 나타난 미디어와 공간 사이의 관계에 대한 논의에서 살펴보았듯이 미디어-공간적 접근에서 공간은 어떤 특정한 상상의 산물로서 또한 사회적으로 정치적으로 그리고 미학적으로 구성된 미디어 연구의 대상으로 여겨지게 되었다. 즉 공간은 어떤 지리적 위치로 볼 수도 있지만 무엇보다도 미디어의 산물로 여겨지게 된 것이다. 이러한 측면에서 미디어-공간적 접근은 우리의 행위와 감각이 도시 공간을 인지, 인식, 상상하는 과정에서 작동하는 미디어의 위치에 대하여 고찰할 수 있는 기회를 제공하고 있다(Couldry & McCarthy, 2004; Jansson & Falkheimer, 2006).

3. 1990년대 이후 서울 도시 공간 연구

1) 자본의 공간, 소비의 공간

1960년대 이후 도시 서울의 근대화 과정을 아파트에 초점을 맞춰 그리고 있는 디자인 연구자 박해천은 서울 도시 공간의 역사는 중산층의 역사(또한 아파트의 역사)라고 보고 있다(박해천, 2011). 서울 도시 공간의 역사를 중산층의 역사로 보는 시각은 1990년대 서울 도시 공간을 이해하는 데 있어서 유용하다. 1990년대 도시 서울은 1970년대와 1980년대의 산업화 과정을 통해서 이루어진 자본 축적의 과정, 근대 메트로폴리탄 도시로서의 도시 공간의 스펙터클화, 그리고 소비자본주의의 주술에 빠진 중산층의 보수화로 특징지어지며, 이는 1990년대 서울 도시 공간의 역사 사회적 맥락을 이해하는 데 있어서 중요한 요소들이다. 1980년대 전반에 걸쳐서 세계 경제 및 한국 경제의 장기 호황과 1980년대 후반에 이루어진 민주화 분위기는 도시 서울을 소비자본주의의 본격적인 공간화가 이루어지는 장소로 만들기에 충분했다. 특히, 해외여행 자유화, 각종 규제 완화, 그리고 특히 1988년 서울 올림픽 유치 등으로 도시 서울의 공간은 현대적인 메트로폴리스로서 급격한 변화를 겪게 된다. 이러한 서울 도시 공간의 변화는 1990년대 초반 인문사회과학에 불었던 '문화적 전회cultural turn'와 결합되어 자본의 공간, 소비의 공간, 문화의 공간으로서 서울 도시 공간에 대한 다양한 연구들을 낳게 된다.

실제로 1990년대부터 증가한 도시 공간에 대한 국내 학계의 관심은 서구 문화의 도입으로 인해 변화하는 도시 경관과 그 도시 공간의 정체성을 후기 소비 자본주의 비판의 관점으로 읽어 내고자 하는 경향을 뚜렷이 보였다. 그 결과 1990년대 도시 공간 연구는 먼저, 자본의 흐름과 소비 양식, 이를 바탕으로 만들어지는 도시 공간의 재현을 비판적으로 독해하려는 경향을 보인다. 즉 르페브르의 용어로 재현의 공간, 즉 도시 개발이라는 이름으로 행해지는 국가 권력과 자본에 의해 지배되는 공간에 대한 분석들이 많이 등장했다. 이러한 경향을 가장 직접적으로 보여 주는 연구가 도시 재개발을 통해서 자본의 지배와 흐름이 도시 공간을 어떻게 변화시키는지를 비판 도시사회학, 민속지학적 관점에서 보여 주고 있는 조은·조옥라(1991)의 연구다 이 연구는 도시 서울의 포스트포드주의적 전환의 과정에서 신중산층 생산의 중요한 기제였던 아파트 건설을 위한 대규모 재개발 사업이 이루어지던 지역들 중 하나인 사당동 지역과 이 지역 도시 빈민들의 삶을 1986년부터 참여 관찰, 설문조사, 심층 인터뷰를 통해 연구하고 있다. 이는 1990년대 초반 도시 서울에서의 공간의 재현(도시 계획 및 도시 재개발 정책)과 공간적 실천(도시 빈민의 생활상)의 직접적 대립과 갈등을 그 배경으로 하고 있다. 즉 1980년대 말 도시 서울을 '공간의 재현'이라는 측면에 주목하면서 당시 도시 재개발을 통해서 자본 축적과 국가 권력의 논리가 관철되는 장소로서 도시 서울의 재개발 지역의 거주자들의 일상생활 및 공간적 실천에 대한 기록을 담아내고 있다.

1990년대 초반 이후 서울 도시 공간 연구의 또 다른 경향은 일부 서울 도시 공간 지역이 후기 산업 사회, 포스트모던 도시로 변화해감에 따라서 서울 도심 지역에서의 소비자본주의의 스펙터클 공간의 등장과 그 효과에 주목하고자 연구들의 등장이다. 여기에 가장 대표적인 연구로 《압구정동: 유토피아 디스토피아》(강내희 외, 1992)를 꼽을 수 있다. 이 연구는 압구정동이라는 지역을 다양한 저자들의 시각으로 들여다보면서 1990년대 대중문화에 비친 한국 자본주의의 모습을 압구정동이 그려내는 1990년대 소비자본주의의 스펙터클을 통해서 독해하고 있다. 이 연구는 단순히 소비자본주의에 의한 공간의 재현에 대한 독해만이 아니라 보다 적극적으로 포스트모던 공간으로서의 압구정동을 재구성하는 작업들도 포함하고 있다. 이와 비슷한 맥락에서 압구정동뿐만 아니라 롯데월드, 신촌 지역의 백화점과 같은 당시의 대표적인 소비 공간에 대한 분석을 벤야민의 '만보객' 개념을 통해서 도시 관찰자의 입장에서 그려내고 있는 강내희(1995)의 작업이 있다. 1990년대에 주로 등장했던 이러한 연구들은 1980년대 후반부터 소개되었던 포스트모던 이론들(대표적으로 보들리야르)과 비판적 도시 공간 이론(하비, 카스텔, 벤야민)에 영향을 받아 1990년대 소비자본주의가 만들어 내는 스펙터클 공간의 환영과 탈정치화의 마술에 빠진 도시 서울의 모습을 비판적으로 독해하고자 했다.

2) 서울 아케이드 프로젝트

자본과 국가 권력에 의한 공간 재현 과정에 대한 비판적 독해를 수행하고자 했던 도시 공간 연구의 흐름은 2000년대 중, 후반을 지나면서 기존의 비판적 분석으로부터 방법론, 연구 대상, 그리고 장르의 측면에서 보다 많은 실험과 다양성을 추구하는 방향으로 변해갔다. 이에 따라 도시 공간에 대한 연구는 그 분석 대상이나 분석 방법에 있어서도 더욱 복합적인 형태(간학제적이고 혼종적인)를 띠게 된다. 강수미 외(2003)의 연구는 벤야민의 《아케이드 프로젝트》를 염두에 두고 도시 생활자로서의 연구자들이 다양한 학문 분과와 장르를 넘나들며 구성한 서울에 관한 텍스트들, 이미지들을 모아 놓았다. 이 작업은 미술이나 도시 계획, 사진, 건축 분야 등 다양한 관심사를 포함하는데, 서울에 대한 문헌 조사, 사진, 답사, 인터뷰 등을 이용하여 청계천, 북한산, 인사동, 후암동, 해방촌 등의 지역에 대해 기술하고 있다. 이 저서는 2000년대 들어서 등장했던 서울 도시 공간에 대한 연구서와 많은 아트 프로젝트들의 한 흐름을 전형적으로 대표하고 있다.[5] 즉 벤야민의 《아케이드 프로젝트》의 직, 간접적 영향을 느낄 수 있는 이 연구들은 도시 서울의 파편적 재현들, 즉 다양한 이미지와 텍스트들을 몽타주처럼 한 자리에 모으는 것 자체가 하나의 미메시스적 실천으로서 파편화되고 혼종화된 서울 도시 공간에 대한 하나의 이론적 주장이 될 수 있다는 신념에 그 기반을 두고 있다고 할 수 있다. 벤야민의 《아케이드 프로젝트》로부터 간접적, 직접적으로 영향을 받아 복합적이고 혼종적인 연구 방법의 채택을 통한 도시 서울의 재현 공간에 대한 공간에 대한 연구는 이후 도시 공간 연구의 미학화 경향에도 많은 영향을 미치게 된다.

1990년대 도시 서울 연구가 주로 국가 권력과 자본에 의한 공간의 재현에 주목하여 도시 재개발 계획에 의해 구성된 공간에 대한 비판적 독해에 주력했다면, 2000년대 들어서면서 등장했던 도시 서울 연구는

5 이러한 연구들은 시각 문화연구서나 아트 전시 프로젝트(디자인, 건축, 미디어 아트 등)의 형태로 많이 등장하기도 했다. 대표적으로 류신(2013), 이영준(2011), 정진열·김형재(2011), 홍성태(2004), 송도영(2004)을 참조하라.

도시 서울의 재현 공간에 대한 연구를 구성하고 있다. 이 과정에서 도시 연구의 방법, 글쓰기 방식, 분석 대상이 되는 미디어의 종류도 매우 다양화되고 풍성해진 것이 사실이다. 하지만 그 대가도 지적될 필요가 있다. 전규찬(2015)은 도시 공간에 대한 예술적, 미학적, 인문학적인 분석이 급진적인 문맥주의를 주장하던 문화연구의 저항성을 잃게 만들고 소극적인 퇴행으로 나아가게 하는 경향을 지적한다. 비슷한 맥락에서 노명우(2010)는 국내 도시 공간 연구에서 벤야민의 산책자 개념의 탈맥락적인 오·남용 경향에 우려를 표현하고 있다. 탈맥락화된 벤야민의 해석은 "역사유물론으로서의 벤야민의 선회를 간과"하고 벤야민을 "단순한 문화비평의 스펙트럼으로 연성화"시키는 경향이 있다는 것이다(노명우, 2010: 52~52, 각주 68).

그럼에도 불구하고 2000년대 도시 서울의 재현 공간에 대한 연구는 다양한 실험적인 글쓰기, 에스노그라피, 이미지 비평과 같이 연구 방법론과 연구 대상, 장르의 측면에서 도시 서울 연구의 폭과 방법을 더욱 확장시킨 것이 사실이다.[6] 여기에는 도시 경관 연구로 이영준(2011)의 작업이 주목할 만하다. 도시 서울의 경관 및 이미지에 대한 연구서와 도시 마케팅, 도시 경관 관련 각종 정부 프로젝트의 범람[7] 속에서 사진과 이

6 2000년대 이후 도시 공간 연구의 폭을 방법론과 연구 대상의 측면에서 더욱 확장시킨 주목할 만한 연구들로는 다음과 같은 것들이 있다. 박해천(2011; 2013), 송도영(2007), 이기형(2007), 이영준(2011), 임동근·김종배(2015), 전규찬(2010). 그리고 1990년대 후반 출판된 캐나다의 도시 사회학자이자 도시 공간 이론가인 실즈(Shields, 1998)의 서울의 한 클럽 공간에 대한 민속지학 연구도 주목할 만하다.

7 2000년대 이후 서울 도시 경관을 재현하고 또한 실제로 변화시키는 다양한 공공 미술 프로젝트, 전시들이 나타났다. 예를 들어, 청계천 프로젝트, 미디어 파사드, 미디어시티, 한강르네상스 등과 같은 수많은 공공 미술 프로젝트들은 대부분 지자체(서울시), 중앙정부

미지 그리고 기계 비평에 관한 많은 저작을 낸 이영준은 이미지 비평가답게 급격하게 변화하는 도시 서울의 모습을 사진 찍기라는 행위를 통해 이미지화한다. 여기서 이영준에 의해 재현된 도시 서울은 어지러운 간판, 이국적인 것과 한국적인 것이 뒤섞여 혼종되어 있는 광장, 겹겹이 쌓인 아파트와 하늘에 얽혀있는 전깃줄 등으로 표현될 수 있는 파편화된 공간으로 나타난다.

비슷한 맥락에서 박해천(2011; 2013)의 아파트 연구에서의 이미지 분석 또한 주목할 만하다. 많은 도시 이미지, 디자인 연구들이 도시 서울의 역사적 맥락에 충분하게 주목하지 못한 채 탈맥락화된 연구로 귀결되는 것에 비해 디자인 연구자로서 아파트에 초점을 맞추고 있는 박해천의 연구는 1960년대 이후 근대 도시 서울의 역사 사회적 맥락에서 아파트의 등장을 가능케 했던 권력의 메커니즘을 폭로하고자 한다. 아파트 연구에서 사용되고 있는 도시 서울 공간에 대한 다양한 사진 아카이브와 이들 이미지에 대한 맥락화된 이미지 분석의 시도를 통해서 박해천은 도시 서울의 재현 공간에 대한 연구가 반드시 낭만적이거나 연성화된 이미지 문화 비평일 필요가 없음을 보여 준다.

이기형(2007)의 연구도 도시 공간 연구에 있어서 도시 경관에 대한 이미지 문화 비평이 주를 이루는 가운데 한국 사회의 문화정치의 양상에 주목하는 맥락화된 도시 공간 연구로 주목할 만하다. 라이브 공연장

의 지원을 통해서 이루어지는 프로젝트들이었다. 이러한 예술 프로젝트들은 2000년대 이후 서울 도시 공간의 스펙터클화 과정에서 수많은 이미지들을 생산했다. 공공 예술 프로젝트들에 참여한 예술가들에 의한 서울 도시 공간 재현, 그리고 이들의 공간적 상상력은 2000년대 이후 서울 도시 공간의 르페브르가 말한 재현 공간의 층위를 구성하고 있다. 이러한 정부 지원 예술 프로젝트들에서 생산된 도시 이미지들이 어떠한 효과를 나타내고 있는지 지속적으로 주목할 필요가 있다.

을 중심으로 생산되는 인디 음악 문화와 청년 세대들의 여가 행위인 클러빙 문화를 홍대라는 공간을 통해 다루는 이 연구는 대중문화 이론과 민속지학 연구 방법론을 적극 활용하는 미디어 문화연구자의 작업으로, 이는 대중문화의 흐름을 공간 읽기를 통해 살펴보고 있으며 실험적 글쓰기와 같은 방법론을 시도하고 있다.

3) 글로벌 도시 '세울' 그리고 신자유주의

2000년대 후반 이후에는 도시 공간의 글로벌화가 심화됨에 따라서 글로벌-로컬의 연관성, 세방화glocalization의 장소로서 도시 서울 공간에 대한 연구들이 본격적으로 등장하기 시작했다. 2000년대 후반 이후 도시 공간의 글로벌화와 연관된 도시 서울 공간 연구에는 이주자들의 공간에 대한 연구가 있다. 1990년대 이후 외국인 이주자들의 국내 유입이 급증하면서 초국가적 공간 이주와 이들의 지역 사회 정착 과정에서 인종 및 문화적 혼합에 따라 변화하는 다문화적 공간 정체성을 다루는 도시 공간 연구들이 등장했다. 일례로, 송도영(2007)은 이태원 지역 이슬람 음식점들에 대한 인류학적 연구를 통해 글로벌화에 따른 서울 도시 공간의 재편을 살피고 있다. 특히 이태원 주변 이슬람 음식의 소비와 생산 과정을 매개로 나타나는 '다문화 공간'에서의 문화정치에 대하여 기술하고 있다. 같은 맥락에서 박위준(2013)은 서울의 또 다른 다문화 공간인 중국 이주민 집단 거주지 중 하나인 '대림동'을 대상으로 한 이주자 공간 연구 작업을 수행했다. 최종렬 · 최인영(2012)의 연구도 서울 지역은 아니지만 한국 사회의 다문화 공간 중 하나인 안산 지역의 다문화 공간을 대상으로 하고 있다. 안산의 원곡동 다문화 거리에 대한 참여 관찰의 방법을 통해서 이 연구는 카메라를 통해 낯선 이국적인 거리를 떠도는 이

방인의 시점에서 자기 기술적 글쓰기를 시도하고 있다. 2000년대 이후 나타난 도시 서울의 글로벌화에 따른 다문화 공간, 이질적 공간에 대한 연구는 한국 사회에서의 이주민의 증가와 다문화 현상에 대한 연구의 심화와 더불어 지속적으로 등장할 것이다.

2000년 이후 서울 도시 공간 연구에 나타나는 또 다른 뚜렷한 경향은 신자유주의로 대표되는 자본주의의 논리가 관철되는 공간으로서의 도시 서울에 대한 연구다. 특히 사적 공간, 주거 공간에 대한 연구들에 주목할 만하다. 신자유주의의 논리가 정치, 경제 영역에서뿐만 아니라 개인들의 일상생활의 영역 구석구석에서 작동되고 있음이 확실해짐에 따라서 신자유주의 도시로서의 서울 도시 공간 연구들이 공적 공간보다는 사적 공간 특히 주거 공간에 초점을 맞추고 있다는 것은 어쩌면 당연한 귀결일지도 모른다. 즉 신자유주의 도시로서의 서울 도시 공간에 대한 연구들이 주거 공간, 사적 공간에 집중되고 있다는 점은 여러 가지 면에서 시사하는 바가 크다. 특히 1970년대 이후 발전주의적 개발계획에 따라 대규모의 주거 공간의 건설이 서울 도시 공간의 모더니티를 강하게 규정하고 있다는 도시 서울의 공간 역사적 맥락을 고려해 보면 2000년대 이후 발전주의 전략이 한계에 다다르고 있는 신자유주의 도시 서울에서의 다양한 갈등과 모순은 강준만(2006)과 박해천(2013)이 믿고 있듯이 아파트와 같은 주거 공간을 둘러싸고 등장할 수밖에 없을지도 모른다.

또한 1990년대 IMF 위기 이후 한국 사회 전반에서의 신자유주의화가 뚜렷하게 진행되었지만 2000년대 후반 이후 한국 사회에서 작동하는 신자유주의의 효과는 결코 균등하지 않았다. 서울 도시 공간과 일상생활에서의 신자유주의화는 세대별, 계급별, 성별로 매우 불균등하게 진행되었고 이는 서울 도시 공간의 신자유주의적 공간화에 대한 연구들이 청년 세대, 여성 주체들을 중심으로 그리고 무엇보다도 사적 공간에 대한 연구들을 중심으로 나타나게 한 배경으로 작동하고 있다.[8]

도시 공간 내부의 주거 환경에 대한 분석 외에도 신자유주의적 공간 지배의 한 양상에 주목하고자 하는 서울 도시 공간 연구자들 중에는 2000년대 후반 '젠트리피케이션gentrification' 개념을 사용하여 서울 도시 공간 곳곳에서 진행되고 있는 공간적 지배, 불평등 현상을 설명하고자 했다. 젠트리피케이션이란 "중산층 및 개발업자들이 쇠퇴한 도시 내부를 물리적으로 재생하고 이를 통해 중산층이 전입되면서 기존 저소득층의 퇴거를 야기하는 현상"(김걸, 2008: 75)을 지칭한다. 한국에서 젠트리피케이션 현상이 활발해진 것은 서울의 도시 기본 계획이 수립되고 그 계획의 결과가 나타나는 시기부터다. 즉 젠트리피케이션 연구는 도시 재생이라는 명목하에 자본과 관련하여 사회적, 경제적 공간 재구조화가 어떻게 일어나는지에 주목한다는 점에서 1990년대 도시 공간에 대한 정치경제학적 연구와 일견 유사하다. 하지만 최근 서울 도시 공간에서의 젠트리피케이션 연구는 문화 도시, 예술촌, 혹은 마을 만들기와 같이 특정 지역 공간에서의 문화 공동체, 문화 예술 소비 및 생산 공간, 그리고 청년하위문화의 형성 과정에서 작동하는 젠트리피케이션 과정에 주목한다.[9]

8 정민우(2011), 장민지(2015)의 연구가 여기에 해당한다. 정민우는 고시원이라는 공간에 주목하여 노동 유연화, 청년 실업, 주거 공간의 불평등과 같은 신자유주의적 공간화의 효과들을 비판적으로 드러내는 자기 기술적 민속지학을 수행하고 있다. 장민지는 20, 30대 여성 청년 세대들에 대한 인터뷰를 통해서 주거 공간의 장소성을 둘러싸고 형성되는 신자유주의하에서의 세대별, 젠더별 정체성 형성의 복합적 과정을 두텁게 기술하는 도시 공간에 대한 현상학적 연구를 수행하고 있다.

9 이러한 맥락의 연구에는 김수아(2015), 서울시립미술관(2015), 장원호(2010)를 참조하라.

1990년대 도시 공간 연구가 자본주의하에 변화되는 공간 생산의 문제, 즉 도시 서울의 공간 재현의 측면을 비판적으로 독해하고자 하는 비판적 문화 분석의 모습을 띠었다면, 2000년대 초반부터 등장하기 시작한 서울 도시 공간 연구는 그 주제와 방법, 장르에 있어 매우 복합적이고 혼종적인 양상을 보이면서 진행되었고 이는 주로 서울 도시 공간의 재현 공간의 측면을 구성하는 것들이었다. 특히 공간에 대한 다양한 (간)학제적 그리고 정책적 관심이 확산됨에 따라서 도시 공간 연구는 기존의 공간에서 드러나는 자본주의 현실을 비판하는 흐름에서 벗어나 도시 경관, 도시 이미지, 도시 마케팅 등 그 형식과 주제에 있어서 훨씬 다양한 형태를 띠게 되었다. 또한 도시 공간 연구는 방법론적 측면에서 기존의 공간 연구보다 실험적이고 복합적인 연구 방법이나 글쓰기를 채택하여 연구 범주를 점점 넓혀가게 된다. 인문학적이고 미학적인 이론과 방법, 그리고 글쓰기에 영감을 얻은 연구들이 등장했으며 사진이나 그래픽 디자인, 팸플릿 등과 같은 문자 텍스트 이외에도 다양한 미디어 텍스트들이 분석의 대상되었다.

1990년대 이후 국내 도시 공간 연구는 다양한 서구 공간 이론들이 소개되고 또한 다양한 방법론에 대한 이해가 심화됨에 따라서 점점 더 많은 학문 분과에서 지속적으로 연구가 이루어지는 주제가 되었고 현재에도 많은 인문사회과학 연구자들의 관심을 끄는 연구 영역으로 자리잡고 있다. 그러나 지난 20여 년 동안 이루어진 국내 도시 공간 연구에서 아직 시도되지 않은 더 많은 분석과 조사를 요구하는 영역들이 존재하며 또한 서구의 도시 공간 이론의 적용과 방법론이란 측면에서 몇 가지 주의해야 할 지점들도 존재한다. 다음은 이와 같은 부분들에 대하여 논의할 것이다.

4. 맥락화된 도시 공간 연구를 향하여

인문사회과학에서의 '공간적 전회' 이후 국내, 외에서 도시 공간에 대한 다양한 이론과 사례 연구들이 등장했다. 우리는 왜 공간을 연구하는가? 문화와 사회에 대한 분석과 연구에서 공간(혹은 장소)에 주목하는 것은 어떤 유용성을 가지는가? 왜 우리는 특정 장소에 대해서 그리고 그 장소에 거주하는 사람들이나 그곳을 방문하는 사람들에 대해서 알고자 하는가?

공간은 단순히 지도에 표시되어 있는 정적인 대상이 아니다. 공간은 언제나 역사를 통해서 특정한 방식으로 존재해 왔으며 앞으로도 그러할 것이다. 공간의 이러한 특정한 역사성과 맥락을 무시하고 공간이 단순히 문화 분석이나 비평의 대상으로 혹은 우리가 조사, 연구할 대상으로 존재한다고 사고하는 것은 자칫 공간이 가지고 있는 복잡함과 그 깊이를 간과하게 될 가능성이 있다. 르페브르가 보여 주었듯이 모든 공간 — 그것이 어떤 대도시이건 물리적으로 보다 협소한 장소이건 — 의 의미는 그곳에 거주하거나 방문하는 사람들뿐만 아니라 그곳에 대해 연구하는 수많은 사람들에 의해서 상상되고 이들과 그 공간이 관계를 맺게 되는 방식과 밀접하게 연관되어 있다.

'공간적 전회' 이전에 수많은 문화연구 이론과 분석들에서 공간 개념은 단순히 어떤 사건이나 내러티브, 행위가 발생하고 전개되는 배경에 지나지 않는 것으로 다루어지는 경향이 있었다. 하지만 '공간적 전회' 이후 점차로 많은 문화연구자들을 포함하여 인문사회과학 연구자들은 공간이 영원히 변하지 않는 배경이 아니라 시간처럼 변화한다는 것을 인식하기 시작했다. 공간이 언제나 변치 않고 그대로 존재하는 것이 아니라 사람들이 그곳에 거주하고 방문하고 혹은 재개발 등의 다양한 실천을 통해서 나름대로의 방식으로 적응하며 변화하게 된다는 점을 인식하게 된 것이다. 즉 공간은 그저 존재하는 것이 아니라 우리가 그 공간을 바라보고 인식하고 해석하는 방식을 통해서 그 공간이 되는 것become이라는 점이 인식되게 된 것이다.

이는 현재 우리의 공간 연구 환경에 대하여 되돌아 볼 필요성을 제기한다. 서울을 예로 들어본다면 서울에 관한 지식과 정보는 현재 매우 다양하다. 또한 다양한 사회 집단들이 서울이라는 공간을 이해하고 지각, 경험하는 방식은 저마다 다를 수밖에 없다. 정치인, 지자체 행정가들, 기술 관료들이 선호하고 만들어 가려는 서울(공간 재현으로서 서울)과 예술가들이 대안적으로 형상화하려 하는, 그리고 일반 시민들 — 청년세대, 여성, 어린이, 중장년 세대 — 이 공유하는 서울(재현 공간으로서 서울)은 각각 다른 모습을 띠고 있다. 문제는 이러한 서울이라는 공간에 대한 지식, 경험, 이미지들이 균등하게 작동하지 않고 있다는 점이다. 특히 1990년대 이후 나타난 도시 서울의 변화에서 서울의 도시 공간에 대한 지배적 담론은 도시 행정가, 다양한 전문가들의 제도화된 지식 및 정책 교류 네트워크를 통해서 형성되어 왔다. 이러한 서울에 관한 지배적 담론들은 도시 개발 정책이나 다양한 보고서 등을 통해서 서울을 추상화된 하나의 영역으로 문제화하는 경향이 있다. 즉 서울이라는 공간을 물리적 현상에 국한하여 바라봄으로써 그 물리적 경계 너머에 존재하는 구조적 본질과 역사적 맥락, 그리고 오늘의 서울을 구성하는 다양한 삶의 경험들과 사회적 집단 간의 역학 관계를 배제시키곤 한다.

서울 도시 공간에 대한 연구를 시작하는 순간 우리는 이러한 서울을 둘러싼 권력화된 지식 담론과 사회적 관계 속으로 진입하게 된다. 비판적 인문사회과학 도시 연구자로서 서울 도시 공간에 대한 연구에서 가장 먼저 요구되는 것은 따라서 맥락화된 도시 공간 연구다. 서울 도시 공간에 대한 지배적 담론이 배제시키고 있는 맥락들을 드러내는 것은 도시 공간 연구에서 아무리 강조해도 지나치지 않은 덕목이다.

맥락화된 도시 공간 연구는 서구의 도시 공간 이론을 비판적으로 재구성하거나 적용하는 과정에서도 요구되는 사항이다. 현재의 서울에 관한 지식과 그 지식의 얼개를 만드는 시각과 방법들은 많은 부분 서구의 도시 공간을 설명하고 분석하는 과정에서 형성된 이론이자 방법론들이다. 공간적 전회 이후에 국내에 쏟아져 들어온 도시 공간 이론들도 마찬가지다.

하지만 서구의 도시 공간 이론은 역사적으로 다른 경로를 경험한 도시 공간을 배경으로 나온 것이니 우리만의 한국적(?) 혹은 내생적 도시 공간 이론과 방법론이 필요하다는 주장을 무책임하게 던지고자 하는 것은 아니다. 서구 이론과 방법의 활용은 불가피하다. 서구의 도시 공간 이론을 받아들이는 과정에서 그 이론의 피상적인 개념이나 접근을 평면적으로 차용하는 수준을 넘어서서 그 이론의 내부로 들어가 거기서 제시되는 인식론, 방식, 절차에 따라 우리의 연구가 이루어져야 함은 두말할 나위가 없다. 특정 도시 공간 이론에서의 여러 가지 원칙들과 방법론을 우리의 현실에 대한 이해를 위한 수준으로 재구성하고 이를 구체적인 분석을 통해서 사용해야 한다는 것이다(조명래, 2002: 302).

여기서 고민해야 할 점은 도시 공간 연구에 있어서 서구 이론의 비판적 재구성과 활용이라는 측면에서 과연 이론과 방법론의 분리가 가능하냐는 것이다. 즉 서구 도시 공간 이론의 상대적 유의미성은 오로지 방법론적 차원에서만 확보될 수 있으며 그 이론적 적용은 주어진 방법론에 따라 적용되는 한국적 현실로 채워져야 한다는 전제다. 이러한 전제는 도시 공간 연구에 있어서 연구 방법론, 개념들, 그리고 이론들이 분리 가능하다는 전제를 담고 있다. 문제는 이러한 방법론과 이론의 분리가 도시 공간 연구에서도 그대로 적용 가능하냐다.

도시는 지도 위에 표시된 물리적인 단위만이 아니다. 역사적으로 형성된 사회적 구조와 체제도 일부 담겨 있으며 이러한 역사적 과정을 통해서 형성된 정치, 경제, 사회적 구조들의 영향력도 도시의 실체를 구성하고 있다. 또한 도시는 이러한 구조적 요소들의 총합이라고만 볼 수도 없다. 도시 공간은 수많은 일상생활에서의 공간적 실천들에 의해서 끊임없이 변화하는 실체다. 도시 공간은 인식론적이며 구조적이고 경험적이며 현상적이다. 도시 공간이 가지고 있는 이러한 성격은 도시 공간의 존재에 대한 이해뿐만 아니라 서구의 도시 공간 이론을 적용하는 데 있어서 순수한 이론적 내용과 방법론을 간단히 분리하여 선택적으로 적용하는 것의 위험성을 보여 준다.

르페브르는 지배적인 공간에 대한 대안을 고민하면서 차이의 공간에 대해 말한다. 여기서 차이의 공간이란 "다양한 의미 효과들을 통해서 복제와 메아리, 반향, 중복 등으로 구성되어 희한한 차이"를 만들어내는 공간이며 또한 그 차이로 인해서 생겨나는 깊이 속에서 체험되는 공간이다(르페브르, 2011: 281). 하지만 이 차이들은 기존의 동질화하는 공간에 의해서 흡수될 위험에 처하곤 한다. 따라서 차이의 공간은 동질화하는 권력이 작동하는 추상화된 공간과 자본주의적 모순 공간의 전략, 프로그램에 대한 대안적 기획을 통해서 그 공간에 대한 개입을 통해서 얻어질 수 있다(르페브르, 2011: 540~543)

이러한 측면에서 앞으로의 도시 공간 연구에서 더 많은 연구와 개입이 필요한 분야 중 하나는 미디어-공간 연구다. 즉 미디어와 공간의 관계에 대한 연구다. 지금까지의 미디어-공간 연구는 도시 공간에 대한 지각, 실천, 사용 과정에서 있어서 미디어가 차지하는 역할에 충분하게 주목하지 못했다. 이는 미디어가 무엇인지에 대한 우리의 관념을 지배해 온 미디어 개념과도 연관되며 또한 미디어의 역할에 대한 그 동안의 미디어 연구에서의 논의 방식과도 연관된다(Peters, 2015). 기존의 미디어와 공간의 관계에 대한 연구들은 미디어의 역할과 기능, 효과라는 좁은 틀에서 이루어져 왔다. 그러나 디지털 미디어 기술의 발전에 따라 변화하는 우리의 미디어 환경은 공간에 대한 우리의 지각 경험과 커뮤니케이션 방식에 영향을 미치며 이제는 공간의 질적 특성 자체를 변화시키고 있는 단계에까지 이르고 있다. 특히 오늘날과 같이 GPS와 같은 지리 정보 기술이나 디지털 영상 기술, 모바일 미디어 기술이 고도로 발전된 미디어 환경에서 도시 공간은 분명 소설, 영화, 사진, 신문, 라디오가 막 등장했던 발터 벤야민의 19세기 도시 공간과는 다르다.

다시 말해서, 오늘날의 디지털 미디어 환경에서 공간은 더욱 더 미디어의 산물이 되기 쉬우며 공간과 미디어의 관계는 과거 대중 미디어의 시대와는 질적으로 다른 또 다른 특징을 띨 가능성이 높다. 이러한 특징적 양상 중 하나는 오늘날의 디지털 미디어 환경에서 시간이 점차로 축소되어 사라질 대상이 되어가고 있다는 점일 것이다. 디지털 커뮤니케이션 과정에서 속도는 무한대로 증가하고 있으며 우리는 점차로 그 속도에 적응하게 된다. 이제 우리는 과거 어떤 시대보다도 시간적 지연을 참지 못하며 모든 커뮤니케이션들이 순차적으로 전개되기보다는 즉각적으로, 실시간으로 발생할 것을, 즉 동기화될 것을 요구하고 기대하고 있다.

편의성, 안전, 혁신이라는 다양한 이유로 우리는 내비게이션 시스템과 같은 디지털 미디어 기술이 제공하는 공간 형성의 일부가 되어가고 있다. 그리고 이러한 디지털 미디어 기술이 제공하는 공간은 글로벌 디지털 자본주의가 만들어 내는 동질화하고 추상화된 공간이다. 이러한 디지털 미디어 기술이 만들어 내는 동질성의 구심력에 대항할 새로운 공간 기획은 디지털 자본주의 시대에 미디어 공간에 대한 우리의 상상력을 요구한다.

참고 문헌

강내희 (1992). 《압구정동: 유토피아 디스토피아》. 현실문화연구.

강내희 (1995). 《공간, 육체, 권력: 낯선 거리의 일상》. 문화과학사.

강수미 외 (2003). 《서울 생활의 재발견》. 현실문화연구.

강재호 (2010). "미디어 공간의 원사原史: 발터 벤야민과 19세기 파리의 정보 산업," 〈도시인문학연구〉, 2권 1호, pp.143~173.

강준만 (2006). 《강남 낯선 대한민국의 자화상》. 인물과사상사.

김걸 (2008). "젠트리피케션의 연구 동향," 〈한국도시지리학회지〉, 제11권 1호, pp.75~84.

김수아 (2015). "신개발주의와 젠트리피케이션," 〈황해문화〉, 제86호, pp.43~59.

노명우 (2010). "벤야민의 파사주 프로젝트와 모더니티의 원역사," 홍준기 엮음, 《발터 벤야민: 모더니티와 도시》, 라움.

류신 (2013). 《서울 아케이드 프로젝트》. 민음사.

르페브르, 앙리 (1974/2011). 《공간의 생산》. 양영란 옮김. 에코리브르.

박위준 (2013). "대림동 외국인 거주지에 대한 연구: 간판과 사설 환전소를 중심으로," 〈대한지리학회 지리학 대회 발표 글 요약집〉, p.497.

박해천 (2011). 《콘크리트 유토피아》. 자음과모음.

박해천 (2013). 《아파트 게임》. 휴머니스트.

서울시립미술관 (2015). 《서브컬쳐: 성난 젊음》. 서울시립미술관.

송도영 (2004). 《인류학자 송도영의 서울 읽기》. 소화.

송도영 (2007). "종교와 음식을 통한 도시 공간의 문화적 네트워크: 이태원 지역 이슬람 음식점들의 사례," 〈비교문화연구〉, 제13집 1호, pp.98~136.

이기형 (2007). "홍대앞 '인디음악문화'에 대한 문화연구적인 분석: '홍대씬'과 클럽문화를 자기기술기와 참여 관찰로 접근하기," 〈언론과 사회〉, 15권 1호, pp.41~85.

이영준 (2011). 《초조한 도시》. 안그라픽스.

임동근 · 김종배 (2015). 《메트로폴리스 서울의 탄생》. 반비.

임성훈 (2014). "근대적인 공간과 장소성의 문제에 대한 이론적 고찰: 푸코와 르페브르의 공간 논의를 중심으로," 〈대한건축학회지〉, 30권 6호, pp.185~192.

장민지 (2015). "유동하는 세계에서 거주하는 삶: 20, 30대 여성 청년 이주민들의 '집'의 의미와 장소화 과정," 연세대학교 커뮤니케이션대학원 박사 학위 논문.

장원호 (2010). "도시 '씬scene'과 문화공동체: 서울시 문래동의 사례," 〈지역사회학〉, 제12권 제1호, pp.183~206.

전규찬 (2010). "지하철이라는 현대적 대중교통의 탄생," 〈언론과 사회〉, 18권 1호, pp.153~188.

전규찬 (2015). "위기의 도시 문화연구 재문맥화: 후기 피스크 비판적 공간 사유와의 접선," 〈한국언론정보학보〉, 통권 70호, pp.35~64.

정민우 (2011). 《자기만의 방》. 이매진.

정진열 · 김형재 (2011). 《이면의 도시》. 자음과모음.

조명래 (2002). 《현대 사회의 도시론》. 한울.

조은 · 조옥라 (1991). 《도시 빈민의 삶과 공간: 사당동 재개발 지역 현장 연구》. 서울대학교출판문화원.

질로크, 그램 (1996/2005). 《발터 벤야민과 메트로폴리스》. 노명우 옮김. 효형출판사.

최종렬 · 최인영 (2012). "탈영토화된 공공장소에서 '에스니시티 전시하기': 안산에 대한 관광객의 문화기술지적 단상들," 〈한국사회학〉, 제46집 4호, pp.1~44.

하비, 데이비드 (1989/1994). 《포스트모더니티의 조건》. 구동회 · 박영민 옮김. 한울.

홍성태 (2004). 《서울에서 서울을 찾는다》. 궁리.

홍준기 엮음 (2010). 《발터 벤야민: 모더니티와 도시》. 라움.

Amin, A. & N. Thrift (2002). *Cities: Reimagining the Urban*. Cambridge, UK: Polity.

Couldry, N. & A. McCarthy (2004). "Introduction," N. Couldry & A. McCarthy (eds.) *MediaSpace: Place, Scale and Culture in a Media Age*, pp.1~18, New York: Routledge.

Kang, J. (2014). *Walter Benjamin and the Media: The Spectacle of Modernity*. Cambridge, UK: Polity.

Foucault, M. (1977). *Security, Territory, Population: Lectures at the College de*

France 1977～1978. Picador. [심세광 옮김. 《안전, 영토, 인구》. 난장. 2011].

Foucault, M. (1984/1967). "Of Other Spaces: Utopias and Heterotopias," (trans). Jay Miskowiec, *Architecture /Mouvement/ Continuité*, October, 1984.

Jansson, A. & J. Falkheimer (eds.) (2006). *Geographies of Communication: The Spatial Turn in Media Studies*. Göteborg: Notdicom.

Peters, D. J. (2015). *The Marvelous clouds: Toward a Philosophy of Elemental Media*. Chicago: The University Chicago.

Shields, R. (1998). 'Ethnography in the Crowd: The Body, Sociality and Globalization in Seoul' Focaal 1998, available: http://www.ualberta.ca/～rshields/f/focaal.html

Urry, J. (2000). *Sociology beyond Societies*. London: Routledge.

12장

질적 연구 방법의 복합적 활용

윤태진

● 윤태진은 연세대학교 신문방송학과를 졸업한 뒤 미국 매사추세츠대학교에서 석사, 미네소타대학교에서 박사 학위(매스 커뮤니케이션 전공)를 받았다. 현재 연세대학교 커뮤니케이션대학원 교수이며 방송통신심의위 특별위원, KBS 옴부즈맨, 학술지 〈언론정보학보〉와 〈커뮤니케이션이론〉의 편집위원장 등을 역임했다. 《인터넷과 아시아의 문화연구》, 《게임과 문화연구》, 《방송 보도를 통해 본 저널리즘의 7가지 문제》 등의 공저서와 《영상문화의 이해》, 《미디어 연구의 질적 방법론》 등의 공역서가 있다.

1. '연구 방법론'과 '연구 방법,' 그리고 연구 방법의 복합적 활용

흔히 연구 방법론Methodology와 연구 방법Research Method을 혼동하는 경우가 있다. 간단히 말하자면, 방법론은 연구자의 특정 인식론적 기반 위에서 연구의 시작이 되는 질문과 끝이 되는 주장까지를 관통하는 철학이며 이론이며 사상인 반면, 연구 방법은 주어진 질문에 대해 적절한 해답을 얻기 위해 선택, 활용하는 도구다. 이희은(2011)의 비유는 매우 적절해 보인다.

> "원칙적으로 방법론에 대한 질문은, 논문의 명제와 주장이 무엇이며 그것을 어떻게 관찰하였고 어떤 이론적 배경으로 논증할 것인지에 대한 전략에 관한 것이어야 한다. 예를 들어 '왜 민속지학적 방법을 사용했는가'라는 방법론에 대한 질문은 '다섯 명을 민속지학적 방법으로 관찰하는 것이 얼마나 타당한가'라는 연구 방법(론)에 대한 질문보다 더 포괄적이고 중요한 문제다.

어떠한 인식론적 관점을 가졌는가에 따라 구체적인 연구 방법이야 얼마든지 다양해질 수 있기 때문이다."

다시 말해 복수의 방법론이 병존한다는 것과 도구로서의 연구 방법을 복합적으로 활용하는 것은 분명하게 구별되어야 한다. 방법론은 연구자가 갖는 고유한 학자적 위치와 직접적으로 연결되어 있으나 도구로서의 연구 방법은 필요와 상황에 따라 유연하게 결합·활용할 수 있으며, 이 복합적 활용은 대개 바람직하다.

그렇다면 한 연구에서 복수의 방법론Methodologies을 갖는 것이 가능하거나 바람직한가?

전형적인 연구의 절차를 가정해 보자. 연구자는 특정 현상(혹은 인물, 사건, 사상)에 대한 호기심을 갖고, 이를 연구자로서의 문제의식으로 발전시킨다. 이어 연구의 시/공간적 한계까지 염두에 둔 구체적 연구 목적으로 명료화시킨다. 이 목적하에서 대답 가능한 하나 이상의 연구 문제를 설정하고, 이 질문들에 대한 답을 하기 위한 적절한 도구를 찾아 선택하여 자료의 수집 및 분석 작업을 진행한다. 이 과정에서 문제의식의 설정과 연구 목적의 정교화는 연구자의 (비교적 고정적인) 방법론적 입장과 긴밀한 관계를 갖는다. 반면 자료의 수집과 분석 과정에서는 다양한 선택이 가능하다. 이 설명대로라면, 단일 연구에서 단일 연구자가 둘 이상의 연구 방법Research Methods를 활용하는 것은 가능하다 하더라도 복수의 방법론Methodologies을 갖거나 적용하는 것은 사실상 불가능하다.

예를 들어, '전형적인' 사회과학 연구라면 한 연구에서 '양적 방법론'과 '질적 방법론'을 복합적으로 사용하는 것이 바람직하다고 보기 어렵다. 양적/질적의 구분은 단순한 도구(연구 방법)의 구분이 아니라 존재론과 인식론, 방법론의 차이를 내포하는 구분이기 때문이다. 관찰의 대상인 실재reality가 연구자와는 무관하게 객관적으로 존재한다고 믿으면서 이를 정밀하게 기술description하고 설명explanation하고 예측prediction하고 통제control하는 것이 연구의 목적이라고 믿는 실증주의 연구자라면 양적 연구 방법의 선택이 당연하고 자연스럽다. 반면 실재는 고정적이지도 객관적이지도 않기 때문에 엄밀한 측정과 기술이 불가능하다고 믿는 구성주의 연구자라면 사회 문화 현상이 경험되고 이해되고 해석되는 방식에 주목하는 질적 연구 방법에 의지하게 될 것이다. 철저한 표준화와 일반화가 연구의 종국적 목표라면 양적 연구를 선호하는 것이 마땅하고, 현상의 배경이나 맥락에 관심을 갖는다면 질적 연구가 필요할 것이다. 그렇다면 실증주의자와 구성주의자가 방법론적 대화를 할 수 있는 여지는 전혀 없는 것인가? 양적 방법론과 질적 방법론의 혼용은 전혀 불가능한 것인가? 그렇지는 않다. 연구의 성격과 규모에 따라 가능할 수도 있고 바람직할 수도 있다. 이어지는 절들에서 조금 더 자세하게 설명하겠으나, 복수의 연구자들이 협업을 통해 진행하는 대규모 연구나 '복합적 연구 주제'를 다루는 비교적 예외적인 연구를 들 수 있다.

반면 (방법론이 아닌) 연구 방법의 복합적 활용은 대부분의 연구에서

그림 1 연구 방법(론)의 복합적 활용의 세 차원

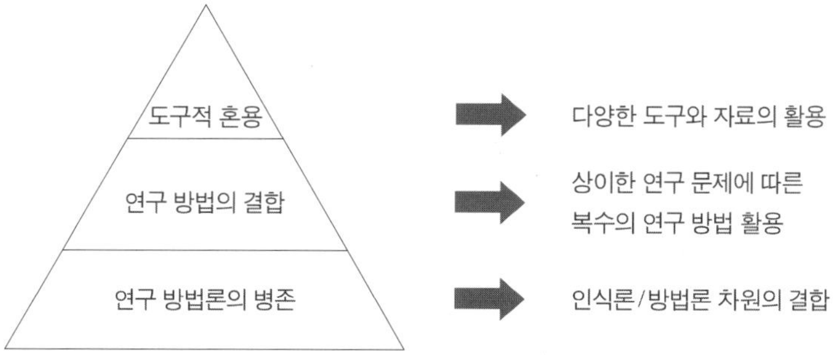

가능하며, 많은 경우 긍정적인 효과를 만들어 낸다. 질적 방법론에만 해당되는 지적은 아니다. 양적 방법론을 사용하는 경우에도 실험과 설문 조사를 동시에 진행할 수 있으며 두 개 이상의 서로 다른 설문 조사를 시행하여 한 연구에 반영할 수도 있다. 특히나 질적 연구자들은 대개 특정 현상의 다양한 측면들, 그 배경과 맥락, 그리고 그 너머의 함의까지 보길 원하기 때문에 관찰과 분석의 도구도 여러 개가 필요한 경우가 대부분이다. 질적 연구 방법은 본질적으로 복합적일 수밖에 없다. 하지만 연구 방법의 혼용도 생각처럼 간단한 것은 아니다. 복수의 도구를 사용하는 것이 하나만을 사용하는 것보다 우월하리라는 상식적 판단은 연구의 현장에서 종종 벽에 부딪히기 마련이다. 더 혼란스럽거나 비효율적인 경우도 많기 때문이다.

하나 분명하게 짚고 넘어갈 것은, '질적 연구 방법의 복합적 활용'이 다양한 방법론적 도구들을 마구잡이로 혼합, 활용하는 것을 의미하지는 않는다는 점이다. 메이슨(Mason, 1996/1999)이 지적했듯이, 질적 연구는 체계적으로, 그리고 엄격한 절차에 따라서 수행되어야 한다. 우연이나 임기응변식의 접근은 허용되지 않는다. 물론 질적 연구가 기피하는 경직되고 구조화된 접근 방법과는 구별되며, 융통적이고 사회적 맥락을 소홀히 하지 않는다(p.22). 상황에 맞는 즉흥적인 대처를 질적 연구 방법의 특징 중 하나로 알고 있다면 이는 잘못된 이해다.

2. 복합적 연구 방법의 기준과 차원

연구 방법을 마구잡이로 혼합하지 않고 체계적으로 결합한다는 것은 무엇을 의미하는가? 가장 기본적인 기준은 존재론적 입장을 균일하게 유지할 수 있느냐다. 예를 들어 사회 현상이 개인의 인지와 태도, 의도들이 모이고 축적되어 발생한다고 전제하는 입장과 개인 및 집단 간의 상호작용 및 역동성에 의해 사회 현상의 본질이 결정된다고 간주하는 입장은 병립하기 어렵다. 그리고 존재론적 모순은 필연적으로 인식론적 충돌을 가져온다.

이 문제를 방지할 수 있는 방법은 연구자 스스로 연구 방법을 복합 활용하는 목적을 분명하게 하는 것이다. 지적 궁금증의 다른 부분들을 독립적인 방법으로 지향하거나 또는 다양한 각도에서 접근하고자 한다면(Mason, 1996/1999: 264), 이는 정당한 목적이라 할 수 있다. 관찰의 범주를 다양하게 한다든지 분석의 깊이를 다층적으로 하기 위한 목적 역시 유효하다. 즉 연구자 입장에서는 존재론적 균일성을 유지하면서 기술적인 상호보완성을 획득할 수 있는지 자문하는 것이 매우 중요하다.

연구 방법의 결합 조건의 분명한 이해와 동시에, 그 결합의 크기와 수준, 강도가 다양할 수 있다는 것을 인식할 필요가 있다. 특히 방법론과 연구 방법의 구분을 염두에 둔다면 연구 방법의 '복합'이 의미하는 바도 단일할 수 없다. 여러 차원의 복합이 가능하기 때문이다. 복합적 활용의 차원을 굳이 나눠 본다면, 가장 본질적인 철학적 복합부터 가장 기술적인 도구적 혼용까지 구별이 가능하다.

복합적 활용의 가장 본질적인 차원은 '방법론'적 결합이다. 실증주의적 방법론과 구성주의적 방법론이 공존하는 경우다. 물론 매우 드문 사례이고 대개의 경우 바람직하지 않지만 불가능한 것은 아니다. 중간 단계의 복합은 연구 문제가 두 개 이상의 연구 방법을 필요로 할 경우다. 텔레비전 드라마의 내용과 시청자의 해석 방식을 비교하고자 한다면 당연히 텍스트 분석과 수용자 분석이 병행되어야 할 것이다. 가장 흔한 복합적 연구 방법이라 할 수 있다. 복합적 활용의 가장 미시적인 차원은 한 가지 연구 문제에 답하기 위해 다양한 종류의 자료가 필요할 경우다. 수용자의 경험과 인식을 분석의 대상으로 하더라도, 참여 관찰과 심층 인터뷰의 병행은 대개 자연스럽다.

이 장에서는 이 세 가지 수준의 방법론적 결합 형태를 차례대로 설명할 것이다. 각각의 경우에 적합한 전형적인 연구들을 빌려와서 방법론의 복합적 활용이 각 수준에서 갖는 장단점과 주의 사항들을 제시할 것이다. 이 세 가지 수준의 방법론적 결합과는 별개로, 이론적·개념적 논의 중심의 논문에 '사례 연구'를 덧붙이는 경우도 함께 논할 수 있을 것이다. 비록 이를 '복합적' 연구 방법으로 보기는 어렵지만, 구체적 연구research가 핵심적인 연구 결과findings를 이끌어 내는 방식이 아니라 연구 논문의 핵심 주장arguments을 지원하는 보조적인 역할을 한다는 점을 주목하여 이 장에서 함께 다루고자 한다.

복수의 연구 방법을 복합적으로 활용하는 연구를 '삼각접근법Triangulation'이라 부르기도 하지만, 방법적 도구를 두 개 이상 썼다고 단순히 삼각접근법이라 명명하는 것은 적절치 않다. 덴진(Denzin, 1989)은 여러 가지 연구 및 분석 방법들을 다각적으로 사용함으로써 한 가지 방법만 집착할 경우 생겨날 수 있는 개인적 편견을 극복할 수 있다고 주장하면서, 이 실천 계획을 삼각접근법이라 불렀다. 즉 어떤 한 가지 방법이 지닌 약점은 다른 방법이 가진 강점에 의해 균형을 찾음으로써 보상이 된다는 것이다. 그런데 삼각접근법은 단순한 (분석) 도구의 결합만을 의미하지는 않는다. 덴진에 따르면, 삼각접근법은 '방법'의 측면에서도 가능하지만 '자료' 차원의 삼각접근법, '연구자'의 삼각접근법, '이론'의 삼각접근법, '방법'의 삼각접근법이 적용 가능하다. 동종 자료라 하더라도 여러 차례에 걸쳐 수집한다든지, 여러 공간에서 수집하는 것이 자료의 삼각접근법일 것이다. 흔히 심층 인터뷰를 주요 연구 방법으로 사용하는 경우, 연구 참여자(피면접자)를 한 차례 만나 한 시간 가량 인터뷰하고는 자료 수집을 끝냈다며 자족하는 경우가 많은데, 이는 위험한 발상이다. 인터뷰 대상자가 하필이면 이 날 굉장히 기분이 좋거나 나쁠 수도 있고 특별히 바쁠 수도 있고, 그에 따라 제공하는 자료의 질과 양과 방향이 달라질 수 있다. 시간과 장소를 달리 해서 두 차례 인터뷰를 한다면 더 좋은 자료를 얻을 수 있을 것이다. 연구자의 삼각접근법은 복수의 분석자가 협업함으로써 연구의 한계를 극복하는 방식을 지칭하며, 이론적 삼각접근법은 다양한 이론 및 연구 분야들로부터 생성된 개념과 시각을 적용하는 자세를 말한다. 즉 삼각접근법을 방법적 측면에 한정지어 받아들이는 것은 옳지 않다. 물론 이 장에서는 한 연구 주제를 위해 자료 수집 및 분석에 다양하고 다각적인 방법이 활용되는 연구 전략에 특히 주목하며, 이를 '복합적 연구 방법의 활용'으로 칭하고 있다.

중요한 것은 다양한 방법이나 자료의 활용이 연구자의 통찰력 있는 해석 작업을 대체할 수는 없다는 점이다. 삼각접근법은 방법론적 도구의 한계를 극복하기 위한 전략일 뿐 연구자의 문제의식이나 철학적, 이론적 위치를 대변하지는 않기 때문이다. 연구 방법(들)의 선택은 철저하게 연구자의 문제의식에서 비롯되어야 한다는 점은 매우 중요하다. 분석을 위한 도구(연구 방법)는 하나일 수도 여러 개일 수도 있다. 적절성과 효용성을 따질 수 있는 유일한 근거는 연구자의 문제의식과 연구 문제를 얼마만큼 만족시키는지이다. 두 개 이상의 연구 방법을 활용하는 것이 항상 '더 좋은 선택'은 아니다. 사실 앞서 강조했듯 질적 연구는 분석 대상이 되는 자료들을 수집하는 방식이 애초부터 복합적이고 융통적일 수밖에 없다. 자의적이라는 의미는 아니다. 질적 연구는 방법론적으로 맥락과 환경을 중시하며, 따라서 단일하고 엄밀한 자료 수집 방식을 적용하기가 오히려 까다로울 수 있다. 그러나 단순히 시간과 노력의 중복

투자라는 비효율성의 문제가 발생할 수도 있고, 경우에 따라서는 논리적 모순이 발생할 수도 있다. 연구의 시작부터 끝을 추동하는 엔진 역할을 하는 연구자의 문제의식은 연구 방법과는 무관하게 선존재해야 함을 기억할 필요가 있다. 따라서 서로 다른 조사 방법을 결합하여 활용하는 것 그 자체보다 어려운 작업은 연구 전체의 방향과 디자인을 그리는 것이다. 연구자는 자료와 조사 방법들을 결합시켜 얻고자 하는 것이 무엇인지, 그리고 어떠한 논리로 (다양한 자료와 조사 방법을 통해 얻은) 결과물들을 서로 보태고 결합시킬 것인지 대답할 수 있어야 한다. 이제 복합적 연구 방법의 네 가지 차원을 각각 연구 사례 중심으로 논의해 보자.

3. 양적/질적 방법론의 결합 활용

앞서 언급했듯이 양적 방법론과 질적 방법론의 결합은 연구 방법의 복합적 활용보다는 복수 방법론의 병존으로 이해해야 하며, 따라서 이는 인식론적 모순을 야기하기도 한다. 그럼에도 불구하고 인식론적 차원이 서로 다른 별도의 연구 문제가 있을 경우, 양적 방법론/질적 방법론을 동시에 사용하는 것은 자연스럽다. 대형 연구일 경우, 혹은 복수 연구자들의 협력 연구를 생각할 수 있다.

예를 들어, 1970년대부터 1990년대까지 한국에서 방영된 미국 텔레비전 드라마의 역사적 연구를 한다고 가정해 보자. 30년 동안 수입된 미국 드라마(미드)의 수, 수입액, 방영 채널, 장르, 시청률 등을 기존 자료(통계치)의 재해석을 통해 일정 부분 답할 수 있을 것이다. 이 기간 동안 미드를 즐겨 시청했던 사람들을 대상으로 설문 조사를 해서 산업화 시기 미드의 '효과'를 측정(유추)할 수도 있다. 하지만 동시에, 이 기간 방영된 대표적인 미드 30개를 선정하여 그 텍스트를 기호학적으로 분석함으로써 미국 대중문화의 한국 유입과 그 이데올로기적 효과에 대해 논의할 수도 있을 것이다. 실증주의 연구 전통에 익숙한 학자와 질적 텍스트 분석에 능한 학자의 협업을 통해 이 연구가 가능해진다.

하지만 양적 방법론과 질적 방법론의 복합 활용이 항상 대형 연구 프로젝트에서만 가능한 것은 아니다. 질적 연구 방법을 연구의 주요 도구로 삼지만 비교적 간단한 양적 연구를 기초적인 보조 자료 수집 목적으로 행할 수 있다. 반대로 실증적인 양적 연구 방법을 기둥으로 삼지만 질적 방법을 통해 연구를 보완할 수도 있다. 이기형 외 5인(2012)은 "나꼼수 현상"을 통한 문화정치의 양상을 연구하는 과정에서 일간지 6개, 인터넷 매체 5개의 기사 1061개의 핵심 내용과 키워드 등을 찾아 표로 제시했다. 이 결과는 연구의 핵심적 발견이 아니라 지극히 보조적으로 사용되었다. 문화정치의 지형도를 그리는 작업은 주로 텍스트 분석과 서면 인터뷰를 통해 이루어졌다. 윤선희(2012)는 일본에서의 신한류 수용의 문화적 맥락과 여성적 정체성에 대한 연구를 하면서 보조적 분석 방법으로 길거리 설문 조사를 실시했다(하지만 아쉽게도 낮은 응답률로 의미 있는 분석을 시도할 수는 없었다). 주요 연구 방법으로는 다른 질적 방법(심층 인터뷰, 참여 관찰, 가족 인터뷰, 놀이 문화 공유 등의 복합적 활용)을 활용했고, 기초 자료 수집 목적으로 한국 대중 음악에 관한 설문 조사를 한 경우다.

구성주의적 인식론을 갖는다고 해서 분명한 사실fact의 존재마저 무시하거나 불가지론으로 접근하는 것은 아니다. 신문이나 방송 뉴스가 사건을 '객관적'으로 재현하는 것이 불가능하다고 말할 때, 그것은 미디어가 사건을 프레임하는 방식이나 결과적으로 독자나 시청자들이 사건의 실체를 머릿속에 재구성하는 방식을 지칭하는 것이지 그 사건 자체가 없었다고 전제하는 것은 아니다. "모일 모시 교통사고로 누군가가 사망했다”는 사실조차 부정하는 질적 연구자는 없다. 따라서 본격적인 질적 연구에 앞서 기초적인 정보 수집을 목적으로 계량적 분석을 하는 것은 인식론적 모순을 야기하지 않는다. 특정 (하위) 집단에 대한 질적 연구에 앞서 이 집단 구성원의 성별·연령별 정보를 미리 확보한다든지 이들의 태도를 대략적으로 파악하는 작업은 오히려 이후의 본격적인 연구에 큰 도움을 준다.

양적 분석을 위한 보조적 자료 수집 목적으로 질적 연구를 한 경우들도 적지 않게 발견할 수 있다. 예를 들어 설문지 구성을 위해 조사 대상자 소수와 일종의 파일럿 인터뷰를 실시하는 경우다. 이창훈(2012)은 CCTV 영상의 보도 특성을 연구하기 위하여 관습적인 양적 내용 분석을 실시했다. 그러나 이 과정에서 몇몇 전형적 사례를 소개했고, 이를 ‘질적’ 분석이라 스스로 지칭했다. 홍원식·김은정(2013)의 경우도 마찬가지다. 총 1239개 꼭지에 대한 계량적 내용 분석이 주를 이루지만 중간중간 실제 방송 사례를 간헐적으로 인용하였다. 이 두 경우 모두 엄밀한 의미에서 ‘질적’ 분석으로 보기는 어렵지만 ‘보조적’ 수단으로 질적 내용분석을 활용하려 했던 시도로 이해할 수 있다.

일종의 파일럿 조사를 실시하면서 양적/질적 조사가 결합되기도 한다. 설문 조사와 그 결과의 계량적 분석을 통해 사회 현상을 설명하고자 하는 연구자가 설문 문항을 만들기 위해 탐색적 수준의 (질적) 인터뷰를 행하는 경우도 있고, 특정 집단에 대한 참여 관찰과 심층 인터뷰를 하고자 하는 연구자가 이 집단의 개략적 특성을 먼저 이해하기 위해 간단한 앙케트를 먼저 시도할 수도 있다.

거듭 강조하지만, 양적 방법론과 질적 방법론은 그 인식론적 입장에서 분명하게 구별되는 것이 보통이기 때문에 이 둘을 기계적으로 결합 활용할 수는 없다. 단, 위에서 소개했듯이 둘 이상의 연구자가 참여하는 대규모 간학제적 연구이거나 한 방법을 아주 소극적으로, 즉 기초 자료나 보조 자료 수집의 목적으로 활용하는 경우에 한하여 복합적 활용이 가능하다. 구성론적 입장에서 질적 연구를 지향하는 연구자라 하더라도 설명하고자 하는 현상에 관한 기초적이고 기술적인descriptive 계량적 자료들을 수집하여 이해를 도모하는 것은 생산적인 작업이 될 것이다.

4. 다른 질문, 다른 방법, 두 개의 대답: 복합적 연구 주제와 복합적 연구 방법

연구자의 문제의식은 하나에서 나오더라도, 그 연구 목적이 둘 이상의 연구 방법을 필요로 하는 경우를 찾기는 어렵지 않다. 예를 들어 미디어 현상을 연구하는 경우 생산자/텍스트/수용자 분석 중 둘 이상을 동시에 추구하는 연구를 생각할 수 있다. 특정 콘텐츠에 관심을 가지면서 '텍스트의 생산 과정'과 그 결과 생산물로서의 '텍스트' 연구를 병행할 경우 복합적 연구 방법의 활용은 불가피하다. 이 경우 질문도, 방법도, 대답도 복수가 될 수밖에 없다. 중요한 것은 이 질문과 대답들이 분명하게 하나의 문제의식에서 출발하는가의 문제다.

이기형(2010)은 시사 주간지인 〈한겨레21〉의 〈노동 OTL〉 연작 보도를 연구 대상으로 삼아 분석한 바 있다. 생산 과정에 대한 연구의 일환으로 기자 4명과의 심층 인터뷰를 실시했고, 텍스트 분석을 위해 기사에 대한 심층적 리뷰를 병행했다. 인터뷰와 텍스트 분석이 상이한 목적을 가진 채 매우 성실하게 진행되었으나 단일한 문제의식으로 묶여 논리의 일관성을 유지하는 면에서는 그다지 성공적이지 못했다. 저널리즘의 '생산자 연구'와 '내러티브 저널리즘'이라는 상이한 문제의식을 하나의 연구 안에서 소화하려는 욕심이 다소 지나쳤다고 평가할 수 있다.

미디어를 연구하는 입장에서, 복합적 연구 방법의 활용이 비교적 활발한 사례는 특정 텍스트와 그 텍스트의 수용 과정 연구를 병행하는 경우다. 그러나 종종 소논문에서는 이 같은 복합적 활용을 하기란 쉽지 않다. 굳이 비유를 하자면, 대학원생의 과목 기말 보고서로는 부적절하지만 석사 학위 논문을 위한 연구로는 시도할 만한 가치가 있다. 최은경·김승현(2010)은 리얼리티 프로그램 〈골드미스가 간다〉의 텍스트 및 수용 분석을 시도했는데, 이 논문은 제일 저자의 석사 학위 논문을 바탕으로 만들어진 것이다. 방영된 프로그램의 서사 분석을 실시하는 한편 총 23명의 시청자들과 인터뷰(FGI와 개별 심층 인터뷰)를 가졌다. 이에 근거하여 연애와 결혼에 대한 서로 상충되는 (이중적) 재현과 수용의 행태를 드러내 보일 수 있었다.

비슷한 경우로, '생산자'와 '수용자'의 의미론적 조화/갈등에 관심을 갖는 연구 역시 복합적 연구 방법의 활용이 불가피하다. 사실 이 경우는 이론적으로나 방법론적으로 용이하지 않은 작업이지만 높은 가치를 지닌다. 박지훈·이진(2012)은 제3세계를 재현하는 다큐멘터리에 대한 제작자(생산자)와 시청자(수용자)의 시선을 비교하기 위해 두 가지 다른 종류의 인터뷰를 진행했다. 제작자의 시선과 제작 의도를 이해하기 위한 담당 PD 및 작가 대상의 심층 인터뷰와 수용자 시선을 해석하기 위한 일반인 36명 대상의 FGI(focus group interview)를 실시한 것이다. 비록 연구의 무게 중심은 프로그램 텍스트의 '수용' 과정에 놓여져 있기는 했으나, 제작자와의 인터뷰를 비교 대상으로 활용함으로써 결과적으로 의미론적 조화와 갈등을 그려낼 수 있었다.

하나 강조하고 넘어갈 점은, 인터뷰를 할 경우 그 대상이 연구 내에서 어떤 역할을 하는지에 대하여 연구자가 미리 결정을 해야 한다는 것이다. 집단적으로 FGI를 행하는 것과 개별 심층 인터뷰를 하는 것도 당연히 다르지만, 인터뷰 대상이 구체적 정보를 제공해 주는 인포먼트informant인지 직접적 분석의 대상이 되는 인터뷰이interviewee인지 주체적 성격의 연구 참여자research participant인지 분명한 구분이 필요하다. 복수의 연구 문제를 위하여 연구 방법을 복합적으로 활용한다고 할 때, 정보 제공을 위한 인터뷰와 연구 참여자와의 인터뷰를 병행하는 것도 이 범주 안에 포함될 수 있다.

수용자 인터뷰와 (그 수용자가 생산한) 텍스트 분석을 병행하여 활용할 수도 있다. 특히 2000년대 이후 인터넷 게시판이나 SNS의 텍스트를 분석하여 '수용자'에 대한 이해를 도모하는 경우가 많아졌는데, 삼각접근법의 하나로 수용자와의 구술 인터뷰와 수용자가 생산한 텍스트(예를 들어 프로그램 공식 홈페이지에 게시한 글들)를 함께 진행하는 경우가 여기에 포함된다. 단, 이 같은 연구에서는 비록 '수용' 과정의 이해를 위한 분석이라 하더라도 분석 방법은 '텍스트' 분석의 절차를 따라야 한다. (혹은 이 책에 나오는 온라인 민속지학의 유의점들을 염두에 두어야 할 것이다.)

종합하자면, 복합적 연구 주제에 따른 복합적 연구 방법의 활용은 매우 흥미롭고 유용한 결과들을 가져오곤 하지만 비교적 장기적이고 대규모의 연구를 필요로 한다. 가장 중요한 것은 비록 연구 주제가 복수이긴 하지만 연구 전체를 관통하는 분명한 하나의 문제의식이 있어야 하고, 또 그것이 드러날 수 있어야 한다는 것이다.

5. 같은 질문, 다른 방법, 하나의 대답: 단일 연구 주제와 복합적 연구 방법

복합적 활용의 가장 미시적이고 실제적 차원은 두 가지 이상의 도구를 활용하여 한 가지 연구 문제에 답하는 경우다. 가장 흔한 사례로 생각해 볼 수 있는 연구가 특정 집단에 대한 참여 관찰과 심층 인터뷰의 병행이다. 특히 (미디어) 생산자 연구의 경우, 제작 과정의 참여/관찰은 거의 필수적이라 할 수 있다. '복합적' 연구 방법이라고 이름 붙이는 것이 정당한지 모호할 정도이지만, 교과서적으로 상이한 두 연구 방법의 결합이라는 점은 분명하다. 지영서 · 김영찬(2010)은 노인 미디어와 관련하여 제작진(프로듀서, 작가, 진행자)과의 심층 인터뷰와 (제작/편성/방송 현장의) 참여 관찰을 병행했고, 강진숙 · 이광우(2012)는 텔레비전 문화 예술 프로그램의 생산 국면에 대한 이해를 위하여 EBS 〈문화공감〉의 제작진 8명과 개별 인터뷰를 진행하는 한편 〈문화공감〉 제작 행위를 6회에 걸쳐 참여 관찰하였다. 문화 매개자로서 아마추어 영화 비평 블로거를 연구한 김지현 · 이상길(2012)은 10개월에 걸친 일종의 온라인 민속지학(영화 비평 블로그 참여 관찰)과 심층 인터뷰(주요 블로거 11명 대상)를 주요 연구 방법으로 삼았다. 이 밖에 한선(2014), 옥은실 · 김영찬(2013)의 연구 역시 동일 인물(집단)들에 대한 (참여) 관찰과 심층 인터뷰를 병행하여 자료를 수집한 경우다.

인간이나 집단에 대한 연구와 마찬가지로, 특정 텍스트에 대한 분석 역시 다양한 방법적 도구들을 동원할 수 있다. 중요한 것은, 그 다양한 도구들을 활용하여 얻은 결과들을 모아 '무엇'을 이야기할 수 있는가 하는 것이다. 두 가지 다른 방법을 이용하여 두 가지 다른 답을 만드는 작업은 오히려 용이하다. 같은 텍스트를 여러 방향에서 접근하여 분석한 후 이를 통합적으로 '해석'하는 절차가 분석 그 자체보다 더 중요하다는 의미다. 심훈(2012)은 KBS 〈인간극장〉에 대한 서사 분석을 시도한 바 있다. '서사 분석'이라는 단일한 방법적 도구 하나를 사용한 연구로 간주할 수도 있으나, 세부적으로 들여다보면 텍스트의 다양한 측면을 분석했다. 22개 에피소드의 서사 구도, 인구학적 속성, 발화 형식과 내용 등을 개별적으로 분석했기 때문이다. 그리고 그 결과들을 통합하여 하나의 결론(다섯 가지의 분절적인 다문화 담론의 형성)으로 유도하였다. K-POP 리액션 비디오를 연구한 김예란(2012) 역시 문자 텍스트 중심으로 진행되어 오던 기존의 텍스트 분석 방법을 지양하고 대신 멀티모달리티 분석multimodality analysis을 시도하였다. 리액션 비디오와 뮤직 비디오를 영상의 관점에서 분석하고 이와 아울러 소개되는 음악과 댓글의 의미 구조를 결합시켜 분석했는데, 이 역시 단일 텍스트에 대한 다각적 분석의 사례로 이해할 수 있다. 다소 결은 다르지만, 이기형 외 5인(2014)은 서사 분석/장르 분석에 더해 일련의 비평문과 언론 기사들을 정리, 분석하여 보조적 자료로 활용했고, 김숙현·장민지·오지영(2013)은 계열체/통합체 분석을 진행하되 서사 연구의 방법론적 한계를 극복하기 위하여 컨텍스트에도 주목하여 분석, 연결하였다. 즉 역사적 컨텍스트의 맥락 안에서 구성된 의미를 비판적으로 분석하여 정서의 구조와 집합기억의 기능과 생산 과정을 드러내고자 시도하였다.

질적 텍스트 분석에도 '계량적 내용 분석'과 비슷한 형태의 매뉴얼을 기대하는 (예비) 연구자들이 종종 있다. 기호학적 분석이든 서사 분석이든, 명시적으로 구분된 절차에 따라 단계별로 좇을 수 있는 교과서를 원하는 것이다. 하지만 보편성이 아닌 전형성을 연구하는 질적 텍스트 분석의 특성상 '매뉴얼'을 만드는 것은 현실적으로 불가능하다. 한 발 더 나아가, 연구자의 문제의식과 연구 목적에 따라 특정 방법론적 도구를 유연하게 활용하는 것이 더 권장된다. 따라서 '기호학'의 일부 도구와 '서사 분석'의 일부 도구를 복합적으로 활용하는 것 역시 그 자체가 문제가 될 수 없다. 위에서 소개한 사례들 역시 철저하게 '교과서적인 텍스트 분석'을 행한 연구들이 아니다. 뚜렷한 목적이 있다면 서사 중 스토리가 아닌 캐릭터에만 집중하여 분석할 수도 있고, 여기에 보태 음향을 추가적으로 분석할 수도 있다.

수용자 연구에서도 복수의 방법적 도구들이 병용되곤 한다. 예를 들어 팬덤 연구에서는 인터뷰와 참여 관찰의 병행이 보편적이다. 사실 수용자 연구에서는 연구자가 수용자를 이해하기 위하여 가능한 모든 방법을 동원하는 것이 좋다. 김수정(2014)은 심층 인터뷰와 참여 관찰, 미디어 기사의 분석을, 옥민혜·박동숙(2010)은 심층 인터뷰와 시청자 게시판 분석을, 류경화·박지훈(2010)은 심층 인터뷰와 자기기술지 분석을, 이상규·홍석경(2014)은 심층 인터뷰와 성찰적 사진 인터뷰를 각각 병용한 바 있다. 특히 이상규·홍석경(2014)은 성찰적 사진 인터뷰를 통해 "언어 중심의 기존 인터뷰로 드러내기 힘든 경험의 정서적, 정동적affective 측면을 드러내 주고, 사진을 가지고 회고하는 방식을 통해 좀 더 다양한 이야기를 자발적으로 이끌어 내는 보다 표현적인 심층 인터뷰를 가능케 했다"고 스스로 평가하였다.

그렇다면 단일 주제에 대한 연구에서 복합적 연구 방법을 활용하는 것은 항상 바람직한가? 앞에서 언급한 방법론적 결합이나 복합 주제/복합 방법론의 경우와는 달리, 여기서는 "거의 그렇다"고 답할 수 있다. 실제 상황에서 연구자는 다양한 출처와 다른 방법으로 창출된 자료를 최대한 많이 활용하고자 한다. 역사 연구에서는 종이 한 장의 사료라도 더 있는 것이 낫고, 심층 인터뷰도 다섯 명보다는 열 명이 낫다. 참여 관찰도 6개월보다는 1년이 더 믿을 만하다. 오히려 문제는 현실적 여건이 무한한 자료 수집을 불가능하게 만든다는 점일 것이다. 여건이 허락하는 범위 내에서라면, 단일 주제에 대한 복합적 연구 방법의 활용은 항상 권장할 만하다. 자료의 신뢰도를 높일 수 있다는 점도 이점이거니와, 한 연구 문제를 다양한 각도에서 접근하거나 다양한 방법으로 개념화할 수 있다는 점은 늘 매력적이다.

6. 이론 중심의 논문에 부가되는 '사례 연구'

마지막으로, '연구 방법의 복합적 활용' 범주 안에 넣기는 다소 어색할 수도 있지만 이론적·개념적 논의 중심의 논문에 '사례 연구'를 덧붙이는 경우 역시 이 자리에서 함께 논할 수 있다고 본다. 여기서 연구research는 결과findings를 만들어 내는 과정이나 도구로 작동하는 것이 아니라 연구 논문의 핵심 주장arguments을 지원하고 정당화하는 보조적 역할을 수행한다. 많은 경우에 있어서 연구자들은 구체적인 자료 수집 및 분석 이전에 '이론/개념 논의'를 통해 이미 자신의 이론적 입장, 혹은 해당 사안에 대한 주장을 분명히 하기도 한다. 이론적 제안을 하기도 한다. 그러나 논문의 형식적 관습에 따라 '결론'이 마치 자료를 수집하고 분석하고 해석함으로써 귀납적으로 도출된 양 기술한다. 이 모순을 해소하는 방안 중 하나는 이론적 논의를 자신의 논문의 핵심 뼈대로 설정하는 것이다. 그리고 사례 연구를 통해 이 핵심 논리의 설득력을 배가시킬 수 있다. 즉 '분석을 통한 결과의 도출'이 아니라 '논리를 확인하는 분석'을 시도하는 것이다.

이 범주 안에 들 수 있는 연구가 많지는 않다. 이희은(2014)은 이론적 논의에 방점이 찍힌 논문이지만 사례 연구로 〈무한도전〉의 분석 결과를 부연하였다. 비록 체계적인 '텍스트 분석'이라 칭할 수는 없겠으나, 이를 통해 "〈무한도전〉 등의 사례를 통해 감응 연구가 우리 사회와 문화의 현재성을 복구하는 데 기여할 수 있는 방안을 모색"할 수 있었다. 윤태진(2011)은 리얼리티/실재는 무엇이고 사람들은 이를 어떻게 받아들이는지에 대한 인식론적/지식사회학적 차원의 질문을 던지는 것으로 연구를 시작했지만 리얼리티 요소들의 작동 방식이 시청자들의 흥미를 유발시키는 과정을 설명하기 위하여 실제 텔레비전 프로그램 텍스트를 예로 제시하였다. 즉 이론적 명제들을 먼저 도출한 후 실제 텍스트에서 확인하는 방식으로 논문을 구성하였다. 텍스트 분석의 결과에 근거하여 결론을 도출하는 일반적인 방식과는 반대의 순서다.

이론과 개념만으로 하나의 논문을 구성하는 경우, 경험적 함의가 부재한다는 비판을 받게 된다. 이른바 이론의 구축theory-building을 목표로 하는 연구인 경우에도 마찬가지로 높은 추상성이 비판의 근거가 된다. 특히 대학원생들 석사 학위 논문의 경우, 이론적 지향이 뚜렷한 논문일수록 그 경험적 근거의 취약함이 공격당하곤 한다. 보조적 의미로서의 '사례 연구'는 이때 매우 유용하다. 추상성 높은 논의 수준을 현장으로 가져와서 그 타당성을 입증해 보이거나 또 다른 논의거리를 발견하는 수단으로 삼는 것이다.

7. 유연한 방법론적 활용을 위하여

적절한 연구 방법이 뭔지 잘 모르겠다든지, 자기가 진행 중인 연구가 옳은 방법인지 자신이 없다는 호소를 종종 듣는다. ('방법론'이 아닌) '연구 방법'은 일종의 도구다. 톱, 대패, 줄자, 칼, 가위 정도에 비유할 수 있다. 어떤 사람은 칼보다 가위가 더 편할 수 있다. 둘 다 사용하면 좋은 경우도 많다. 손에 익지 않던 톱질도 자꾸 하다 보면 능숙해지듯 질적 연구 방법도 반복해서 활용할수록 익숙해진다. 하지만 분명한 것은 대패나 줄자로 나무토막을 자를 수는 없다. 연구 방법으로 고민하는 사람들의 대부분은 자기의 문제의식과 연구 목적이 불분명한 경우가 많다. "내가 연구를 통해서 무엇을 알고 싶은지"가 명확하다면, 많은 도구들 중 무엇을 선택할 것인지 고민할 일도 적어진다.

따라서 두 개 이상의 연구 방법을 복합적으로 활용하는 것도 좋다/나쁘다를 떠나 '내 연구'에 적절한지 따져보는 것이 우선이다. 매뉴얼이 있는 것은 아니다. 어떤 연구 방법을 어떤 방식으로 혼합해서 활용할지, 그리고 필요하다면 어떻게 '변형'시켜 활용할지 결정하는 주체는 교과서가 아니라 연구자다. 예능 프로그램의 자막과 조명만을 분석할 수도 있고, 온라인 참여 관찰이 인류학적 참여 관찰보다 효율적인 경우도 있다. 하지만 기계적 매뉴얼이 존재하기 힘든 질적 연구 방법이라 하더라도 '주의 사항'이나 '금기'가 있음은 명심해야 한다. 예를 들어 '연구 절차'의 엄밀성은 아무리 강조해도 지나치지 않는다.

연구 방법의 복합적 활용도 마찬가지다. 이 장에서 소개된 많은 연구들은 각각 일정한 수준의 장점과 단점을 가지고 있지만 대부분 "왜 복합적 방법을 사용하는지"에 대한 대답은 분명하게 가지고 있다. 무조건적인 도구적 결합을 시도하진 않았다. 인식론적 모순을 무릅쓰고 실증적 방법론과 구성적 방법론을 타협하고 절충해서 사용하는 사례는 없다. 연구자로서 내가 가진 문제의식은 무엇인지, 인식론적 입장은 무엇인지, 연구 주제가 단일한지 복합적인지, 시간이나 자원의 한계는 어느 정도인지 먼저 분명하게 하면서 연구 방법의 복합적 활용 여부를, 그리고 방식과 절차를 결정해야 할 것이다.

참고 문헌

강진숙 · 이광우 (2012). “문화 예술 프로그램 생산자에 대한 문화기술지 연구: EBS 〈문화공감〉 제작진을 중심으로,” 〈한국언론학보〉, 56(4), pp.339~364.

김수정 (2014). “초국가적 스타 형성에서의 기호 전략과 의미 작용: 일본에서 장근석 수용을 중심으로,” 〈한국방송학보〉, 28(4), pp.74~116.

김숙현 · 장민지 · 오지영 (2013). “〈응답하라 1997〉에 나타난 정서의 구조와 집합 기억,” 〈미디어, 젠더 & 문화〉, 통권 26, pp.5~40.

김예란 (2012). “리액션 비디오의 주목경제: K-Pop의 지구적 생산과 소비를 중심으로,” 〈방송문화연구〉, 24(2), pp.161~192.

김지현 · 이상길 (2012). “문화매개자로서 아마추어 영화 비평 블로거 연구,” 〈미디어, 젠더 & 문화〉, 통권 21, pp.5~40.

류경화 · 박지훈 (2010). “국제 연애에 대해 이야기하기: 인종에 관한 담론을 중심으로,” 〈미디어, 젠더 & 문화〉, 통권 16, pp.37~74.

박지훈 · 이진 (2012). “제3세계를 재현하는 다큐멘터리에 대한 제작자와 수용자의 시선: MBC 〈아프리카의 눈물〉을 중심으로,” 〈방송과 커뮤니케이션〉, 13(4), pp.83~122.

심훈 (2012). “KBS 〈인간극장〉에 나타난 다문화 방영물 서사 분석: 이야기 구도와 등장인물, 발화를 중심으로,” 〈한국언론학보〉, 56(4), pp.184~209.

옥민혜 · 박동숙 (2010). ‘오락적 현실감’ 작동 방식과 상호텍스트성: 리얼버라이어티쇼 수용 연구, 〈미디어, 젠더 & 문화〉, 통권 14, pp.73~109.

옥은실 · 김영찬 (2013). “문화적 실천으로서 사회운동의 변화: 두리반 운동을 중심으로,” 〈한국언론정보학보〉, 통권 63, pp.53~75.

윤선희 (2012). “신한류 수용의 문화적 맥락과 여성적 정체성에 대한 문화연구,” 〈한국방송학보〉, 26(2), pp.46~86.

윤태진 (2011). “정서적 참여와 실재reality의 재구성: 한국 리얼리티 텔레비전쇼의 작동 방식에 대한 고찰,” 〈방송문화연구〉, 23(2), pp.7~36.

이기형 (2010). “‘현장’ 혹은 ‘민속지학적 저널리즘’과 내러티브의 재발견 그리고 미디어 생산자 연구의 함의: 〈한겨레21〉의 〈노동 OTL〉 연작을 중심으로,” 〈언론과 사회〉, 18(4), pp.107~157.

이기형 외 5인 (2014). “대중문화 텍스트로 진단하는 ‘다문화주의’의 현황: 영화 〈완득이〉를 논의의 주요한 사례와 매개catalyst로,” 〈커뮤니케이션이론〉, 10(3),

pp.97～160.

이기형 외 5인 (2012). "'나꼼수현상'이 그려내는 문화정치의 명암: 권력－대항적인 정치 시사 콘텐츠의 함의를 맥락화하기," 〈한국언론정보학보〉, 통권 58, pp.74～105.

이상규 · 홍석경 (2014). "'강북' 청소년들의 일상생활 문화와 계급 정체성 형성에 대한 영상방법론적 연구," 〈한국언론정보학보〉, 통권 68, pp.87～129.

이창훈 (2012). "CCTV 영상의 보도 특성과 선정성, 현실 재현에 관한 연구," 〈방송과 커뮤니케이션〉, 13(4), pp.5～43.

이희은 (2011). "문화연구의 방법론으로서 가추법이 갖는 유용성," 〈한국언론정보학보〉, 통권 54, pp.76～97.

이희은 (2014). "감응 연구의 관점에서 본 '현재'의 부재," 〈언론과 사회〉, 22(1), pp.35～78.

지영서 · 김영찬 (2010) "노인 대상 프로그램 제작진의 인식과 제작 환경에 관한 현장 연구: 공영 방송 KBS를 중심으로," 〈미디어, 젠더 & 문화〉, 통권 15, pp.239～277.

최은경 · 김승현 (2010). "리얼리티 프로그램의 이데올로기적 현실 구성과 비판적 성찰의 이중성: 연예인 구혼 리얼리티 프로그램 〈골드미스가 간다〉의 텍스트 및 수용 분석," 〈한국방송학보〉, 24(3), pp.175～219.

한선 (2013). "네트워크 시대 '경제적인 것' 되기becoming의 통치술: '공모전 참여' 대학생을 중심으로 한 질적 연구," 〈한국언론학보〉, 57(3), pp.431～454.

한선 (2014). "궐기하는 자들의 웃음 공동체 되기becoming의 가능성: '국정원 파파라치' 사례를 중심으로," 〈한국언론학보〉, 58(3), pp.59～86.

홍원식 · 김은정 (2013). "TV 미디어 비평의 어제와 오늘: 〈미디어비평〉(KBS) 10년, 내용 분석," 〈한국언론정보학보〉, 통권 64, pp.59～84.

Denzin, N. K. (1989). *The Research Act: A Theoretical Introduction to Sociological Methods* (3rd ed.). New Jersey: Prentive Hall.

Mason, J. (1996). *Qualitative Researching*. London: Sage Publication. [김두섭 옮김. 《질적 연구 방법론》. 나남. 1999].